Martin Bittner
Abschied vom Globalantrag

FORUM ARBEITS- UND SOZIALRECHT

herausgegeben von
Prof. Dr. Richard Giesen, Prof. Dr. Matthias Jacobs,
Prof. Dr. Dr. h.c. Horst Konzen und Prof. Dr. Meinhard Heinze †

Band 39

Martin Bittner

Abschied vom Globalantrag

Die Grenzen der Rechtsschutzzone von Unterlassungs-
und Feststellungsklage im Zivilprozess am Beispiel des
Globalantrags im arbeitsgerichtlichen Beschlussverfahren

Centaurus Verlag & Media UG

Zum Autor:
Martin Bittner studierte Rechtswissenschaften an der Bucerius Law School in Hamburg sowie an der University of Cambridge. Zur Zeit ist er Rechtsreferendar am Kammergericht.

Bibliografische Informationen der Deutschen Nationalbibliothek
Die Deutsche Nationalbibliothek verzeichnet diese Publikation in der Deutschen Nationalbibliografie; detaillierte bibliografische Daten sind im Internet über http://dnb.d-nb.de abrufbar.
Zugl. Hamburg, Bucerius Law School, 2013

Gedruckt auf säurefreiem und chlorfrei gebleichtem Papier.

ISBN 978-3-86226-246-5   ISBN 978-3-86226-909-9 (eBook)
DOI 10.1007/978-3-86226-909-9

ISSN 0936-028X

Alle Rechte, insbesondere das Recht der Vervielfältigung und Verbreitung sowie der Übersetzung, vorbehalten. Kein Teil des Werkes darf in irgendeiner Form (durch Fotokopie, Mikrofilm oder ein anderes Verfahren) ohne schriftliche Genehmigung des Verlages reproduziert oder unter Verwendung elektronischer Systeme verarbeitet, vervielfältigt oder verbreitet werden.

© *CENTAURUS Verlag & Media KG, Freiburg 2013*
www.centaurus-verlag.de

Satz: Vorlage des Autors
Umschlaggestaltung: Jasmin Morgenthaler, Visuelle Kommunikation

Für A. E.

Danksagung

Ich danke meinem Doktorvater, Herrn Prof. Dr. Matthias Jacobs, für seine Anregungen bei der Themensuche und die kritische Begleitung meiner Arbeit. Frau Prof. Dr. Anne Röthel möchte ich für die Erstellung des Zweitgutachtens danken.

Großer Dank gebührt meinen Eltern, Dr. Thomas und Kerstin Bittner, deren Unterstützung diese Arbeit erst möglich gemacht hat.

Inhaltsübersicht

Inhaltsübersicht	IX
Inhaltsverzeichnis	XI
Literaturverzeichnis	XVII

A. Einführung in die Problematik des Globalantrags — 1
    I. Problemaufriss — 1
    II. Mit dem Globalantrag verfolgte Ziele — 3
    III. Globalantrag als Problem der Zulässigkeit und Begründetheit des Verfahrens — 6
    IV. Gang der Untersuchung — 10

B. Heiligt der Zweck die Mittel? – Globalantrag und Besonderheiten des arbeitsgerichtlichen Beschlussverfahrens — 12
    I. Zweck des Beschlussverfahrens — 12
    II. Antragstellung und Rechtsschutzinteresse im Beschlussverfahren — 15
    III. Zusammenfassung — 19

C. Globalunterlassungsantrag — 21
    I. Zweck und Struktur des Unterlassungsrechtsschutzes — 22
    II. Materiellrechtliche Seite der Problematik – Der (globale) Unterlassungsanspruch — 27
    III. Globalunterlassungsantrag und Gebot der Antragsbestimmtheit — 47
    IV. Globalunterlassungsantrag und Streitgegenstand der Unterlassungsklage — 60
    V. Globalunterlassungsantrag und materielle Rechtskraft — 68
    VI. Globalunterlassungsentscheidung in der Zwangsvollstreckung — 80
    VII. Gericht und Globalunterlassungsantrag — 88
    VIII. Zusammenfassung — 109

D. Globalfeststellungsantrag — 111
    I. Zulässig, doch unbegründet – Analyse der Rechtsprechung des BAG zum Globalfeststellungsantrag — 111
    II. Zweck und Struktur des Feststellungsverfahrens — 117
    III. Verhältnis zwischen Globalfeststellungsantrag und Antragsbestimmtheit, Streitgegenstand sowie materieller Rechtskraft — 131

IV.	Globalfeststellungsantrag und feststellungsfähiges Rechtsverhältnis	144
V.	Globalfeststellungsantrag und rechtliches Interesse an alsbaldiger Feststellung	164
VI.	Zusammenfassung	178

E. Alternative zum Globalantrag ... 180
    I. Zulässigkeit vergangenheitsbezogener Feststellungsanträge ... 180
    II. Fortsetzungsfeststellungsklage im Zivilverfahren ... 182
    III. Prozessrechtskonformer Antrag und abstrakte Urteilskraft ... 186
    IV. Musterprozessabrede ... 190
    V. Zusammenfassung ... 200

F. Abschied vom Globalantrag – Fazit ... 201

Inhaltsverzeichnis

Inhaltsübersicht	IX
Inhaltsverzeichnis	XI
Literaturverzeichnis	XVII

A.	**Einführung in die Problematik des Globalantrags**	**1**
I.	Problemaufriss	1
II.	Mit dem Globalantrag verfolgte Ziele	3
1.	Rechtssicherheit und effektiver Präventivrechtsschutz	4
2.	Rechtsverbindliche Orientierungshilfe	5
III.	Globalantrag als Problem der Zulässigkeit und Begründetheit des Verfahrens	6
1.	Erscheinungsformen des Globalantrags: Leistungs- und Feststellungsanträge	6
2.	Globalantrag als Problem der Antragsbestimmtheit	7
3.	Globalantrag als Problem der Begründetheit	9
IV.	Gang der Untersuchung	10
B.	**Heiligt der Zweck die Mittel? – Globalantrag und Besonderheiten des arbeitsgerichtlichen Beschlussverfahrens**	**12**
I.	Zweck des Beschlussverfahrens	12
II.	Antragstellung und Rechtsschutzinteresse im Beschlussverfahren	15
1.	Antrag nach § 81 Abs. 1 ArbGG	15
2.	Rechtsschutzinteresse	17
III.	Zusammenfassung	19
C.	**Globalunterlassungsantrag**	**21**
I.	Zweck und Struktur des Unterlassungsrechtsschutzes	22
1.	Unterlassungsklage als Leistungsklage	22
2.	Unterlassungsklage als Mittel vorbeugenden Rechtsschutzes	23
3.	Materiellrechtlicher Unterlassungsanspruch	23
4.	Begehungsgefahr	24
5.	Vollstreckung des Unterlassungstitels	25
II.	Materiellrechtliche Seite der Problematik – Der (globale) Unterlassungsanspruch	27
1.	Struktur des Unterlassungsanspruchs	27
a)	Verletzungsunterlassungsanspruch – Wiederholungsgefahr	29

		aa)	Anspruchsgrundlage	29
		bb)	Wiederholungsgefahr	30
		cc)	Wegfall der Wiederholungsgefahr	32
	b)	Vorbeugender Unterlassungsanspruch – Erstbegehungsgefahr		34
		aa)	Anspruchsgrundlage	34
		bb)	Erstbegehungsgefahr	35
		cc)	Wegfall der Erstbegehungsgefahr	36

2. Reichweite des materiellrechtlichen Unterlassungsanspruchs — 37
   a) Begehungsgefahr und sachlicher Umfang des Unterlassungsanspruchs — 37
   b) Kerntheorie aus dem Wettbewerbsrecht — 38
      aa) Grundsätze der Kerntheorie — 38
      bb) Konkrete Verletzungshandlung und konkrete Verletzungsform — 39
      cc) Allgemeingültigkeit der Grundsätze der Kerntheorie über das Wettbewerbsrecht hinaus — 41
      dd) Kerntheorie im Zivilprozess — 41
         (1) Kerntheorie und Bestimmtheit des Unterlassungsantrags — 42
         (2) Kerntheorie und Vollstreckung des Unterlassungstitels — 43
         (3) Kerntheorie und materielle Rechtskraft — 43
      ee) Grenzen der Kerntheorie — 44
3. Konkretisierungsgebot — 45
4. Zwischenergebnis — 46

III. Globalunterlassungsantrag und Gebot der Antragsbestimmtheit — 47
1. Zweck und Interessenlage — 47
2. Bestimmtheit des Unterlassungsantrags — 49
   a) Verallgemeinerungen — 49
   b) Wiederholungen des Gesetzestextes — 50
3. Einschränkungen des Bestimmtheitsgebots — 51
   a) Auslegung von Anträgen — 51
   b) Materiellrechtlich bedingte Einschränkungen des Bestimmtheitsgebots — 52
      aa) Antragsbestimmtheit im Gewerblichen Rechtsschutz — 52
      bb) Antragsbestimmtheit im privaten Immissionsschutzrecht — 53
4. Unbestimmtheit des Globalunterlassungsantrags — 54
   a) Rechtsprechung des BAG zur Bestimmtheit des Globalunterlassungsantrags — 54
   b) Stimmen aus der Literatur — 56
   c) Zwischenergebnis — 58

IV. Globalunterlassungsantrag und Streitgegenstand der Unterlassungsklage — 60
1. Bedeutung des Streitgegenstands für das Verfahren — 60

	2.		Zweigliedriger Streitgegenstand	61
	3.		Besonderheiten des Streitgegenstands der Unterlassungsklage	63
		a)	Aktuelle Tendenzen in der Rechtsprechung des BGH zum Streitgegenstand – insbesondere BGHZ 166, 253 ff. – „Markenparfümverkäufe"	64
		b)	Zustimmende Rechtsprechung des BAG	66
	4.		Rezeption der Entscheidung „Markenparfümverkäufe" in der Literatur	66
	5.		Streitgegenstand und Globalunterlassungsantrag – Zwischenergebnis	67
V.			**Globalunterlassungsantrag und materielle Rechtskraft**	**68**
	1.		Grundsätzliches zur materiellen Rechtskraft	69
		a)	Zweck der materiellen Rechtskraft	69
		b)	Rechtsnatur der materiellen Rechtskraft	70
		c)	Rechtskraftwirkungen	71
	2.		Grenzen der materiellen Rechtskraft	71
		a)	Objektive Grenzen der Rechtskraft	72
		b)	Rechtskraft des Unterlassungsurteils und Kerntheorie	73
		aa)	Maßgeblichkeit der konkreten Verletzungshandlung – Konsequenzen aus der „Markenparfümverkäufe"-Entscheidung des BGH	73
		bb)	Maßgeblichkeit der konkreten Verletzungsform	75
	3.		Rechtskräftig abgewiesener Globalantrag	75
		a)	Rechtskraft des Abweisungsurteils	76
		b)	Abgewiesener Globalantrag als Freibrief für den Unterlassungsschuldner?	77
		c)	Abweisung des Globalantrags und erneutes gerichtliches Vorgehen	78
	4.		Zwischenergebnis	80
VI.			**Globalunterlassungsentscheidung in der Zwangsvollstreckung**	**80**
	1.		Grundsätze der Unterlassungsvollstreckung	81
	2.		Schutzumfang des Unterlassungstitels – Vollstreckungsrechtliche Dimension der Kerntheorie	82
	3.		Globalantrag und vollstreckungsgerichtliche Titelauslegung	84
	4.		Vollstreckbarkeit des Globalunterlassungsantrags – Zwischenergebnis	87
VII.			**Gericht und Globalunterlassungsantrag**	**88**
	1.		Richterliche Hinweispflicht nach § 139 ZPO	89
		a)	Grundsätzliches zu Zweck und Inhalt der richterlichen Hinweispflicht	89
		b)	Globalunterlassungsantrag und Hinwirkungspflicht gemäß § 139 Abs. 1 S. 2 ZPO	90
		c)	Abweisung des Globalunterlassungsantrags als Fall des § 139 Abs. 2 ZPO?	93
		d)	Aufwertung des § 139 ZPO durch den BGH – Eine Option auch für das BAG?	94
	2.		Bindung des Gerichts an die Parteianträge nach § 308 Abs. 1 S. 1 ZPO	96
		a)	Grundsätzliches zu Zweck und Inhalt des Bindungsgebots	97
		b)	Noch ein „minus" oder schon ein „aliud"? – Abgrenzungsfragen	99

	aa)	Maßgeblichkeit des Streitgegenstands	99
	bb)	Zulässiges „minus"	100
	cc)	Unzulässiges „aliud"	101
c)	\multicolumn{2}{l}{„Minus"-Tenorierung beim Globalunterlassungsantrag und Rechtsprechung des BAG}	102
	aa)	Rechtsprechungslinie des BAG	103
	bb)	„minus"-Tenorierung beim Globalunterlassungsantrag	104
	cc)	Nur „gedankliche minus" als prozessuales aliud	106
3.	\multicolumn{2}{l}{Zwischenergebnis}	108
VIII.	\multicolumn{2}{l}{**Zusammenfassung**}	**109**

D. Globalfeststellungsantrag 111

I. Zulässig, doch unbegründet – Analyse der Rechtsprechung des BAG zum Globalfeststellungsantrag 111

1. Ursprünge der Rechtsprechung zum Globalfeststellungsantrag 112
2. Neuausrichtung der Rechtsprechung seit BAG vom 29.7.1982 – 6 ABR 51/79 114
3. Von Argumentationsmustern und Atavismen – Die jüngsten Entscheidungen des BAG zum Globalfeststellungsantrag 115
4. Langer Weg der Rechtsprechung zum Globalfeststellungsantrag – Zwischenergebnis 117

II. Zweck und Struktur des Feststellungsverfahrens **117**

1. Rechtsnatur und Zweck(e) des Feststellungsverfahrens 118
2. Antrag im Feststellungsverfahren 120
3. Besondere Zulässigkeitsvoraussetzungen nach § 256 Abs. 1 ZPO 121
   a) Feststellungsfähiges Rechtsverhältnis 122
      aa) Streit um die Reichweite der Begriffsdefinition 122
      bb) Unbestrittene Grenzen der Feststellbarkeit 123
   b) Rechtliches Interesse an alsbaldiger Feststellung 124
      aa) Feststellungsinteresse und allgemeines Rechtsschutzinteresse 124
      bb) Prüfungsmaßstab für Feststellungsinteresse 126
      cc) Ungleiche Gewichtung von Feststellungsinteresse und Rechtsverhältnis 127
4. Feststellungsurteil – Rechtskraft, Streitgegenstand und Vollstreckbarkeit 128
5. Schlussfolgerungen für die kritische Betrachtung des Globalfeststellungsantrags 130

III. Verhältnis zwischen Globalfeststellungsantrag und Antragsbestimmtheit, Streitgegenstand sowie materieller Rechtskraft **131**

1. Globalfeststellungsantrag und Bestimmtheitsgebot des § 253 Abs. 2 Nr. 2 ZPO 131

a)	Fehlende kritische Reflexion über die Frage der Bestimmtheit von Globalfeststellungsanträgen	131
b)	Keine geringeren Anforderungen an die Bestimmtheit des Feststellungsantrags	133
c)	Unbestimmtheit des Globalfeststellungsantrags – Zwischenergebnis	135

2. Streitgegenstand und Rechtskraft beim Globalfeststellungsantrag ... 136
   a) Bloß „ideelle Rechtskraftwirkung" der Globalfeststellungsentscheidung ... 136
      aa) Zusammenhang zwischen Bestimmtheit des Antrags und Rechtskraftfähigkeit der Entscheidung ... 137
      bb) Ideelle Rechtskraft als minus zur materiellen Rechtskraft ... 137
   b) Die Geister, die er rief – Präjudizialität von Globalfeststellungsentscheidungen ... 138
   c) Keine Aufblähung des Streitgegenstands mittels des Globalfeststellungsantrags ... 139
   d) Keine Rechtskraftfähigkeit abstrakter Rechtsfragen ... 141
   e) Keine Rechtskraftfähigkeit der Globalfeststellungsentscheidung ... 142
3. Zwischenergebnis ... 143

IV. Globalfeststellungsantrag und feststellungsfähiges Rechtsverhältnis ... **144**
1. Abgrenzungsfunktion des feststellungsfähigen Rechtsverhältnisses für das Feststellungsverfahren ... 145
2. Betriebsverfassungsrechtliches Rechtsverhältnis zwischen den Betriebsparteien als Rechtsverhältnis im Sinne des § 256 Abs. 1 ZPO ... 146
3. Abstrakte Rechtsfragen und der Globalfeststellungsantrag ... 148
   a) Nichtfeststellbarkeit abstrakter Rechtsfragen ... 149
   b) Globalfeststellungsantrag als abstrakte Rechtsfrage ... 150
4. Hypothetische Rechtsverhältnisse und der Globalfeststellungsantrag ... 152
   a) Grundsatz der Nichtfeststellbarkeit hypothetischer Rechtsverhältnisse ... 152
   b) Ruf nach der Feststellbarkeit feststellungsunfähiger Rechtsverhältnisse ... 153
      aa) Feststellbarkeit auch hypothetischer Rechtsverhältnisse ... 154
      bb) Notwendigkeit auch zeitlicher Abgrenzung der feststellungsfähigen Rechtsverhältnisse ... 156
   c) Bloß hypothetisches Rechtsverhältnis als Gegenstand des Globalfeststellungsantrags ... 158
5. Globalfeststellungsantrag und andere Vorboten des Abschieds vom feststellungsfähigen Rechtsverhältnis ... 160
6. Globalfeststellungsantrag und Mangel am Rechtsverhältnis – Zwischenergebnis ... 163

V. Globalfeststellungsantrag und rechtliches Interesse an alsbaldiger Feststellung ... **164**
1. Feststellungsinteresse als Prüfstein der Zulässigkeit ... 165

2.	Keine Wiederholungsgefahr	166
	a) Wiederholungsgefahr als Konstruktion der Rechtsprechung	166
	b) Zwei Klagearten, eine Gefahr? – Abgrenzung zur Wiederholungsgefahr bei der Unterlassungsklage	168
	c) Keine Wiederholungsgefahr für hypothetische Rechtsverhältnisse	170
3.	Keine Aussicht auf Rechtsgewissheit	172
4.	Kein Rechtsschutzdefizit – Globalfeststellungsantrag und verfassungsrechtliches Gebot effektiven Rechtsschutzes	174
	a) Gebot effektiven Rechtsschutzes	175
	b) Sachliche Rechtfertigung der Unzulässigkeit des Globalfeststellungsantrags	176
5.	Globalfeststellungsantrag und Mangel am rechtlichen Interesse – Zwischenergebnis	177
VI.	**Zusammenfassung**	**178**
E.	**Alternative zum Globalantrag**	**180**
I.	**Zulässigkeit vergangenheitsbezogener Feststellungsanträge**	**180**
II.	**Fortsetzungsfeststellungsklage im Zivilverfahren**	**182**
1.	§ 113 Abs. 1 S. 4 VwGO im Verwaltungsprozess	183
2.	Zivilprozessualer Fortsetzungsfeststellungsantrag analog § 113 Abs. 1 S. 4 VwGO	184
III.	**Prozessrechtskonformer Antrag und abstrakte Urteilskraft**	**186**
1.	Vorzüge des prozessrechtskonformen Antrags	186
2.	Orientierungshilfe durch abstrakte Urteilskraft	187
IV.	**Musterprozessabrede**	**190**
1.	Grundsätzliches zur Problematik des Musterprozesses	191
2.	Musterprozessabrede und ihre Wirkungen	193
	a) Möglicher Inhalt der Musterprozessabrede	193
	b) Keine Rechtskrafterweiterung	194
3.	Sicherung des Zweckes des Musterverfahrens	196
	a) Zweckvereitelung durch Klageverzicht und -anerkenntnis	196
	b) Zweckvereitelung durch Parallelverfahren	198
4.	Musterprozessabrede als Alternative zum Globalantrag	198
V.	**Zusammenfassung**	**200**
F.	**Abschied vom Globalantrag – Fazit**	**201**

Literaturverzeichnis

Adomeit, Klaus	Der Betriebsrat – Ein Volkstribun?, NJW 1995, 1004 ff.
	Zitiert als *Adomeit*, NJW 1995, 1004.
Ahrens, Hans-Jürgen	Anmerkung zu BGH vom 23.2.2006 – I ZR 272/02 – Markenparfümverkäufe, JZ 2006, 1180 ff.
	Zitiert als *Ahrens*, JZ 2006, 1180.
Ders.	Wettbewerbsverfahrensrecht, Köln 1983.
	Zitiert als *Ahrens*.
Ders.	Der Wettbewerbsprozess – Ein Praxishandbuch, 5. Aufl., Köln 2005.
	Zitiert als Ahrens/*Bearbeiter* (5. Aufl.).
Ders.	Der Wettbewerbsprozess – Ein Praxishandbuch, 6. Aufl., Köln 2009.
	Zitiert als Ahrens/*Bearbeiter*.
Andrews, Neil	English Civil Procedure – Fundamentals of the new civil justice system, Oxford 2003.
	Zitiert als *Andrews*, English Civil Procedure.

Ders.	The Modern Civil Process – Judicial and Alternative Forms of Dispute Resolution in England, Tübingen 2008.
	Zitiert als *Andrews*, The Modern Civil Process.
Arens, Peter	Das Problem des Musterprozesses, Jahrbuch für Rechtssoziologie und Rechtstheorie (Band 4) 1976, S. 344 ff.
	Zitiert als *Arens*, JBRSoz 1976, 344.
Backsmeier, Petra	Das „Minus" beim unterlassungsrechtlichen Globalantrag, Berlin 2000.
	Zitiert als *Backsmeier*, Das „Minus" beim unterlassungsrechtlichen Globalantrag.
Baumbach, Adolf / Hefermehl, Wolfgang	Wettbewerbsrecht, 21. Aufl., München 1999.
	Zitiert als Baumbach/Hefermehl, 21. Aufl. (1999).
Baumbach, Adolf / Lauterbach, Wolfgang / Albers, Jan / Hartmann, Peter	Zivilprozessordnung, 69. Aufl., München 2011.
	Zitiert als Baumbach/Lauterbach/Albers/Hartmann.
Baumgärtel, Gottfried	Zur Lehre vom Streitgegenstand, JuS 1974, 69 ff.
	Zitiert als *Baumgärtel*, JuS 1974, 69.
Baur, Fritz	Zu der Terminologie und einigen Sachproblemen der „vorbeugenden Unterlassungsklage", JZ 1966, 381 ff.
	Zitiert als *Baur*, JZ 1966, 381.

Baur, Hansjörg	Verfahrens- und materiell-rechtliche Probleme des allgemeinen Unterlassungsanspruchs des Betriebsrats bei betriebsverfassungswidrigen Maßnahmen des Arbeitgebers, ZfA 1997, 445 ff. Zitiert als *Baur*, ZfA 1997, 445.
Benkard, Georg	Patentgesetz, Gebrauchsmustergesetz, 10. Aufl., München 2006. Zitiert als Benkard/*Bearbeiter*.
Benkel, Jürgen	Ist der Bestimmtheitsgrundsatz zu unbestimmt?, NZS 1997, 58 ff. Zitiert als *Benkel*, NZS 1997, 58.
Berneke, Wilhelm	Der enge Streitgegenstand von Unterlassungsklagen des gewerblichen Rechtsschutzes und des Urheberrechts in der Praxis, WRP 2007, 579 ff. Zitiert als *Berneke*, WRP 2007, 579.
Beuthien, Volker	Die Unternehmensautonomie im Zugriff des Arbeitsrechts, ZfA 1988, 1 ff. Zitiert als *Beuthien*, ZfA 1988, 1.
Blomeyer, Arwed	Zivilprozessrecht – Erkenntnisverfahren, 2. Auflage, Berlin 1985. Zitiert als *Blomeyer*, Zivilprozessrecht – Erkenntnisverfahren.

Blomeyer, Jürgen	Zum Streit über Natur und Wirkungsweise der materiellen Rechtskraft – Insbesondere zu seiner praktischen Bedeutung, JR 1968, 407 ff. Zitiert als *Blomeyer*, JR 1968, 407.
Blomeyer, Wolfgang	Buchbesprechung „Wolfgang Grunsky – Arbeitsgerichtsgesetz, Kommentar", JZ 1976, 733 ff. Zitiert als *Blomeyer*, JZ 1976, 733.
Borck, Hans-Günther	Grenzen richterlicher Formulierungshilfe bei Unterlassungsverfügungen – Eine Bemerkung zu den Vorschriften der §§ 139, 308, 938 ZPO, WRP 1977, 457 ff. Zitiert als *Borck*, WRP 1977, 457.
Ders.	Das Prokrustesbett „Konkrete Verletzungsform", GRUR 1996, 522 ff. Zitiert als *Borck*, GRUR 1996, 522.
Ders.	Bestimmtheitsgebot und Kern der Verletzung, WRP 1979, 180 ff. Zitiert als *Borck*, WRP 1979, 180.
Brandt, Jürgen / Sachs, Michael	Handbuch Verwaltungsverfahren und Verwaltungsprozess, 3. Aufl., Heidelberg 2009. Zitiert als Brandt/Sachs/*Bearbeiter*.

Brehm, Wolfgang	Rechtsschutzbedürfnis und Feststellungsinteresse, in: Canaris, Claus-Wilhelm / Heldrich, Andreas / Hopt, Klaus J. / Roxin, Claus / Schmidt, Karsten / Widmaier, Gunter (Hrsg.): 50 Jahre Bundesgerichtshof – Festgabe aus der Wissenschaft, Band III, München 2000, S. 89 ff.
	Zitiert als *Brehm*, Festgabe 50 Jahre BGH, S. 89.
Caemmerer, Ernst von	Wandlungen des Deliktsrechts, in: Caemmerer, Ernst von / Friesenhahn, Ernst / Lange, Richard (Hrsg.): Hundert Jahre deutsches Rechtsleben: Festschrift zum hundertjährigen Bestehen des Deutschen Juristentages 1860-1960, Band 2, Karlsruhe 1960, S. 49 ff.
	Zitiert als *v. Caemmerer*, FS DJT, S. 49.
Claus, Marietta	Die vertragliche Erstreckung der Rechtskraft, Köln 1973.
	Zitiert als *Claus*, Die vertragliche Erstreckung der Rechtskraft.
Coen, Martin	Grundrechtsverwirklichung durch Verfahren vor den Arbeitsgerichten, DB 1984, 2459 ff.
	Zitiert als *Coen*, DB 1984, 2459.
Cramer, Donald	Probleme des Feststellungsinteresses im Zivilprozess, Freiburg 1972.
	Zitiert als *Cramer*, Probleme des Feststellungsinteresses im Zivilprozess.

Däubler, Wolfgang / Kittner, Michael / Klebe, Thomas / Wedde, Peter (Hrsg.)	Betriebsverfassungsgesetz mit Wahlordnung und EBR-Gesetz, 12. Aufl., Frankfurt a.M. 2010. Zitiert als DKKW/*Bearbeiter*.
Derleder, Peter	Betriebliche Mitbestimmung ohne vorbeugenden Rechtsschutz?, AuR 1983, 289 ff. Zitiert als *Derleder*, AuR 1983, 289.
Ders.	Einstweiliger Rechtsschutz und Selbsthilfe im Betriebsverfassungsrecht, AuR 1985, 65 ff. Zitiert als *Derleder*, AuR 1985, 65.
Ders.	Die Wiederkehr des Unterlassungsanspruchs, AuR 1995, 13 ff. Zitiert als *Derleder*, AuR 1995, 13.
Dreier, Thomas / Schulze, Gernot	Urheberrechtsgesetz, 3. Aufl., München 2008. Zitiert als Dreier/Schulze.
Dütz, Wilhelm	Erzwingbare Verpflichtungen des Arbeitgebers gegenüber dem Betriebsrat, DB 1984, 115 ff. Zitiert als *Dütz*, DB 1984, 115.
Ders.	Musterprozesse bei Mitbestimmungsstreitigkeiten, BB 1978, 213 ff. Zitiert als *Dütz*, BB 1978, 213.

Ehmann, Horst	Anmerkung zu BAG vom 24.11.1981 – 1 ABR 108/79, SAE 1984, 104 ff.
	Zitiert als *Ehmann*, SAE 1984, 104.
Ekelöf, Per Olof	Der Prozessgegenstand – ein Lieblingskind der Begrissjursiprudenz, ZZP 85, 145 ff.
	Zitiert als *Ekelöf*, ZZP 85, 145.
Eltzbacher, Paul	Die Unterlassungsklage. Ein Mittel vorbeugenden Rechtsschutzes, Berlin 1906.
	Zitiert als *Eltzbacher*, Die Unterlassungsklage.
Engelmann-Pilger, Albrecht	Die Grenzen der Rechtskraft des Zivilurteils im Recht der Vereinigten Staaten, Berlin 1973.
	Zitiert als *Engelmann-Pilger*, Die Grenzen der Rechtskraft des Zivilurteils in den Vereinigten Staaten.
Fehling, Michael / Kastner, Berthold (Hrsg.)	Verwaltungsrecht – Handkommentar, Baden-Baden 2006.
	Zitiert als Hk-VerwR/*Bearbeiter* (1. Aufl.).
Fehling, Michael / Kastner, Berthold / Wahrendorf, Volker (Hrsg.)	Verwaltungsrecht – Handkommentar, 2. Aufl., Baden-Baden 2009.
	Zitiert als Hk-VerwR/*Bearbeiter*.

Fenn, Herbert	Dispositions- oder Offizialmaxime im arbeitsgerichtlichen Beschlussverfahren?, in: Lüke, Gerhard (Hrsg.): Festschrift für Gerhard Schiedermair zum 70. Geburtstag, München 1976, S. 117 ff.
	Zitiert als *Fenn*, FS Schiedermair, S. 117.
Fiebig, Andreas	Die Bestimmtheit des Unterlassungsantrags nach § 23 Abs. 3 S. 1 BetrVG, NZA 1993, 58 ff.
	Zitiert als *Fiebig*, NZA 1993, 58.
Fitting, Karl / Engels, Gerd / Schmidt, Ingrid / Trebinger, Yvonne / Linsenmaier, Wolfgang	Betriebsverfassungsgesetz, 25. Aufl., München 2010. Zitiert als Fitting.
Fritzsche, Jörg	Unterlassungsanspruch und Unterlassungsklage, Berlin 2000.
	Zitiert als *Fritzsche*, Unterlassungsanspruch und Unterlassungsklage.
Gamillscheg, Franz	Kollektiktives Arbeitsrecht, Band I, München 1997.
	Zitiert als *Gamillscheg*, Kollektives Arbeitsrecht.
Germelmann, Claas-Hinrich / Matthes, Hans-Christoph / Müller-Glöge, Rudi / Prütting, Hanns / Schlewing, Anja	Arbeitsgerichtsgesetz Kommentar, 7. Aufl., München 2009. Zitiert als GMP/*Bearbeiter*.

Goldschmidt, James	Der Prozess als Rechtslage – Eine Kritik des prozessualen Denkens, Berlin 1925.
	Zitiert als *Goldschmidt*, Der Prozess als Rechtslage.
Götz, Wolfgang	Die Neuvermessung des Lebenssachverhalts – Der Streitgegenstand im Unterlassungsprozess, GRUR 2008, 401 ff.
	Zitiert als *Götz*, GRUR 2008, 401.
Grunsky, Wolfgang	Prozessstandschaft, in: Canaris, Claus-Wilhelm / Heldrich, Andreas / Hopt, Klaus J. / Roxin, Claus / Schmidt, Karsten / Widmaier, Gunter (Hrsg.): 50 Jahre Bundesgerichtshof – Festgabe aus der Wissenschaft, Band III, München 2000, S. 109 ff.
	Zitiert als *Grunsky*, Festgabe 50 Jahre BGH.
Ders.	Besprechung von Christoph Trzaskalik, Die Rechtsschutzzone der Feststellungsklage im Zivil- und Verwaltungsprozess, AcP (179) 1979, 410 ff.
	Zitiert als *Grunsky*, AcP 179, 410.
Ders.	Besprechung von *Gerassimos Melissinos*, Die Bindung des Gerichts an die Parteianträge nach § 308 ZPO, ZZP 96, 395 ff.
	Zitiert als *Grunsky*, ZZP 96, 395.
Ders.	Zivilprozessrecht, 13. Aufl., Köln 2008.
	Zitiert als *Grunsky*, Zivilprozessrecht.

Ders. Arbeitsgerichtsgesetz, 7. Aufl., München 1995.

Zitiert als *Grunsky*, ArbGG.

Ders. Prozessuale Fragen des Arbeitskampfrechts, RdA 1986, 196 ff.

Zitiert als *Grunsky*, RdA 1986, 196.

Ders. Antragsbefugnis der Gewerkschaft zur Feststellung der Tarifvertragswidrigkeit einer Betriebsvereinbarung, DB 1990, 526 ff.

Zitiert als *Grunsky*, DB 1990, 526.

Ders. Anmerkung zu BAG 1. Senat, Beschluss vom 8.11.1983 – 1 ABR 57/81, AP Nr. 11 zu § 87 BetrVG 1972 – Arbeitszeit.

Zitiert als *Grunsky*, in Anm. zu BAG vom 8.11.1983 – 1 ABR 57/81, AP Nr. 11 zu § 87 BetrVG 1972 – Arbeitszeit.

Habscheid, Edgar Rechtsverhältnis und Feststellungsinteresse, ZZP 112, 37 ff.

Zitiert als *E. Habscheid*, ZZP 112, 37.

Habscheid, Walther J. Besprechung von Christoph Trzaskalik, Die Rechtsschutzzone der Feststellungsklage im Zivil- und Verwaltungsprozess, ZZP 93, 230 f.

Zitiert als *Habscheid*, ZZP 93, 230.

Ders.	Der Streitgegenstand im Zivilprozess und im Streitverfahren der freiwilligen Gerichtsbarkeit, Bielefeld 1956.
	Zitiert als *Habscheid*, Der Streitgegenstand im Zivilprozess.
Hanau, Peter	Probleme der Ausübung des Mitbestimmungsrechts des Betriebsrats, NZA 1985, Beilage 2, 3 ff.
	Zitiert als *Hanau*, NZA 1985 (Beil. 2), 3.
Harte-Bavendamm, Henning / Henning-Bodewig, Frauke	Gesetz gegen den unlauteren Wettbewerb, 2. Aufl., München 2009.
	Zitiert als Harte-Bavendamm/Henning-Bodewig/*Bearbeiter*.
Häsemeyer, Ludwig	Prozessrechtliche Rahmenbedingungen für die Entwicklung des materiellen Privatrechts – Zur Unvertauschbarkeit materieller und formeller Rechtssätze, AcP 188 (1988), 140 ff.
	Zitiert als *Häsemeyer*, AcP 188, 140.
Hauck, Friedrich / Helml, Ewald	Arbeitsgerichtsgesetz Kommentar, 3. Aufl., München 2006.
	Zitiert als Hauck/Helml/*Bearbeiter*.
Haug, Wolfram	Die Problematik des Musterprozesses unter Einbeziehung von Ergebnissen der Rechtstatsachenforschung, Freiburg 1973.
	Zitiert als *Haug*, Die Problematik des Musterprozesses.

Henckel, Wolfram	Parteilehre und Streitgegenstand im Zivilprozess, Heidelberg 1961.
	Zitiert als *Henckel*, Parteilehre und Streitgegenstand im Zivilprozess.
Ders.	Vorbeugender Rechtsschutz im Zivilrecht, AcP 174 (1974), 97 ff.
	Zitiert als *Henckel*, AcP 174, 97.
Henssler, Martin / Willemsen, Heinz Josef / Kalb, Heinz-Jürgen (Hrsg.)	Arbeitsrecht Kommentar, 3. Aufl., Köln 2008. Zitiert als HWK/*Bearbeiter*.
Herbst, Jens / Bertelsmann, Klaus / Reiter, Wolfgang	Handbuch zum arbeitsgerichtlichen Beschlussverfahren, 2. Aufl., Frankfurt a.M. 1998. Zitiert als Herbst/Bertelsmann/Reiter.
Herzog, Roman / Scholz, Rupert / Herdegen, Matthias / Klein, Hans H. (Hrsg.)	Grundgesetz – Kommentar, 62. Ergänzungslieferung, Mai 2011, München. Zitiert als Maunz/Dürig/*Bearbeiter*.
Hess, Harald / Schlochauer, Ursula / Worzalla, Michael / Glock, Dirk / Nicolai, Andrea / Rose, Franz-Josef (Hrsg.)	BetrVG – Kommentar, 8. Aufl., Köln 2011. Zitiert als H/S/W/G/N/R/*Bearbeiter*.
Hirte, Heribert	Der amicus-curiae-brief – das amerikanische Modell und die deutschen Parallelen, ZZP 104, 12 ff. Zitiert als *Hirte*, ZZP 104, 12.

Hölder, Eduard	Anspruch und Klagerecht, ZZP 29, 50 ff.
	Zitiert als *Hölder*, ZZP 29, 50.
Ders.	Über Ansprüche und Einreden, AcP 93 (1903), 1 ff.
	Zitiert als *Hölder*, AcP 93, 1.
Horn, Lutz	Die Lehre vom Streitgegenstand, JuS 1992, 680 ff.
	Zitiert als *Horn*, JuS 1992, 680.
Hoyningen-Huene, Gerrick von	Das Betriebsverhältnis – Eine Skizze zum Betriebsverfassungsrechtlichen Kooperationsverhältnis, NZA 1989, 121 ff.
	Zitiert als *von Hoyningen-Huene*, NZA 1989, 121.
Ders.	Anmerkung zu BAG vom 18.1.2005 – 3 ABR 21/04, AP Nr. 24 zu § 77 BetrVG 1972 – Betriebsvereinbarung.
	Zitiert als *von Hoyningen-Huene*, AP Nr. 24 zu § 77 BetrVG 1972.
Ders.	Anmerkung zu BAG vom 17.5.1983 – 1 ABR 21/80, AP Nr. 19 zu § 80 BetrVG 1972.
	Zitiert als *von Hoyningen-Huene*, AP Nr. 19 zu § 80 BetrVG 1972.
Ders.	Anmerkung zu BAG vom 18.4.1985 – 6 ABR 19/84 in AP Nr. 5 zu § 23 BetrVG 1972.
	Zitiert als *von Hoyningen-Huene*, AP Nr. 5 zu § 23 BetrVG 1972.

Hueck, Alfred / Nipperdey, Hans Carl	Lehrbuch des Arbeitsrechts, Band I, 7. Aufl., Berlin 1963. Zitiert als *Hueck/Nipperdey*, Lehrbuch des Arbeitsrechts, Bd. I.
Hümmerich, Klaus / Spirolke, Matthias	Allgemeiner Unterlassungsanspruch des Betriebsrats bei Betriebsänderung, BB 1996, 1986 ff. Zitiert als *Hümmerich/Spirolke*, BB 1996, 1986.
Immenga, Ulrich / Mestmäcker, Ernst-Joachim	Wettbewerbsrecht, Band 2, 4. Aufl., München 2007. Zitiert als Immenga/Mestmäcker/*Bearbeiter*.
Ingerl, Reinhard / Rohnke, Christian	Markengesetz, 3. Aufl., München 2010. Zitiert als Ingerl/Rohnke.
Jacobs, Matthias	Anmerkung zu BAG vom 11.11.1998 – 4 ABR 40/97, AP Nr. 18 zu § 50 BetrVG 1972. Zitiert als *Jacobs*, AP Nr. 18 zu § 50 BetrVG 1972.
Ders.	Der Globalfeststellungsantrag im arbeitsgerichtlichen Beschlussverfahren, in: Lobinger, Thomas (Hrsg.): Festschrift für Eduard Picker zum 70. Geburtstag, Tübingen 2010, S. 1013 ff. Zitiert als *Jacobs*, FS Picker, S. 1013.
Ders.	Der Gegenstand des Feststellungsverfahrens, Tübingen 2005. Zitiert als *Jacobs*, Der Gegenstand des Feststellungsverfahrens.

XXXI

Jacobsohn, Hans	Die Unterlassungsklage, Berlin 1912.
	Zitiert als *Jacobsohn*, Die Unterlassungsklage.
Jacoby, Florian	Der Musterprozessvertrag – Die gewillkürte Bindung an gerichtliche Entscheidungen, Tübingen 2000.
	Zitiert als *Jacoby*, Der Musterprozessvertrag.
Jauernig, Othmar	Rechtskrafterstreckung kraft Vereinbarung, ZZP 64, 285 ff.
	Zitiert als *Jauernig*, ZZP 64, 285.
Joost, Detlev	Anmerkung zu BAG vom 17.5.1983 – 1 ABR 21/80, SAE 1985, 59 ff.
	Zitiert als *Joost*, SAE 1985, 59.
Kamlah, Dietrich / Ulmar, Susanne	Neues zum Streitgegenstand der Unterlassungsklage und seine Auswirkungen auf Folgeprozesse, WRP 2006, 967 ff.
	Zitiert als *Kamlah/Ulmar*, WRP 2006, 967.
Karger, v.	Das Beschlussverfahren des Arbeitsgerichtsgesetzes, JW 1928, 1644.
	Zitiert als *Karger*, JW 1928, 1644.
Kaskel, Walter	Die neue Arbeitsgerichtsbarkeit, Berlin 1927.
	Zitiert als *Kaskel*, Die neue Arbeitsgerichtsbarkeit.

Kauffmann, Hermann	Das Beschlussverfahren nach dem neuen Arbeitsgerichtsgesetz, AuR 1954, 1 ff. Zitiert als *Kauffmann*, AuR 1954, 1.
Kempf, Ludwig	Zur Problematik des Musterprozesses, ZZP 73, 342 ff. Zitiert als *Kempf*, ZZP 73, 342.
Kindl, Johann / Meller-Hannich, Caroline / Wolf, Hans-Joachim	Gesamtes Recht der Zwangsvollstreckung, Baden-Baden 2010. Zitiert als Kindl/Meller-Hannich/Wolf/*Berarbeiter*.
Kny, Lothar	Die Arbeitsgerichtsbehörden. Ihr Aufbau und ihre Zuständigkeit nach dem Arbeitsgerichtsgesetz vom 23.12.1926, Berlin 1928. Zitiert als *Kny*, Die Arbeitsgerichtsbehörden.
Köbl, Ursula	Obiter Dicta – Ansätze einer Rechtfertigung, JZ 1976, 752 ff. Zitiert als *Köbl*, JZ 1976, 752.
Köhler, Helmut	Zur Geltendmachung und Verjährung von Unterlassungsansprüchen, JZ 2005, 489 ff. Zitiert als *Köhler*, JZ 2005, 489.
Köhler, Helmut / Bornkamm, Joachim	Gesetz gegen den unlauteren Wettbewerb, 29. Aufl. München 2011. Zitiert als Köhler/Bornkamm/*Bearbeiter*.

Kohler, Josef	Das materielle Recht im Urteil, in Festschrift für Franz Klein zu seinem 60. Geburtstage, Wien 1914, S. 1 ff.
	Zitiert als *Kohler*, FS Klein, S. 1.
Konzen, Horst	Anmerkung zu BAG vom 18.4.1985 – 6 ABR 19/84 in EzA Nr. 10 zu § 23 BetrVG 1972, S. 73 ff.
	Zitiert als *Konzen*, EzA Nr. 10 zu § 23 BetrVG 1972, 73.
Ders.	Rechtsfragen bei der Sicherung der betrieblichen Mitbestimmung, NZA 1995, 865 ff.
	Zitiert als *Konzen*, NZA 1995, 865.
Konzen, Horst / Rupp, Heinrich	Effektiver Gerichtsschutz und negatorischer Rechtsschutz im BetrVG, DB 1984, 2695 ff.
	Zitiert als *Konzen/Rupp*, DB 1984, 2695.
Körnich, Joern Heiko	Das arbeitsgerichtliche Beschlussverfahren in Betriebsverfassungssachen, Berlin 1978.
	Zitiert als *Körnich*, Das arbeitsgerichtliche Beschlussverfahren in Betriebsverfassungssachen.
Kort, Michael	Zum betriebsverfassungsrechtlichen Unterlassungsanspruch bei der Einführung von EDV-Systemen, CR 1986, 813 ff.
	Zitiert als *Kort*, CR 1986, 813.

Koshiyama, Kazuhiro	Rechtskraftwirkungen und Urteilsanerkennung nach amerikanischem, deutschem und japanischem Recht, Tübingen 1996.
	Zitiert als *Koshiyama*, Rechtskraftwirkungen und Urteilsanerkennungen.
Krause, Rüdiger	Rechtskrafterstreckung im kollektiven Arbeitsrecht, Berlin 1996.
	Zitiert als *Krause*, Rechtskrafterstreckung im kollektiven Arbeitsrecht.
Kümpel, Winfried	Instanzgerichte kontra BAG zum Unterlassungsanspruch des Betriebsrats, AuR 1985, 78 ff.
	Zitiert als *Kümpel*, AuR 1985, 78.
Lames, Peter	Rechtsfortbildung als Prozesszweck, Tübingen 1993.
	Zitiert als *Lames*, Rechtsfortbildung als Prozesszweck.
Larenz, Karl	Methodenlehre der Rechtswissenschaft, 5. Aufl., Berlin, Heidelberg, New York, Tokyo 1983.
	Zitiert als *Larenz*, Methodenlehre.
Larenz, Karl / Canaris, Claus-Wilhelm	Lehrbuch des Schuldrechts, Zweiter Band Besonderer Teil, 13. Aufl., München 1994.
	Zitiert als *Larenz/Canaris*, Schuldrecht II/2.

Lehment, Cornelis	Zur Bedeutung der Kerntheorie für den Streitgegenstand, WRP 2007, 237 ff.
	Zitiert als *Lehment*, WRP 2007, 237.
Leipold, Dieter	Urteilswirkungen und Rechtsfortbildung, Ritsumeikan Law Review No. 4 1989, 161 ff.
	Zitiert als *Leipold*, RLR 1989 (4), 161.
Leisten, Leonhard	Einstweilige Verfügung zur Sicherung von Mitbestimmungsrechten des Betriebsrats beim Einsatz von Fremdfirmen, BB 1992, 266 ff.
	Zitiert als *Leisten*, BB 1992, 266.
Leser, Heinrich	Das arbeitsgerichtliche Beschlussverfahren, Freiburg 1950.
	Zitiert als *Leser*, Das arbeitsgerichtliche Beschlussverfahren.
Lindacher, Walter F.	Konfliktregulierung durch Musterprozess, JA 1984, 404 ff.
	Zitiert als *Lindacher*, JA 1984, 404.
Linstow, Bernhard von / Büttner, Tilmann	Nach Markenparfümverkäufen sind Reinigungsarbeiten erforderlich, WRP 2007, 169 ff.
	Zitiert als *von Linstow/Büttner*, WRP 2007, 169.

Lüke, Gerhard	Zur Klage auf Feststellung von Rechtsverhältnisses mit oder zwischen Dritten, in: Gerhardt, Walter / Diederichsen, Uwe / Rimmelspacher, Bruno / Costede, Jürgen (Hrsg.): Festschrift für Wolfram Henckel zum 70. Geburtstag am 21. April 1995, Berlin, New York 1995, S. 563 ff. Zitiert als *Lüke*, FS Henckel, S. 563.
Ders.	Zum zivilprozessualen Klagesystem, JuS 1969, 301 ff. Zitiert als *Lüke*, JuS 1969, 301.
Medicus, Dieter / Lorenz, Stephan	Schuldrecht II, Besonderer Teil, 15. Aufl., München 2010. Zitiert als *Medicus/Lorenz*, Schuldrecht II.
Meier-Beck, Peter	Probleme des Sachantrags im Patentverletzungsprozess, GRUR 1998, 276 ff. Zitiert als *Meier-Beck*, GRUR 1998, 276.
Melissinos, Gerassimos	Die Bindung des Gerichts an die Parteianträge nach § 308 I ZPO, Berlin 1982. Zitiert als *Melissinos*, Die Bindung des Gerichts an die Parteianträge nach § 308 I ZPO.
Melullis, Klaus-Jürgen	Der richterliche Unterlassungstitel im Wettbewerbsrecht – Eine Kritik der „Kerntheorie" und der These von der „konkreten Verletzungshandlung", GRUR 1982, 441 f. Zitiert als *Melullis*, GRUR 1982, 441.

Müller-Glöge, Rudi / Preis, Ulrich / Schmidt, Ingrid (Hrsg.)	Erfurter Kommentar zum Arbeitsrecht, 12. Aufl., München 2012. Zitiert als ErfK/*Bearbeiter*.
Müller-Knapp, Klaus / Brinkmeier, Hjort	Anträge im Beschlussverfahren, ArbAktuell 2010, 35. Zitiert als *Müller-Knapp/Brinkmeier*, ArbRAktuell 2010, 35.
Müller, Gerhard	Die Ausformung des arbeitsgerichtlichen Beschlussverfahrens durch die Rechtsprechung des BAG, Arbeitsrecht der Gegenwart, Band 9 (1972), 23 ff. Zitiert als *Müller*, Arbeitsrecht der Gegenwart, Bd. 9 (1972).
Musielak, Hans-Joachim	Der rechtskräftig entschiedene Lebenssachverhalt – Versuch einer Abgrenzung, NJW 2000, 3593 ff. Zitiert als *Musielak*, NJW 2000, 3593.
Ders.	Kommentar zur Zivilprozessordnung, 8. Aufl., München 2011. Zitiert als Musielak/*Bearbeiter*.
Natter, Eberhard / Gross, Roland (Hrsg.)	Arbeitsgerichtsgesetz Handkommentar, Baden-Baden 2010. Zitiert als Natter/Gross/*Bearbeiter*.
Neumann-Duesberg, Horst	Ansprüche aus Urheberrechtsverletzungen, JZ 1955, 480 ff. Zitiert *Neumann-Duesberg*, JZ 1955, 480.

Neumann, Dirk Kurze Geschichte der Arbeitsgerichtsbarkeit, NZA 1993, 342 ff.

Zitiert als *Neumann*, NZA 1993, 342.

Neumann, Michael Unterlassungsanspruch des Betriebsrats gegen den Arbeitgeber nur nach § 23 Abs. 3 BetrVG?, BB 1984, 676 ff.

Zitiert als *Neumann*, BB 1984, 676.

Nikisch, Arthur Zivilprozessrecht, Tübingen 1950.

Zitiert als *Nikisch*, Zivilprozessrecht.

Nirk, Rudolf / Kurtze, Helmut Verletzungshandlung und Verletzungsform bei Wettbewerbsverstößen, GRUR 1980, 645 ff.

Zitiert als *Nirk/Kurtze*, GRUR 1980, 645.

Noack, Ulrich Fehlerhafte Beschlüsse in Gesellschaften und Vereinen, Köln, Berlin, Bonn, München 1989.

Zitiert als *Noack*, Fehlerhafte Beschlüsse in Gesellschaften und Vereinen.

Oppermann, Bernd H. Unterlassungsanspruch und materielle Gerechtigkeit im Wettbewerbsprozess. Zur Entstehung und Durchsetzung von Unterlassungsansprüchen im Wettbewerbsrecht und im gewerblichen Sonderrechtsschutz, Tübingen 1993.

Zitiert als *Oppermann*, Unterlassungsanspruch und materielle Gerechtigkeit im Wettbewerbsprozess.

Otto, Hansjörg	Zur Abwehr rechtswidriger Arbeitskampfmaßnahmen durch die Verbände und zu den Rechtsgrundlagen der Abwehraussperrung, SAE 1991, 45 ff. Zitiert als *Otto*, SAE 1991, 45.
Pagenberg, Jochen	Die Aushöhlung des vorbeugenden Rechtsschutzes im Patent-, Urheber- und Wettbewerbsrecht – Zur Auslegung des § 253 Abs. 2 Ziff. 2 ZPO bei der Konkretisierung von Unterlassungsansprüchen, GRUR 1976, 78 ff. Zitiert als *Pagenberg*, GRUR 1976, 78.
Pagenstecher, Max	Zur Lehre von der materiellen Rechtskraft, Berlin 1905. Zitiert als *Pagenstecher*, Zur Lehre von der materiellen Rechtskraft.
Pahle, Wolfgang	Der vorläufige Rechtsschutz des Betriebsrates gegen mitbestimmungswidrige Maßnahmen des Arbeitgebers, NZA 1990, 51 ff. Zitiert als *Pahle*, NZA 1990, 51.
Pastor, Wilhelm L.	Die Unterlassungsvollstreckung nach Paragraph 890 ZPO, 3. Aufl., Köln 1982. Zitiert als *Pastor*, Unterlassungsvollstreckung.
Picker, Eduard	Der negatorische Beseitigungsanspruch, Bonn 1972. Zitiert als *Picker*, Der negatorische Beseitigungsanspruch.

Ders.	Die Drittwiderspruchsklage in ihrer geschichtlichen Entwicklung als Beispiel für das Zusammenwirken von materiellem Recht und Prozessrecht, Köln 1981. Zitiert als *Picker*, Die Drittwiderspruchsklage.
Ders.	Richterrecht oder Rechtsdogmatik – Alternativen der Rechtsgewinnung, JZ 1988, 1 ff. (Teil 1), 62 ff. (Teil 2). Zitiert als *Picker*, JZ 1988.
Ders.	Zur Beseitigungshaftung nach § 1004 BGB – eine Apologie, in: Lange, Hermann / Nörr, Knut Wolfgang / Westermann, Harm Peter (Hrsg.): Festschrift für Joachim Gernhuber zum 70. Geburtstag, Tübingen 1993, S. 315 ff. Zitiert als *Picker*, FS Gernhuber.
Ders.	Rechtszuweisung und Rechtsschutz im Deliktsrecht am Beispiel des Kaltluftsee-Falles (BGHZ 113, 384), in: Beuthien, Volker / Fuchs, Maximilian / Roth, Herbert / Schiemann, Gottfried / Wacke, Andreas (Hrsg.): Perspektiven des Privatrechts am Anfang des 21. Jahrhunderts, Festschrift für Dieter Medicus zum 80. Geburtstag am 9. Mai 2009, Köln 2009, S. 311 ff. Zitiert als *Picker*, FS Medicus.
Piper, Henning / Ohly, Ansgar / Sosnitza, Olaf	Gesetz gegen den unlauteren Wettbewerb, 5. Aufl., München 2010. Zitiert als Piper/Ohly/Sosnitza/*Bearbeiter*.

Prütting, Hanns	Unterlassungsanspruch und einstweilige Verfügung in der Betriebsverfassung, RdA 1995, 257 ff.
	Zitiert als *Prütting*, RdA 1995, 257.
Prütting, Hanns / Gehrlein, Markus (Hrsg.)	ZPO Kommentar, 3. Aufl., Köln 2011.
	Zitiert als Prütting/Gehrlein/*Bearbeiter*.
Raab, Thomas	Der Unterlassungsanspruch des Betriebsrats, ZfA 1997, 183 ff.
	Zitiert als *Raab*, ZfA 1997, 183.
Rauscher, Thomas / Wax, Peter / Wenzel, Joachim	Münchener Kommentar zur Zivilprozessordnung, 3. Aufl., München 2008.
	Zitiert als MünchKommZPO/*Bearbeiter*.
Renck, Ludwig	Besprechung von Christoph Trzaskalik, Die Rechtsschutzzone der Feststellungsklage im Zivil- und Verwaltungsprozess, NJW 1979, 755.
	Zitiert als *Renck*, NJW 1979, 755.
Reuscher, Fedor	Zur Wiedereinführung eines Beschlussverfahrens in „Betriebsstreitigkeiten", BB 1949, 421 ff.
	Zitiert als *Reuscher*, BB 1949, 421.
Richardi, Reinhard (Hrsg.)	Betriebsverfassungsgesetz mit Wahlordnung, 12. Aufl., München 2010.
	Zitiert als Richardi/*Bearbeiter*.

Ders.	Kehrtwende des BAG zum betriebsverfassungsrechtlichen Unterlassungsanspruch des Betriebsrats, NZA 1995, 8 ff.
	Zitiert als *Richardi*, NZA 1995, 8.
Richardi, Reinhard / Wissmann, Hellmut / Wlotzke, Otfried / Oetker, Hartmut (Hrsg.)	Münchener Handbuch zum Arbeitsrecht, 3. Aufl., Bände 1 und 2, München 2009.
	Zitiert als: MünchArbR/*Bearbeiter*.
Richardi, Reinhard / Wlotzke, Otfried	Münchener Handbuch zum Arbeitsrecht, 2. Aufl., Bände 1 bis 3, München 2000.
	Zitiert als MünchArbR(2. Aufl.)/*Bearbeiter*.
Rosenberg, Leo / Schwab, Karl Heinz / Gottwald, Peter	Zivilprozessrecht, 17. Aufl., München 2010.
	Zitiert als *Rosenberg/Schwab/Gottwald*.
Rosenberg, Maurice / Smit, Hans / Dreyfuss, Rochelle Cooper	Elements of Civil Procedure, 5th Ed., New York 1990.
	Zitiert als *Rosenberg/Smit/Dreyfuss*.
Rüssmann, Helmut	Die Bindungswirkung rechtskräftiger Unterlassungsurteile, in: Prütting, Hanns / Rüssmann, Helmut (Hrsg.): Verfahrensrecht am Ausgang des 20. Jahrhunderts, Festschrift für Gerhard Lüke zum 70. Geburtstag, München 1997, S. 675 ff.
	Zitiert als *Rüssmann*, FS Lüke.

Säcker, Franz Jürgen / *Rixecker, Roland*	Münchener Kommentar zum Bürgerlichen Gesetzbuch, 5. Aufl., München 2009.
	Zitiert als MünchKommBGB/*Bearbeiter*.
Saenger, Ingo (Hrsg.)	Zivilprozessordnung Handkommentar, 4. Aufl., Baden-Baden 2011.
	Zitiert als Hk-ZPO/*Bearbeiter*.
Salje, Peter	Quasinegatorischer Rechtsschutz im Betriebsverfassungsrecht, DB 1988, 909 ff.
	Zitiert als *Salje*, DB 1988, 909.
Schack, Haimo	Einführung in das US-amerikanische Zivilprozessrecht, 3. Aufl., München 2003.
	Zitiert als *Schack*, Einführung in das US-Zivilprozessrecht.
Schaub, Günter	Arbeitsgerichtsverfahren, 7. Aufl., München 2001.
	Zitiert als *Schaub*, Arbeitsgerichtsverfahren.
Schellhammer, Kurt	Zivilprozess, 13. Aufl. Heidelberg 2010.
	Zitiert als *Schellhammer*, Zivilprozess.
Scherer, Inge	Verzug und Feststellungsklage, JR 2001, 441 ff.
	Zitiert als *Scherer*, JR 2001, 441.

Schiedermair, Gerhard	Vereinbarungen im Zivilprozess, Bonn 1935.
	Zitiert als *Schiedermair*, Vereinbarungen im Zivilprozess.
Schilken, Eberhard	Zum Handlungsspielraum der Parteien beim prozessualen Anerkenntnis, ZZP 90, 157 ff.
	Zitiert als *Schilken*, ZZP 90, 157.
Ders.	Anmerkung zu BGH vom 19.4.2000 – XII ZR 332/97, JZ 2011, 199 ff.
	Zitiert als *Schilken*, JZ 2001, 199.
Ders.	Zivilprozessrecht, 6. Aufl., Köln 2010.
	Zitiert als *Schilken*, Zivilprozessrecht.
Schoch, Friedrich / Schmidt-Aßmann, Eberhard / Pietzner, Rainer	Verwaltungsgerichtsordnung – Kommentar, München Stand Juni 2011 (21. Ergänzungslieferung).
	Zitiert als Schoch/Schmidt-Aßmann/Pietzner/ *Bearbeiter*.
Schöpflin, Martin	Anmerkung zu BGH vom 23.2.2006 – I ZR 272/02 – Markenparfümverkäufe, JR 2007, 239 ff.
	Zitiert als *Schöpflin*, JR 2007, 239.
Schubert, Werner	Klageantrag und Streitgegenstand bei Unterlassungsklagen, ZZP 85, 29 ff.
	Zitiert als *Schubert*, ZZP 85, 29.

Schwab, Norbert / Weth, Stephan (Hrsg.)	Kommentar zum Arbeitsgerichtsgesetz, 3. Aufl., Köln 2011.
	Zitiert als Schwab/Weth/*Bearbeiter*.
Schwarze, Roland / Hartwig, Tibor	Das arbeitsgerichtliche Beschlussverfahren, JuS 2005, 988 ff. (Teil 1), 1089 ff. (Teil 2).
	Zitiert als *Schwarze/Hartwig*, JuS 2005.
Siebert, Wolfgang	Beiträge zum System des geltenden Arbeitsrechts, RdA 1959, 167 ff.
	Zitiert als *Siebert*, RdA 1959, 167.
Smith, Craig Tiedke	Einseitige präjudizielle Rechtskraftwirkung zugunsten Dritter im US-amerikanischen Zivilprozessrecht, DRiZ 1995, 94 ff.
	Zitiert als *Smith*, DRiZ 1995, 94.
Sodan, Helge / Ziekow, Jan (Hrsg.)	Verwaltungsgerichtsordnung – Großkommentar, 3. Aufl., Baden-Baden, 2010.
	Zitiert als Sodan/Ziekow/*Bearbeiter*.
Soergel, Hs. Th.	Bürgerliches Gesetzbuch, 13. Aufl., Stuttgart.
	Zitiert als Soergel/*Bearbeiter*.
Speer, Niklas	Das Rechtsschutzbedürfnis im arbeitsgerichtlichen Beschlussverfahren, Berlin 1993.
	Zitiert als *Speer*, Das Rechtsschutzbedürfnis im arbeitsgerichtlichen Beschlussverfahren.

Stadler, Astrid Musterverbandsklagen nach künftigem deutschen Recht, in: Gottwald, Peter / Roth, Herbert (Hrsg.): Festschrift für Ekkehard Schumann zum 70. Geburtstag, Tübingen 2001, S. 465 ff.

Zitiert als *Stadler*, FS Schumann, S. 465.

Staudinger, J. von Kommentar zum Bürgerlichen Gesetzbuch mit Einführungsgesetz und Nebengesetzen, §§ 985-1011 (Eigentum 3), 13. Bearbeitung, Neubearbeitung 2006, Berlin 1993 ff.

Zitiert als Staudinger/*Bearbeiter*.

Stein, Friedrich / Jonas, Martin Kommentar zur Zivilprozessordnung, 22. Aufl., Tübingen 2008.

Zitiert als Stein/Jonas/*Bearbeiter*.

Stephan, Alfred Die Unterlassungsklage, München 1908.

Zitiert als *Stephan*, Die Unterlassungsklage.

Stoll, Hans Typen der Feststellungsklage aus der Sicht des bürgerlichen Rechts, in: Betterman, Karl August / Zeuner, Albrecht (Hrsg.): Festschrift für Eduard Bötticher zum 70. Geburtstag am 29. Dezember 1969, Berlin 1969, S. 341 ff.

Zitiert als *Stoll*, FS Bötticher.

Stürner, Rolf Die richterliche Aufklärung im Zivilprozess, Tübingen 1982.

Zitiert als *Stürner*, Die richterliche Aufklärung im Zivilprozess.

Suchier, Reinhart	Ovids Metamorphosen, Band 2, Stuttgart 1862.
	Zitiert als *Suchier*, Ovids Metamorphosen (2. Bd.).
Teplitzky, Otto	Streitgegenstand und materielle Rechtskraft im wettbewerbsrechtlichen Unterlassungsprozess, GRUR 1998, 320 ff.
	Zitiert als *Teplitzky*, GRUR 1998, 320.
Ders.	Der Streitgegenstand in der neuesten Rechtsprechung des I. Zivilsenats des BGH, WRP 2007, 1 ff.
	Zitiert als *Teplitzky*, WRP 2007, 1.
Ders.	Zum Streitgegenstand der wettbewerbsrechtlichen Unterlassungsklage, WRP 2010, 181 ff.
	Zitiert als *Teplitzky*, WRP 2010, 181.
Ders.	Klageantrag und konkrete Verletzungsform, WRP 1999, 75 ff.
	Zitiert als *Teplitzky*, WRP 1999, 75.
Ders.	Wettbewerbsrechtliche Ansprüche und Verfahren, 9. Aufl., Köln 2007.
	Zitiert als *Teplitzky* (9. Aufl.).
Ders.	Wettbewerbsrechtliche Ansprüche und Verfahren, 10. Aufl., Köln 2011.
	Zitiert als *Teplitzky*.

Thomas, Heinz / Putzo, Hans	Zivilprozessordnung, 32. Aufl., München 2011.
	Zitiert als Thomas/Putzo/*Bearbeiter*.
Thon, Horst	Die Antragstellung im arbeitsgerichtlichen Beschlussverfahren, ArbuR 1996, 175 ff.
	Zitiert als *Thon*, ArbuR 1996, 175.
Trzaskalik, Christoph	Die Rechtsschutzzone der Feststellungsklage im Zivil- und Verwaltungsprozess, Berlin 1978.
	Zitiert als *Trzaskalik*, Die Rechtsschutzzone der Feststellungsklage im Zivil- und Verwaltungsprozess.
Ungern-Sternberg / Joachin v.	Grundfragen des Streitgegenstands bei wettbewerbsrechtlichen Unterlassungsklagen (Teil 2), GRUR 2009, 1009 ff.
	Zitiert als *v. Ungern-Sternberg*, GRUR 2009, 1009.
Wagner, Gerhard	Prozessverträge – Privatautonomie im Verfahrensrecht, Tübingen 1998.
	Zitiert als *Wagner*, Prozessverträge.
Walker, Wolf-Dietrich	Zum Unterlassungsanspruch des Betriebsrats bei mitbestimmungswidrigen Maßnahmen des Arbeitgebers, DB 1995, 1961 ff.
	Zitiert als *Walker*, DB 1995, 1961.
Wandtke, Artur-Axel / Bullinger, Winfried	Praxiskommentar zum Urheberrecht, 3. Aufl., München 2009.
	Zitiert als Wandtke/Bullinger/*Bearbeiter*.

Wassermann, Rudolf (Hrsg.)	Kommentar zur Zivilprozessordnung, Neuwied 1987. Zitiert als AK-ZPO/*Bearbeiter*.
Westermann, Harm Peter / Grunewald, Barbara / Maier-Reimer, Georg	Erman – Bürgerliches Gesetzbuch, 13. Aufl., Köln 2011. Zitiert als Erman/*Bearbeiter*.
Weth, Stephan	Das arbeitsgerichtliche Beschlussverfahren, München 1995. Zitiert als *Weth*, Das arbeitsgerichtliche Beschlussverfahren.
Wieser, Eberhard	Arbeitsgerichtsverfahren – Eine systematische Darstellung aufgrund der Rechtsprechung des Bundesarbeitsgerichts, Tübingen 1994. Zitiert als *Wieser*, Arbeitsgerichtsverfahren.
Ders.	Das Rechtsschutzinteresse des Klägers im Zivilprozess, Bielefeld 1971. Zitiert als *Wieser*, Das Rechtsschutzinteresse des Klägers im Zivilprozess.
Yeazell, Stephen C.	Civil Procedure, 6th Ed., New York 2004. Zitiert als *Yeazell*, Civil Procedure.

Zeuner, Albrecht	Überlegungen zum Begriff des Rechtsverhältnisses im Sinne von § 256 ZPO, in: Gottwald, Peter / Roth, Herbert (Hrsg.): Festschrift für Ekkehard Schumann zum 70. Geburtstag, Tübingen 2001, S. 595 ff. Zitiert als *Zeuner*, FS Schumann, S. 595.
Zimmer, Maximilian	Der Anwendungsbereich der Feststellungsklage und des Feststellungsantrags im arbeitsgerichtlichen Verfahren, Göttingen 1997. Zitiert als *Zimmer*, Der Anwendungsbereich der Feststellungsklage und des Feststellungsantrags im arbeitsgerichtlichen Verfahren.
Zöller, Richard	Zivilprozessordnung, 28. Aufl., Köln 2010. Zitiert als Zöller/*Bearbeiter*.
Zöllner, Wolfgang	Materielles Recht und Prozessrecht, AcP 190 (1990), 471 ff. Zitiert als *Zöllner*, AcP 190, 471.

A. Einführung in die Problematik des Globalantrags

I. Problemaufriss

„In der Mitte des Weges, Icarus, bleib (...)"[1] – so ruft es Dädalus seinem Sohn zu, als die beiden sich mit ihren durch Wachs zusammengehaltenen Flügeln aufmachen, dem Labyrinth des Minos zu entfliehen. Doch packt Ikarus der Übermut. Er fliegt zu nah an die Sonne. Durch die Hitze schmilzt das Wachs und er stürzt in den Tod. Ovid weist mit seiner Erzählung auf eine menschliche Versuchung, welcher auch der Rechtsschutzsuchende oft erliegt. Auch er ist nicht davor gefeit, bei seinem Streben nach Erfolg die Grenzen des Möglichen zu überschreiten und zu scheitern.

Dem Ikarus gleich begehrt der Antragsteller eines sogenannten Globalantrags eine möglichst umfassende und grenzenlose Entscheidung des Gerichts. Der Anlass hierfür besteht in einem meist schon lang andauernden Streit zwischen Antragsteller und Antragsgegner über die gegenseitigen Rechtsbeziehungen. Es geht nun um die Klärung der Rechtslage in einer unbestimmten Vielzahl von Fallgestaltungen, die sich in Zukunft ergeben könnten. Anstelle eines konkreten Lebenssachverhalts erhebt der Antragsteller eines Globalantrags ein ganzes „Lebenssachverhaltsmuster"[2] zum Gegenstand des Rechtsstreits. In einem Rundumschlag soll ein für alle Mal geklärt werden, ob und inwieweit dem Kläger das behauptete Recht zusteht. Ziel ist es, die Beziehung zum Antragsgegner durch einen vollstreckbaren Titel präventiv zu regeln oder zumindest eine gerichtlich verbriefte Orientierungshilfe an die Hand zu bekommen. Zu diesem Zweck werden Globalanträge in Form von Unterlassungs- und Feststellungsanträgen gestellt. Diese Globalunterlassungs- wie auch Globalfeststellungsanträge werfen grundlegende zivilprozessuale Fragen auf: Angefangen bei dem Erfordernis der hinreichenden Antragsbestimmtheit über den Umfang von Streitgegenstand und materieller Rechtskraft bis hin zur Vollstreckbarkeit der erhofften allumfassenden Entscheidung des Gerichts stellt der Globalantrag die Grundfesten der ZPO auf die Probe. Darüber hinaus stellt sich die Frage nach der Verträglichkeit des Globalantrags mit klagespezifischen Voraussetzungen von Unterlassungs- und Feststellungsverfahren wie der Begehungsgefahr, dem

---

[1] *Suchier*, Ovids Metamorphosen (2. Bd.), S. 79.
[2] *Jacobs*, FS Picker, S. 1013 (1013).

feststellungsfähigen Rechtsverhältnis und dem rechtlichen Interesse an dessen alsbaldiger Feststellung.

Da der Globalantrag in erster Linie ein Phänomen des Beschlussverfahrens vor den Arbeitsgerichten nach §§ 80 ff. ArbGG ist, hat sich insbesondere das BAG mit den aufgeworfenen Fragen auseinanderzusetzen. Seit Beginn der 1980er Jahre hat sich eine umfangreiche, nicht immer geradlinige Judikatur zum Thema entwickelt. Den Bedürfnissen des Antragstellers nach effektivem Rechtsschutz wird die Rechtsprechung jedoch nicht gerecht. Während das BAG früher annahm, der Globalantrag sei wegen fehlender Bestimmtheit im Sinne des § 253 Abs. 2 Nr. 2 ZPO unzulässig, verortet es die Problematik des Globalantrags heutzutage in ständiger Rechtsprechung in der Begründetheit des Antrags.[3] Demnach ist ein Globalantrag, der eine Vielzahl möglicher Fallgestaltungen erfasst, grundsätzlich als insgesamt unbegründet abzuweisen, wenn unter ihn zumindest auch Sachverhalte fallen, in denen sich der Antrag als unbegründet erweist. Für den Antragsteller ist der Globalantrag daher mit dem großen Risiko des Scheiterns auf ganzer Linie verbunden. Der Antrag wird von den Gerichten auch dann im Ganzen zurückgewiesen werden, wenn der geltend gemachte Anspruch unter einschränkenden Voraussetzungen gegeben wäre. Eine modifizierende Stattgabe, so das BAG, verändere den Gegenstand des Verfahrens, verletze § 308 ZPO und scheide daher aus.

Eine kritische Auseinandersetzung mit dieser Rechtsprechung zum Globalantrag erfolgte bislang nur vereinzelt.[4] Dabei ist die Bedeutung des Antrags für den Rechtsschutz durch das gerichtliche Verfahren kaum zu überschätzen. Mit dem Antrag bestimmen die Parteien über den Beginn des Verfahrens und dessen Inhalt, das „Streitprogramm".[5] Ohne den Antrag gibt es demnach gar kein Verfahren. Das Antragserfordernis ist Ausdruck der Dispositionsmaxime, einem der grundlegenden Verfahrensgrundsätze des Zivilprozesses.[6] Der Kläger teilt durch seinen Antrag mit, was er im Urteil ausgesprochen haben möchte.[7] Nach den auch für den

---

[3] Zur Entwicklung und den Grundsätzen der Rechtsprechung des BAG zum Globalantrag siehe unten A III sowie D I.
[4] *Backsmeier*, Das „Minus" beim unterlassungsrechtlichen Globalantrag, passim; *Jacobs*, Der Gegenstand des Feststellungsverfahrens, S. 27 ff., 294 ff.; *Jacobs*, AP Nr. 18 zu § 50 BetrVG 1972; *Jacobs*, FS Picker, passim; *Zimmer*, Der Anwendungsbereich der Feststellungsklage und des Feststellungsantrags im arbeitsgerichtlichen Verfahren, S. 155 ff.
[5] *Grunsky*, Zivilprozessrecht, Rn. 36; MünchKommZPO/*Musielak*, § 308 Rn. 1.
[6] *Grunsky*, Zivilprozessrecht, Rn. 36; zu den Verfahrensgrundsätzen des Zivilprozesses siehe Stein/Jonas/*Leipold*, vor § 128 Rn. 3 ff.
[7] Stein/Jonas/*Roth*, § 253 Rn. 24.

Antrag geltenden Auslegungsgrundsätzen, kommt es nicht entscheidend auf den Wortlaut, sondern auf den durch den Antrag zum Ausdruck gebrachten Willen an.[8] Bevor jedoch das Gericht den zur Entscheidung gestellten Antrag auslegt, hat es den Antragsteller nach § 139 Abs. 1 ZPO auf die Auslegungsbedürftigkeit des Antrags hinzuweisen und die Zweifel durch Fragen auszuräumen.[9] Es ist zunächst Sache des Klägers, dem Antrag die richtige Fassung zu geben.[10] Im Zivilprozess werden drei Klagetypen und hiermit korrespondierend drei Antragsarten voneinander unterschieden. Der Leistungsantrag dient dem Antragsteller dazu, einen materiellrechtlichen Anspruch im Sinne des § 194 BGB geltend zu machen.[11] Mit einem Feststellungsantrag begehrt der Antragsteller die Feststellung des Bestehens oder Nichtbestehens eines Rechtsverhältnisses.[12] Letztlich besteht die Möglichkeit, einen Gestaltungsantrag zu stellen. Hiermit ersucht der Antragsteller um ein die Rechtslage unmittelbar änderndes Urteil.[13] Neben der Bestimmung des Streitgegenstands dient der Klageantrag auch der Begrenzung der Entscheidungsgewalt des Gerichts (§ 308 Abs. 1 ZPO).[14] Das Gericht ist an die gestellten Anträge gebunden. Es ist ihm untersagt, dem Antragsteller mehr oder etwas anderes zuzusprechen, als dieser mit seinem Antrag begehrt.[15] Wegen dieser weitreichenden Konsequenzen zählt die Antragsfassung zu den wichtigsten und zugleich schwierigsten Aufgaben des Rechtsanwalts.[16]

II. Mit dem Globalantrag verfolgte Ziele

Zur Veranschaulichung der Thematik sollen an dieser Stelle zwei Beispiele für einen Globalantrag aus der jüngeren Rechtsprechung des BAG dienen.

In einem am 20. April 2010 vor dem 1. Senat des BAG verhandelten Fall beantragte der Betriebsrat eines Zeitungsverlags, der Arbeitgeberin und Betreiberin des Zeitungsverlags aufzugeben, „es künftig zu unterlassen, einseitig ohne Zustimmung

---

[8] Ahrens/*Jestaedt*, Kap. 22 Rn. 2; Musielak/*Musielak*, § 308 Rn. 3; MünchKommZPO/*Musielak*, § 308 Rn. 6.
[9] Musielak/*Musielak*, § 308 Rn. 3; Stein/Jonas/*Leipold*, vor § 128 Rn. 250.
[10] MünchKommZPO/*Musielak*, § 308 Rn. 6.
[11] MünchKommZPO/*Becker-Eberhard*, Vorbem. zu §§ 253 ff. Rn. 23; Stein/Jonas/*Roth*, vor § 253 Rn. 75; *Schellhammer*, Zivilprozess, Rn. 35.
[12] Stein/Jonas/*Roth*, vor § 253 Rn. 86; *Schellhammer*, Zivilprozess, Rn. 35.
[13] Stein/Jonas/*Roth*, vor § 253 Rn. 88.
[14] *Schellhammer*, Zivilprozess, Rn. 34.
[15] MünchKommZPO/*Musielak*, § 308 Rn. 1, 7 ff.
[16] Ahrens/*Jestaedt*, Kap. 22 Rn. 1; *Teplitzky*, Kap. 51 Rn. 1 jeweils m.w.N.

des Betriebsrats oder der Entscheidung einer Einigungsstelle innerbetriebliche Bildungsmaßnahmen für Mitglieder der Redaktion Verlagsbeilagen der Anzeigenabteilung durchzuführen".[17]

Am 17. August 2010 hatte sich der 9. Senat des BAG mit dem Antrag einer Schwerbehindertenvertretung eines Landschaftsverbands aus Nordrhein-Westfalen zu befassen.[18] Die Schwerbehindertenvertretung beantragte „festzustellen, dass die Arbeitgeberin verpflichtet ist, die Schwerbehindertenvertretung nach § 95 Abs. 2 S. 1 SGB IX vor der Entscheidung zur Besetzung einer Stelle mit Personalleitungsfunktion, die der Mitbestimmung des Personalrats nach § 72 LPVG unterliegt, zu unterrichten und anzuhören, soweit es um die Besetzung einer Stelle geht, der bezüglich der Personalleitungsfunktion mindestens ein schwerbehinderter Mensch zugeordnet ist".

Beide Anträge scheinen auf den ersten Blick mit all ihren Einschränkungen und Präzisierungen auf den Einzelfall zugeschnitten. Doch erschließt sich bei genauerem Hinsehen, dass es sich hier um Globalanträge handelt. Um Anträge also, die sich einschränkungslos auf alle denkbaren Möglichkeiten beziehen, unter denen der geltend gemachte Anspruch bestehen soll.[19] Die Motivation, einen solchen Antrag zu stellen, ist – wie sich zeigt – nachvollziehbar.

1. Rechtssicherheit und effektiver Präventivrechtsschutz

Der Gläubiger eines Unterlassungsanspruchs – wie der Betriebsrat im ersten Beispiel –, der in seinem Antrag allein auf die konkrete Verletzungshandlung abstellt, sieht sich der Gefahr ausgesetzt, dass der Unterlassungsschuldner den erwirkten Unterlassungstitel umgeht, indem er zwar die vom Verbot erfassten Handlungen nicht mehr vornimmt, sich fortan jedoch ähnlich und im Ergebnis ebenso rechtswidrig verhält.[20] Das erreichte Urteil ist bezüglich dieser Handlungsabweichungen, seien sie auch nur geringfügig, quasi wertlos.[21] Denn Vollstreckungsmaßnahmen kommen nur gegen die vom Unterlassungstitel erfassten Verhaltensweisen in Be-

---

[17] BAG vom 20.4.2010 – 1 ABR 78/08, NZA 2010, 902 ff. = NJW 2010, 2906 ff.
[18] BAG vom 17.8.2010 – 9 ABR 83/09, NZA 2010, 1431 ff. = NJW 2010, 3531 f.
[19] BAG vom 7.4.2004 – 7 ABR 35/03, AP Nr. 2 zu § 95 SGB IX.
[20] *Baur*, ZfA 1997, 445 (474 f.).
[21] *Backsmeier*, Das „Minus" beim unterlassungsrechtlichen Globalantrag, S. 17.

tracht.[22] In dieser für den Unterlassungsgläubiger unbefriedigenden Situation wird er versuchen, seinen Antrag so offen wie möglich zu formulieren.[23] Er wird danach streben, mit dem erwirkten Titel nicht nur die konkrete Verletzungshandlung, sondern darüber hinaus auch dieser konkreten Verletzungshandlung ähnliche Verhaltensweisen untersagen zu können.[24] Dieses Begehren lässt sich mit dem Bedürfnis nach Rechtssicherheit und effektivem Präventivrechtsschutz auf einen Begriff bringen.[25]

2. Rechtsverbindliche Orientierungshilfe

Globalanträge werden aber nicht nur zum Zwecke eines effektiven Präventivrechtsschutzes gestellt. In dem zweiten oben angeführten Beispiel begehrt die Schwerbehindertenvertretung eines Betriebs die Feststellung einer Unterrichtungs- und Anhörungspflicht der Arbeitgeberin bei der Besetzung einer bestimmten Stelle mit Personalleitungsfunktion.[26] Losgelöst von einer konkreten Handlung der Arbeitgeberin sucht die Schwerbehindertenvertretung hier eine gerichtliche Auskunft auf ihre Rechtsfrage nach dem Bestehen einer Unterrichtungs- und Anhörungspflicht. Es geht ihr um die Lösung von Konflikten, die erst für die Zukunft erwartet werden.[27] Durch die gerichtliche Klärung erhofft sich der Antragsteller eine Richtschnur für künftiges Verhalten.[28] Der Globalantrag dient hier dazu, die eigene Taktik in künftigen Auseinandersetzungen planen zu können.[29] Neben dem effektiven Präventivrechtsschutz ist also die Erlangung eines gerichtlichen Urteils als „Planungsbasis"[30] und somit einer rechtsverbindlichen Orientierungshilfe eine Motivation dafür, sich bei der Antragstellung vom konkreten Einzelfall zu lösen und einen allgemein gehaltenen Globalantrag zu stellen.

---

[22] *Backsmeier*, Das „Minus" beim unterlassungsrechtlichen Globalantrag, S. 16.
[23] *Borck*, WRP 1979, 180 (182); *Backsmeier*, Das „Minus" beim unterlassungsrechtlichen Globalantrag, S. 16.
[24] *Backsmeier*, Das „Minus" beim unterlassungsrechtlichen Globalantrag, S. 16.
[25] Zu den Prozesszielen der Rechtssicherheit und des effektiven Präventivrechtsschutzes siehe *Backsmeier*, Das „Minus" beim unterlassungsrechtlichen Globalantrag, S. 18 f.
[26] BAG vom 17.8.2010 – 9 ABR 83/09, NZA 2010, 1431 ff. = NJW 2010, 3531 f.
[27] Zum Prozessziel der Rechtsauskunft siehe *Zimmer*, Der Anwendungsbereich der Feststellungsklage und des Feststellungsantrags im arbeitsgerichtlichen Verfahren, S. 145 ff.
[28] BAG vom 29.7.1982 – 6 ABR 51/79, AP Nr. 5 zu § 83 ArbGG 1979; GMP/*Germelmann*, § 46 Rn. 79; *Grunsky*, ArbGG, § 46 Rn. 21; hierzu insbesondere *Trzaskalik*, Die Rechtsschutzzone der Feststellungsklage im Zivil- und Verwaltungsprozess, S. 178 ff.
[29] *Grunsky*, RdA 1986, 196 (201); *Grunsky*, DB 1990, 526 (531).
[30] *Grunsky*, RdA 1986, 196 (201).

III. Globalantrag als Problem der Zulässigkeit und Begründetheit des Verfahrens

Die soeben aufgeführten Motive des Antragstellers, einen Globalantrag zu stellen, deuten schon darauf hin, dass diese Art des Antrags nicht nur vereinzelt zur Entscheidung des Gerichts gestellt wird. Das Bedürfnis nach effektivem Präventivrechtsschutz und gerichtlich abgesicherten Verhaltensmaßstäben machen die Problematik des Globalantrags sehr praxisrelevant. Es verwundert daher nicht, dass sich das BAG in der Vergangenheit oft mit Globalanträgen auseinanderzusetzen hatte und auch in Zukunft auseinanderzusetzen haben wird. Die Bewertung solcher Globalanträge durch das BAG fiel dabei nicht immer einheitlich aus. Dem Umgang des BAG mit den Globalanträgen im Beschlussverfahren gebührt deshalb eine genauere Betrachtung.

1. Erscheinungsformen des Globalantrags: Leistungs- und Feststellungsanträge

Das arbeitsgerichtliche Beschlussverfahren, dessen Gegenstand der Globalantrag besonders häufig ist, kennt alle Antragsarten, wie sie auch im Urteilsverfahren vorkommen.[31] Der Antragsteller kann mit seinem Antrag sowohl die Verurteilung zu einer Leistung, die Feststellung des Bestehens oder Nichtbestehens eines Rechtsverhältnisses als auch eine Rechtsänderung begehren.[32] Globalanträge tauchen hierbei entweder in der Form des Global*unterlassungs*antrags oder in der Form des Global*feststellungs*antrags auf. Das ergibt sich bereits aus den Motiven für den Globalantrag. Heißt das Ziel vollstreckbarer Präventivrechtsschutz, wird man einen Globalunterlassungsantrag stellen. Geht es dagegen losgelöst von einem konkreten Anlassfall eher um die Erlangung gerichtlich genehmigter Verhaltensmaximen, kommen grundsätzlich beide Varianten in Betracht. Neben dem Globalfeststellungsantrag kann man hier auch zu einem vorbeugenden Unterlassungsantrag greifen.[33] Lange Zeit spielten Unterlassungsanträge im Beschlussverfahren eine zu vernachlässigende Rolle. Grund hierfür war die Annahme des BAG, das Betriebsverfassungsgesetz kenne keinen allgemeinen Anspruch des Betriebsrats, wonach der Arbeitgeber generell verpflichtet wäre, Handlungen zu unterlassen, die gegen

---

[31] Siehe unten B II 1.
[32] Schwab/Weth/*Weth*, § 81 Rn. 23; vgl. auch GMP/*Matthes*, § 81 Rn. 14 ff.
[33] *Zimmer*, Der Anwendungsbereich der Feststellungsklage und des Feststellungsantrags im arbeitsgerichtlichen Verfahren, S. 146 f.

Einführung 7

Mitbestimmungs- oder Mitwirkungsrechte des Betriebsrats verstoßen.[34] Diese Rechtsprechung gab das BAG mit einer Entscheidung vom 3.5.1994 auf.[35] Mit der Anerkennung dieses allgemeinen Unterlassungsanspruchs des Betriebsrats bei der Verletzung von Mitbestimmungsrechten aus § 87 BetrVG eröffnete das BAG dem Unterlassungsantrag im Beschlussverfahren einen viel größeren Anwendungsbereich.[36] Seither kommen im Beschlussverfahren die Globalunterlassungsanträge neben den Globalfeststellungsanträgen ebenso häufig vor.

2. Globalantrag als Problem der Antragsbestimmtheit

Ob Unterlassungs- oder Feststellungsantrag, das BAG bewertete den Globalantrag nicht immer in der gleichen Weise. Zur Veranschaulichung der früheren Rechtsprechung des BAG zum Globalantrag soll eine Entscheidung aus dem Jahr 1983 dienen.[37] Der Betriebsrat von Gruner und Jahr aus Hamburg beantragte, es dem Verlags- und Druckunternehmen „bei Meidung eines für jeden Fall der Zuwiderhandlung vom Arbeitsgericht festzusetzenden Zwangsgeldes zu untersagen, (...) Mehrarbeit ohne vorherige Zustimmung des Betriebsrats, u.a. auch durch einzelne Arbeitnehmer, durchzuführen beziehungsweise durchführen zu lassen". Mit diesem Antrag bezweckte der Betriebsrat, die Befugnisse der Antragsgegnerin, soweit es die Anordnung von Mehrarbeit betrifft, umfassend zu klären.[38] Es handelte sich mithin um einen Globalantrag. Das Arbeitsgericht Hamburg hatte dem Antrag des Betriebsrats stattgegeben.[39] Auf die Beschwerde der Antragsgegnerin hin, änderte das Landesarbeitsgericht Hamburg den Beschluss des Arbeitsgerichts insofern ab, als es dem Betriebsrat zwar im Grundsatz Recht gab, doch einschränkend sechs Fallgruppen bestimmte, in denen die Anordnung von Überstunden der Zustimmung des Betriebsrats bedürfe.[40] Hiergegen gingen nun sowohl der den Antrag stellende Betriebsrat als auch die Antragsgegnerin mit der Rechtsbeschwerde vor. Die Rechtsbeschwerde der Antragsgegnerin hatte Erfolg.

---

[34] St. Rspr. BAG vom 22.2.1983 – 1 ABR 27/81, AP Nr. 2 zu § 23 BetrVG 1972.
[35] BAG vom 3.5.1994 – 1 ABR 24/93, AP Nr. 23 zu § 23 BetrVG 1972.
[36] *Zimmer*, Der Anwendungsbereich der Feststellungsklage und des Feststellungsantrags im arbeitsgerichtlichen Verfahren, S. 147.
[37] BAG vom 8.11.1983 – 1 ABR 57/81, AP Nr. 11 zu § 87 BetrVG 1972 – Arbeitszeit; hierzu *Grunsky*, in Anm. zu BAG vom 8.11.1983 – 1 ABR 57/81, AP Nr. 11 zu § 87 BetrVG 1972 – Arbeitszeit.
[38] BAG vom 8.11.1983 – 1 ABR 57/81, AP Nr. 11 zu § 87 BetrVG 1972 – Arbeitszeit.
[39] ArbG Hamburg vom 15.7.1980 – 17 BV 3/80.
[40] LAG Hamburg vom 16.4.1981 – 2 TaBV 7/80.

Das BAG wies den Globalunterlassungsantrag des Betriebsrats als unzulässig zurück.[41] Der Antrag verstoße gegen das Bestimmtheitsgebot aus § 253 Abs. 2 Nr. 2 ZPO.[42] Da der Antrag alle nur denkbaren Möglichkeiten von Mehrarbeit einschließe, könne die Streitfrage nicht mit einem allgemeinen Ja oder Nein beantwortet werden.[43] Es lasse sich nicht übersehen, welche konkreten Sachverhalte von der begehrten Unterlassung erfasst würden.[44] Daher sei der Antrag nicht geeignet, eine Klärung der zwischen den Beteiligten bestehenden aktuellen Meinungsverschiedenheiten über die Mitbestimmungspflichtigkeit von Mehrarbeit im Betrieb der Antragsgegnerin herbeizuführen.[45] Eine Beendigung des bestehenden betriebsverfassungsrechtlichen Kompetenzstreits und damit eine Befriedungswirkung könnten auf diese Weise nicht erreicht werden.[46] Würde dem Globalantrag stattgegeben, bliebe unklar, wann im konkreten Fall eine Überstundenanordnung mitbestimmungspflichtig sei und wann nicht.[47] Erst im Zwangsvollstreckungsverfahren müsste dann entschieden werden, ob die Anordnung dem Mitbestimmungsrecht unterfällt.[48] Neben der fehlenden Bestimmtheit des Antrags hielten die Richter des 1. Senats den Globalantrag aus einem weiteren Grund für unzulässig. Es fehle am Rechtsschutzinteresse für einen solchen Globalantrag.[49] Der Globalantrag des Betriebsrats würde das Gericht zwingen, sämtliche im Betrieb der Antragsgegnerin denkbaren Möglichkeiten der Leistung von Mehrarbeit ohne Rücksicht auf ihre Aktualität im konkreten Betriebsgeschehen ins Auge zu fassen und rechtlich zu würdigen.[50] Das liefe unzulässigerweise auf die Erstattung eines Rechtsgutachtens hinaus.[51] Hierzu seien die Gerichte nicht berufen und fehle es am nötigen Rechtsschutzinteresse.[52] Letztlich verwarfen die Richter die Entscheidung des Landesarbeitsgerichts noch unter Verweis auf die Vorschrift des § 308 Abs. 1 ZPO. Indem das Landesarbeitsgericht in seinem Beschluss sechs Fallgruppen bildete, in denen die Anordnung von Mehrarbeit mitbestimmungspflichtig sei, habe es dem Betriebs-

---

[41] Kritisch *Grunsky*, in Anm. zu BAG vom 8.11.1983 – 1 ABR 57/81, AP Nr. 11 zu § 87 BetrVG 1972 – Arbeitszeit.
[42] Zur Geltung des Bestimmtheitsgrundsatzes aus § 253 Abs. 2 Nr. 2 ZPO auch im arbeitsgerichtlichen Beschlussverfahren siehe unten B II 1.
[43] BAG vom 8.11.1983 – 1 ABR 57/81, AP Nr. 11 zu § 87 BetrVG 1972 – Arbeitszeit.
[44] BAG vom 8.11.1983 – 1 ABR 57/81, AP Nr. 11 zu § 87 BetrVG 1972 – Arbeitszeit.
[45] BAG vom 8.11.1983 – 1 ABR 57/81, AP Nr. 11 zu § 87 BetrVG 1972 – Arbeitszeit.
[46] BAG vom 8.11.1983 – 1 ABR 57/81, AP Nr. 11 zu § 87 BetrVG 1972 – Arbeitszeit.
[47] BAG vom 8.11.1983 – 1 ABR 57/81, AP Nr. 11 zu § 87 BetrVG 1972 – Arbeitszeit.
[48] BAG vom 8.11.1983 – 1 ABR 57/81, AP Nr. 11 zu § 87 BetrVG 1972 – Arbeitszeit.
[49] Zur Erforderlichkeit eines Rechtsschutzinteresses auch im arbeitsgerichtlichen Beschlussverfahren siehe unten B II 2.
[50] BAG vom 8.11.1983 – 1 ABR 57/81, AP Nr. 11 zu § 87 BetrVG 1972 – Arbeitszeit.
[51] BAG vom 8.11.1983 – 1 ABR 57/81, AP Nr. 11 zu § 87 BetrVG 1972 – Arbeitszeit.
[52] BAG vom 8.11.1983 – 1 ABR 57/81, AP Nr. 11 zu § 87 BetrVG 1972 – Arbeitszeit.

rat etwas zugesprochen, was dieser gar nicht beantrag hatte.[53] Mit der konkretisierten Stattgabe des Antrags unter Angabe von sechs Fallgruppen würde dem Antragsteller nicht nur weniger, sondern etwas anderes als beantragt zugesprochen.[54] Somit bleibt vorerst festzuhalten, dass das BAG die Problematik des Globalantrags früher am Maßstab des Gebots der Antragsbestimmtheit nach § 253 Abs. 2 Nr. 2 ZPO maß. Ferner sah es Probleme im Rahmen des erforderlichen Rechtsschutzinteresses sowie der Bindung des Gerichts an die Anträge im Sinne des § 308 Abs. 1 ZPO.

3. Globalantrag als Problem der Begründetheit

Von dieser Sichtweise verabschiedete sich das BAG jedoch spätestens mit einer Entscheidung vom 10.6.1986[55] und verortet die Problematik des Globalantrags nunmehr in der Begründetheit. Da das BAG bis heute an dieser Rechtsprechungslinie[56] festhält, soll eine Entscheidung aus jüngster Zeit zur Erläuterung dienen. Am 10.3.2009 hatte wiederum der 1. Senat des BAG über einen Globalantrag zu entscheiden.[57] Hier stritt der Betriebsrat mit der Arbeitgeberin, die elektronische Reservierungssysteme für Reisebüros entwickelt, vertreibt und betreut, über das Bestehen eines Mitbestimmungsrechts beim Abschluss von Verschwiegenheitserklärungen. Der Betriebsrat beantragte festzustellen, „ dass er mitzubestimmen hat, wenn die Arbeitgeberin gegenüber einzelnen oder einer von ihr einseitig festgelegten Gruppe von Arbeitnehmern die Verpflichtung zur Verschwiegenheit und Geheimhaltung durch den gesonderten Abschluss einer formularmäßigen, standardisierten Verschwiegenheitsvereinbarung und Geheimhaltungsverpflichtung verlangt".[58] Anders als früher sieht das BAG in der Zulässigkeit des Globalantrags keine Probleme mehr. Zwar, gibt das BAG zu, lasse der Antrag offen, was genau von den Arbeitnehmern verschwiegen und geheim gehalten werden soll. Dennoch sei der Antrag hinreichend bestimmt im Sinne des § 253 Abs. 2 Nr. 2 ZPO. Weil der Betriebsrat bei jeder denkbaren Verschwiegenheitsverpflichtung mitbestimmen

---

[53] BAG vom 8.11.1983 – 1 ABR 57/81, AP Nr. 11 zu § 87 BetrVG 1972 – Arbeitszeit.
[54] BAG vom 8.11.1983 – 1 ABR 57/81, AP Nr. 11 zu § 87 BetrVG 1972 – Arbeitszeit unter Verweis auf BAG vom 22.7.1980 – 6 ABR 5/78, AP Nr. 3 zu § 74 BetrVG 1972.
[55] BAG vom 10.6.1986 – 1 ABR 61/84, AP Nr. 18 zu § 87 BetrVG 1972 – Arbeitszeit.
[56] St. Rspr. BAG vom 3.5.1994 – 1 ABR 24/93, AP Nr. 23 zu § 23 BetrVG 1972; BAG vom 21.9.1999 – 1 ABR 40/98, AP Nr. 21 zu § 99 BetrVG 1972 – Versetzung; BAG vom 20.10.1999 – 7 ABR 37/98, juris; BAG vom 3.6.2003 – 1 ABR 19/02, AP Nr. 1 zu § 89 BetrVG 1972.
[57] BAG vom 10.3.2009 – 1 ABR 87/07, AP Nr. 16 zu § 87 BetrVG 1972.
[58] BAG vom 10.3.2009 – 1 ABR 87/07, AP Nr. 16 zu § 87 BetrVG 1972.

will, sei der Globalantrag zwar umfassend, nicht aber unbestimmt.[59] Obwohl der konkrete Anlassfall bereits abgeschlossen war und vergleichbare Projekte auf absehbare Zeit nicht mehr durchgeführt werden sollten, sah das BAG das nach § 256 Abs. 1 ZPO erforderliche Feststellungsinteresse als gegeben an. Es reiche aus, wenn vergleichbare Anlässe weiterhin möglich seien und sich der Anlass gebende Konflikt deshalb wiederholen kann.[60] Dennoch hatte der Betriebsrat mit seinem Begehren im Ergebnis keinen Erfolg. Nach der Doktrin des Bundesarbeitsgerichts ist ein Antrag im arbeitsgerichtlichen Beschlussverfahren, mit dem ein Mitbestimmungsrecht global für eine Vielzahl von Fallgestaltungen in Anspruch genommen oder für sämtliche Fallgestaltungen geleugnet wird, insgesamt unbegründet, wenn es darunter Fallgestaltungen gibt, in denen dem Antragsteller das betreffende Mitbestimmungsrecht nicht zusteht oder wenn es einen Fall gibt, in dem es besteht.[61] So lag es hier. Unter den vom Antrag des Betriebsrats erfassten Fällen fanden sich auch Konstellationen, in denen ein Mitbestimmungsrecht des Betriebsrats nicht bestand. Es bleibt zu konstatieren, dass das BAG die Problematik des Globalantrags nunmehr in der Begründetheit des Globalantrags angesiedelt sieht und ausschließlich prüft, ob der Antrag in allen erfassten Fällen begründet wäre.

IV. Gang der Untersuchung

Somit kann an dieser Stelle zusammenfassend festgehalten werden, dass der Globalantrag seine Ursache in den Bedürfnissen der Praxis nach präventivem Rechtsschutz und Orientierungsrichtlinien für das eigene Verhalten hat. Der Globalantrag wird in der Gestalt des Unterlassungsantrags wie des Feststellungsantrags gestellt. Dabei unterlag die Rechtsprechung des BAG zum Globalantrag einem grundlegenden Wandel. Während die Problematik des Globalantrags zunächst in der Zulässigkeit angesiedelt wurde, begreift das BAG den Globalantrag nunmehr als eine Frage der Begründetheit.

Auf dieser ersten Analyse aufbauend schließt sich die kritische Überprüfung des Phänomens *Globalantrag* vor dem Hintergrund der zivilprozessualen Dogmatik an.

---

[59] BAG vom 10.3.2009 – 1 ABR 87/07, AP Nr. 16 zu § 87 BetrVG 1972.
[60] BAG vom 10.3.2009 – 1 ABR 87/07, AP Nr. 16 zu § 87 BetrVG 1972.
[61] St. Rspr. BAG vom 3.5.1994 – 1 ABR 24/93, AP Nr. 23 zu § 23 BetrVG 1972; BAG vom 21.9.1999 – 1 ABR 40/98, AP Nr. 21 zu § 99 BetrVG 1972 – Versetzung; BAG vom 20.10.1999 – 7 ABR 37/98, juris; BAG vom 3.6.2003 – 1 ABR 19/02, AP Nr. 1 zu § 89 BetrVG 1972; BAG vom 10.3.2009 – 1 ABR 87/07, AP Nr. 16 zu § 87 BetrVG 1972.

Es wird sowohl auf die allgemeinen, an jeden Antrag zu stellenden Anforderungen, als auch auf die von der Rechtsprechung und der Literatur für den Unterlassungs- und den Feststellungsantrag entwickelten Spezifika einzugehen sein. Neben dem Prozessziel unterscheiden sich Unterlassungs- und Feststellungsanträge auch in der ihnen zugrunde liegenden Dogmatik. Für den Globalunterlassungsantrag soll geprüft werden, ob sich Erkenntnisse anderer Rechtsgebiete – insbesondere des Wettbewerbsrechts – nutzen lassen, um Antworten auf die sich im arbeitsrechtlichen Kontext ergebenden Probleme zu finden. Hier sei beispielsweise die die Reichweite des Unterlassungsrechtsschutzes maßgeblich beeinflussende Kerntheorie genannt. Für den Globalfeststellungsantrag wird es darauf ankommen, wie das feststellungsfähige Rechtsverhältnis und das Feststellungsinteresse im Sinne des § 256 Abs 1 ZPO im hier diskutierten Kontext zu bestimmen sind. Die beiden Spielarten des Globalantrags – Globalunterlassungs- und Globalfeststellungsantrag – werden daher getrennt voneinander untersucht. Im Anschluss daran sollen Wege aufgezeigt werden, wie die Verfahrensbeteiligten ihren Wunsch nach Rechtsklarheit und Rechtssicherheit auch ohne den Globalantrag verwirklichen können.

Hierbei ist zunächst zu berücksichtigen, dass der Globalantrag in erster Linie ein Phänomen des arbeitsgerichtlichen Beschlussverfahrens ist. Somit bedarf es einer Auseinandersetzung mit den Besonderheiten des Verfahrens nach §§ 80 ff. ArbGG. Es gilt die Rechtsnatur des Beschlussverfahrens nach §§ 80 ff. ArbGG daraufhin zu untersuchen, ob und inwieweit dieses „Zwitterverfahren"[62] größeren Spielraum für Globalanträge bietet als das Urteilsverfahren.

---

[62] *Schwarze/Hartwig*, JuS 2005, 988 (989) bescheinigt dem arbeitsgerichtlichen Beschlussverfahren „etwas Zwitterhaftes".

B. Heiligt der Zweck die Mittel? – Globalantrag und Besonderheiten des arbeitsgerichtlichen Beschlussverfahrens

Die meisten Entscheidungen zum Globalantrag sind im Beschlussverfahren nach §§ 80 ff. ArbGG ergangen. Um die Zulässigkeit des Globalantrags zu begründen wird häufig auf einen besonderen Zweck des Beschlussverfahrens zurückgegriffen.[63] Die Überzeugungskraft dieser Argumentation ist jedoch zweifelhaft. Bevor auf das Phänomen des Globalantrags *en detail* eingegangen wird, soll der Zweck des „zwitterhaften"[64] Beschlussverfahrens analysiert werden.

I. Zweck des Beschlussverfahrens

Die Aufteilung der Verfahrensarten vor den Arbeitsgerichten in Urteilsverfahren einerseits und Beschlussverfahren andererseits datiert aus dem Jahr 1926.[65] Das am 28.12.1926 verkündete Arbeitsgerichtsgesetz[66] diente der Schaffung eines einheitlichen Arbeitsrechts wie es von Art. 157 Abs. 2 WRV verlangt wurde.[67] Das Beschlussverfahren war hier für Betriebsvertretungsstreitigkeiten gedacht und der Freiwilligen Gerichtsbarkeit sehr ähnlich ausgestaltet.[68] Die zum Teil als missglückt empfundene[69] Bezeichnung als „Beschlussverfahren" leitet sich von dem das Verfahren beendenden „Beschluss" im Sinne des § 84 ArbGG ab.[70]

Lang wurde um die Rechtsnatur des Beschlussverfahrens gestritten.[71] Die vertretenen Auffassungen reichen von einer Charakterisierung des Beschlussverfahrens als Verfahren der Arbeitsverwaltung[72] über eine Deutung als Verfahren der Verwaltungsgerichtsbarkeit[73] bis hin zu einer Zuordnung des Beschlussverfahrens zur

---

[63] Siehe zur Rechtsprechung des BAG unten B II 1 und 2.
[64] *Schwarze/Hartwig*, JuS 2005, 988 (988).
[65] *Natter/Gross/Roos*, § 80 Rn. 2.
[66] RGBl. S. 507 ff.
[67] *Neumann*, NZA 1993, 342 (342).
[68] *Neumann*, NZA 1993, 342 (343).
[69] *Grunsky*, ArbGG, § 80 Rn. 1.
[70] Der „Beschluss" im Sinne des § 84 ArbGG ist von dem „Beschluss" im Sinne des § 128 Abs. 4 ZPO zu unterscheiden.
[71] GMP/*Matthes*, § 80 Rn. 3; insbes. *Weth*, Das arbeitsgerichtliche Beschlussverfahren, S. 15 ff.
[72] *Karger*, JW 1928, 1644 (1644); *Kauffmann*, AuR 1954, 1 (1).
[73] *Kaskel*, Die neue Arbeitsgerichtsbarkeit, S. 33.

freiwilligen Gerichtsbarkeit.[74] Die herrschende Meinung sieht das Beschlussverfahren als Teil einer besonderen Zivilgerichtsbarkeit an.[75] Bedeutung könnte dieser Streit allenfalls bei der Frage erlangen, welche allgemeinen Verfahrensgrundsätze und -bestimmungen auf das durch das ArbGG nicht abschließend geregelte Beschlussverfahren entsprechend anzuwenden sind.[76] Allerdings wurden die bis dato bestehenden Regelungslücken durch die Arbeitsgerichtsgesetz-Novelle vom 23.5.1979[77] weitgehend ausgefüllt,[78] sodass die Antworten auf die noch offen gebliebenen Fragen aus dieser Regelung heraus zu suchen sind.[79] Der Streit um die Rechtsnatur des Beschlussverfahrens ist somit bedeutungslos geworden.[80]

Heute unstrittig handelt es sich beim Beschlussverfahren um einen Fall echter Rechtsprechung, bei der auf einen bestimmten Sachverhalt Rechtsnormen anzuwenden sind.[81] Fraglich ist jedoch wie frühere Äußerungen in der Rechtsprechung zu verstehen sind, Ziel des Beschlussverfahrens sei nicht so sehr die Durchsetzung subjektiver Rechte, sondern mehr die Herstellung eines gesetzmäßigen Zustands im Interesse der Allgemeinheit.[82] Auch in der Literatur wird zum Teil von einem „objektiven Charakter" des Beschlussverfahrens gesprochen.[83] Für diese Ausrichtung des Beschlussverfahrens am öffentlichen Interesse spreche die Tatsache, dass nach § 83 Abs. 1 S. 1 ArbGG der Untersuchungsgrundsatz statt wie im Urteilsverfahren der Beibringungsgrundsatz gelte.[84] Auch wird die Terminologie der §§ 80 ff. ArbGG ins Feld geführt.[85] In der Tat verwendet das ArbGG im Abschnitt über das

---

[74] *Kny*, Die Arbeitsgerichtsbehörden, S. 114 ff.; *Körnich*, Das arbeitsgerichtliche Beschlussverfahren in Betriebsverfassungssachen, S. 34.
[75] *Grunsky*, ArbGG, § 80 Rn. 2; *Hueck/Nipperdey*, Lehrbuch des Arbeitsrechts, Bd. I, S. 879 ff.; *Leser*, Das arbeitsgerichtliche Beschlussverfahren, S. 8; *Siebert*, RdA 1959, 167 (167); *Weth*, Das arbeitsgerichtliche Beschlussverfahren, S. 27.
[76] GMP/*Matthes*, § 80 Rn. 4; Natter/Gross/*Roos*, § 80 Rn. 4.
[77] BGBl. I S. 545.
[78] GMP/*Matthes*, § 80 Rn. 4; Natter/Gross/*Roos*, § 80 Rn. 2.
[79] GMP/*Matthes*, § 80 Rn. 4.
[80] *Grunsky*, ArbGG, § 80 Rn. 2; GMP/*Matthes*, § 80 Rn. 4; Natter/Gross/*Roos*, § 80 Rn. 4; *Weth*, Das arbeitsgerichtliche Beschlussverfahren, S. 15.
[81] *Grunsky*, ArbGG, § 80 Rn. 3; ErfK/*Koch*, § 80 ArbGG Rn. 1; GMP/*Matthes*, § 80 Rn. 5; Schwab/Weth/*Weth*, § 80 Rn. 4; anders noch *Karger*, JW 1928, 1644 (1644) und *Reuscher*, BB 1949, 421 (422).
[82] BAG vom 8.2.1957 – 1 ABR 11/55, AP Nr. 1 zu § 82 BetrVG; BAG vom 4.11.1960 – 1 ABR 4/60, BAGE 10, 154 (158); BAG vom 18.3.1964 – 1 ABR 10/63, AP Nr. 4 zu § 56 BetrVG; BAG vom 17.12.1974 – 1 ABR 131/74, AP Nr. 6 zu § 5 BetrVG; BAG vom 16.3.1976 – 1 ABR 43/74, AP Nr. 22 zu § 37 BetrVG 1972; BVerwG vom 24.10.1975 – VII P 11.73, BVerwGE 49, 259; GMP/*Matthes*, § 80 Rn. 5.
[83] *Schwarze/Hartwig*, JuS 2005, 988 (989).
[84] *Schwarze/Hartwig*, JuS 2005, 988 (989).
[85] *Schwarze/Hartwig*, JuS 2005, 988 (989).

Beschlussverfahren die Begriffe der „Beteiligten" (z.B. § 83 ArbGG), des „Antrags" (§ 81 ArbGG) und der „Anhörung" (§ 83 Abs. 3, 4 S. 2 ArbGG) statt der im Abschnitt über das Urteilsverfahren verwendeten und sonst üblichen Bezeichnungen „Parteien" (§ 51 ArbGG), „Klage" (z.B. § 54 Abs. 2 ArbGG) und „Verhandlung" (§ 57 ArbGG). Dennoch ist und bleibt es Zweck des Beschlussverfahrens, subjektive Rechte durchzusetzen.[86] Daran vermögen auch die dem Beschlussverfahren eigenen Begrifflichkeiten nichts zu ändern.[87] Die geringe Aussagekraft der Terminologie zeigt sich schon daran, dass auch die §§ 2a Abs. 2 und 85 Abs. 1 S. 2 ArbGG als Regelungen des Beschlussverfahrens den Begriff der „Streitigkeit" verwenden.[88] Auch der in § 83 Abs. 1 S. 1 ArbGG angeordnete Untersuchungsgrundsatz vermag es nicht, diesen Befund zu erschüttern. Vielmehr wäre das Verfahren der Sachverhaltsaufklärung im Beschlussverfahren mit dem Begriff des „eingeschränkten Untersuchungsgrundsatzes"[89] besser umschrieben. Zwar ist es *expressis verbis* Aufgabe des Gerichts, den Sachverhalt im Rahmen der gestellten Anträge zu erforschen. Doch sieht § 83 Abs. 1 S. 2 ArbGG eine Mitwirkungspflicht der Beteiligten vor, die den durch § 83 Abs. 1 S. 1 ArbGG proklamierten Untersuchungsgrundsatz relativiert.[90] Der durch das Arbeitsgerichtsbeschleunigungsgesetz am 1.5.2000 eingeführte § 83 Abs. 1a ArbGG enthält eine weitere Lockerung des Untersuchungsgrundsatzes. Der Vorsitzende kann den Beteiligten für ihr Vorbringen eine Frist setzen. Verstreicht die Frist fruchtlos, sind sie mit diesem Vorbringen präkludiert. Eine solche Zurückweisungsmöglichkeit passt eher zum Beibringungsgrundsatz als zum Untersuchungsgrundsatz.[91] Letztlich zeigt die Geltung der Dispositionsmaxime[92] wie ähnlich sich Beschluss- und Urteilsverfahren sind. Gemäß § 81 Abs. 1 Hs. 1 ArbGG wird das Verfahren nur auf Antrag eingeleitet. Das Verfahren ist nach § 81 Abs. 2 S. 1, 2 ArbGG einzustellen, sobald der Antrag – wie jederzeit möglich – zurückgenommen wurde. Zu Beenden ist das Beschlussverfahren auch im Fall eines von den Beteiligten geschlossenen Vergleichs (§ 83a ArbGG). Beginn und Ende des Beschlussverfahrens hängen also ganz vom Willen der Beteiligten ab. Trotz dieser eindeutigen gesetzlichen Vorgaben ging das

---

[86] *Blomeyer*, JZ 1976, 733 (734); *Grunsky*, ArbGG, § 80 Rn. 3; einschränkend *Schwarze/Hartwig*, JuS 2005, 988 (989).
[87] Vgl. *Grunsky*, ArbGG, § 80 Rn. 4.
[88] Ähnlich GMP/*Matthes*, § 80 Rn. 5.
[89] *Weth*, Das arbeitsgerichtliche Beschlussverfahren, S. 278.
[90] *Grunsky*, ArbGG, § 83 Rn. 5; *Schwarze/Hartwig*, JuS 2005, 988 (989).
[91] *Schwarze/Hartwig*, JuS 2005, 988 (989), dort Fn. 9.
[92] Ganz h.M. *Fenn*, FS Schiedermair, S. 117 (139); *Grunsky*, ArbGG, § 80 Rn. 24; GMP/*Prütting*, Einl. Rn. 212.; *Weth*, Das arbeitsgerichtliche Beschlussverfahren, S. 273.

BAG früher davon aus, im Beschlussverfahren gelte die Offizialmaxime.[93] Ob es sich lediglich um eine begriffliche Ungenauigkeit dieser früheren Rechtsprechung durch das BAG handelt[94] oder nicht, kann dahingestellt bleiben. Heute besteht kein Zweifel mehr daran, dass die Beteiligten die Herrschaft über den Prozess ausüben, mithin die Dispositionsmaxime gilt. Hieraus ergibt sich, dass es im Beschlussverfahren nicht zuvörderst um das „Interesse der Allgemeinheit", sondern um die Durchsetzung subjektiver Rechte geht.[95]

II. Antragstellung und Rechtsschutzinteresse im Beschlussverfahren

Auch an die Antragstellung und das Rechtsschutzinteresse sind im Beschlussverfahren die gleichen Anforderungen zu stellen wie im Urteilsverfahren. Beide Verfahrensarten folgen den gleichen Prinzipien.

1. Antrag nach § 81 Abs. 1 ArbGG

Die Antragstellung entspricht der Klageerhebung im Urteilsverfahren.[96] Im Rahmen einer Untersuchung des Globalantrags im arbeitsgerichtlichen Beschlussverfahren gilt dem Antragserfordernis nach § 81 ArbGG in der Natur der Sache liegend ganz besondere Aufmerksamkeit. Doch auch hiervon abgesehen ist der Antrag für das Beschlussverfahren von zentraler Bedeutung. Ohne den Antrag des Antragstellers gibt es kein Beschlussverfahren. Es gilt die Dispositionsmaxime.[97] Das Verfahren wird gemäß § 81 Abs. 1 Hs. 1 ArbGG nur auf Antrag eingeleitet und unterliegt in seinem Schicksal der Herrschaft der Beteiligten. Es kann also gerade nicht vom Arbeitsgericht selbst angestrengt werden.[98] Die wichtige Funktion

---

[93] BAG vom 3.4.1957 – 1 AZR 289/55, AP Nr. 46 zu § 2 ArbGG; BAG vom 4.11.1960 – 1 ABR 4/60, AP Nr. 2 zu § 16 BetrVG; BAG vom 2.2.1962 – 1 ABR 5/61, AP Nr. 10 zu § 13 BetrVG; BAG vom 28.4.1964 – 1 ABR 2/64, AP Nr. 4 zu § 4 BetrVG; BAG vom 17.7.1964 – 1 ABR 3/64, AP Nr. 3 zu § 80 ArbGG 1953; BAG vom 14.1.1972 – 1 ABR 6/71, AP Nr. 2 zu § 20 BetrVG; BAG vom 13.3.1973 – 1 ABR 15/72, AP Nr. 1 zu § 20 BetrVG 1972; BAG vom 26.6.1973 – 1 ABR 21/72, AP Nr. 3 zu § 20 BetrVG 1972; BAG vom 19.3.1974 – 1 ABR 87/73, AP Nr. 1 zu § 17 BetrVG 1972; BAG vom 24.4.1975 – 2 AZR 118/74, AP Nr. 3 zu § 103 BetrVG 1972; BAG vom 26.8.1975 – 1 ABR 12/74, AP Nr. 21 zu § 37 BetrVG 1972; BAG vom 9.9.1975 – 1 ABR 21/74, AP Nr. 6 zu § 83 ArbGG 1953.
[94] So *Müller*, Arbeitsrecht der Gegenwart, Bd. 9 (1972), 23 (46).
[95] *Grunsky*, ArbGG, § 80 Rn. 26.
[96] *Grunsky*, ArbGG, § 81 Rn. 1.
[97] *Grunsky*, ArbGG, § 80 Rn. 24.
[98] *Grunsky*, ArbGG, § 81 Rn. 1; Schwab/Weth/*Weth*, § 81 Rn. 1.

des Antrags zeigt sich ferner darin, dass der Antragsteller mit seinem Antrag den Streitgegenstand bestimmt[99] und somit auch den Kreis der nach § 83 Abs. 3 ArbGG von Amts wegen zu ermittelnden Verfahrensbeteiligten festlegt.[100] Ferner ist das Gericht an den gestellten Antrag auch im Sinne des § 308 ZPO gebunden.[101] Letztlich ist die rechtzeitige Antragstellung Voraussetzung für die Fristwahrung zum Beispiel bei der Anfechtung von Betriebsratswahlen.[102] Zudem wird die Rechtshängigkeit der Streitsache im Sinne des § 261 Abs. 1 ZPO mit Zustellung der Antragsschrift an die Beteiligten begründet.[103]

Es bleibt die Frage nach den inhaltlichen Anforderungen an den Antrag im Sinne des § 81 Abs. 1 ArbGG. Diese Frage lässt sich nach allgemeiner Ansicht mit Blick auf § 253 Abs. 2 ZPO beantworten.[104] Die Antragsschrift muss demnach einen bestimmten Sachantrag enthalten.[105] Der Streitgegenstand ist so genau zu bezeichnen, dass die Streitfrage mit Rechtskraftwirkung zwischen den Beteiligten entschieden werden kann.[106] Ob nun der Globalantrag, mit dem eine umfassende Klärung einer Streitfrage für eine Vielzahl künftiger Fälle begehrt wird, diesem Bestimmtheitserfordernis des § 253 Abs. 2 Nr. 2 ZPO genügt, wird noch genau zu untersuchen sein.[107] Neben der Bestimmtheit des Antrags verlangt die Regelung des § 253 Abs.

---

[99] BAG vom 19.5.1978 – 6 ABR 25/75, AP Nr. 1 zu § 88 BetrVG 1972; BAG vom 27.10.1992 – 1 ABR 17/92, AP Nr. 61 zu § 87 BetrVG 1972 – Lohngestaltung; *Grunsky*, ArbGG, § 80 Rn. 25; GMP/*Matthes*, § 81 Rn. 33; Schwab/Weth/*Weth*, § 81 Rn. 18.
[100] *Grunsky*, ArbGG, § 80 Rn. 27; einer Bezeichnung des Antragsgegners bedarf es freilich nicht, Schwab/Weth/*Weth*, § 81 Rn. 13; umstritten ist, ob die Nennung der Beteiligten durch den Antragsteller für das Gericht bindend ist: Verneinend GMP/*Matthes*, § 81 Rn. 12; für eine Bindung des Gerichts aber *Grunsky*, ArbGG, § 81 Rn. 27 und Schwab/Weth/*Weth*, § 81 Rn. 15.
[101] BAG vom 13.3.1973 – 1 ABR 15/72, AP Nr. 1 zu § 20 BetrVG 1972; BAG vom 20.12.1988 – 1 ABR 63/87, AP Nr. 5 zu § 92 ArbGG 1979; BAG vom 13.6.1989 – 1 ABR 4/88, AP Nr. 36 zu § 80 BetrVG 1972; BAG vom 13.11.1991 – 7 ABR 18/91, AP Nr. 3 zu § 27 BetrVG 1972; *Grunsky*, ArbGG, § 80 Rn. 25; Schwab/Weth/*Weth*, § 81 Rn. 18.
[102] GMP/*Matthes*, § 81 Rn. 35; Schwab/Weth/*Weth*, § 81 Rn. 22.
[103] GMP/*Matthes*, § 81 Rn. 39; Schwab/Weth/*Weth*, § 81 Rn. 22.
[104] St. Rspr. BAG vom 8.11.1983 – 1 ABR 57/81, AP Nr. 11 zu § 87 BetrVG 1972; BAG vom 3.5.1984 – 1 ABR 68/81, AP Nr. 5 zu § 95 BetrVG 1972; BAG vom 22.10.1985 – 1 ABR 38/83, AP Nr. 18 zu § 87 BetrVG 1972 – Lohngestaltung; BAG vom 29.6.1988 – 7 ABR 15/87, AP Nr. 37 zu § 118 BetrVG 1972; BAG vom 7.8.1990 – 1 ABR 68/89, AP Nr. 82 zu § 99 BetrVG 1972; BAG vom 11.12.1991 – 7 ABR 16/91, AP Nr. 2 zu § 90 BetrVG 1972; *Grunsky*, ArbGG, § 81 Rn. 2; GMP/*Matthes*, § 81 Rn. 8; *Schwarze/Hartwig*, JuS 2005, 1089 (1089). Schwab/Weth/*Weth*, § 81 Rn. 4.
[105] Jüngst BAG vom 27.7.2010 – 1 ABR 74/09, juris.
[106] BAG vom 10.6.1986 – 1 ABR 61/84, AP Nr. 10 zu § 256 ZPO 1977; BAG vom 29.6.1988 – 7 ABR 15/87, AP Nr. 37 zu § 118 BetrVG 1972; BAG vom 7.8.1990 – 1 ABR 68/89, AP Nr. 82 zu § 99 BetrVG 1972; BAG vom 11.12.1991 – 7 ABR 16/91, AP Nr. 21 zu § 253 ZPO.
[107] Siehe unten C III sowie D III 1.

2 Nr. 2 ZPO nach einer Begründung des Antrags.[108] Es muss der Sachverhalt dargestellt werden, aus dem sich der begehrte Anspruch ergibt.[109] Wie das Urteilsverfahren, kennt auch das Beschlussverfahren Leistungs-, Feststellungs- und Gestaltungsanträge.[110] Lässt sich das Begehren des Antragstellers dem gestellten Antrag nicht zweifelsfrei entnehmen, muss das Gericht den Antrag auslegen.[111] Hierbei ist es gemäß § 139 ZPO auch Aufgabe des Gerichts, auf sachdienliche Anträge hinzuwirken.[112] Aus dem objektiv verstandenen Charakter des Beschlussverfahrens leitet das BAG ab, dass es bei der Auslegung der Anträge im Beschlussverfahren anders als im Urteilsverfahren freier sei und demnach großzügiger verfahren könne.[113] Die hiergegen formulierte Kritik des Schrifttums überzeugt.[114] Dem ArbGG lassen sich keine Argumente für einen derart weiten Auslegungsspielraum der Gerichte entnehmen.[115]

2. Rechtsschutzinteresse

Ähnlich großzügig wie mit der Auslegung der Anträge ging das BAG mit der Prüfung des Rechtsschutzinteresses des Antragstellers im Beschlussverfahren um. Das Rechtsschutzinteresse ist eine Zulässigkeitsvoraussetzung für eine Sachentscheidung des Gerichts.[116] Als solche ist sein Bestehen in jeder Lage des Verfahrens von Amts wegen zu prüfen.[117] Das gilt auch noch in der Rechtsbeschwerdeinstanz.[118] Es ist am Antragsteller, zu zeigen, dass er ein rechtlich geschütztes Interesse an der

---

[108] Vgl. hierzu BAG vom 24.5.1965 – 1 ABR 1/65, AP Nr. 14 zu § 18 BetrVG; BAG vom 13.3.1973 – 1 ABR 15/72, AP Nr. 1 zu § 20 BetrVG 1972; BAG vom 26.5.1988 – 1 ABR 11/87, AP Nr. 26 zu § 76 BetrVG 1972; GMP/*Matthes*, § 81 Rn. 10; Schwab/Weth/*Weth*, § 81 Rn. 9.
[109] ErfK/*Koch*, § 81 ArbGG Rn. 1; GMP/*Matthes*, § 81 Rn. 10.
[110] ErfK/*Koch*, § 81 ArbGG Rn. 2;GMP/*Matthes*, § 81 Rn. 14 ff.; Beispiele finden sich bei Schwab/Weth/*Weth*, § 81 Rn. 25, 26, 29.
[111] GMP/*Matthes*, § 81 Rn. 34; Schwab/Weth/*Weth*, § 81 Rn. 33.
[112] GMP/*Matthes*, § 81 Rn. 34; Schwab/Weth/*Weth*, § 81 Rn. 33.
[113] BAG vom 1.2.1963 – 1 ABR 1/62, AP Nr. 5 zu 3 BetrVG; BAG vom 28.4.1964 – 1 ABR 2/64, AP Nr. 4 zu § 4 BetrVG; BAG vom 14.12.1965 – 1 ABR 6/65, AP Nr. 5 zu § 16 BetrVG; BAG vom 26.1.1973 – 1 ABR 18/72, AP Nr. 1 zu § 19 BetrVG 1972; BAG vom 13.9.1977 – 1 ABR 67/75, AP Nr. 1 zu § 42 BetrVG 1972.
[114] GMP/*Matthes*, § 81 Rn. 34; *Thon*, ArbuR 1996, 175 (178); Schwab/Weth/*Weth*, § 81 Rn. 33.
[115] Schwab/Weth/*Weth*, § 81 Rn. 33.
[116] BAG vom 1.12.1961 – 1 ABR 9/60, AP Nr. 1 zu 80 ArbGG 1953; BAG vom 18.2.2003 – 1 ABR 2/02, AP Nr. 12 zu § 611 BGB – Arbeitsbereitschaft; GMP/*Matthes*, § 81 Rn. 23.
[117] BAG vom 13.3.1991 – 7 ABR 5/90, AP Nr. 3 zu § 60 BetrVG 1972; BAG vom 21.6.2006 – 7 ABR 45/05, juris; BAG vom 17.1.2007 – 7 ABR 63/05, AP Nr. 18 zu § 4 BetrVG 1972; ErfK/*Koch*, § 81 ArbGG Rn. 8.
[118] BAG vom 29.7.1982 – 6 ABR 51/79, AP Nr. 5 zu § 83 ArbGG 1979; BAG vom 13.3.1991 – 7 ABR 5/90, AP Nr. 3 zu § 60 BetrVG 1972; GMP/*Matthes*, § 81 Rn. 27.

von ihm begehrten Entscheidung hat.[119] Begehrt der Antragsteller eine Leistung, stellt er mithin einen Leistungsantrag, bedarf das Vorliegen eines Rechtsschutzinteresses keiner besonderen Prüfung.[120] Anders verhält es sich bei Feststellungsanträgen. Hier ist das Rechtsschutzinteresse in Gestalt des Feststellungsinteresses gesondert zu prüfen.[121] Die Regelung des § 256 ZPO ist auch im arbeitsgerichtlichen Beschlussverfahren anwendbar.[122] Lange hat sich das BAG bei der Prüfung des Rechtsschutzinteresses von seinem objektiven Verständnis des Beschlussverfahrens leiten lassen.[123] Einerseits betonte das BAG, die Arbeitsgerichte seien nicht dazu da, den Beteiligten abstrakte Rechtsfragen zu beantworten oder ohne Zusammenhang mit dem tatsächlichen Geschehen ein Rechtsgutachten zu erstatten.[124] Andererseits ließ es für das Erfordernis eines Rechtsschutzinteresses schon genügen, dass die gleiche Rechtsfrage, die zu dem Verfahren geführt hat, in Zukunft zwischen den Beteiligten wieder streitig werden könnte.[125] Das Rechtsschutzinteresse entfällt demnach nicht etwa schon deshalb, weil beispielsweise die Schulungsveranstaltung, für die der Betriebsrat vor Gericht eine Freistellung begehrt, schon stattgefunden hat.[126] Diese Rechtsprechung war zumindest bis zum 21.5.1979 nachvollziehbar. Denn vor der Novellierung des ArbGG am 21.5.1979 war das Beschlussverfahren der Disposition der Beteiligten weitgehend entzogen.[127] Das Beschlussverfahren hatte den Zweck übergeordnete betriebsverfassungsrechtliche Fragen zu klären.[128]

Mit einer Entscheidung vom 29.7.1982 hat der 6. Senat die Rechtsprechung des BAG zum Rechtsschutzinteresse im Beschlussverfahren grundlegend geändert.[129] Nunmehr entfällt das Rechtsschutzinteresse, wenn ein konkreter Vorgang, der zum

---

[119] ErfK/*Koch*, § 81 ArbGG Rn. 8.
[120] BAG vom 25.8.1983 – 6 ABR 52/80, AP Nr. 14 zu § 59 KO; BAG vom 19.6.1984 – 1 ABR 6/83, AP Nr. 2 zu § 92 BetrVG 1972; GMP/*Matthes*, § 81 Rn. 29; Schwab/Weth/*Weth*, § 81 Rn. 90.
[121] GMP/*Matthes*, § 81 Rn. 31; Schwab/Weth/*Weth*, § 81 Rn. 94.
[122] BAG vom 13.10.1987 – 1 ABR 10/86, AP Nr. 24 zu § 87 BetrVG 1972 – Arbeitszeit; *Grunsky*, ArbGG, § 80 Rn. 20b.
[123] BAG vom 9.10.1973 – 1 ABR 6/73, AP Nr. 4 zu § 37 BetrVG 1972; BAG vom 10.6.1974 – 1 ABR 136/73, AP Nr. 15 zu § 37 BetrVG 1972; BAG vom 18.3.1975 – 1 ABR 102/73, AP Nr. 1 zu § 111 BetrVG 1972; BAG vom 20.4.1999 – 1 ABR 13/98, AP Nr. 43 zu § 81 ArbGG 1979; GMP/*Matthes*, § 81 Rn. 23.
[124] BAG vom 15.12.1972 – 1 ABR 5/72, AP Nr. 5 zu § 80 ArbGG 1953.
[125] BAG vom 10.6.1974 – 1 ABR 136/73, AP Nr. 15 zu § 37 BetrVG 1972.
[126] BAG vom 10.6.1974 – 1 ABR 136/73, AP Nr. 15 zu § 37 BetrVG 1972.
[127] GMP/*Matthes*, § 81 Rn. 23.
[128] GMP/*Matthes*, § 81 Rn. 23.
[129] BAG vom 29.7.1982 – 6 ABR 51/79, AP Nr. 5 zu § 82 ArbGG 1979; GMP/*Matthes*, § 81 Rn. 25; Schwab/Weth/*Weth*, § 81 Rn. 88.

Verfahren geführt hat, zur Zeit der gerichtlichen Entscheidung bereits abgeschlossen ist, ohne dass auch nur eine geringe Wahrscheinlichkeit besteht, dass sich ein gleichartiger Vorgang wiederholt.[130] Derartige Anträge liefen darauf hinaus, die Richtigkeit einer Rechtsauffassung gerichtlich bestätigen zu lassen.[131] Das erforderliche Bedürfnis nach baldiger Klarstellung besteht jedoch nur, wenn nach dem Vortrag des Antragstellers zumindest von einer Gefährdung von dessen Rechten auszugehen ist.[132] Zu Gutachten über eine gedachte, nunmehr abstrakte Rechtsfrage sind die Arbeitsgerichte nicht befugt.[133] Dieser Auffassung des 6. Senats schloss sich der 1. Senat des BAG mit seinem Beschluss vom 10.4.1984 ausdrücklich an.[134] Das Interesse des Antragstellers, an der Entscheidung eines über den Einzelfall hinausgehenden strittigen Rechtsfrage, kann nur durch einen gesonderten, darauf gerichteten Feststellungsantrag geltend gemacht werden.[135] Auf das Zulässigkeitserfordernis des Rechtsschutzinteresses wird im Laufe der Untersuchung noch eingehend zurückzukommen sein.[136] An dieser Stelle sei festgehalten, dass im Beschluss- wie im Urteilsverfahren das Rechtsschutzinteresse eine von Amts wegen zu prüfende Zulässigkeitsvoraussetzung ist. Mit seiner Rechtsprechungswende vom 29.7.1982 erkennt das BAG, dass auch das Beschlussverfahren eine die Parteien bindende Entscheidung eines konkreten Streitfalles zum Ziel hat.

III. Zusammenfassung

Die vorangehende Analyse der für die Problematik des Globalantrags zentralen Aspekte des arbeitsgerichtlichen Beschlussverfahrens nach §§ 80 ff. ArbGG führt vor Augen, dass auch dieses gerichtliche Verfahren den allgemeinen zivilprozessualen Prinzipien folgt. Es streiten Rechtssubjekte um ihre Rechte, die sie am Ende auch durchsetzen wollen. Freilich wirft dieser Befund die Frage nach der Rechtfertigung für das Beschlussverfahren als ein neben dem Urteilsverfahren eigenständiges Verfahren auf.[137] Ob es das Beschlussverfahren braucht oder ob – wie *Grunsky*[138] es vorschlägt – nicht ein in einigen Punkten modifiziertes Urteilsverfah-

---

[130] BAG vom 29.7.1982 – 6 ABR 51/79, AP Nr. 5 zu § 82 ArbGG 1979.
[131] BAG vom 29.7.1982 – 6 ABR 51/79, AP Nr. 5 zu § 82 ArbGG 1979.
[132] BAG vom 29.7.1982 – 6 ABR 51/79, AP Nr. 5 zu § 82 ArbGG 1979.
[133] BAG vom 29.7.1982 – 6 ABR 51/79, AP Nr. 5 zu § 82 ArbGG 1979.
[134] BAG vom 10.4.1984 – 1 ABR 73/82, AP Nr. 3 zu § 81 ArbGG 1979.
[135] BAG vom 10.4.1984 – 1 ABR 73/82, AP Nr. 3 zu § 81 ArbGG 1979.
[136] Siehe unten D V.
[137] Zur Frage nach der „Existenzberechtigung" des Beschlussverfahrens siehe *Grunsky*, ArbGG, § 80 Rn. 5.
[138] *Grunsky*, ArbGG, § 80 Rn. 5.

ren ausreicht, soll und kann hier nicht erörtert werden. Fest steht jedenfalls, dass die §§ 80 ff. ArbGG selbst keine Argumente dafür liefern, die Fragen nach der Bestimmtheit des Antrags oder nach dem Rechtsschutzinteresse großzügiger als anderswo zu handhaben.[139]

Von diesem Befund ausgehend kann nun die Untersuchung des Globalantrags angegangen werden. Er soll in seinen beiden Erscheinungsformen – dem Globalunterlassungsantrag und dem Globalfeststellungsantrag – sowohl an den für beide Klagearten geltenden Prinzipien als auch an den besonderen Voraussetzungen von Unterlassungs- und Feststellungsklage gemessen werden.

---

[139] So schon *Speer*, Das Rechtsschutzbedürfnis im arbeitsgerichtlichen Beschlussverfahren, S. 159 f.

C. Globalunterlassungsantrag

Eine der beiden Spielarten des Globalantrags ist der Globalunterlassungsantrag. Er dient, wie gezeigt, insbesondere dem Zweck eines möglichst umfassenden Präventivrechtsschutzes.[140] In der Rechtsprechung des BAG zum Globalantrag finden sich zahlreiche Beschlüsse, die ein Unterlassungsbegehren zum Gegenstand haben.[141] Der kritischen Prüfung dieser Rechtsprechung dient die Darstellung der grundlegenden Strukturprinzipien der Unterlassungsklage wie sie auch im arbeitsgerichtlichen Beschlussverfahren nach §§ 80 ff. ArbGG anzuwenden sind.[142] Zudem sollen die Möglichkeiten aufgezeigt werden, die sich dem Antragsteller im Beschlussverfahren bieten, um sein Ziel – den effektiven Präventivrechtsschutz – möglichst weitgehend zu verwirklichen. Besonderes Augenmerk gilt dem Zusammenspiel zwischen der materiellrechtlichen Seite der Problematik – dem Unterlassungsanspruch – und den verfahrensrechtlichen Problemstellungen. Einsichten anderer Rechtsgebiete, die auf größere Erfahrung mit dem Unterlassungsbegehren vor Gericht verweisen können – hier sei insbesondere das Wettbewerbsrecht genannt – sollen als Erkenntnisquelle dienen.

---

[140] Zu den Motiven des Antragstellers siehe oben A II.
[141] BAG vom 8.11.1983 – 1 ABR 57/81, AP Nr. 11 zu § 87 BetrVG 1972 – Arbeitszeit; BAG vom 22.11.1988 – 1 ABR 16/87, juris; BAG vom 10.3.1992 – 1 ABR 31/91, AP Nr. 1 zu § 77 BetrVG 1972 – Regelungsabrede; BAG vom 3.5.1994 – 1 ABR 24/93, AP Nr. 23 zu § 23 BetrVG 1972; BAG vom 6.12.1994 – 1 ABR 30/94, AP Nr. 24 zu § 23 BetrVG 1972; BAG vom 19.7.1995 – 7 ABR 60/94, AP Nr. 25 zu § 23 BetrVG 1972; BAG vom 11.12.2001 – 1 ABR 3/01, AP Nr. 93 zu § 87 BetrVG 1972 – Arbeitszeit; BAG vom 28.5.2002 – 1 ABR 40/01, AP Nr. 96 zu § 87 BetrVG 1972 – Arbeitszeit; BAG vom 3.6.2003 – 1 ABR 19/02, AP Nr. 1 zu § 89 BetrVG 1972; BAG vom 7.4.2004 – 7 ABR 35/03, AP Nr. 2 zu § 95 SGB IX; BAG vom 27.6.2006 – 1 ABR 35/05, AP Nr. 47 zu § 95 BetrVG 1972; BAG vom 15.5.2007 – 1 ABR 32/06, AP Nr. 30 zu § 1 BetrVG 1972 – Gemeinsamer Betrieb; BAG vom 18.8.2009 – 1 ABR 47/08, AP Nr. 1 zu § 3 AGG; BAG vom 17.3.2010 – 7 ABR 95/08, AP Nr. 12 zu § 74 BetrVG 1972; BAG vom 20.4.2010 – 1 ABR 78/08, AP Nr. 9 zu Art. 5 Abs. 1 GG – Pressefreiheit.
[142] Hierzu siehe oben B II.

I. Zweck und Struktur des Unterlassungsrechtsschutzes

1. Unterlassungsklage als Leistungsklage

Im Zivilprozess sind heute drei Klagearten anerkannt. Es gibt Leistungsklagen, Feststellungsklagen sowie Gestaltungsklagen.[143] Im Rahmen dieser ersten Kategorisierung taucht die Unterlassungsklage nicht auf. Im Laufe der Zeit gab es verschiedene Ansätze, wie die Unterlassungsklage zu begreifen sei. Zum Teil wurde versucht, die Unterlassungsklage als eigenständige Klageart zu etablieren.[144] Ferner wurden Ähnlichkeiten zwischen Unterlassungsklage und Feststellungsklage hervorgehoben.[145] Die Klage auf Unterlassung sei „nichts anderes als eine Feststellungsklage".[146] Hiergegen spricht jedoch schon die Tatsache, dass die ZPO in § 890 ZPO die Möglichkeit vorsieht, Unterlassungstitel zu vollstrecken.[147] Feststellungsurteile sind einer Vollstreckung dagegen nicht zugänglich.[148] Aus diesem Grund ist auch die ganz herrschende Meinung der Ansicht, bei der Unterlassungsklage handele es sich um eine Leistungsklage.[149] Gegenteiliges wird, soweit ersichtlich, nicht mehr vertreten.[150] Bei der Leistungsklage handelt es sich um den häufigsten Klagetyp der Zivilprozessordnung.[151] Zum einen kann der Rechtssuchende mit einer Leistungsklage erreichen, dass sein umstrittenes oder ungewisses Recht festgestellt und somit Rechtssicherheit geschaffen wird.[152] Zum anderen

---

[143] Baumbach/Lauterbach/Albers/Hartmann, Grundz § 253 Rn. 8 ff.; MünchKommZPO/*Becker-Eberhard*, vor §§ 253 ff. Rn. 20 ff.; Musielak/*Foerste*, vor § 253 Rn. 14 ff.; Stein/Jonas/*Roth*, vor § 253 Rn. 71 ff.; Zöller/*Greger*, vor § 253 Rn. 2 ff.
[144] *v. Caemmerer*, FS DJT, S. 49 (53).
[145] *Hölder*, ZZP 29, 50 (64); *Nikisch*, Zivilprozessrecht, S. 149.
[146] *Hölder*, AcP 93, 1 (34); hierzu schon kritisch *Eltzbacher*, Die Unterlassungsklage, S. 212 ff.; *Jacobsohn*, Die Unterlassungsklage, S. 42 ff.; *Stephan*, Die Unterlassungsklage, S. 46 ff., 61.
[147] *Fritzsche*, Unterlassungsanspruch und Unterlassungsklage, S. 536.
[148] Stein/Jonas/*Roth*, § 256 Rn. 125.
[149] BGH vom 14.12.1988 – VIII ZR 31/88, NJW-RR 1989, 263 (264); BGH vom 6.3.2001 – KZR 37/99, NJW 2001, 2541 (2542); BGH vom 11.1.2007 – I ZR 87/04, NJW 2007, 3002 (3003); Ahrens/*Ahrens*, Kap. 14 Rn. 2; Baumbach/Lauterbach/Albers/Hartmann, Grundz § 253 Rn. 8; MünchKommZPO/*Becker-Eberhard*, vor §§ 253 ff. Rn. 23; *Fritzsche*, Unterlassungsanspruch und Unterlassungsklage, S. 537; Musielak/*Foerste*, vor § 253 Rn. 15; Zöller/*Greger*, vor § 253 Rn. 3; Stein/Jonas/*Roth*, vor § 253 Rn. 74.
[150] *Fritzsche*, Unterlassungsanspruch und Unterlassungsklage, S. 537, Fn. 17; *Oppermann*, Unterlassungsanspruch und materielle Gerechtigkeit im Wettbewerbsprozess, S. 20, Fn. 14.
[151] Stein/Jonas/*Roth*, vor § 253 Rn. 74.
[152] Stein/Jonas/*Roth*, vor § 253 Rn. 74.

spricht das Urteil einen Leistungsbefehl aus, der dem Kläger die Zwangsvollstreckung in das Vermögen des beklagten Schuldners ermöglicht.[153]

2. Unterlassungsklage als Mittel vorbeugenden Rechtsschutzes

Das Recht der Unterlassungsklage ist durch den Gedanken der Prävention geprägt.[154] Die im Unterlassungsurteil formulierten Verbote sollen dem künftigen Eintritt einer Rechtsverletzung vorbeugen.[155] Hierbei hat es sich eingebürgert, einerseits von dem Verletzungsunterlassungsanspruch und andererseits von dem vorbeugenden Unterlassungsanspruch zu sprechen. Diese vielfach kritisierte Terminologie[156] macht deutlich, dass die Unterlassungsklage zwei Sachverhaltskonstellationen umfasst.[157] Im Falle der Verletzungsunterlassung geht es darum, eine bereits erfolgte Beeinträchtigung für die Zukunft zu unterbinden. Im Falle der vorbeugenden Unterlassung ist es das erklärte Ziel, die sich abzeichnende erstmalige Rechtsverletzung zu verhindern. Beiden Sachverhaltskonstellationen ist jedoch gemein, dass sie zukunftsbezogen sind.[158] Ein Argument für die Berechtigung dieser begrifflichen Unterscheidung lässt sich sogar dem Gesetz entnehmen. In § 8 UWG findet sich in Satz 1 die Verletzungsunterlassung umschrieben. In Satz 2 ist der vorbeugende Unterlassungsanspruch angesprochen.

3. Materiellrechtlicher Unterlassungsanspruch

Der Unterlassungsklage liegt stets ein materiellrechtlicher Unterlassungsanspruch zu Grunde.[159] Diese Verknüpfung der Unterlassungsklage mit dem materiellen Recht wurde nicht immer so anerkannt.[160] Die Vertreter der Ansicht, bei der Unterlassungsklage handele es sich um eine eigenständige Klageart, begriffen die Unter-

---

[153] Ahrens/*Ahrens*, Kap. 14 Rn. 16 ff.; Stein/Jonas/*Roth*, vor § 253 Rn. 74.
[154] Ahrens/*Ahrens*, Kap. 14 Rn. 3.
[155] Ahrens/*Ahrens*, Kap. 14 Rn. 3.
[156] Als die Problematik „vernebelnd" ablehnend Ahrens/*Ahrens*, Kap. 14 Rn. 4.
[157] *Fritzsche*, Unterlassungsanspruch und Unterlassungsklage, S. 129 f.
[158] Ahrens/*Ahrens*, Kap. 14 Rn. 4.
[159] Ahrens/*Ahrens*, Kap. 14 Rn. 1 f.; Stein/Jonas/*Roth*, vor § 253 Rn. 76 f.
[160] Zur Entwicklung des Rechts der Unterlassungsansprüche eingehend *Fritzsche*, Unterlassungsanspruch und Unterlassungsklage, S. 15 ff.; siehe auch *Picker*, Der negatorische Beseitigungsanspruch, passim; *Picker*, FS Gernhuber, S. 315 ff.

lassungsklage auch als ein rein prozessrechtliches Institut.[161] Herrschend wird heute jedoch davon ausgegangen, dass die Unterlassungsklage auf einem materiellrechtlichen Unterlassungsanspruch gründet.[162] Dabei kann es sich sowohl um einen vertraglichen als auch um einen gesetzlichen Unterlassungsanspruch handeln.[163] Der Begriff des Anspruchs ist im Sinne des § 194 BGB zu verstehen.[164] Daher erklärt sich auch die Terminologie, wonach man beim Berechtigten vom „Gläubiger" und in Bezug auf den Verpflichteten vom „Schuldner" spricht.[165] Ein solcher Unterlassungsanspruch ist unstreitig nicht erst dann gegeben, wenn die Rechtsverletzung bereits eingetreten ist. Vielmehr soll der Unterlassungsanspruch schon bestehen, wenn der erstmalige widerrechtliche Eingriff drohend bevorsteht.[166]

4. Begehungsgefahr

Hiermit ist eine weitere Besonderheit der Unterlassungsklage angesprochen. Da die Unterlassungsverpflichtung den vermeintlichen Störer und Unterlassungsschuldner in seiner Handlungsfreiheit beschränkt, soll dieser vor unhaltbaren Unterlassungsforderungen geschützt werden.[167] Diesem Schutz dient die Forderung nach einer sogenannten Begehungs- oder Wiederholungsgefahr.[168] Der vermeintliche Störer soll sich mit dem Unterlassungsbegehren des Gläubigers erst dann auseinandersetzen müssen, wenn dieser künftige Beeinträchtigungen zu fürchten hat.[169] Von der (Erst)-Begehungsgefahr ist die Rede, wenn eine Verletzung erstmals droht.[170] Droht dagegen eine wiederholte Beeinträchtigung nach bereits erfolgter Verlet-

---

[161] *v. Caemmerer*, FS DJT, S. 49 (53 ff.); *Neumann-Duesberg*, JZ 1955, 480 (480); *Nikisch*, Zivilprozessrecht, S. 149; siehe hierzu auch *Larenz/Canaris*, Schuldrecht II/2, § 87 I 2; Stein/Jonas/*Roth*, vor § 253 Rn. 77.
[162] Ahrens/*Ahrens*, Kap. 14 Rn. 1 f.; *Baur*, JZ 1966, 381 (383 f.); *Häsemeyer*, AcP 188, 140 (153); *Henckel*, AcP 174, 97 (121 ff., 144); *Larenz/Canaris*, Schuldrecht II/2, § 87 II 2; *Medicus/Lorenz*, Schuldrecht II, Rn. 1438; Stein/Jonas/*Roth*, vor § 253 Rn. 77; grundlegend zum Zusammenspiel von Rechtszuweisung und Rechtsschutz als Fundamentalprinzip aller Haftungssysteme *Picker*, FS Medicus, S. 311, 316 ff.
[163] Ahrens/*Ahrens*, Kap. 14 Rn. 1; Stein/Jonas/*Roth*, vor § 253 Rn. 76.
[164] *Larenz/Canaris*, Schuldrecht II/2, § 87 I 2; Stein/Jonas/*Roth*, vor § 253 Rn. 77.
[165] Ahrens/*Ahrens*, Kap. 14 Rn.1.
[166] RG vom 17.2.1921 – VI 473/20, RGZ 101, 335 (340); 151, 239 (246); BGH vom 19.6.1951 – I ZR 77/50, BGHZ 2, 394 (394); *Larenz/Canaris*, Schuldrecht II/2, § 87 II 1; Stein/Jonas/*Roth*, vor § 253 Rn. 77.
[167] Ahrens/*Ahrens*, Kap. 14 Rn. 8.
[168] *Köhler*, JZ 2005, 489 (489); Stein/Jonas/*Roth*, vor § 253 Rn. 77 f.
[169] Ahrens/*Ahrens*, Kap. 14 Rn. 8.
[170] Ahrens/*Ahrens*, Kap. 14 Rn. 8.

zung, spricht man von der Wiederholungsgefahr.[171] Vertragliche Unterlassungsansprüche entstehen im Gegensatz zu den gesetzlichen Ansprüchen unabhängig von einer Begehungsgefahr schon mit Vertragsschluss.[172] Als Anspruchsvoraussetzung betrifft die Begehungsgefahr die materiellrechtliche Ebene und ist keine Prozessvoraussetzung.[173] Ob die Begehungsgefahr gegeben ist, wird also nicht in der Zulässigkeit geprüft, sondern ist eine Frage der Begründetheit der Unterlassungsklage.[174] Fehlt die Begehungsgefahr, ist die Unterlassungsklage als unbegründet abzuweisen.[175] Nicht nur im Wettbewerbsrecht wird die Wiederholungsgefahr aufgrund der Zuwiderhandlung tatsächlich vermutet.[176] Die Begehungsgefahr ist insbesondere vom allgemeinen Rechtsschutzinteresse zu trennen.[177] Auch die Unterlassungsklage ist nur zulässig, wenn das mit ihr verfolgte Ziel rechtlich schutzwürdig ist und sich nicht auf eine gleich sichere, aber einfachere oder billigere Weise erreichen lässt.[178] Denn das Rechtsschutzinteresse ist – anders als die Begehungsgefahr – eine Prozessvoraussetzung.[179] Das allgemeine Rechtsschutzinteresse ergibt sich aus der Behauptung der konkreten Gefahr einer künftigen Zuwiderhandlung.[180]

5. Vollstreckung des Unterlassungstitels

Das erwirkte Unterlassungsurteil wäre für den Gläubiger wertlos, wenn ihm keine Mittel an die Hand gegeben würden, mit denen er sich gegen weitere rechtswidrige Handlungen des Schuldners wehren könnte. Die Zwangsvollstreckung von Unter-

---

[171] Ahrens/*Ahrens*, Kap. 14 Rn. 8.
[172] BGH vom 21.1.1999 – I ZR 135/96, NJW 1999, 1337 (1338); *Köhler*, JZ 2005, 489 (491); Stein/Jonas/*Roth*, vor § 253 Rn. 78.
[173] BGH vom 22.9.1972 – I ZR 19/72, GRUR 1973, 208 (209) – Neues aus der Medizin; BGH vom 9.11.1979 – I ZR 24/78, GRUR 1980, 241 (241) – Rechtsschutzbedürfnis; BGH vom 7.10.1982 – I ZR 120/80, GRUR 1983, 127 (128) – Vertragsstrafeversprechen; Ahrens/*Ahrens*, Kap. 14 Rn. 9; *Köhler*, JZ 2005, 489 (489); Stein/Jonas/*Roth*, vor § 253 Rn. 78.
[174] Stein/Jonas/*Roth*, vor § 253 Rn. 78.
[175] Stein/Jonas/*Roth*, vor § 253 Rn. 78.
[176] BGH vom 9.11.1971 – VI ZR 57/70, GRUR 1972, 435 (437); BGH vom 30.10.1998 – V ZR 64/98, NJW 1999, 356 (358 f.); *Köhler*, JZ 2005, 489 (489); Stein/Jonas/*Roth*, vor § 253 Rn. 79.
[177] Eingehend zum Rechtsschutzinteresse bei Unterlassungsklagen *Fritzsche*, Unterlassungsanspruch und Unterlassungsklage, S. 579 ff.
[178] Allgemein zum Rechtsschutzinteresse Baumbach/Lauterbach/Albers/Hartmann, Grundz § 253 Rn. 33 ff.
[179] BGH vom 4.3.1993 – I ZR 65/91, GRUR 1993, 576 (577) – Datatel; Baumbach/Lauterbach/Albers/Hartmann, Grundz § 253 Rn. 34; *Fritzsche*, Unterlassungsanspruch und Unterlassungsklage, S 579; Stein/Jonas/*Roth*, vor § 253 Rn. 133.
[180] Siehe *Köhler*, JZ 2005, 489 (489).

lassungstiteln richtet sich nach § 890 ZPO. § 890 Abs. 1 S. 1 ZPO sieht das Ordnungsgeld und die Ordnungshaft als Ordnungsmittel vor. Die Unterlassungsvollstreckung dient zwei Zwecken.[181] Sie hat daher einen Doppelcharakter.[182] Zum einen soll sie als Reaktion auf den Verstoß des Unterlassungsschuldners dessen Willen beugen.[183] Es soll ein für die Zukunft pflichtgemäßes Verhalten gesichert werden. Das Ordnungsmittel wirkt mithin präventiv.[184] Zum anderen wirken das Ordnungsgeld und die Ordnungshaft repressiv.[185] Das Reichsgericht sah in der Unterlassungsvollstreckung „nicht (...) eine einfache zivilprozessuale Vollstreckungsmaßregel, sondern (...) die Verurteilung zu einer wirklichen Strafe als einer Sühne für ein begangenes Unrecht."[186] Auch nach einer Novellierung des § 890 Abs. 1 ZPO, durch die an die Stelle der früher angedrohten „Strafen" die Begriffe „Ordnungsgeld" und „Ordnungshaft" traten, geht das Bundesverfassungsgericht davon aus, dass § 890 Abs. 1 ZPO strafrechtliche Elemente enthält.[187] Daher kann ein Ordnungsmittel im Sinne des § 890 Abs. 1 S. 1 ZPO vom Prozessgericht auch nur dann angeordnet werden, wenn der Unterlassungsschuldner seinen Verstoß gegen den Titel verschuldet hat.[188] Die Festsetzung eines Ordnungsmittels durch das Gericht setzt einen dahingehenden Antrag des Titelgläubigers voraus (§ 890 Abs. 1 S. 1 ZPO). Zu den Aufgaben des für die Vollstreckung zuständigen Prozessgerichts gehört es, das Unterlassungsurteil auszulegen.[189] Insbesondere soll sich der Unterlassungsschuldner nicht durch leichte Verhaltensänderungen dem Verbot entziehen können.[190] Kerngleiche Verletzungsformen sind als vom Titel mit umfasst anzusehen.[191] Gemäß § 890 Abs. 2 ZPO hat der Verhängung der Ordnungsmittel eine Androhung vorauszugehen. Diese kann dem Wortlaut des Gesetzes nach schon im Urteil enthalten sein – muss es aber nicht.[192] Die Auswahl zwischen den in Be-

---

[181] Zur umstrittenen Rechtsnatur der Ordnungsmittel siehe *Fritzsche*, Unterlassungsanspruch und Unterlassungsklage, S. 634 ff.
[182] Baumbach/Lauterbach/Albers/Hartmann, § 890 Rn. 10.
[183] Ahrens/*Ahrens*, Kap. 14 Rn. 17.
[184] MünchKommZPO/*Gruber*, § 890 Rn. 2; Stein/Jonas/*Brehm*, § 890 Rn. 3.
[185] MünchKommZPO/*Gruber*, § 890 Rn. 2; Stein/Jonas/*Brehm*, § 890 Rn. 3.
[186] RG vom 23.1.1896 – VI 1/96, RGZ 36, 417 (418).
[187] BVerfG vom 14.7.1981 – 1 BvR 575/80, BVerfGE 58, 159 (162 f.) = NJW 1981, 2457 (2457).
[188] BVerfG vom 14.7.1981 – 1 BvR 575/80, BVerfGE 58, 159 (162 f.) = NJW 1981, 2457 (2457); Baumbach/Lauterbach/Albers/Hartmann, § 890 Rn. 22; MünchKommZPO/*Gruber*, § 890 Rn. 9 ff.; Stein/Jonas/*Brehm*, § 890 Rn. 23.
[189] Ahrens/*Ahrens*, Kap. 14 Rn. 18; Baumbach/Lauterbach/Albers/Hartmann, § 890 Rn. 3.
[190] Baumbach/Lauterbach/Albers/Hartmann, § 890 Rn. 4.
[191] Baumbach/Lauterbach/Albers/Hartmann, § 890 Rn. 4; zur sogenannten Kerntheorie eingehend unten C II 2 b).
[192] Hierzu LAG Schleswig-Holstein vom 4.3.2008 – 2 TaBV 42/07, NZA-RR 2008, 414 (415); Baumbach/Lauterbach/Albers/Hartmann, § 890 Rn. 19; MünchKommZPO/*Gruber*, § 890 Rn. 25.

tracht kommenden Ordnungsmitteln – Ordnungsgeld und Ordnungshaft – obliegt dem Gericht.[193] Das Gericht hat jedoch die durch die Androhung gesetzten Grenzen zu beachten.[194] Ein verhängtes Ordnungsgeld – das gemäß § 890 Abs. 1 S. 2 ZPO bis zu 250.000 Euro[195] betragen darf – kommt der Staatskasse zu.[196]

II. Materiellrechtliche Seite der Problematik – Der (globale) Unterlassungsanspruch

Der Globalunterlassungsantrag ist im Grundsatz ein prozessuales Phänomen. Doch soll am Anfang der Auseinandersetzung mit dem Globalunterlassungsantrag die Untersuchung der materiellrechtlichen Dimension des Problems stehen. Das BAG selbst verknüpft den Globalantrag mit dem materiellrechtlichen Unterlassungsanspruch, indem es in ständiger Rechtsprechung darauf hinweist, dass ein Globalantrag grundsätzlich als insgesamt unbegründet abzuweisen ist, wenn unter den Antrag zumindest auch Sachverhalte fallen, in denen sich der Antrag als unbegründet erweist.[197] Das deutet schon darauf hin, wie sehr der Antragsteller bei der Formulierung seines Antrags auf das materielle Recht achten muss, um das begehrte Unterlassungsurteil am Ende auch zu erwirken. Denn nur soweit der materiellrechtliche Anspruch den Gläubiger berechtigt, kann er vom Schuldner Unterlassung verlangen. Der prozessuale Globalunterlassungsantrag braucht daher den globalen materiellrechtlichen Unterlassungsanspruch.

1. Struktur des Unterlassungsanspruchs

Unter den Unterlassungsansprüchen, die das Arbeitsrecht kennt, ist der allgemeine Unterlassungsanspruch des Betriebsrats bei betriebsverfassungswidrigen Maßnahmen des Arbeitgebers wohl derjenige, um den vor Gericht am häufigsten gestritten

---
[193] Baumbach/Lauterbach/Albers/Hartmann, § 890 Rn. 17 f.; MünchKommZPO/*Gruber*, § 890 Rn. 34; Stein/Jonas/*Brehm*, § 890 Rn. 40.
[194] MünchKommZPO/*Gruber*, § 890 Rn. 34.
[195] Hier ist zu beachten, dass im Falle des allgemeinen betriebsverfassungsrechtlichen Unterlassungsanspruchs § 23 Abs. 3 BetrVG lex specialis zu § 890 ZPO ist und das Ordnungsgeld somit höchstens 10.000 Euro betragen kann; vgl. HWK/*Clemenz*, § 87 BetrVG Rn. 57.
[196] Ahrens/*Ahrens*, Kap. 14 Rn. 18; Stein/Jonas/*Brehm*, § 890 Rn. 45.
[197] BAG vom 20.4.2010 – 1 ABR 78/08, NJW 2010, 2906 (2907) = NZA 2010, 902 (903); zur Rspr. des BAG zum Globalantrag siehe oben A III.

wird.[198] Lange Zeit war umstritten, ob dem Betriebsrat ein solcher Anspruch überhaupt zusteht.[199] Der 1. Senat des BAG vertrat zunächst die von weiten Teilen der Literatur[200] geteilte Auffassung, der Betriebsrat könne nur unter den Voraussetzungen des § 23 Abs. 3 BetrVG Unterlassung mitbestimmungswidriger Handlungen des Arbeitgebers verlangen.[201] Die Mehrzahl der Instanzgerichte[202] sowie große Teile der Literatur[203] sind dem 1. Senat jedoch nicht gefolgt und haben dem Betriebsrat einen Unterlassungsanspruch im Bereich der Mitbestimmung nach § 87 BetrVG zuerkannt. Mit einem Beschluss vom 18.4.1985 hat sich auch der 6. Senat des BAG gegen die Rechtsprechung des 1. Senats ausgesprochen und einen Unterlassungsanspruch des Betriebsrats für den Bereich der erzwingbaren Mitbestimmung nach § 87 BetrVG bejaht.[204] In der Folge änderte der 1. Senat seine Auffassung und erkannte mit einem umstrittenen[205] Beschluss vom 3.5.1994 einen allgemeinen Unterlassungsanspruch des Betriebsrats an.[206] Da der Anspruch sehr oft Gegenstand von Streitigkeiten im arbeitsgerichtlichen Beschlussverfahren ist und

---

[198] Im Zusammenhang mit einem Globalantrag vgl. BAG vom 3.5.1994 – 1 ABR 24/93, AP Nr. 23 zu § 23 BetrVG 1972; BAG vom 6.12.1994 – 1 ABR 30/94, AP Nr. 24 zu § 23 BetrVG 1972; BAG vom 19.7.1995 – 7 ABR 60/94, AP Nr. 25 zu § 23 BetrVG 1972; BAG vom 11.12.2001 – 1 ABR 3/01, AP Nr. 93 zu § 87 BetrVG 1972 – Arbeitszeit; BAG vom 28.5.2002 – 1 ABR 40/01, AP Nr. 96 zu § 87 BetrVG 1972 – Arbeitszeit; BAG vom 3.6.2003 – 1 ABR 19/02, AP Nr. 1 zu § 89 BetrVG 1972; BAG vom 27.6.2006 – 1 ABR 35/05, AP Nr. 47 zu § 95 BetrVG 1972; BAG vom 15.5.2007 – 1 ABR 32/06, AP Nr. 30 zu § 1 BetrVG 1972 – Gemeinsamer Betrieb; BAG vom 17.3.2010 – 7 ABR 95/08, AP Nr. 12 zu § 74 BetrVG 1972; BAG vom 20.4.2010 – 1 ABR 78/08, AP Nr. 9 zu Art. 5 Abs. 1 GG – Pressefreiheit.
[199] Hierzu *Baur*, ZfA 1997, 445 (446 f.); Richardi/*Richardi*, § 87 Rn. 134 ff.
[200] *Beuthien*, ZfA 1988, 1, 22 ff.; *Konzen*, EzA Nr. 10 zu § 23 BetrVG 1972, 73; *Konzen/Rupp*, DB 1984, 2695, 2698 f.; *Kort*, CR 1986, 813, 819; *Ehmann*, SAE 1984, 104, 104 f.; *Joost*, SAE 1985, 59, 61 f.
[201] So noch BAG vom 22.2.1983 – 1 ABR 27/81, AP Nr. 2 zu § 23 BetrVG 1972; BAG vom 17.5.1983 – 1 ABR 21/80, AP Nr. 19 zu § 80 BetrVG 1972.
[202] LAG Köln vom 22.4.1985 – 6 TaBV 5/85, NZA 1985, 634, 634; LAG Berlin vom 22.4.1987 – 12 TaBV 1/87, juris; LAG Frankfurt vom 19.4.1988 – 5 TaBVGa 52/88, juris; LAG Niedersachsen vom 2.11.1988 – 4 TaBV 76/88, juris; a.A. LAG Hamburg vom 12.12.1983 – 4 TaBV 3/83, NZA 1984, 56, 56.
[203] *Coen*, DB 1984, 2459, 2460 f.; *Derleder*, AuR 1983, 289, 303 f.; *Derleder*, AuR 1985, 65, 78; *Dütz*, DB 1984, 115, 128; *Hanau*, NZA 1985 (Beil. 2), 3, 12; *Kümpel*, AuR 1985, 78, 92; *Leisten*, BB 1992, 266, 270 f.; *Neumann*, BB 1984, 676, 677; *Pahle*, NZA 1990, 51, 54 f.; *Salje*, DB 1988, 909, 913.
[204] BAG vom 18.4.1985 – 6 ABR 19/84, AP Nr. 5 zu § 23 BetrVG 1972.
[205] Zutsimmend: *Derleder*, AuR 1995, 13, 14 f.; *Hümmerich/Spirolke*, BB 1996, 1986, 1990; *Prütting*, RdA 1995, 257, 264; *Raab*, ZfA 1997, 183, 249 f.; *Richardi*, NZA 1995, 8, 12; ablehnend: *Adomeit*, NJW 1995, 1004, 1005; *Konzen*, NZA 1995, 865, 868 ff.; *Walker*, DB 1995, 1961, 1966; H/S/W/G/N/R/*Worzalla*, § 87 Rn. 733.
[206] BAG vom 3.5.1994 – 1 ABR 24/93, AP Nr. 23 zu § 23 BetrVG 1972; bestätigt: BAG vom 23.7.1996 – 1 ABR 13/96, AP Nr. 68 zu § 87 BetrVG 1972 – Arbeitszeit; BAG vom 28.5.2002 – 1 ABR 32/01, AP Nr. 39 zu 87 BetrVG 1972 – Ordnung des Betriebs; siehe hierzu Fitting, § 87 Rn. 610; HWK/*Clemenz*, § 87 BetrVG Rn. 55.

häufig mit einem Globalantrag geltend gemacht wird, soll gerade dieser Anspruch als Anschauungsbeispiel im Rahmen der nun folgenden Darstellung der Struktur des Unterlassungsanspruchs dienen.

a) Verletzungsunterlassungsanspruch – Wiederholungsgefahr

Dass der Unterlassungsanspruch in zwei Sachverhaltskonstellationen vorkommen kann – zum einen der Rechtsverletzung zeitlich nachfolgend als Verletzungsunterlassungsanspruch, zum anderen schon im Vorfeld der sich abzeichnenden Verletzung als vorbeugender Unterlassungsanspruch – wurde bereits erwähnt.[207] Auch wenn mit dieser begrifflichen Differenzierung keine grundlegenden dogmatischen Unterschiede einhergehen, werden die beiden Erscheinungsformen des Unterlassungsanspruchs der Verständlichkeit und Übersichtlichkeit wegen getrennt voneinander betrachtet.

aa) Anspruchsgrundlage

Der mit der Unterlassungsklage geltend gemachte Anspruch kann aus dem Gesetz oder aus einem Vertrag stammen.[208] Bezüglich der Rechtsgrundlage des allgemeinen Unterlassungsanspruchs des Betriebsrats werden unterschiedliche Auffassungen vertreten.[209] Das BAG sieht den Anspruchsgrund in der besonderen Rechtsbeziehung zwischen Arbeitgeber und Betriebsrat.[210] Dieses einem Dauerschuldverhältnis ähnliche „Betriebsverhältnis" wird durch die Rechte und Pflichten aus den einzelnen Mitwirkungstatbeständen sowie durch die Rücksichtnahmepflichten aus

---

[207] Siehe oben C I 2.
[208] Ahrens/*Ahrens*, Kap. 14 Rn. 1; Stein/Jonas/*Roth*, vor § 253 Rn. 76.
[209] Nach MünchArbR/*Matthes*, § 240 Rn. 26 kommt es im Einzelfall darauf an, ob und inwieweit die mitbestimmungswidrige Maßnahme des Arbeitgebers den durch die das Mitbestimmungsrecht des Betriebsrats gesicherten Schutz des Arbeitnehmers gefährdet; Richardi/*Richardi*, § 87 Rn. 139 sieht die Anspruchsgrundlage in der Zuweisung der Rechtsposition des Betriebsrats durch die Einräumung des Mitbestimmungsrechts und der Einigungsnotwendigkeit zwischen Arbeitgeber und Betriebsrat; den allgemeinen Unterlassungsanspruch des Betriebsrats nach wie vor ablehnend H/S/W/G/N/R/Worzalla, § 87 Rn. 733.
[210] BAG vom 3.5.1995 – 1 ABR 24/93, AP Nr. 23 zu § 23 BetrVG 1972; so auch Fitting, § 23 Rn. 100; *Konzen*, NZA 1995, 865, 868 sieht den Akzent des Beschlusses des BAG zugleich maßgeblich auf dem Zweck des Mitbestimmungsrechts.

§ 2 BetrVG bestimmt.[211] Der Unterlassungsanspruch ist ein selbstständiger einklagbarer Nebenleistungsanspruch dieses „Betriebsverhältnisses".[212]

bb) Wiederholungsgefahr

Eine zentrale materiellrechtliche Voraussetzung für die Unterlassungsansprüche ist die Wiederholungsgefahr.[213] Fehlt es an dem notwendigen Tatbestandsmerkmal der Wiederholungsgefahr ist die Klage als unbegründet abzuweisen.[214] Ausdrücklich findet sich der Begriff der „Wiederholungsgefahr" in den §§ 97 Abs. 1 S. 1 UrhG und 14a GeschmMG. Hiermit ist die Gefahr gemeint, dass der Verletzer, der eine widerrechtliche Rechtsverletzung schon einmal begangen hat, die Rechtsverletzung wiederholt.[215] Auch im Wortlaut des § 1004 Abs. 2 S. 1 BGB findet sich die Wiederholungsgefahr. Dort wird für das Bestehen des Unterlassungsanspruchs gefordert, dass „weitere Beeinträchtigungen zu besorgen" sind. Das Erfordernis der Wiederholungsgefahr gilt in gleicher Weise für den allgemeinen Unterlassungsanspruch des Betriebsrats.[216] Es reicht nicht aus, dass der Unterlassungsgläubiger bloß behauptet, es bestehe die Gefahr weiterer Verletzungen. Die Wiederholungsgefahr muss vielmehr objektiv bestehen.[217] Das Gericht hat nach freiem Ermessen zu prüfen, ob sich die Besorgnis durch Tatsachen begründen lässt.[218] Es handelt sich um eine im Einzelfall zu treffende Prognoseentscheidung.[219] Das Gericht muss zu dem Ergebnis kommen, dass eine erneute Verletzung eine ernsthafte und greifbare Möglichkeit darstellt.[220] Die bloße abstrakte Möglichkeit der Wiederholung des schadenbringenden Ereignisses genügt nicht.[221] Da es sich bei der Frage nach der Wiederholungsgefahr um eine Frage tatsächlicher Natur handelt, ist für die

---

[211] BAG vom 3.5.1994 – 1 ABR 24/93, AP Nr. 23 zu § 23 BetrVG 1972; hierzu kritisch Richardi/*Richardi*, § 87 Rn. 136 ff.
[212] BAG vom 3.5.1994 – 1 ABR 24/93, AP Nr. 23 zu § 23 BetrVG 1972.
[213] So die ganz h.M.; BGH vom 22.9.1972 – I ZR 19/72, GRUR 1973, 208 (209) – Neues aus der Medizin; BGH vom 9.11.1979 – I ZR 24/78, GRUR 1980, 241 (241) – Rechtsschutzbedürfnis; BGH vom 7.10.1982 – I ZR 120/80, GRUR 1983, 127 (128) – Vertragsstrafeversprechen; Ahrens/*Ahrens*, Kap. 14 Rn. 9; *Köhler*, JZ 2005, 489 (489); MünchKommBGB/*Baldus*, § 1004 Rn. 136; Stein/Jonas/*Roth*, vor § 253 Rn. 78; Staudinger/*Gursky*, § 1004 Rn. 215; *Teplitzky*, Kap. 6 Rn. 8.
[214] BAG vom 29.2.2000 – 1 ABR 4/99, AP Nr. 105 zu § 87 BetrVG – Lohngestaltung.
[215] Wandtke/Bullinger/*v. Wolff*, § 97 Rn. 35.
[216] BAG vom 23.7.1996 – 1 ABR 13/96, AP Nr. 68 zu 87 BetrVG 1972 – Arbeitszeit; BAG vom 19.7.1995 – 7 ABR 60/94, AP Nr. 25 zu § 23 BetrVG 1972; *Baur*, ZfA 1997, 445 (451).
[217] Staudinger/*Gursky*, § 1004 Rn. 213.
[218] MünchKommBGB/*Baldus*, § 1004 Rn. 135; Staudinger/*Gursky*, § 1004 Rn. 213.
[219] *Teplitzky*, Kap. 6 Rn. 2.
[220] BGH vom 16.1.1992 – I ZR 84/90, GRUR 1992, 318 (320) – Jubiläumsverkauf.
[221] RG vom 13.6.1906 – V 589/05, RGZ 63, 374 (379).

Prüfung der Zeitpunkt der letzten mündlichen Verhandlung in der Tatsacheninstanz maßgeblich.[222]

Über die schwierige Aufgabe, die Wiederholungsgefahr festzustellen, hilft man sich insbesondere in der wettbewerbsrechtlichen Praxis mit einer tatsächlichen Vermutung hinweg. Mittlerweile ist gewohnheitsrechtlich anerkannt, dass eine rechtswidrige Wettbewerbshandlung die tatsächliche Vermutung für ihre Wiederholung begründet.[223] Diese tatsächliche Vermutung gründet sich nach herrschender Meinung auf Erfahrungssätze, wonach beim Handeln im geschäftlichen Verkehr zu Wettbewerbszwecken davon auszugehen ist, dass rechtswidrige Handlungen wiederholt werden.[224] Anknüpfungspunkt für die Vermutung ist die hinter der Verletzungshandlung stehende Wettbewerbsabsicht.[225] Ob sich diese Begründung für die tatsächliche Vermutung der Wiederholungsgefahr halten lässt, erscheint fraglich. Denn die tatsächliche Vermutung der Wiederholungsgefahr gilt nämlich längst nicht mehr nur für das Wettbewerbsrecht, sondern auch im Urheberrecht[226], Kartellrecht[227], bei Persönlichkeitsverletzungen[228], bei der Verwendung unzulässiger AGB-Klauseln[229] sowie im Patent-[230], Markenrecht[231] und nicht zuletzt im Bürger-

---

[222] BGH vom 2.12.1982 – I ZR 121/80, GRUR 1983, 186 (186) – Wiederholte Unterwerfung; BGH vom 24.4.1986 – I ZR 56/84, GRUR 1987, 45 (46) – Sommerpreiswerbung; *Teplitzky*, Kap. 6 Rn. 2.
[223] BGH vom 16.1.1992 – I ZR 84/90, GRUR 1992, 318 (319) – Jubiläumsverkauf; BGH vom 30.4.2009 – I ZR 42/07, GRUR 2009, 1162 (1166); *Fritzsche*, Unterlassungsanspruch und Unterlassungsklage, S. 157; *Teplitzky*, Kap. 6 Rn. 9.
[224] BGH vom 24.9.1979 – KZR 20/78, GRUR 1980, 125 (128) – Modellbauartikel II; BGH vom 9.11.1995 – I ZR 212/93, GRUR 1996, 290 (291) – Wegfall der Wiederholungsgefahr; BGH vom 26.10.2000 – I ZR 180/98, GRUR 2001, 453 (455) – TCM-Zentrum; BGH vom 25.10.2001 – I ZR 29/99, GRUR 2002, 717 (719) – Vertretung der Anwalts-GmbH; Piper/Ohly/Sosnitza/*Ohly*, § 8 Rn. 8.
[225] Hierzu kritisch *Fritzsche*, Unterlassungsanspruch und Unterlassungsklage, S. 157 ff.; *Teplitzky*, Kap. 6 Rn. 9.
[226] BGH vom 17.7.2008 – I ZR 219/05, ZUM 2008, 781 (784); OLG München vom 14.1.2010 – 29 U 3183/09, ZUM-RD 2010, 327 (330); Dreier/Schulze, § 97 Rn. 41.
[227] Immenga/Mestmäcker/*Emmerich*, § 33 GWB Rn. 96.
[228] BGH vom 17.11.1960 – I ZR 87/59, GRUR 1961, 138 (140) – Familie Schölermann; BGH vom 8.2.1994 – VI ZR 286/93, GRUR 1994, 394 (394) – Bilanzanalyse; MünchKommBGB/*Baldus*, § 1004 Rn. 135.
[229] BGH vom 9.7.1981 – VII ZR 123/80, BGHZ 81, 222 (225 f.); BGH vom 16.5.1990 – VIII ZR 245/89, NJW-RR 1990, 1141 (1142).
[230] BGH vom 25.2.1992 – X ZR 41/90, GRUR 1992, 612 (615) – Nicola; BGH vom 16.9.2003 – X ZR 179/02, GRUR 2003, 1031 (1033) – Kupplung für optische Geräte; Benkard/*Rogge/Grabinski*, § 139 PatG Rn. 29.
[231] BGH vom 14.10.1999 – I ZR 90/97, GRUR 2000, 605 (607 f.) – comtes/ComTel; BGH vom 31.7.2008 – I ZR 21/06, GRUR 2008, 1108 (1110) – Haus & Grund III; BGH vom 30.4.2009 – I ZR 42/07, GRUR 2009, 1162 (1166) – DAX; Ingerl/Rohnke, Vorbem. zu §§ 14-19d Rn. 81.

lichen Recht²³².²³³ Vielmehr als auf die hinter der Verletzung liegende Wettbewerbsabsicht, sollte die Geschäftsmäßigkeit der zu unterlassenden Handlung für die Vermutung der Wiederholungsgefahr ausschlaggebend sein.²³⁴ Gerade diese von wirtschaftlichen Interessen²³⁵ getragenen Handlungen sind auf Wiederholung ausgerichtet²³⁶, was wiederum eine Vermutung der Wiederholungsgefahr rechtfertigt. Somit gilt die tatsächliche Vermutung der Wiederholungsgefahr auf Grund einer erfolgten Rechtsverletzung im Grundsatz auch für den allgemeinen betriebsverfassungsrechtlichen Unterlassungsanspruch des Betriebsrats.²³⁷ Auch der Arbeitgeber ist in seinem Handeln – zum Beispiel bei der Anordnung von Überstunden im Sinne des § 87 Abs. 1 Nr. 3 BetrVG – von wirtschaftlichen Interessen geleitet. Eine gegen das Mitbestimmungsrecht des Betriebsrats verstoßende Handlung weist eine genauso hohe Wiederholungswahrscheinlichkeit auf wie Wettbewerbsverstöße nach dem UWG.²³⁸ Eine Vermutung der Wiederholungsgefahr aufgrund einer erfolgten Rechtsverletzung kommt nach Rechtsprechung des BAG aber dann nicht in Betracht, wenn besondere Umstände des konkreten Einzelfalls einen neuen Eingriff unwahrscheinlich machen.²³⁹

cc) Wegfall der Wiederholungsgefahr

Da die Wiederholungsgefahr zum Tatbestand des Unterlassungsanspruchs gehört, erlischt der Anspruch, wenn die Wiederholungsgefahr entfällt.²⁴⁰ Die Wiederholungsgefahr wiederum entfällt, wenn der Unterlassungsschuldner die tatsächliche Vermutung der Wiederholungsgefahr widerlegt.²⁴¹ An den Nachweis des Wegfalls

---

[232] Erman/*Ebbing*, § 1004 Rn. 77; Soergel/*Münch*, § 1004 Rn. 204.
[233] Köhler/Bornkamm/*Bornkamm*, § 8 Rn. 1.35.
[234] *Fritzsche*, Unterlassungsanspruch und Unterlassungsklage, S. 163 stellt auf die wirtschaftliche Vorteilhaftigkeit des Handelns ab; *Teplitzky*, Kap. 6 Rn. 9 schließt sich dem an und sieht das Handeln im geschäftlichen Verkehr als ausschlaggebend an.
[235] *Fritzsche*, Unterlassungsanspruch und Unterlassungsklage, S. 163.
[236] Ingerl/Rohnke, Vorbem. zu §§ 14-19d Rn. 81.
[237] BAG vom 23.7.1996 – 1 ABR 13/96, NZA 1997, 274 (277); BAG vom 29.2.2000 – 1 ABR 4/99, AP Nr. 105 zu § 87 BetrVG 1972 – Lohngestaltung; BAG vom 26.7.2005 – 1 ABR 29/04, AP Nr. 43 zu § 95 BetrVG 1972; *Baur*, ZfA 1997, 445 (454); Herbst/Bertelsmann/Reiter, Rn. 180.
[238] Ähnlich *Baur*, ZfA 1997, 445 (454).
[239] BAG vom 29.2.2000 – 1 ABR 4/99, AP Nr. 105 zu § 87 BetrVG 1972 – Lohngestaltung.
[240] BGH vom 13.5.1987 – I ZR 79/85, GRUR 1987, 640 (641) – Wiederholte Unterwerfung II; BGH vom 7.12.1989 – I ZR 237/87, GRUR 1990, 534 (534) – Abruf-Coupon; Harte-Bavendamm/Henning-Bodewig/*Bergmann*, § 8 Rn. 12; Köhler/Bornkamm/*Bornkamm*, § 8 Rn. 1.45.
[241] BGH vom 13.5.1987 – I ZR 79/85, GRUR 1987, 640 (641) – Wiederholte Unterwerfung II; Harte-Bavendamm/Henning-Bodewig/*Bergmann*, § 8 Rn. 11; MünchKommBGB/*Baldus*, § 1004 Rn. 136.

der die Wiederholungsgefahr begründenden Tatsachen sind nach ganz herrschender Meinung strenge Anforderungen zu stellen.[242] Diesen Grundsatz stellte das BAG auch für den allgemeinen Unterlassungsanspruch des Betriebsrats auf.[243] Nach objektiver Betrachtung und vernünftiger Würdigung aller Umstände muss hinreichend sicher sein, dass es zu keiner erneuten Verletzungshandlung kommen wird.[244] Das ist für den Verletzer regelmäßig[245] nur durch die Abgabe einer strafbewehrten Unterlassungserklärung zu erreichen.[246] Hiermit ist die Erklärung des Unterlassungsschuldners gemeint, das beanstandete Verhalten zukünftig zu unterlassen.[247] Die Erklärung enthält ferner das Versprechen des Schuldners, für jeden Fall der Zuwiderhandlung eine Vertragsstrafe zu zahlen.[248] Die Unterlassungserklärung muss den ernsthaften Unterlassungswillen des sich Unterwerfenden zum Ausdruck bringen.[249] Daher muss die Erklärung uneingeschränkt, bedingungslos und unwiderruflich erfolgen.[250] Das Erfordernis einer strafbewehrten Unterlassungserklärung zur Beseitigung der Wiederholungsgefahr gilt nicht nur im Wettbewerbsrecht, sondern ist auch im Urheberrecht[251], im Patent[252]- und Gebrauchsmusterrecht[253], im Markenrecht[254], im Falle unzulässiger AGB-Klauseln[255] sowie auch sonst im bürgerlichen Recht[256] anerkannt. Ebenso verhält es sich beim allgemeinen Unterlassungsanspruch des Betriebsrats im Betriebsverfassungsrecht. Die Wiederholungsgefahr kann auch hier durch die Abgabe einer strafbewehrten Unterlas-

---

[242] St. Rspr. BGH vom 10.7.1997 – I ZR 62/95, GRUR 1998, 483 (485) – Der M.-Markt packt aus; BGH vom 31.5.2001 – I ZR 82/99, GRUR 2002, 180 (180) – Weit-Vor-Winter-Schluss-Verkauf; Harte-Bavendamm/Henning-Bodewig/*Bergmann*, § 8 Rn. 11; *Teplitzky*, Kap. 7 Rn. 3.
[243] Vgl. BAG vom 29.2.2000 – 1 ABR 4/99, AP Nr. 105 zu § 87 BetrVG 1972 – Lohngestaltung.
[244] Harte-Bavendamm/Henning-Bodewig/*Bergmann*, § 8 Rn. 11.
[245] Zu den weiteren Fallgruppen des Wegfalls der Wiederholungsgefahr siehe Köhler/Bornkamm/ *Bornkamm*, § 8 Rn. 1.39 ff. und auch Harte-Bavendamm/Henning-Bodewig/*Bergmann*, § 8 Rn. 14 ff.
[246] BGH vom 10.12.1971 – I ZR 65/70, GRUR 1972, 550 (551) – Spezialsalz II; BGH vom 26.10.2000 – I ZR 180/98, GRUR 2001, 453 (455) – TCM-Zentrum; BGH vom 31.7.2008 – I ZR 21/06, GRUR 2008, 1108 (1110) – Haus & Grund III; *Baur*, ZfA 1997, 445 (456); Harte-Bavendamm/Henning-Bodewig/*Bergmann*, § 8 Rn. 13; Köhler/Bornkamm/*Bornkamm*, § 8 Rn. 1.38; MünchKommBGB/*Baldus*, § 1004 Rn. 135; *Teplitzky*, Kap. 7 Rn. 4.
[247] Köhler/Bornkamm/*Bornkamm*, § 8 Rn. 1.38.
[248] Köhler/Bornkamm/*Bornkamm*, § 8 Rn. 1.38.
[249] *Baur*, ZfA 1997, 445 (459); Harte-Bavendamm/Henning-Bodewig/*Bergmann*, § 8 Rn. 13.
[250] BGH vom 9.11.1995 – I ZR 212/93, GRUR 1996, 290 (291) – Wegfall der Wiederholungsgefahr.
[251] Wandtke/Bullinger/*v. Wolff*, § 97 Rn. 37.
[252] Benkard/*Rogge/Grabinski*, § 139 PatG Rn. 30.
[253] Benkard/*Rogge/Grabinski*, § 24 GebrMG Rn. 4.
[254] BGH vom 14.10.1999 – I ZR 90/97, GRUR 2000, 605 (607 f.) – comtes/ComTel; BGH vom 31.7.2008 – I ZR 21/06, GRUR 2008, 1108 (1110) – Haus & Grund III; BGH vom 30.4.2009 – I ZR 42/07, GRUR 2009, 1162 (1166) – DAX; Ingerl/Rohnke, Vorbem. zu §§ 14-19d Rn. 86.
[255] BGH vom 16.5.1990 – VIII ZR 245/89, NJW-RR 1990, 1141 (1142).
[256] MünchKommBGB/*Baldus*, § 1004 Rn. 135.

sungserklärung beseitigt werden.[257] Wegen der Vermögensunfähigkeit[258] des Betriebsrats kommt allerdings nur eine Unterlassungserklärung in Frage, die mit einer an einen Dritten – zum Beispiel gemeinnützige Organisationen[259] – zu zahlenden Vertragsstrafe verbunden ist.[260]

b) Vorbeugender Unterlassungsanspruch – Erstbegehungsgefahr

Neben dem Verletzungsunterlassungsanspruch ist der vorbeugende Unterlassungsanspruch die zweite Erscheinungsform des Unterlassungsanspruchs.[261] Es handelt sich um einen selbstständigen, vom Verletzungsunterlassungsanspruch unabhängigen Anspruch.[262] Anders als beim Verletzungsunterlassungsanspruch ist eine Verletzung hier noch nicht erfolgt. Der vorbeugende Unterlassungsanspruch ist damit Ausdruck der Überlegung, dass bei einer drohenden Rechtsbeeinträchtigung nicht erst abgewartet werden muss bis der Eingriff erfolgt und ein Schaden entstanden ist.[263] Für den Unterlassungsgläubiger ist der vorbeugende Unterlassungsanspruch besonders wertvoll, da dieser den Verletzungsunterlassungsanspruch erweitern kann, indem mit ihm die Unterlassung einer Handlung geltend gemacht wird, die zwar nicht mehr von der Wiederholungsvermutung der begangenen Verletzungshandlung erfasst ist[264], bezüglich derer wohl aber Erstbegehungsgefahr besteht.[265]

aa) Anspruchsgrundlage

Wie der Verletzungsunterlassungsanspruch bedarf auch der vorbeugende Unterlassungsanspruch einer gesetzlichen oder vertraglichen Grundlage. Es kommen alle Anspruchsgrundlagen in Betracht, die einen Verletzungsunterlassungsanspruch begründen können.[266] Ein vorbeugender Unterlassungsanspruch ist demnach gege-

---

[257] LAG Hessen vom 28.8.1997 – 5 TaBV 9/97, BeckRS 1997, 30872563; *Baur*, ZfA 1997, 445 (459 f.).
[258] *Fitting*, § 1 Rn. 194; Richardi/*Richardi*, Einl. Rn. 111.
[259] *Herbst*/Bertelsmann/*Reiter*, Rn. 781 geben ein Muster für eine solche drittbegünstigende Unterlassungserklärung.
[260] So auch *Baur*, ZfA 1997, 445 (459 f.).
[261] Hierzu schon oben C I 2.
[262] BGH vom 26.4.1990 – I ZR 99/88, GRUR 1990, 687 (689) – Anzeigenpreis II; *Baur*, ZfA 1997, 445 (461); *Teplitzky*, Kap. 9 Rn. 3.
[263] RG vom 17.2.1921 – VI 473/20, RGZ 101, 335 (340); *Fritzsche*, Unterlassungsanspruch und Unterlassungsklage, S. 21 f.; *Teplitzky*, Kap. 9 Rn. 1.
[264] Zur Reichweite der Wiederholungsvermutung siehe unten C II 2.
[265] *Baur*, ZfA 1997, 445 (461); *Teplitzky*, Kap. 9 Rn. 4.
[266] *Teplitzky*, Kap. 9 Rn. 6.

ben, wenn die befürchtete Verletzungshandlung, würde sie begangen, einen Verletzungsunterlassungsanspruch auslösen würde.[267]

bb) Erstbegehungsgefahr

An die Stelle der Wiederholungsgefahr beim Verletzungsunterlassungsanspruch tritt im Falle des vorbeugenden Unterlassungsanspruchs die sogenannte Erstbegehungsgefahr.[268] Von einer solchen ist auszugehen, soweit ernsthafte und greifbare tatsächliche Anhaltspunkte dafür vorhanden sind, der Anspruchsgegner werde sich in naher Zukunft rechtswidrig verhalten.[269] Die Erstbegehungsgefahr ist materiellrechtliches Tatbestandsmerkmal des vorbeugenden Unterlassungsanspruchs.[270] Auch hier kommt es darauf an, dass die Erstbegehungsgefahr objektiv und nicht nur nach der Vorstellung des Anspruchstellers gegeben ist.[271] Die die Erstbegehungsgefahr begründenden Umstände müssen die drohende Verletzungshandlung so konkret abzeichnen, dass sich für alle Tatbestandsmerkmale zuverlässig beurteilen lässt, ob sie verwirklicht sind.[272] Anders als bei der Wiederholungsgefahr im Rahmen des Verletzungsunterlassungsanspruchs wird das Vorliegen der Erstbegehungsgefahr nicht tatsächlich vermutet.[273] Darstellung und Beweis der Umstände, die die drohende Gefahr erstmaliger Begehung begründen, obliegen dem Unterlassungsgläubiger.[274] Aus der Vielzahl der denkbaren Sachverhaltskonstellationen haben sich zwei Fallgruppen herausgebildet, in denen von einer Erstbegehungsgefahr ausgegangen wird.[275] Zum einen ist von einer Erstbegehungsgefahr auszugehen, wenn der Beklagte sich des Rechts berühmt, bestimmte Handlungen vornehmen zu dürfen (Berühmung).[276] Denn wer sich eines Rechts berühmt, gerät in den

---

[267] *Teplitzky*, Kap. 9 Rn. 7.
[268] *Baur*, ZfA 1997, 445 (461); *Teplitzky*, Kap. 10 Rn. 2.
[269] BGH vom 15.4.1999 – I ZR 83/97, GRUR 1999, 1097 (1099) – Preissturz ohne Ende; BGH vom 31.5.2001 – I ZR 106/99, GRUR 2001, 1174 (1175) – Berühmungsaufgabe; *Baur*, ZfA 1997, 445 (461 f.); *Teplitzky*, Kap. 10 Rn. 1.
[270] BGH vom 26.4.1990 – I ZR 99/88, GRUR 1990, 687 (689) – Anzeigenpreis II; *Baur*, ZfA 1997, 445 (461); *Teplitzky*, Kap. 10 Rn. 1.
[271] *Baur*, ZfA 1997, 445 (462); Köhler/Bornkamm/*Bornkamm*, § 8 Rn. 1.17; *Teplitzky*, Kap. 10 Rn. 3.
[272] BGH vom 30.1.1970 – I ZR 48/68, GRUR 1970, 305 (306) – Löscafé; BGH vom 13.3.2008 – I ZR 151/05, GRUR 2008, 912 (913) – Metrosex; Harte-Bavendamm/Henning-Bodewig/*Bergmann*, § 8 Rn. 25.
[273] *Baur*, ZfA 1997, 445 (462); Harte-Bavendamm/Henning-Bodewig/*Bergmann*, § 8 Rn. 26.
[274] Harte-Bavendamm/Henning-Bodewig/*Bergmann*, § 8 Rn. 26; Köhler/Bornkamm/*Bornkamm*, § 8 Rn. 1.17.
[275] Hierzu eingehend *Teplitzky*, Kap. 10 Rn. 8 ff.
[276] BGH vom 24.4.1986 – I ZR 56/84, GRUR 1987, 45 (48) – Sommerpreiswerbung; BGH vom 9.10.1986 – I ZR 158/84, GRUR 1986, 125 (126) – Berühmung; BGH vom 16.1.1992 – I ZR 20/90, GRUR 1992, 404 (405) – Systemunterschiede; *Baur*, ZfA 1997, 445 (462 f.); Harte-

Verdacht, dieses Recht auch wahrzunehmen.[277] Allein die Tatsache, zum Zwecke der Verteidigung gegen eine Klage zu behaupten, zu einem bestimmten Verhalten berechtigt zu sein, stellt indes noch keine Berühmung in diesem Sinne dar.[278] Zum anderen ist anerkannt, dass Erstbegehungsgefahr anzunehmen ist, wenn der Beklagte Verletzungshandlungen ankündigt oder hierzu Vorbereitungshandlungen trifft (Ankündigungen und Vorbereitungshandlungen).[279]

cc) Wegfall der Erstbegehungsgefahr

Da die Erstbegehungsgefahr zu den materiellrechtlichen Tatbestandsmerkmalen des vorbeugenden Unterlassungsanspruchs zählt, führt der Mangel der Erstbegehungsgefahr zur Abweisung der Klage als unbegründet.[280] Dennoch unterscheiden sich die Anforderungen, die an den Wegfall der Wiederholungs- und Erstbegehungsgefahr gestellt werden, erheblich. Während die Wiederholungsgefahr in der Regel nur durch die Abgabe einer strafbewehrten Unterlassungserklärung beseitigt werden kann[281], sind an die Beseitigung der Erstbegehungsgefahr weniger strenge Anforderungen zu stellen.[282] Es genügt schon ein sogenannter „actus contrarius".[283] Hierunter ist ein Verhalten des Unterlassungsschuldners zu verstehen, das dem die Erstbegehungsgefahr begründenden Verhalten entgegengesetzt ist.[284] Die Berühmung gibt der Beklagte jedenfalls auf, indem er uneingeschränkt und eindeutig erklärt, die beanstandete Handlung nicht vorzunehmen.[285] Nichts anderes gilt für den allgemeinen Unterlassungsanspruch des Betriebsrats.[286]

Bavendamm/Henning-Bodewig/*Bergmann*, § 8 Rn. 27; Köhler/Bornkamm/*Bornkamm*, § 8 Rn. 1.18; *Teplitzky*, Kap. 10 Rn. 9 ff.
[277] *Teplitzky*, Kap. 10 Rn. 9.
[278] BGH vom 31.5.2001 – I ZR 106/99, GRUR 2001, 1174 (1174) – Berühmungsaufgabe; Harte-Bavendamm/Henning-Bodewig/*Bergmann*, § 8 Rn. 28; Köhler/Bornkamm/*Bornkamm*, § 8 Rn. 1.19.
[279] BGH vom 22.2.1974 – I ZR 106/72, GRUR 1974, 47 (478) – Hausagentur; BGH vom 8.7.1993 – I ZR 174/91, GRUR 1993, 917 (920) – Abrechnungs-Software für Zahnärzte; *Baur*, ZfA 1997, 445 (463 f.); Harte-Bavendamm/Henning-Bodewig/*Bergmann*, § 8 Rn. 29; Köhler/Bornkamm/*Bornkamm*, § 8 Rn. 1.23; *Teplitzky*, Kap. 10 Rn. 13 ff.
[280] Köhler/Bornkamm/*Bornkamm*, § 8 Rn. 1.17.
[281] Hierzu siehe oben C II 1 a) cc).
[282] BGH vom 31.5.2001 – I ZR 106/99, GRUR 2001, 1174 (1174) – Berühmungsaufgabe; BGH vom 13.3.2008 – I ZR 151/05, GRUR 2008, 912 (914) – Metrosex.
[283] BGH vom 13.3.2008 – I ZR 151/05, GRUR 2008, 912 (914) – Metrosex; *Teplitzky*, Kap. 10 Rn. 22.
[284] BGH vom 13.3.2008 – I ZR 151/05, GRUR 2008, 912 (914) – Metrosex.
[285] BGH vom 31.5.2001 – I ZR 106/99, GRUR 2001, 1174 (1174) – Berühmungsaufgabe; Köhler/Bornkamm/*Bornkamm*, § 8 Rn. 1.26.
[286] Vgl. *Baur*, ZfA 1997, 445 (464).

2. Reichweite des materiellrechtlichen Unterlassungsanspruchs

Indem das BAG in ständiger Rechtsprechung darauf hinweist, dass ein Globalantrag grundsätzlich als insgesamt unbegründet abzuweisen ist, wenn unter den Antrag zumindest auch Sachverhalte fallen, in denen sich der Antrag als unbegründet erweist[287], spricht es die für die verfahrensrechtliche Problematik des Globalantrags wichtige materiellrechtliche Frage nach der Reichweite des Unterlassungsanspruchs an. Denn nur soweit das materielle Recht dem Unterlassungsgläubiger in seinen Rechten schützt, ist dieser im Verfahren auch berechtigt, Unterlassung zu verlangen. Somit determiniert der Anspruchsinhalt den erfolgversprechenden Klageantrag und später den Urteilstenor. Der Globalunterlassungsantrag setzt daher einen Globalunterlassungsanspruch voraus.

a) Begehungsgefahr und sachlicher Umfang des Unterlassungsanspruchs

Wie die Frage nach dem Umfang des Unterlassungsanspruchs zu beantworten ist, wurde nicht immer einheitlich beurteilt.[288] Heute ist man sich jedoch – nicht nur im Wettbewerbsrecht[289] – einig, dass sich der sachliche Umfang des Unterlassungsanspruchs nach dem Umfang der Begehungsgefahr richtet.[290] Daher kann derjenige, der schon einmal in seinen Rechten verletzt wurde, mit Hilfe des Unterlassungsanspruchs insoweit Unterlassung verlangen, als Wiederholungsgefahr besteht (Verletzungsunterlassungsanspruch). Im Falle der drohenden Erstverletzung kommt es auf den Umfang der Erstbegehungsgefahr an (vorbeugender Unterlassungsanspruch). Die Maßgeblichkeit der Begehungsgefahr für den sachlichen Umfang des Unterlassungsanspruchs erklärt sich aus der Überzeugung der herrschenden Meinung, bei der Begehungsgefahr handele es sich um eine materiellrechtliche Voraussetzung des Unterlassungsanspruchs.[291] Die Begehungsgefahr hat eine Begrenzungsfunktion.[292] Denn ohne das Erfordernis der Begehungsgefahr und allein auf den Schutz des jeweiligen Rechtsguts gestützt, bestünde der Unterlassungsan-

---

[287] Vgl. nur BAG vom 20.4.2010 – 1 ABR 78/08, NJW 2010, 2906 (2907) = NZA 2010, 902 (903).
[288] Zunächst erachtete man ausschließlich die begangene Rechtsverletzung als ausschlaggebend. Hierzu *Fritzsche*, Unterlassungsanspruch und Unterlassungsklage, S. 223.
[289] *Fritzsche*, Unterlassungsanspruch und Unterlassungsklage, S. 223.
[290] *Baur*, ZfA 1997, 445 (473); *Fritzsche*, Unterlassungsanspruch und Unterlassungsklage, S. 223; Harte-Bavendamm/Henning-Bodewig/*Bergmann*, § 8 Rn. 42; Köhler/Bornkamm/*Bornkamm*, § 8 Rn. 1.52.
[291] Hierzu schon oben C I 4.
[292] Vgl. Ahrens/*Ahrens*, Kap. 14 Rn. 7.

spruch gegenüber jedermann.[293] Indem die Begehungsgefahr den Unterlassungsanspruch konkretisiert, bestimmt sie dessen sachlichen Umfang. Anknüpfungspunkt der Begehungsgefahr ist – auch das wurde bereits erläutert[294] – die zuvor begangene oder die für die Zukunft befürchtete Verletzungshandlung des Unterlassungsschuldners.[295] Daher umfasst der Unterlassungsanspruch jedenfalls die konkrete Verletzungshandlung.[296] Ein auf diese konkrete Verletzungshandlung beschränkter Unterlassungsantrag hätte vor Gericht Aussicht auf Erfolg.[297]

b) Kerntheorie aus dem Wettbewerbsrecht

Das diesem eng gefassten Antrag stattgebende Urteil stellt den klagenden Unterlassungsgläubiger jedoch vor das Problem, dass der beklagte Unterlassungsschuldner den vollstreckbaren Titel durch nur geringfügige Änderungen seines Verhaltens umgehen kann.[298] Das würde den Interessen des Unterlassungsgläubigers an Rechtssicherheit und effektivem Präventivrechtsschutz nicht gerecht.[299] Diese Notlage des Unterlassungsgläubigers tritt im Wettbewerbsrecht besonders häufig auf. Daher erklärt sich, dass es die wettbewerbsrechtliche Rechtsprechung war, die eine weithin befürwortete[300] Antwort auf dieses Dilemma des Unterlassungsgläubigers entwickelte.

aa) Grundsätze der Kerntheorie

Nach dieser Rechtsprechung erstrecken sich die Wiederholungsgefahr und somit auch der Unterlassungsanspruch grundsätzlich auf alle im Kern gleichartigen Verletzungshandlungen.[301] Die Kerntheorie erweitert damit den sachlichen Umfang

---

[293] MünchKommBGB/*Baldus*, § 1004 Rn. 136.
[294] Siehe oben C II 1 a) bb) sowie C II 1 b) bb).
[295] Köhler/Bornkamm/*Bornkamm*, § 8 Rn. 1.52.
[296] Piper/Ohly/Sosnitza/*Ohly*, § 8 Rn. 35.
[297] So auch *Baur*, ZfA 1997, 445 (473).
[298] *Baur*, ZfA 1997, 445 (475); *Fritzsche*, Unterlassungsanspruch und Unterlassungsklage, S. 223, 225; *Teplitzky*, WRP 1999, 75 (75).
[299] Zur Motivlage des Antragstellers beim Globalantrag siehe oben A II.
[300] Zur Kritik an der Kerntheorie siehe unten C II 2 b) ee).
[301] BGH vom 16.2.1989 – I ZR 76/87, GRUR 1989, 445 (446) – Professorenbezeichnung in der Arztwerbung; BGH vom 1.4.1993 – I ZR 85/91, GRUR 1993, 579 (581) – Römer GmbH; BGH vom 23.6.1994 – I ZR 15/92, GRUR 1994, 844 (846) – Rotes Kreuz; BGH vom 9.11.1995 – I ZR 212/93, GRUR 1996, 290 (291) – Wegfall der Wiederholungsgefahr; BGH vom 9.5.1996 – I ZR 107/94, GRUR 1996, 800 (802) – EDV-Geräte; BGH vom 16.11.1995 – I ZR 229/93, GRUR 1997, 379 (380) – Wegfall der Wiederholungsgefahr II; BGH vom 10.12.1998 – I ZR 141/96, GRUR 1999, 509 (511) – Vorratslücken; BGH vom 15.12.1999 – I ZR 159/97, GRUR 2000, 337 (338) –

des Unterlassungsanspruchs über die konkrete Verletzungshandlung hinaus auf solche Handlungen, die das Charakteristische der konkreten Verletzungsform zum Ausdruck bringen.[302] *Oppermann* spricht von den „kennzeichnenden Merkmale(n)" der Verletzungshandlung.[303] Die Kerntheorie bewirkt keine echte Erweiterung des Unterlassungsanspruchs wie sie durch eine Kombination mit dem vorbeugenden Unterlassungsanspruch zu erreichen wäre, sondern erlaubt vielmehr nur die Verallgemeinerung der konkreten Verletzungshandlung.[304]

bb) Konkrete Verletzungshandlung und konkrete Verletzungsform

Für das Verständnis der Kerntheorie und die Argumentation im Unterlassungsprozess ist die Differenzierung zwischen den Begriffen der konkreten Verletzungshandlung und der konkreten Verletzungsform zentral. Eine Selbstverständlichkeit scheint das dennoch nicht. Es wird die fälschlich synonyme Verwendung beider Begriffe beanstandet.[305] Der Begriff der konkreten Verletzungshandlung umschreibt den gesamten tatsächlichen Lebensvorgang, der den Tatbestand einer wettbewerbsrechtlichen Norm erfüllt.[306] Die Verletzungshandlung gehört der Vergangenheit an.[307] Im Gegensatz hierzu beschreibt der Begriff der konkreten Verletzungsform nur die rechtlich relevanten Tatumstände.[308] Die konkrete Verletzungsform ist gegenüber der konkreten Verletzungshandlung ein minus. Sie ist anders als die konkrete Verletzungshandlung abstrakt und zukunftsbezogen.[309] Damit bezeichnet die konkrete Verletzungshandlung gleichsam den Kern der Verletzung.[310] Um die terminologischen Ausführungen zu einem Abschluss und auf den Punkt zu bringen: Unter Anwendung der Grundsätze der Kerntheorie erstreckt sich die Vermutung

---

Preisknaller; BGH vom 29.6.2000 – I ZR 29/98, GRUR 2000, 907 (909) – Filialleiterfehler; BGH vom 23.2.2006 – I ZR 27/03, GRUR 2006, 504 (506) – Parfümtestkäufe; BGH vom 22.10.2009 – I ZR 58/07, GRUR 2010, 454 (454 f.) – Klassenlotterie; Harte-Bavendamm/Henning-Bodewig/ *Bergmann*, § 8 Rn. 42; Köhler/Bornkamm/*Bornkamm*, § 8 Rn. 1.52; Piper/Ohly/Sosnitza/*Ohly*, § 8 Rn. 35.
[302] *Oppermann*, Unterlassungsanspruch und materielle Gerechtigkeit im Wettbewerbsprozess, S. 48 m.w.N.; sowie *Teplitzky*, Kap. 5 Rn. 7 m.w.N.
[303] *Oppermann*, Unterlassungsanspruch und materielle Gerechtigkeit im Wettbewerbsprozess, S. 48.
[304] Zu dieser Differenzierung siehe *Teplitzky*, Kap. 5 Rn. 9; vgl. auch *Baur*, ZfA 1997, 445 (475).
[305] *Teplitzky*, Kap. 5 Rn. 3.
[306] *Nirk/Kurtze*, GRUR 1980, 645 (649); *Teplitzky*, Kap. 5 Rn. 3; siehe auch *Fritzsche*, Unterlassungsanspruch und Unterlassungsklage, S. 225 f.
[307] *Borck*, GRUR 1996, 522 (523).
[308] *Nirk/Kurtze*, GRUR 1980, 645 (649).
[309] *Borck*, GRUR 1996, 522 (523).
[310] *Oppermann*, Unterlassungsanspruch und materielle Gerechtigkeit im Wettbewerbsprozess, S. 37 dort Fn. 113.

der Wiederholungsgefahr also über die konkrete Verletzungshandlung hinaus auf alle Handlungen, die die gleiche konkrete Verletzungsform verwirklichen.[311]

Letztlich vermögen zwei für die Entwicklung der Kerntheorie wegweisende Entscheidungen aus der Rechtsprechung des BGH den wichtigen Unterschied zwischen konkreter Verletzungshandlung und konkreter Verletzungsform beispielhaft zu veranschaulichen.[312] In einem am 29.6.2000 vom 1. Senat entschiedenen Fall hatte der BGH über einen Streit zwischen zwei Händlern für Unterhaltungselektronik zu befinden.[313] Der Beklagte Verbrauchermarkt warb in einer Werbebeilage für eine Videokamera und einen Fernseher, ohne diese Geräte auch vorrätig zu haben. Der Kläger beschränkte seinen Unterlassungsantrag wegen irreführender Werbung nicht auf die konkrete Verletzungshandlung, d.h. auf die Werbung für diese bestimmte Videokamera und diesen bestimmten Fernseher. Verallgemeinernd verlangte er die Unterlassung derart irreführender Werbung für „Geräte der Unterhaltungselektronik" schlechthin. Hierin sah der BGH eine zulässige Verallgemeinerung des Unterlassungsantrags über die konkrete Verletzungshandlung hinaus auf „alle im Kern gleichartigen Verletzungshandlungen".[314] Für zu weitgehend hielt der Wettbewerbssenat des BGH den Klägerantrag in einer Entscheidung vom 15.3.1984.[315] Hier warb der beklagte Betreiber eines Verbrauchermarktes mit dem Slogan „adidas-Woche" für Sportartikel der Marke „adidas". Allerdings hielt auch er die beworbenen Artikel nicht vor. Der klagende Verein zur Wahrung der gewerblichen Interessen des Sportfachhandels begehrte nun die Unterlassung solch irreführender Werbung für „Sportartikel einschließlich Sportbekleidung". Der BGH befand, dass dieser Antrag nicht mehr das Charakteristische der konkreten Verletzungshandlung zum Ausdruck bringe.[316] Charakteristisch – und somit noch von der Vermutung der Wiederholungsgefahr erfasst – ist nur die Werbung unter Nennung des werbewirksamen Namens „adidas".[317] Irreführende Werbung mit namenlosen Sportartikeln gehört hier demnach nicht mehr zur konkreten Verletzungsform der konkreten Verletzungshandlung.

---

[311] *Fritzsche*, Unterlassungsanspruch und Unterlassungsklage, S. 226; so auch der BGH vom 15.3.1984 – I ZR 74/82, GRUR 1984, 593 (594) – adidas-Sportartikel.
[312] Für weitere Beispiele siehe Köhler/Bornkamm/*Bornkamm*, § 8 Rn. 1.53.
[313] BGH vom 29.6.2000 – I ZR 29/98, NJW-RR 2001, 620 ff. – Filialleiterfehler.
[314] BGH vom 29.6.2000 – I ZR 29/98, NJW-RR 2001, 620 (621 f.) – Filialleiterfehler.
[315] BGH vom 15.3.1984 – I ZR 74/82, GRUR 1984, 593 ff. – adidas-Sportartikel.
[316] BGH vom 15.3.1984 – I ZR 74/82, GRUR 1984, 593 (594) – adidas-Sportartikel.
[317] BGH vom 15.3.1984 – I ZR 74/82, GRUR 1984, 593 (594) – adidas-Sportartikel.

cc) Allgemeingültigkeit der Grundsätze der Kerntheorie über das Wettbewerbsrecht hinaus

Zwar stellt sich die Frage nach dem Umfang des Unterlassungsanspruchs im Wettbewerbsrecht besonders häufig. Doch stellt sie sich nicht nur dort. So erklärt es sich, dass die Kerntheorie als ein „Kind des Wettbewerbsprozessrechts"[318] auch in anderen Rechtsgebieten zur Anwendung kommt. Das gilt jedenfalls für das Urheberrecht[319], für das Markenrecht[320], für das Patentrecht[321] und das Kartellrecht.[322] Entgegen der zurückhaltenden Rechtsprechung[323] wird vom Schrifttum auch im Persönlichkeitsrecht die Anwendung der Kerntheorie gefordert.[324] *Fritzsche* hält die Grundsätze der Kerntheorie bei gesetzlichen Unterlassungsansprüchen allgemein für anwendbar.[325] Die Allgemeingültigkeit der Kerntheorie über die Grenzen des Wettbewerbsrechts hinaus, lässt sich mit der immer gleichen Interessenlage des Unterlassungsgläubigers begründen. Der effektive Präventivrechtsschutz ist hier wie dort das erste Ziel des Unterlassungsgläubigers. Diesem anerkennenswerten Bedürfnis beizukommen, leistet die Kerntheorie einen wichtigen Beitrag.

dd) Kerntheorie im Zivilprozess

Die Bedeutung der Kerntheorie für den Unterlassungsrechtsschutz geht jedoch über die soeben dargestellte materiellrechtliche Dimension zur Bestimmung des sachlichen Umfangs des Unterlassungsanspruchs weit hinaus.[326] Das zeigt schon, dass

---

[318] *Fritzsche*, Unterlassungsanspruch und Unterlassungsklage, S. 223.
[319] Dreier/Schulze, § 97 Rn. 42, 46.
[320] BGH vom 23.2.2006 – I ZR 27/03, GRUR 2006, 504 (506) – Parfümtestkäufe; BGH vom 18.2.2008 – I ZR 200/06, GRUR 2009, 772 (774) – Augsburger Puppenkiste; Ingerl/Rohnke, Vorbem. zu §§ 14-19d Rn. 94.
[321] OLG Karlsruhe vom 30.11.1983 – 6 W 88/83, GRUR 1984, 197 (198) – Andere Ausführungsform; Benkard/*Rogge/Grabinski*, § 139 Rn. 35a.
[322] BGH vom 31.5.2006 – KVR 1/05, NJW-RR 2006, 1340 (1341) – Call-Option; BGH vom 11.10.2006 – KZR 45/05, GRUR 2007, 172 (172) – Lesezirkel II; Köhler/Bornkamm/*Bornkamm*, § 8 Rn. 1.55a.
[323] BGH vom 13.11.2007 – VI ZR 265/06, GRUR 2008, 446 (446 f.) – „kerngleiche" Berichterstattung.
[324] Köhler/Bornkamm/*Bornkamm*, § 8 Rn. 1.55a.
[325] *Fritzsche*, Unterlassungsanspruch und Unterlassungsklage, S. 237.
[326] Auch *Fritzsche*, Unterlassungsanspruch und Unterlassungsklage, S. 226 ff. sieht – *Oppermann*, Unterlassungsanspruch und materielle Gerechtigkeit im Wettbewerbsprozess, S. 50 f. folgend – eine materielle und prozessuale Bedeutung der Kerntheorie. Borck, GRUR 1996, 522 (525) unterscheidet gar zwischen „zwei unterschiedlichen Kerntheorien", einer Kerntheorie des Erkenntnisverfahrens sowie einer Kerntheorie des Vollstreckungsverfahrens.

die Kerntheorie ursprünglich im Vollstreckungsrecht entwickelt wurde.[327] Ausgangspunkt war die Frage nach dem Umfang des Unterlassungstitels. Die Kerntheorie kommt also immer dann ins Spiel, wenn es um die Reichweite des Unterlassungsrechtsschutzes, also den Umfang des materiellrechtlichen Unterlassungsanspruchs und dessen Durchsetzung vor Gericht und im Vollstreckungsverfahren geht. Die Kerntheorie berührt damit das Zusammenwirken von materiellem Recht und Prozessrecht. An dieser Stelle soll nur überblicksartig auf die Phasen des Zivilprozesses eingegangen werden, an denen die Grundsätze der Kerntheorie von Bedeutung sind. Im Fortgang der Untersuchung wird noch gesondert auf das Verhältnis zwischen Globalunterlassungsantrag und den durch die Kerntheorie beeinflussten Verfahrensgrundsätzen einzugehen sein.[328]

(1) Kerntheorie und Bestimmtheit des Unterlassungsantrags

Ein erstes Mal kommt die Kerntheorie bei der Fassung des Klageantrags zum Tragen. Gemäß § 253 Abs. 2 Nr. 2 ZPO muss die Klageschrift einen „bestimmten Antrag" enthalten. Diesem Erfordernis ist nach der Rechtsprechung des BGH Genüge getan, wenn der Antrag „den erhobenen Anspruch konkret bezeichnet, dadurch den Rahmen der gerichtlichen Entscheidungsbefugnis, Inhalt und Umfang der materiellen Rechtskraft der begehrten Entscheidung erkennen lässt, das Risiko eines Unterliegens des Klägers nicht durch vermeidbare Ungenauigkeit auf den Beklagten abwälzt und schließlich eine Zwangsvollstreckung aus dem Urteil ohne eine Fortsetzung des Streits im Vollstreckungsverfahren erwarten lässt".[329] Diese Formulierung des BGH zeigt, wie zentral der Antrag für das gesamte gerichtliche Verfahren ist. Der Wirkkreis des Antrags reicht über die Urteilsfassung bis in das Vollstreckungsverfahren. Mit der Abstrahierung von der konkreten Verletzungshandlung bei der Fassung seines Antrags kann der Unterlassungsgläubiger zum ersten Mal ein umfassenderes Unterlassungsbegehren zum Ausdruck bringen und zum Gegenstand des gesamten gerichtlichen Verfahrens machen. Nun besagen die Grundsätze der Kerntheorie gewiss nicht, dass der Unterlassungsantrag unbestimmt sein darf.[330] Doch ermöglicht es die Kerntheorie dem Unterlassungsgläubiger schon bei der Antragstellung, sein Unterlassungsbegehren verallgemeinernd zu formulieren.

---

[327] *Fritzsche*, Unterlassungsanspruch und Unterlassungsklage, S. 223.
[328] Siehe unten C III, IV, V und VI.
[329] BGH vom 14.12.1998 – II ZR 330-97, NJW 1999, 954 (954); BGH vom 28.11.2002 – I ZR 168/00, GRUR 2003, 228 (229) – P-Vermerk; siehe auch MünchKommZPO/*Becker-Eberhard*, § 253 Rn. 88.
[330] Für *Fritzsche*, Unterlassungsanspruch und Unterlassungsklage, S. 227 hat die Kerntheorie mit der Bestimmtheit des Klageantrags daher allenfalls mittelbar zu tun.

Denn den „Anspruch konkret zu bezeichnen"[331] heißt nach Maßgabe der Kerntheorie, die verallgemeinernde Verletzungsform der konkreten Verletzungshandlung zu beschreiben.

(2) Kerntheorie und Vollstreckung des Unterlassungstitels

Ihren Ursprung hat die Kerntheorie im Vollstreckungsrecht.[332] Im Zuge der Vollstreckung eines Unterlassungsurteils steht die Praxis vor der Frage, ob ein bestimmtes Verhalten des Unterlassungsschuldners eine Zuwiderhandlung gegen einen Unterlassungstitel im Sinne des § 890 ZPO darstellt. Damit sich der Unterlassungsschuldner dem Unterlassungstitel nicht zu leicht entziehen kann, erweitern die Grundsätze der Kerntheorie hier den Schutzumfang des Unterlassungstitels.[333] Die Vollstreckung des Titels nach § 890 ZPO ist damit auch gegen solche abgewandelten Handlungen möglich, die den Kern der Verletzungshandlung unberührt lassen.[334]

(3) Kerntheorie und materielle Rechtskraft

Letztlich werden die Grundsätze der Kerntheorie herangezogen, um die Reichweite der materiellen Rechtskraft eines Unterlassungsurteils zu bestimmen.[335] Grundsätzlich wird der Umfang der materiellen Rechtskraft durch den Streitgegenstand bestimmt, über den das Gericht entschieden hat.[336] Diese materielle Rechtskraft steht einem Verfahren über denselben Streitgegenstand entgegen.[337] Welche Schwierigkeiten sich bei der Bestimmung des Streitgegenstands einer Unterlassungsklage ergeben und welche Rolle der Kerntheorie zukommt, wird später noch zu zeigen sein.[338]

---

[331] BGH vom 14.12.1998 – II ZR 330-97, NJW 1999, 954 (954); BGH vom 28.11.2002 – I ZR 168/00, GRUR 2003, 228 (229) - P-Vermerk.
[332] *Fritzsche*, Unterlassungsanspruch und Unterlassungsklage, S. 223.
[333] *Fritzsche*, Unterlassungsanspruch und Unterlassungsklage, S. 229; Stein/Jonas/*Brehm*, § 890 Rn. 34; *Teplitzky*, Kap. 57 Rn. 12.
[334] RG vom 2.2.1935 – I 120 /34, RGZ 147, 27 (31); BGH vom 22.2.1952 – I ZR 117/51, GRUR 1952, 577 (577) – Fischermännchen-Zwilling-Illing; Musielak/*Lackmann*, § 890 Rn. 4; MünchKommZPO/*Gruber*, § 890 Rn. 10; *Teplitzky*, Kap. 57 Rn. 12.
[335] *Fritzsche*, Unterlassungsanspruch und Unterlassungsklage, S. 229; *Teplitzky*, Kap. 57 Rn. 16a.
[336] BGH vom 23.2.2006 – I ZR 272/028, GRUR 2006, 421 (422) – Markenparfümverkäufe; Musielak/*Musielak*, § 322 Rn. 47.
[337] Musielak/*Musielak*, § 322 Rn. 9.
[338] Hierzu siehe unten C IV.

ee) Grenzen der Kerntheorie

Die Kerntheorie ist nicht ohne Kritik geblieben.[339] Unter den erhobenen Vorwürfen[340] wiegt wohl derjenige am schwersten, die Grundsätze der Kerntheorie seien nicht mit Art. 103 Abs. 2 GG zu vereinbaren und griffen daher in die Grundrechte des Vollstreckungsschuldners ein.[341] Hintergrund dieses Arguments ist, dass die ganz herrschende Meinung davon ausgeht, § 890 ZPO habe einen strafähnlichen Charakter.[342] Die Ordnungsmittel des § 890 ZPO müssen sich insoweit an Art. 103 Abs. 2 GG messen lassen. Auf § 890 ZPO übertragen, besage das Bestimmtheitsgebot aus Art. 103 Abs. 2 GG, dass aus einem Unterlassungstitel nur dann vollstreckt werden kann, wenn die beanstandete Handlung klar und deutlich vom Tenor des Unterlassungsurteils erfasst ist.[343] Einer Auslegung des Verbotstenors seien enge Grenzen gesetzt.[344] Das Analogieverbot aus Art. 103 Abs. 2 GG schließe eine entsprechende Anwendung auf im Kern ähnliche Verhaltensweisen aus.[345] Diesem Ansatz lassen jedoch mit der – auch vom BVerfG vertretenen – ganz herrschenden Meinung überzeugende Argumente entgegensetzen.[346] Die Kerntheorie bewirkt keine echte Erweiterung des Unterlassungstitels im Wege der Analogie.[347] Die durch Abstrahierung von der konkreten Verletzungshandlung gewonnene konkrete Verletzungsform war nämlich schon implizit Gegenstand des Erkenntnisverfahrens.[348] Damit sind auch die kerngleichen Verletzungshandlungen vom Unterlassungstitel mit umfasst.[349] Die Grenze dieser Argumentation liegt freilich dort, wo sich der Kernbereich des Unterlassungsgebots nicht mehr durch Auslegung des

---

[339] Eine zusammenfassende Darstellung der gegen die Grundsätze der Kerntheorie vorgebrachten Kritikpunkte findet sich bei *Ahrens*, S. 162 f. Fn. 36 und auch bei *Fritzsche*, Unterlassungsanspruch und Unterlassungsklage, S. 231 ff.
[340] Gegen die Kerntheorie wird vorgebracht, sie verlagere Fragen, die im Erkenntnisverfahren zu klären seien, in das Vollstreckungsverfahren, sie weiche die Grenzen der Rechtskraft auf und verstoße letztlich gegen § 308 ZPO; hierzu *Ahrens*, S. 162 f. Fn. 36 und *Fritzsche*, Unterlassungsanspruch und Unterlassungsklage, S. 232 f.
[341] OLG Frankfurt vom 9.9.1971 – 6 W 418/71, MDR 1972, 58 (58); OLG Bremen vom 30.12.1974 – 2 W 98/74, WRP 1975, 157 (158); *Borck*, WRP 1979, 180 (184 f.); *Schubert*, ZZP 85, 29 (39).
[342] Hierzu bereits oben C I 5; Stein/Jonas/*Brehm*, § 890 Rn. 3 m.w.N.
[343] OLG Bremen vom 30.12.1974 – 2 W 98/74, WRP 1975, 157 (158).
[344] OLG Bremen vom 30.12.1974 – 2 W 98/74, WRP 1975, 157 (158).
[345] OLG Frankfurt vom 9.9.1971 – 6 W 418/71, MDR 1972, 58 (58); OLG Bremen vom 30.12.1974 – 2 W 98/74, WRP 1975, 157 (158).
[346] BVerfG vom 15.3.1990 – 2 BvR 126/90, juris; BVerfG vom 30.11.1990 – 2 BvR 1353/90, juris; OLG Frankfurt vom 31.8.1978 – 6 W 98/78, GRUR 1979, 75 (75) – Lila Umkarton; *Ahrens*, S. 162 f. Fn. 36; *Fritzsche*, Unterlassungsanspruch und Unterlassungsklage, S. 233 f.; *Melullis*, GRUR 1982, 441 (442); *Pastor*, Unterlassungsvollstreckung, S. 174; *Teplitzky*, Kap. 57 Rn. 14.
[347] *Teplitzky*, Kap. 57 Rn. 14.
[348] BVerfG vom 30.11.1990 – 2 BvR 1353/90, juris; *Teplitzky*, Kap. 57 Rn. 12, 14.
[349] BVerfG vom 30.11.1990 – 2 BvR 1353/90, juris; *Teplitzky*, Kap. 57 Rn. 14.

Vollstreckungstitels ermitteln lässt und somit Fragen des Erkenntnisverfahrens in das Vollstreckungsverfahren verlagert würden.[350]

3. Konkretisierungsgebot

Den mit Hilfe der Kerntheorie bestimmten Umfang des materiellrechtlichen Unterlassungsanspruchs prüft das Gericht in der Begründetheit des Antrags.[351] Die Fragestellung, inwieweit der Antrag vom materiellrechtlichen Anspruch gedeckt ist und dem Antrag demnach entsprochen werden kann, wird unter dem Stichwort des Konkretisierungsgebots diskutiert.[352] Ohne es auf diesen Begriff zu bringen, lässt auch das BAG den Globalunterlassungsantrag regelmäßig am Konkretisierungsgebot scheitern, indem es erkennt, dass der Globalantrag grundsätzlich als insgesamt unbegründet abzuweisen ist, wenn unter den Antrag zumindest auch Sachverhalte fallen, in denen sich der Antrag als unbegründet erweist.[353] Dieses „prozessuale Bestimmtheitsgebot"[354] hat der Antragsteller bereits bei der Abfassung seines Antrags zu beachten. Bezieht sich der Antrag ausschließlich auf die konkrete Verletzungshandlung oder im Falle des vorbeugenden Unterlassungsanspruchs auf die angekündigte und somit zu besorgende Verletzungshandlung, deckt er sich mit dem materiellrechtlichen Anspruch und wird Erfolg haben.[355] Verallgemeinert der Unterlassungsgläubiger bei der Antragsformulierung über die konkrete Verletzungshandlung hinaus, hält sich aber in dem durch die Kerntheorie gesteckten Rahmen, wird auch dieser Antrag begründet sein. Denn der materiellrechtliche Anspruch schützt den Berechtigten auch gegenüber solchen Handlungen, die das Charakteristische der konkreten Verletzungshandlung zum Ausdruck bringen.[356] Abstrahiert der Unterlassungsgläubiger bei der Formulierung seines Antrags jedoch in einem Maße, dass die durch die Kerntheorie definierten Grenzen des Unterlas-

---

[350] OLG Frankfurt vom 31.8.1978 – 6 W 98/78, GRUR 1979, 75 (75) – Lila Umkarton.
[351] *Baur*, ZfA 1997, 445 (473).
[352] Zum Konkretisierungsgebot siehe Ahrens/*Jestaedt*, Kap. 22 Rn. 28 ff. und *Baur*, ZfA 1997, 445 (473 ff.); Harte-Bavendamm/Henning-Bodewig/*Brüning*, Vorbem. zu § 12 Rn. 97 ff.; Köhler/Bornkamm/*Köhler*, § 12 Rn. 2.43 f.
[353] Vgl. nur BAG vom 20.4.2010 – 1 ABR 78/08, NJW 2010, 2906 (2907) = NZA 2010, 902 (903).
[354] Harte-Bavendamm/Henning-Bodewig/*Brüning*, Vorbem. zu § 12 Rn. 97.
[355] Ahrens/*Jestaedt*, Kap. 22 Rn. 29; *Baur*, ZfA 1997, 445 (473).
[356] Siehe oben C II 2 b).

sungsanspruchs überschreitet, riskiert er einen Verstoß gegen das Konkretisierungsgebot und die Abweisung seines Antrags als unbegründet.[357]

4. Zwischenergebnis

Aus dem bislang Zusammengetragenen ergibt sich Folgendes: Der Globalunterlassungsantrag im arbeitsgerichtlichen Beschlussverfahren muss sich an den Prinzipien der zivilprozessualen Unterlassungsklage messen lassen. Zentraler Bestandteil der Unterlassungsklage ist der materiellrechtliche Unterlassungsanspruch. Denn der Anspruch bestimmt den erfolgreichen Unterlassungsantrag. Der Unterlassungsanspruch ist in den zwei Varianten des Verletzungsunterlassungsanspruchs einerseits und des vorbeugenden Unterlassungsanspruchs andererseits denkbar. Für den Erfolg des Verfahrens kommt es entscheidend auf den sachlichen Umfang des materiellrechtlichen Unterlassungsanspruchs an. Der sachliche Umfang des Unterlassungsanspruchs hängt wiederum vom Umfang der Begehungsgefahr ab. Um dem Bedürfnis des Unterlassungsgläubigers nach einem möglichst effektiven Präventivrechtsschutz beizukommen, hat die Rechtsprechung die sogenannte Kerntheorie entwickelt. Demnach besteht Begehungsgefahr und somit auch der Anspruch auf Unterlassung nicht nur bezüglich der konkreten Verletzungshandlung, sondern auch gegenüber der verallgemeinerten Verletzungsform. Der Anspruchsberechtigte ist somit auch vor Verhaltensweisen geschützt, die mit der begangenen Verletzungshandlung zwar nicht identisch sind, wohl aber deren charakteristischen Kern zum Ausdruck bringen.

Noch umfassender ist die Rechtsposition des Unterlassungsgläubigers durch die Kombination aus Verletzungsunterlassungsanspruch und vorbeugendem Unterlassungsanspruch geschützt. Die Erstbegehungsgefahr des vorbeugenden Unterlassungsanspruchs kann – eine Ankündigung oder Berühmung vorausgesetzt – Sachverhalte erfassen, zu deren Untersagung der Verletzungsunterlassungsanspruch nicht berechtigt ist. Soweit Erstbegehungsgefahr besteht, kann der Unterlassungsgläubiger also mit dem vorbeugenden Unterlassungsantrag präventiven Rechtsschutz erlangen.

---

[357] Ahrens/*Jestaedt*, Kap. 22 Rn. 7; *Baur*, ZfA 1997, 445 (476) formuliert ein anschauliches Beispiel für zu weit gefasste und daher als unbegründet abzuweisende Anträge.

Einen materiellrechtlichen Globalunterlassungsanspruch, wie er im gerichtlichen Verfahren mit dem Globalunterlassungsantrag geltend gemacht wird, gibt es nicht. Es fehlt an der hierfür notwendigen „globalen" Begehungsgefahr. Diese lässt sich auch nicht mit den Grundsätzen der Kerntheorie begründen, sondern geht weit darüber hinaus. Da es für den Erfolg des gerichtlichen Vorgehens im Wege der Unterlassungsklage auf den Umfang der materiellen Rechtsposition ankommt, ist der Globalunterlassungsantrag zum Scheitern verurteilt.

III. Globalunterlassungsantrag und Gebot der Antragsbestimmtheit

Nachdem sich der vorangehende Teil dieser Untersuchung mit der materiellrechtlichen Seite der Problematik des Globalunterlassungsantrags, namentlich dem materiellrechtlichen Unterlassungsanspruch befasste, sind die Grundlagen für eine Auseinandersetzung mit der verfahrensrechtlichen Problematik geschaffen. Den Anfang soll eine Auseinandersetzung mit dem Bestimmtheitsgebot nach § 253 Abs. 2 Nr. 2 ZPO machen.[358] Im folgenden Abschnitt wird zunächst untersucht, wie das Bestimmtheitsgebot nach § 253 Abs. 2 Nr. 2 ZPO im Einzelnen ausgestaltet ist. Das dient schließlich der Beantwortung der Frage, ob der Globalunterlassungsantrag diesem Zulässigkeitserfordernis genügt.

1. Zweck und Interessenlage

Als Leistungsklage hat sich die Unterlassungsklage grundsätzlich an den gleichen Maßstäben messen zu lassen wie jede andere Leistungsklage.[359] Doch wird über das Bestimmtheitserfordernis in Unterlassungsverfahren ungleich häufiger diskutiert als anderswo. Nach der Rechtsprechung ist ein Antrag im Sinne des § 253 Abs. 2 Nr. 2 ZPO hinreichend bestimmt, „wenn er den erhobenen Anspruch konkret bezeichnet, dadurch den Rahmen der gerichtlichen Entscheidungsbefugnis (§ 308 ZPO) absteckt, Inhalt und Umfang der materiellen Rechtskraft der begehrten Entscheidung (§ 322 ZPO) erkennen lässt, das Risiko eines Unterliegens des Klägers nicht durch vermeidbare Ungenauigkeit auf den Beklagten abwälzt und schließlich eine Zwangsvollstreckung aus dem Urteil ohne eine Fortsetzung des

---

[358] Zu Anwendbarkeit des Bestimmtheitsgebots nach § 253 Abs. 2 Nr. 2 ZPO auch im arbeitsgerichtlichen Beschlussverfahren siehe oben B II 1.
[359] *Fritzsche*, Unterlassungsanspruch und Unterlassungsklage, S. 562.

Streits im Vollstreckungsverfahren erwarten lässt".[360] Diese umfassende Formulierung des BGH zeigt die Komplexität der Thematik. An der Bestimmtheit des Antrags im Sinne des § 253 Abs. 2 Nr. 2 ZPO haben Antragsteller, Antragsgegner und nicht zuletzt auch das Gericht zum Teil gegenläufige Interessen. Da der Antrag den Tenor des Urteils und damit den Wortlaut des vollstreckbaren Titels vorgibt, hat der Kläger ein besonders großes Interesse an einem möglichst weit gefasst Antrag. Denn mit dem erwirkten Urteil möchte er ein effektives Mittel zur Hand haben, um bei Zuwiderhandlungen des Unterlassungsschuldners gegen das Unterlassungsgebot vollstrecken zu können. Bei eng gefassten Anträgen liefe der Antragsteller Gefahr, dass der Antragsgegner den Titel durch nur geringfügige Änderung seines Verhaltens umgehen könnte.[361] Die dem Anliegen des Antragstellers entgegengesetzten Interessen des Unterlassungsschuldners hebt das BAG hervor, indem es erkennt, dass ein Unterlassungsantrag im Beschlussverfahren aus rechtsstaatlichen Gründen für den in Anspruch genommenen Beteiligten eindeutig erkennen lassen muss, welcher betrieblichen Maßnahme er sich enthalten soll und in welchen Fällen gegen ihn als Sanktion ein Ordnungsgeld verhängt werden kann.[362] Wegen der weitreichenden Folgen der Antragsformulierung bis in das Vollstreckungsverfahren hinein, hat der Antragsgegner ein großes Interesse an einem möglichst klar gefassten Antrag. Denn er möchte wissen, wogegen er sich im Erkenntnisverfahren verteidigen soll und welches Verhalten ihm zukünftig noch erlaubt ist.[363] Dieses Verständnis des Bestimmtheitsgebots lässt sich auch verfassungsrechtlich stützen. Nicht umsonst rekurriert auch das BAG in seinem Beschluss auf den Rechtsstaat.[364] Denn nach Ansicht des BVerfG hat die Vollstreckung des Unterlassungstitels nach § 890 Abs. 1 ZPO einen strafähnlichen Charakter.[365] Das Gebot der Bestimmtheit ergibt sich somit schon von Verfassungs wegen[366] und dient dem Schutz des Antragsgegners.[367] Letztlich liegt ein bestimmter Antrag im Interesse des Prozessgerichts im Erkenntnisverfahren und später auch des Vollstreckungsgerichts im Vollstreckungsverfahren. Das Bestimmtheitsgebot hat den Zweck, dem

---

[360] BGH vom 14.12.1998 – II ZR 33-97, NJW 1999, 954 (954); BGH vom 28.11.2002 – I ZR 168/00, NJW 2003, 668 (669) – P-Vermerk; siehe auch Prütting/Gehrlein/*Geisler*, § 253 Rn. 16; Hk-ZPO/*Saenger*, § 253 Rn. 19.
[361] MünchKommZPO/*Becker-Eberhard*, § 253 Rn. 133; *Fritzsche*, Unterlassungsanspruch und Unterlassungsklage, S. 562; Musielak/*Foerste*, § 253 Rn. 33.
[362] BAG vom 14.9.2010 – 1 ABR 32/09, ArbRAktuell 2011, 47 = DB 2011, 184.
[363] Ahrens/*Jestaedt*, Kap. 22 Rn. 13.
[364] BAG vom 14.9.2010 – 1 ABR 32/09, ArbRAktuell 2011, 47 = DB 2011, 184.
[365] BVerfG vom 14.7.1981 – 1 BvR 575/80, BVerfGE 58, 159 (162 f.) = NJW 1981, 2457 (2457).
[366] Nicht auf Art. 103 Abs. 2 GG, sondern das Rechtsstaatsprinzip abstellend *Baur*, ZfA 1997, 445 (469).
[367] *Teplitzky*, Kap. 51 Rn. 8.

Verfahren einen konkreten Streitgegenstand zu geben.[368] Das Gericht kann nur dann sinnvoll prüfen und entscheiden, wenn klar umrissen ist, worüber gestritten wird. Auf diese Weise wird auch der Rahmen der gerichtlichen Entscheidungsbefugnis abgesteckt.[369] Die Bindung des Gerichts an die Anträge im Sinne des § 308 Abs. 1 ZPO kann erst dann richtig umrissen werden, wenn die Anträge bestimmt sind. In dem sich an das Erkenntnisverfahren anschließende Vollstreckungsverfahren ist es Aufgabe des Vollstreckungsgerichts, zu prüfen, ob ein Verhalten des verurteilten Unterlassungsschuldners unter den Vollstreckungstitel fällt. Die Beurteilung dieser Frage ist nur möglich, wenn der Antrag und ihm folgend der Tenor des Urteils hinreichend bestimmt sind. Andernfalls würde der im Erkenntnisverfahren zu entscheidende Streit über den Umfang des Unterlassungsanspruchs unzulässig in das Vollstreckungsverfahren verlagert.[370]

2. Bestimmtheit des Unterlassungsantrags

Nachdem die Interessen der am Verfahren Beteiligten geklärt sind, bleibt die Frage, wie sich ein zufriedenstellender Ausgleich herstellen lässt. Das Bestimmtheitsgebot nach § 253 Abs. 2 Nr. 2 ZPO soll dem Antragsteller genügend Raum geben, um einen effektiven Rechtsschutz zu erreichen. Doch soll es eben auch sicherstellen, dass der unterlegene Unterlassungsschuldner weiß, was er tun kann und zu lassen hat. Wo liegt also die Grenze zwischen dem noch bestimmten und dem schon unbestimmten Antrag?

a) Verallgemeinerungen

Nach der Rechtsprechung führen verallgemeinernde Formulierungen des Antrags im Interesse des Antragstellers an einem effektiven Rechtsschutz nicht unbedingt zu dessen Unbestimmtheit.[371] Bei der Fassung des Unterlassungsantrags sind Verallgemeinerungen insoweit zulässig, als das Charakteristische der konkreten Ver-

---

[368] *Baur*, ZfA 1997, 445 (468); *Fritzsche*, Unterlassungsanspruch und Unterlassungsklage, S. 562; MünchKommZPO/*Becker-Eberhard*, § 253 Rn. 88.
[369] BGH vom 14.12.1998 – II ZR 33-97, NJW 1999, 954 (954); BGH vom 28.11.2002 – I ZR 168/00, NJW 2003, 668 (669) – P-Vermerk.
[370] Ahrens/*Jestaedt*, Kap. 22 Rn. 13; MünchKommZPO/*Becker-Eberhard*, § 253 Rn. 133; *Fritzsche*, Unterlassungsanspruch und Unterlassungsklage, S. 563.
[371] BGH vom 16.3.2000 – I ZR 229/97, GRUR 2002, 178 (188); BGH vom 29.6.2000 – I ZR 29/98, GRUR 2000, 907 (909) – Filialleiterfehler; BGH vom 16.11.2000 – I ZR 186/98, GRUR 2001, 446 (447) – 1-Pfennig-Farbbild; BGH vom 7.6.2001 – I ZR 115/99, NJW 2001, 3710 (3711) – Jubiläumsschnäppchen; MünchKommZPO/*Becker-Eberhard*, § 235 Rn. 133.

letzungshandlung zum Ausdruck kommt.[372] Um sicher zu gehen, hat sich der Antragsteller bei der Antragsfassung in dem durch die konkrete Verletzungsform gesteckten Rahmen zu halten. Hierin erkennt die Rechtsprechung dann einen zulässigen Hinweis darauf, dass einem Unterlassungsurteil nicht nur identische, sondern auch kerngleiche Verhaltensweisen unterfallen.[373] Über die konkrete Verletzungsform hinausgehend und damit nicht mehr hinreichend bestimmt sind dagegen Formulierungen wie „ähnliche Handlungen" oder „in sonstiger Weise".[374] Um die Grenze des noch zulässigen auszuloten, wird also auf die bereits eingeführten Termini der konkreten Verletzungshandlung und der konkreten Verletzungsform zurückgegriffen. Das darf aber nicht darüber hinwegtäuschen, dass die Kerntheorie das prozessuale Bestimmtheitsgebot im Sinne des § 253 Abs. 2 Nr. 2 ZPO allenfalls mittelbar betrifft.[375] Die Kerntheorie trifft zuvörderst Aussagen über den Umfang von Unterlassungsanspruch und Vollstreckungstitel. Eine Aufweichung des prozessualen Bestimmtheitsgebots lässt sich aus ihr nicht herauslesen. Es gilt demnach das Bestimmtheitsgebot nach § 253 Abs. 2 Nr. 2 ZPO und das – praxisrelevantere[376] – materiellrechtliche Konkretisierungsgebot[377] auseinanderzuhalten. Ein Verstoß gegen ersteres führt zur Abweisung der Klage als unzulässig, während ein Verstoß gegen letzteres in der Begründetheit der Klage zu prüfen ist.[378]

b) Wiederholungen des Gesetzestextes

Anträge, die ohne auf das rechtswidrige Verhalten einzugehen, nur den Wortlaut des Gesetzes wiedergeben, sind grundsätzlich unbestimmt und daher unzulässig.[379] Ein Antrag, der sich darauf beschränkt, das gewünschte Urteil mit gesetzlichen Tatbestandsmerkmalen zu umschreiben, ist keine geeignete Vollstreckungsgrundlage.[380] Es bliebe hier dem Vollstreckungsgericht überlassen, festzustellen, welche

---

[372] BGH vom 29.6.2000 – I ZR 29/98, GRUR 2000, 907 (909) – Filialleiterfehler; weitere Bespiele für nach der Rspr. bestimmte Anträge finden sich bei Ahrens/*Jestaedt*, Kap. 22 Rn. 17 und bei *Fritzsche*, Unterlassungsanspruch und Unterlassungsklage, S. 566 f.
[373] BGH vom 7.6.2001 – I ZR 115/99, NJW 2001, 3710 (3711) – Jubiläumsschnäppchen.
[374] BGH vom 7.6.2001 – I ZR 115/99, NJW 2001, 3710 (3711) – Jubiläumsschnäppchen; *Baur*, ZfA 1997, 445 (472 f.); weitere Beispiele für zu unbestimmte Anträge finden sich bei Ahrens/*Jestaedt*, Kap. 22 Rn. 19 und bei *Fritzsche*, Unterlassungsanspruch und Unterlassungsklage, S. 565 f.
[375] *Fritzsche*, Unterlassungsanspruch und Unterlassungsklage, S. 227.
[376] *Fritzsche*, Unterlassungsanspruch und Unterlassungsklage, S. 563; *Teplitzky*, Kap. 51 Rn. 13.
[377] Hierzu siehe oben C II 3.
[378] Ahrens/*Jestaedt*, Kap. 22 Rn. 7.
[379] Ahrens/*Jestaedt*, Kap. 22 Rn. 22; *Baur*, ZfA 1997, 445 (471); *Schaub*, Arbeitsgerichtsverfahren, § 58 Rn. 6; *Teplitzky*, Kap. 51 Rn. 8a.
[380] BGH vom 24.11.1999 – I ZR 189/97, GRUR 2000, 438 (440) – Gesetzeswiederholende Unterlassungsanträge.

Verhaltensweisen unter das Verbot fallen und welche nicht.[381] So lehnte das BAG einen Antrag als zu unbestimmt ab, der nahezu wörtlich die in § 99 Abs. 1 BetrVG geregelten Verpflichtungen des Arbeitgebers anlässlich der geplanten Vornahme personeller Einzelmaßnahmen wiederholte.[382] Ein diesem Antrag stattgebendes Urteil würde ebenso den Gesetzestext wiedergeben und sei daher nicht vollstreckungsfähig.[383] Das überzeugt, denn dem gesetzlichen Gebot hat der Unterlassungsschuldner ohnehin zu gehorchen.[384] Lässt sich die konkrete Verletzungshandlung jedoch nicht anders als mit dem Gesetzeswortlaut umschreiben, weil dieser die Verletzung definiert, kann freilich auch der den Gesetzeswortlaut wiedergebende Antrag hinreichend bestimmt sein.[385] Angesichts der restriktiven Rechtsprechung des BGH zu gesetzeswiederholenden Unterlassungsanträgen ist diesbezüglich jedoch Vorsicht geboten.[386]

3. Einschränkungen des Bestimmtheitsgebots

Die auch von den Gerichten erkannte Schwierigkeit der Formulierung eines mit Erfolgsaussichten versehenen Antrags führte zu einem Nachgeben bei den an die Bestimmtheit des Antrags gestellten Anforderungen.[387]

a) Auslegung von Anträgen

Eine erste Aufweichung der durch das Bestimmtheitserfordernis nach § 253 Abs. 2 Nr. 2 ZPO an den Unterlassungsantrag gestellten Anforderungen wird durch die Möglichkeit der Antragsauslegung herbeigeführt. Dass Anträge vor Gericht einer

---

[381] BGH vom 24.11.1999 – I ZR 189/97, GRUR 2000, 438 (440) – Gesetzeswiederholende Unterlassungsanträge.
[382] BAG vom 17.3.1987 – 1 ABR 65/85, NZA 1987, 786 (787 f.); zustimmend *Baur*, ZfA 1997, 445 (471); kritisch Herbst/Bertelsmann/Reiter, Rn. 158.
[383] BAG vom 17.3.1987 – 1 ABR 65/85, NZA 1987, 786 (787 f.).
[384] Ahrens/*Jestaedt*, Kap. 22 Rn. 22.
[385] Ahrens/*Jestaedt*, Kap. 22 Rn. 23; *Baur*, ZfA 1997, 445 (471); *Teplitzky*, Kap. 51 Rn. 8a.
[386] BGH vom 24.11.1999 – I ZR 189/97, GRUR 2000, 438 (440) – Gesetzeswiederholende Unterlassungsanträge; BGH vom 13.3.2003 – I ZR 143/00, GRUR 2003, 886 (887) – Erbenermittler; hierzu *Teplitzky*, Kap. 51 Rn. 8a.
[387] *Teplitzky*, Kap. 51 Rn. 10; zu den Einschränkungen des Bestimmtheitserfordernisses siehe *Fritzsche*, Unterlassungsanspruch und Unterlassungsklage, S. 569 ff. sowie *Teplitzky*, Kap. 51 Rn. 8, 10.

Auslegung zugänglich sind, entspricht der allgemeinen Ansicht.[388] Die hinreichende Bestimmtheit des Klageantrags ist nach gefestigter Rechtsprechung nicht allein nach dessen Wortlaut, sondern auch unter Heranziehung des Vorbringens zu entscheiden, auf das sich die Klage stützt.[389] Durch das Heranziehen der Klagebegründung zur Bestimmung des Antragsinhalts wird die Antragsbestimmtheit wie § 253 Abs. 2 Nr. 2 ZPO sie im Grundsatz fordert, jedoch wesentlich entschärft.[390] Was auf den ersten Blick dem mit der Schwierigkeit der Antragsfassung belasteten Antragsteller entgegenzukommen scheint, bedeutet in der Konsequenz, dass dann die Feststellung des „wirklichen Willens"[391] des Antragstellers dem Gericht überlassen wird. Auslegungsbedürftige Anträge sollten nicht zuletzt deshalb vermieden werden.

b) Materiellrechtlich bedingte Einschränkungen des Bestimmtheitsgebots

Ferner wird das prozessuale Bestimmtheitsgebot nach § 253 Abs. 2 Nr. 2 ZPO aus Gründen des materiellen Rechts eingeschränkt.[392] So hat der BGH in zahlreichen Entscheidungen auf die Abhängigkeit der Antragsbestimmtheit von den Besonderheiten des jeweiligen Rechtsgebiets hingewiesen.[393]

aa) Antragsbestimmtheit im Gewerblichen Rechtsschutz

Im Grundsatz gilt, dass Unterlassungsanträge, die sich auf die Wiedergabe des Gesetzeswortlauts beschränken, unbestimmt und damit unzulässig sind.[394] Für den Fall eines Rabattverstoßes nach dem – zum 25.7.2001 außer Kraft gesetzten – Rabattgesetz entschied der BGH jedoch, dass ein Antrag trotz bloßer Wiederholung des Gesetzeswortlauts nicht unbestimmt sein muss.[395] So beschreibe im Regelfall

---

[388] RG vom 29.4.1915 – VI 668/14, RGZ 86, 377 (380); RG vom 20.12.1924 – V 846/23, RGZ 110, 1 (15); BGH vom 24.9.1987 – VII ZR 187/86, NJW 1988, 128 (128 f.); MünchKommZPO/*Musielak*, § 308 Rn. 6; Musielak/*Musielak*, § 308 Rn. 3; Stein/Jonas/*Leipold*, § 308 Rn. 3.
[389] BGH vom 22.2.1990 – I ZR 78/88, GRUR 1990, 611 (616) – Werbung im Programm; BGH vom 9.11.1992 – I ZR 63/91, NJW 1993, 1709 (1709) – Camcorder; BGH vom 7.6.1996 – I ZR 114/94, NJW 1996, 2577 (2577) – Blumenverkauf an Tankstellen; für das Beschlussverfahren BAG vom 15.8.1978 – 6 ABR 10/76, AP Nr. 1 zu § 23 BetrVG 1972.
[390] Hierzu kritisch *Teplitzky*, Kap. 51 Rn. 10.
[391] BAG vom 7.8.1990 – 1 ABR 68/89, NZA 1991, 150 (150).
[392] Hierzu kritisch *Teplitzky*, Kap. 51 Rn. 8.
[393] Hierzu insbesondere *Fritzsche*, Unterlassungsanspruch und Unterlassungsklage, S. 567 ff.
[394] Siehe oben C III 2 b).
[395] BGH vom 29.6.1995 – I ZR 137/93, GRUR 1995, 832 (833) – Verbraucherservice m.w.N.; siehe auch *Fritzsche*, Unterlassungsanspruch und Unterlassungsklage, S. 568.

des Rabattverstoßes der Gesetzestext das tatsächliche Verhalten zwar verallgemeinernd, aber hinreichend konkret.[396] Insbesondere im Angesicht der Schwierigkeiten, die der Versuch einer anderweitigen Antragsfassung bereiten würde, erscheine eine über den Gesetzestext hinausgehende Konkretisierung entbehrlich.[397] Die Abhängigkeit der Antragsbestimmtheit von den Besonderheiten des jeweiligen Sachgebiets hob der BGH auch im Falle der Untersagung einer bestimmten Werbemethode hervor.[398] Derartige Wettbewerbsverstöße würden kaum in gleicher Weise wiederholt, sodass die Anforderungen an die Bestimmtheit des Antrags im Interesse eines wirksamen Rechtsschutzes gelockert werden müssten.[399] Folglich müsse hingenommen werden, dass das Vollstreckungsgericht bei der Beurteilung behaupteter Verstöße gegen den Unterlassungstitel „Wertungen vornehmen" muss.[400] Die Interessen des Titelschuldners an Rechtssicherheit und -klarheit würden zumindest nicht unzumutbar beeinträchtigt.[401] Auch im Patentrecht kann es zulässig sein, sich bei der Formulierung der Anträge eng am Wortlaut der Ansprüche aus dem Klagepatent zu orientieren.[402] Das soll jedoch nur dann für einen hinreichend bestimmten Antrag ausreichen, wenn die konkrete Verletzungsform mit dem Anspruch aus dem Klagepatent identisch ist.[403] Denn die Verlagerung des eigentlichen Streits vom Erkenntnis- in das Vollstreckungsverfahren ist auch im Patentrecht unzulässig.[404]

bb) Antragsbestimmtheit im privaten Immissionsschutzrecht

Abstriche bei der Bestimmtheit des Antrags wegen sachgebietsspezifischer Besonderheiten macht der BGH auch im Bereich der immissionsschutzrechtlichen Unterlassungsklage.[405] Bei dieser Art Unterlassungsklagen sei es schwierig, das Maß

---

[396] BGH vom 29.6.1995 – I ZR 137/93, GRUR 1995, 832 (833) – Verbraucherservice.
[397] BGH vom 29.6.1995 – I ZR 137/93, GRUR 1995, 832 (833) – Verbraucherservice.
[398] BGH vom 9.9.2004 – I ZR 93/02, GRUR 2005, 443 (445) – Ansprechen in der Öffentlichkeit II; siehe auch BGH vom 12.7.2001 – I ZR 40/99, GRUR 2002, 86 (88) – Laubhefter, BGH vom 4.7.2002 – I ZR 38/00, GRUR 2002, 1088 (1089) – Zugabenbündel sowie BGH vom 4.3.2004, GRUR 2004, 696 (699) – Direktansprache am Arbeitsplatz; hierzu *Teplitzky*, Kap. 51 Rn. 8.
[399] BGH vom 9.9.2004 – I ZR 93/02, GRUR 2005, 443 (445) – Ansprechen in der Öffentlichkeit II.
[400] BGH vom 9.9.2004 – I ZR 93/02, GRUR 2005, 443 (445) – Ansprechen in der Öffentlichkeit II.
[401] BGH vom 9.9.2004 – I ZR 93/02, GRUR 2005, 443 (445) – Ansprechen in der Öffentlichkeit II.
[402] RG vom 6.10.1934 – I 63/32, GRUR 1935, 36 (39) – Eisenbeizverfahren; RG vom 23.1.1935 – I 238/34, GRUR 1935, 362 (364) – Mundatmungsvorrichtung; RG vom 27.5.1935 – 312/35, GRUR 1937, 990 (993) – Lötbrenner; BGH vom 29.4.1986 – X ZR 28/85, GRUR 1986, 803 (806) – Formstein.
[403] BGH vom 29.4.1986 – X ZR 28/85, GRUR 1986, 803 (806) – Formstein; hierzu *Meier-Beck*, GRUR 1998, 276 (276 f.).
[404] *Fritzsche*, Unterlassungsanspruch und Unterlassungsklage, S. 570.
[405] BGH vom 8.7.1964 – V ZR 173/63, WM 1964, 1102 (1102); BGH vom 5.2.1993 – V ZR 62/91, NJW 1993, 1656 (1657); MünchKommBGB/*Baldus*, § 1004 Rn. 142.

unzulässiger Einwirkungen bestimmt zu formulieren.[406] Gerade Geruchs- und Lärmbelästigungen sind auf diese Weise nicht fassbar.[407] Dass der Streit über die Wesentlichkeit von Immissionen dann im Vollstreckungsverfahren erneut entschieden werden muss, sei hinzunehmen.[408] Der Vollstreckungsrichter könne aber aus der Begründung des Urteils ersehen, von welchen Gesichtspunkten sich das erkennende Gericht leiten ließ.[409] Wegen dieser Besonderheiten des Rechtsgebiets sind Anträge zulässig, die „geeignete Maßnahmen" fordern, durch welche die beeinträchtigenden Immissionen zukünftig verhindert werden.[410] Hinreichend bestimmt ist beispielsweise der Antrag, „geeignete Maßnahmen zu treffen, (...) damit das Hundegebell ein zumutbares Maß nicht überschreite".[411] Durch diese Rechtsprechung erfährt das Bestimmtheitserfordernis nach § 253 Abs. 2 Nr. 2 ZPO eine echte Lockerung.[412]

4. Unbestimmtheit des Globalunterlassungsantrags

Da nun die Grenzen des prozessualen Bestimmtheitsgebots nach § 253 Abs. 2 Nr. 2 ZPO gezogen sind, kann der Globalunterlassungsantrag auf seine Bestimmtheit hin untersucht werden. Auf die Frage nach der Bestimmtheit des Globalunterlassungsantrags gab das BAG nicht immer die gleiche Antwort. Vielmehr lässt sich ein interessanter Rechtsprechungswandel beobachten.

a) Rechtsprechung des BAG zur Bestimmtheit des Globalunterlassungsantrags

In seiner Entscheidung vom 8.11.1983 befand das BAG, dass der Globalantrag der nach § 253 Abs. 2 Nr. 2 ZPO erforderlichen Bestimmtheit entbehre.[413] Es ging um die Anordnung von Überstunden und das diesbezügliche Mitbestimmungsrecht des Betriebsrats. Der Betriebsrat stellte den Antrag, „der Antragsgegnerin bei Meidung eines für jeden Fall der Zuwiderhandlung vom Arbeitsgericht festzusetzenden

---

[406] BGH vom 8.7.1964 – V ZR 173/63, WM 1964, 1102 (1102 f.).
[407] BGH vom 5.2.1993 – V ZR 62/91, NJW 1993, 1656 (1657).
[408] BGH vom 5.2.1993 – V ZR 62/91, NJW 1993, 1656 (1657).
[409] BGH vom 5.2.1993 – V ZR 62/91, NJW 1993, 1656 (1657).
[410] BGH vom 8.7.1964 – V ZR 173/63, WM 1964, 1102 (1102).
[411] OLG Stuttgart vom 5.2.1986 – U 110/85, NJW-RR 1986, 1141 (1141); zustimmend Herbst/Bertelsmann/Reiter, Rn. 159.
[412] *Baur*, ZfA 1997, 445 (471); *Fritzsche*, Unterlassungsanspruch und Unterlassungsklage, S. 570.
[413] BAG vom 8.11.1983 – 1 ABR 57/81, AP Nr. 11 zu § 87 BetrVG 1972 – Arbeitszeit; zur Unbestimmtheit von Globalanträgen siehe auch BAG vom 17.5.1983 – 1 ABR 21/80, AP Nr. 19 zu § 80 BetrVG 1972.

Zwangsgeldes zu untersagen, in ihrem Unternehmen Mehrarbeit ohne vorherige Zustimmung des Betriebsrats, u.a. auch durch einzelne Arbeitnehmer, durchzuführen beziehungsweise durchführen zu lassen".[414] Bei diesem Antrag, so das BAG, lasse sich nicht übersehen, welche konkreten Sachverhalte künftig von der mit dem Globalantrag begehrten Unterlassung erfasst werden.[415]

Von dieser Wertung des Globalunterlassungsantrags verabschiedete sich das BAG mit einer Entscheidung vom 18.4.1985.[416] Ähnlich dem Fall vom 8.11.1983 beantragte der Betriebsrat hier, „der Antragsgegnerin aufzugeben, kollektiv zu leistende Überzeit auf Baustellen nur mit Zustimmung des Betriebsrats anzuordnen oder zu dulden".[417] Doch anders als zuvor, sah das BAG das Bestimmtheitserfordernis nach § 253 Abs. 2 Nr. 2 ZPO in diesem Fall als erfüllt an. Um bestimmt zu sein, brauche der Antrag nicht auf einzelne, tatbestandlich umschriebene, konkrete Handlungen als Verfahrensgegenstand bezogen zu sein.[418] Denn die Art des durch den Antrag zu verhindernden betriebsverfassungswidrigen Verhaltens sei nicht von vornherein in allen Merkmalen vorhersehbar.[419] Wann dann ein Verstoß des Arbeitgebers gegen das Unterlassungsgebot vorliegt, könne erst im Vollstreckungsverfahren beurteilt werden.[420] Das BAG begreift die Unterlassungsklage hier als ein „gesetzlich eingeräumtes kollektives Abmahnungsrecht".[421] Wie der Arbeitnehmer von seinem Arbeitgeber abgemahnt wird, wenn dieser gegen seine arbeitsvertraglichen Pflichten verstößt, so soll der Arbeitgeber hier durch die Unterlassungsklage an die Erfüllung seiner betriebsverfassungsrechtlichen Pflichten erinnert werden. Bis heute ist das BAG der Auffassung, der Globalantrag sei hinreichend bestimmt im Sinne des § 253 Abs. 2 Nr. 2 ZPO. Der Gegenstand des Globalantrags sei zwar umfassend, aber nicht unpräzise.[422] Der Antragsgegner könne klar erkennen, was er zu unterlassen habe.[423] Dass über das Unterlassen hinaus der Antragsgegner zu einem nicht näher bezeichneten aktiven Tun verpflichtet wird, mache den Globalantrag nicht unbestimmt.[424]

---

[414] BAG vom 8.11.1983 – 1 ABR 57/81, AP Nr. 11 zu § 87 BetrVG 1972 – Arbeitszeit.
[415] BAG vom 8.11.1983 – 1 ABR 57/81, AP Nr. 11 zu § 87 BetrVG 1972 – Arbeitszeit.
[416] BAG vom 18.4.1985 – 6 ABR 19/84, AP Nr. 5 zu § 23 BetrVG 1972.
[417] BAG vom 18.4.1985 – 6 ABR 19/84, AP Nr. 5 zu § 23 BetrVG 1972.
[418] BAG vom 18.4.1985 – 6 ABR 19/84, AP Nr. 5 zu § 23 BetrVG 1972.
[419] BAG vom 18.4.1985 – 6 ABR 19/84, AP Nr. 5 zu § 23 BetrVG 1972.
[420] BAG vom 18.4.1985 – 6 ABR 19/84, AP Nr. 5 zu § 23 BetrVG 1972.
[421] BAG vom 18.4.1985 – 6 ABR 19/84, AP Nr. 5 zu § 23 BetrVG 1972.
[422] BAG vom 20.1.2009 – 1 AZR 515/08, NZA 2009, 615 (616).
[423] BAG vom 20.1.2009 – 1 AZR 515/08, NZA 2009, 615 (616).
[424] BAG vom 20.1.2009 – 1 AZR 515/08, NZA 2009, 615 (616).

b) Stimmen aus der Literatur

Auf Widerspruch trifft das BAG mit dieser Haltung nur vereinzelt. In seiner kritischen Anmerkung zum Beschluss des BAG vom 18.4.1985[425] betont *Konzen*, dass Unterlassungsanträge auf dem Gebiet des Betriebsverfassungsrechts nicht weniger bestimmt sein müssen als andere Gebote und Anträge auf Unterlassung.[426] Er spricht von einem „inakzeptablem Grundverständnis" des 6. Senats des BAG.[427] Gegen die Ansicht des BAG führt er im wesentlichen zwei Argumente ins Feld. Zum einen gebiete die Kompetenztrennung zwischen Erkenntnis- und Vollstreckungsverfahren einen hinreichend bestimmten Inhalt des Antrags wie des Tenors.[428] Denn der bestimmte Antrag gebe der Entscheidung des erkennenden Gerichts einen vollstreckbaren Inhalt.[429] Zum anderen lehnt *Konzen* die Rechtsprechung des BAG aus verfassungsrechtlichen Gründen ab. Die Unterlassungsvollstreckung nach § 890 ZPO weise strafähnlichen Charakter auf.[430] Die repressive Sanktion setze eine genaue Fixierung von Tat und Rechtsfolge sowie ein Verschulden des Sanktionierten voraus.[431] Das durch den Unterlassungstitel verwehrte Verhalten müsse daher exakt beschrieben sein.[432] Den effektiven Schutz des Unterlassungsklägers sieht *Konzen* dadurch gewährleistet, dass der Schuldner dem Titel nicht durch nur geringfügige Änderungen seines Verhaltens entgehen kann. Vielmehr komme es auf den „Kern der Unterlassungspflicht" an.[433] Alles in allem könne es daher keinen globalen Unterlassungstitel „auf Vorrat" geben.[434] Auch *von Hoyningen-Huene* hegt gegenüber dem Beschluss des BAG vom 18.4.1986[435] Bedenken.[436] Er sieht die Vollstreckbarkeit des Antrags nicht gewahrt.[437] Ferner betont auch er, dass die Antragsbestimmtheit bei der Unterlassungsvollstreckung verfassungsrechtlich geboten ist.[438] Einen möglichen Ausweg aus dem Dilemma des

---

[425] BAG vom 18.4.1985 – 6 ABR 19/84, AP Nr. 5 zu § 23 BetrVG 1972.
[426] *Konzen*, EzA Nr. 10 zu § 23 BetrVG 1972, 73 (82).
[427] Der 1. Senat hatte den Globalantrag in seinem Beschluss vom 8.11.1983 – 1 ABR 57/81, AP Nr. 11 zu § 87 BetrVG 1972 – Arbeitszeit als unbestimmt und daher unzulässig verworfen.
[428] *Konzen*, EzA Nr. 10 zu § 23 BetrVG 1972, 73 (81 f.).
[429] *Konzen*, EzA Nr. 10 zu § 23 BetrVG 1972, 73 (81 f.).
[430] Unter Verweis auf BVerfG vom 14.7.1981 – 1 BvR 575/80, BVerfGE 58, 153 (162 f.) *Konzen*, EzA Nr. 10 zu § 23 BetrVG 1972, 73 (82).
[431] *Konzen*, EzA Nr. 10 zu § 23 BetrVG 1972, 73 (82).
[432] *Konzen*, EzA Nr. 10 zu § 23 BetrVG 1972, 73 (82).
[433] *Konzen*, EzA Nr. 10 zu § 23 BetrVG 1972, 73 (82).
[434] *Konzen*, EzA Nr. 10 zu § 23 BetrVG 1972, 73 (80, 82).
[435] BAG vom 18.4.1985 – 6 ABR 19/84, AP Nr. 5 zu § 23 BetrVG 1972.
[436] *von Hoyningen-Huene*, AP Nr. 5 zu § 23 BetrVG 1972.
[437] *von Hoyningen-Huene*, AP Nr. 5 zu § 23 BetrVG 1972.
[438] *von Hoyningen-Huene*, AP Nr. 5 zu § 23 BetrVG 1972.

Antragstellers sieht *von Hoyningen-Huene* in der Konkretisierung des Antrags durch die bereits bekannten Verstöße des Antragsgegners.[439] Im Wege der Auslegung lasse sich unter Berücksichtigung dieser konkreten Vorfälle ein hinreichend bestimmter Antrag gewinnen.[440]

Die überwiegende Anzahl der Stimmen in der Literatur bestätigt das BAG jedoch in seiner Ansicht, der Globalunterlassungsantrag sei hinreichend bestimmt im Sinne des § 253 Abs. 2 Nr. 2 ZPO. So wird vor „überzogenen Anforderungen" an die Antragsbestimmtheit gewarnt.[441] Der Rechtsschutz dürfe nicht unzumutbar erschwert werden.[442] Demnach sei die Verwendung von Begriffen, die erst im Vollstreckungsverfahren konkretisiert werden müssen, zulässig.[443] Unter Umständen sei es sogar geboten, den Unterlassungsantrag und -titel auf bloß „ähnliche" Verhaltensweisen zu erstrecken.[444] Das Bedürfnis nach effektivem Rechtsschutz führt auch *Fiebig* an und plädiert für die Möglichkeit eines umfassenden Unterlassungstitels und damit für die Zulässigkeit einer „entsprechend globalen Antragsfassung".[445] Eine solche sehe er insbesondere dann geboten, wenn der Arbeitgeber die Mitwirkungsrechte des Betriebsrats in der Vergangenheit in einer Vielzahl unterschiedlicher Fallgestaltungen missachtet hat.[446] Zwar sieht er, dass es beim Globalantrag und dem folgenden antragsgemäßen Urteil im Vollstreckungsverfahren zu „nicht auszuräumenden Zweifeln" bei der Subsumtion eines Verhaltens unter den Titelwortlaut kommen kann.[447] Dennoch fordert er eine großzügigere Handhabung des Bestimmtheitsgebots. In einem solchen Zweifelsfall, sei dann vielmehr die Festsetzung eines Ordnungsgeldes nicht möglich.[448] Auch *Backsmeier* sieht keinen grundsätzlichen Konflikt zwischen Globalantrag und prozessualem Bestimmtheitsgebot.[449] Sie betont, dass allein aus der Tatsache, dass der Antrag inhaltlich über das hinausgeht, was dem Antragsteller materiellrechtlich gesehen zusteht, noch keine Unbestimmtheit im Sinne des § 253 Abs. 2 Nr. 2 ZPO folge.[450] Die Trennung zwischen Erkenntnis- und Vollstreckungsverfahren sei zwar unabdingbar. Doch

---

[439] *von Hoyningen-Huene*, AP Nr. 5 zu § 23 BetrVG 1972.
[440] *von Hoyningen-Huene*, AP Nr. 5 zu § 23 BetrVG 1972.
[441] Herbst/Bertelsmann/Reiter, Rn. 158.
[442] Herbst/Bertelsmann/Reiter, Rn. 158.
[443] Herbst/Bertelsmann/Reiter, Rn. 159.
[444] Herbst/Bertelsmann/Reiter, Rn. 159.
[445] *Fiebig*, NZA 1993, 58 (62).
[446] *Fiebig*, NZA 1993, 58 (62).
[447] *Fiebig*, NZA 1993, 58 (62).
[448] *Fiebig*, NZA 1993, 58 (62).
[449] *Backsmeier*, Das „Minus" beim unterlassungsrechtlichen Globalantrag, S. 35 ff.
[450] *Backsmeier*, Das „Minus" beim unterlassungsrechtlichen Globalantrag, S. 38.

auch ein Urteil, das weit über die konkrete Verletzungshandlung hinausgehe, sei mittels Auslegung durch das Vollstreckungsgericht problemlos vollstreckbar.[451] Strengere Bestimmtheitsanforderungen würden den Antragsteller zu sehr in seinem Dispositionsrecht einschränken.[452] Trotz im Ergebnis ablehnender Auseinandersetzung mit der Rechtsprechung des BAG zum Bestimmtheitserfordernis nimmt auch *Baur* die Wertung des BAG, der Globalantrag genüge § 253 Abs. 2 Nr. 2 ZPO, kritiklos hin.[453]

c) Zwischenergebnis

Diese zustimmenden und unkritischen Stellungnahmen zur Frage der Zulässigkeit des Globalantrags können nicht überzeugen. Der Globalunterlassungsantrag kann den Anforderungen, die § 253 Abs. 2 Nr. 2 ZPO an den Antrag stellt, nicht genügen. Der Globalunterlassungsantrag ist daher unbestimmt und als unzulässig abzuweisen. Das liegt primär an der fehlenden Vollstreckbarkeit des Globalunterlassungsantrags. Der Antrag muss eine Zwangsvollstreckung aus dem Urteil ermöglichen, die ohne eine Fortsetzung des Streits im Vollstreckungsverfahren abgeht.[454] Das kann der Globalantrag jedoch nicht leisten. Im Falle des Globalantrags bleibt es nicht dabei, dass das Vollstreckungsgericht bloße „Wertungen"[455] vornehmen muss. Vielmehr hat der Vollstreckungsrichter bei der Vollstreckung des Globalantrags Fragen des Erkenntnisverfahrens zu beantworten. Begehrt der Betriebsrat zum Beispiel die Unterlassung mitbestimmungswidriger Anordnungen von Überstunden durch den Arbeitgeber, müsste er seinen Antrag dahingehend konkretisieren, welche Mitarbeitergruppe oder welchen Betriebsteil er meint.[456] Anders ließe sich ein diesem Antrag stattgebendes Urteil nicht vollstrecken. Der Globalunterlassungsantrag lässt sich auch nicht mithilfe der anerkannten Einschränkungen des Bestimmtheitsgebots mit den Anforderungen des § 253 Abs. 2 Nr. 2 ZPO in Einklang bringen. Materiellrechtlich gebotene Beschränkungen wie sie im Gewerblichen Rechtsschutz und im privaten Immissionsschutzrecht vorkommen sind Ausnahmen von der Regel und bedürfen daher einer besonderen Begründung.[457] Eine

---

[451] *Backsmeier*, Das „Minus" beim unterlassungsrechtlichen Globalantrag, S. 40.
[452] *Backsmeier*, Das „Minus" beim unterlassungsrechtlichen Globalantrag, S. 41.
[453] *Baur*, ZfA 1997, 445 (476 f.).
[454] BGH vom 14.12.1998 – II ZR 33-97, NJW 1999, 954 (954); BGH vom 28.11.2002 – I ZR 168/00, NJW 2003, 668 (669) – P-Vermerk.
[455] BGH vom 9.9.2004 – I ZR 93/02, GRUR 2005, 443 (445) – Ansprechen in der Öffentlichkeit II.
[456] Siehe hierzu das von *Baur*, ZfA 1997, 445 (473 ff.) formulierte Beispiel.
[457] Für den Ausnahmecharakter von Beschränkungen des Bestimmtheitsgebots *Teplitzky*, Kap. 51 Rn. 8.

solche lässt sich im Mitbestimmungsrecht nicht finden.[458] Materiellrechtliche Argumente gegen das Bestimmtheitsgebot ins Feld zu führen widerspricht zudem dem autonomen Schutzzweck des Prozessrechts.[459] Das prozessuale Bestimmtheitserfordernis dient gerade auch dem Schutz des Antragsgegners. Ohne einen hinreichend bestimmt gefassten Antrag kann sich der Antragsgegner im Rechtsstreit nicht angemessen verteidigen. Letztlich erweist sich die großzügige Haltung des BAG bei der Bestimmtheit des Globalantrags auch für den Antragsteller als riskant. Denn auch wenn der Globalantrag als hinreichend bestimmt und somit für zulässig erachtet wird, hat der Antragsteller am Ende doch selten Erfolg. In den meisten Fällen wird der Globalantrag als unbegründet abgewiesen, weil er weit über die materiellrechtliche Berechtigung des Antragstellers hinausgeht. Auch der Antragsteller kann demnach kein Interesse an der Zulässigkeit des Globalantrags und einer extensiven Auslegung des Bestimmtheitsgebots haben. Es bleibt zu fragen, wie dem anerkennenswerten Bedürfnis des Unterlassungsgläubigers nach einem möglichst effektiven Präventivrechtsschutz auf anderem Wege als mit dem Globalunterlassungsantrag beizukommen ist. Im Zusammenhang mit dem prozessualen Bestimmtheitsgebot ist die Antwort hierauf wiederum mithilfe der Begriffe der konkreten Verletzungshandlung und der konkreten Verletzungsform zu formulieren. Diese betreffen – wie zu Recht hervorgehoben wird[460] – die materiellrechtliche Seite der Problematik und das prozessuale Bestimmtheitsgebot demzufolge allenfalls mittelbar. Bei der Antragsfassung sollte sich der Antragsteller jedoch an der konkreten Verletzungsform orientieren.[461] Diese Vorgehensweise bietet ihm die Chance, einen über die konkrete Verletzungshandlung hinausgehend verallgemeinerten Titel zu erlangen und sich mit hoher Wahrscheinlichkeit innerhalb der durch § 253 Abs. 2 Nr. 2 ZPO gesetzten Grenzen zu halten. Beispiele, an denen sich der Antragsteller bei der Formulierung seines Unterlassungsantrags orientieren kann, finden sich vor allem in der Rechtsprechung zum Gewerblichen Rechtsschutz. Als zu unbestimmt befand der BGH einen Unterlassungsantrag, der auf das Verbot von Zeitungsanzeigen gerichtet war und dabei die Formulierung „ähnlich wie" verwandte, um den Kreis der verbotenen Verhaltensweisen zu erweitern.[462] Hierbei habe sich der Antragsteller nicht auf eine zulässig abstrahierende Beschreibung des

---

[458] So auch *Baur*, ZfA 1997, 445 (471).
[459] *Teplitzky*, Kap. 51 Rn. 8.
[460] Hierzu insbesondere *Backsmeier*, Das „Minus" beim unterlassungsrechtlichen Globalantrag, S. 38.
[461] *Fritzsche*, Unterlassungsanspruch und Unterlassungsklage, S. 572 schlägt darüber hinaus die Verwendung erläuternder „insbesondere"-Zusätze vor.
[462] BGH vom 11.10.1990 – I ZR 35/89, GRUR 1991, 254, 254 – Unbestimmter Unterlassungsantrag Is.

charakteristischen Kerns der konkreten Verletzungshandlung, mithin nicht auf die konkrete Verletzungsform, beschränkt. Ebenso wurde ein Unterlassungsantrag beanstandet, der auf das Verbot des Vertriebs von Produkten gerichtet war, deren Erscheinungsbild sich von dem des Originals „nicht deutlich unterscheidet".[463] In einer weiteren Entscheidung hielt der BGH einen Unterlassungsantrag für unzulässig, der sich auf die Untersagung „eine(r) sonst verwechslungsfähige(n) Bezeichnung" bezog.[464] Desgleichen wurde ein Antrag als unzulässig zurückgewiesen, der auf das Verbot von Verhaltensweisen gerichtet war, die der konkreten Verletzungshandlung „gleichkomm(en)".[465] Um mit seinen Unterlassungsantrag vor Gericht Erfolg zu haben, sollte der Antragsteller auf Erweiterungen des Verbotsantrags auf „ähnliche" oder „sonstige" Fälle verzichten, da er hierduch den Bereich des charakteristischen Kerns der konkreten Verletzungshandlung verlässt.

IV. Globalunterlassungsantrag und Streitgegenstand der Unterlassungsklage

Die Vorschrift des § 253 Abs. 2 Nr. 2 ZPO verlangt für die Klageschrift außer dem „bestimmten Antrag", „die bestimmte Angabe des Gegenstandes und des Grundes des erhobenen Anspruchs". Mit seinem Antrag bestimmt der Antragsteller demnach das „Streitprogramm"[466]. Im Zusammenhang dieser Untersuchung stellt sich daher die Frage, welches „Streitprogramm" der Antragsteller eines Globalantrags zur Entscheidung des Gerichts stellt. Denn nur wenn über diese Frage Klarheit herrscht, kann unter anderem beurteilt werden, wie weit die materielle Rechtskraft des Urteils im Sinne des § 322 ZPO reicht. Am Anfang der Untersuchung stehen ein Überblick über die praktische Bedeutung des Streitgegenstands für das Verfahren sowie eine knappe Darstellung des aktuellen Stands der Forschung zum Streitgegenstandsbegriff. Daraufhin wird geprüft, wie sich der Globalunterlassungsantrag mit der Dogmatik des Streitgegenstands verträgt.

1. Bedeutung des Streitgegenstands für das Verfahren

Dass der Streitgegenstand für das gerichtliche Verfahren von zentraler Bedeutung ist, lässt sich bereits daran ablesen, dass der Begriff im Wortlaut einiger der wich-

---

[463] BGH vom 14.04.1988 – I ZR 35/86, GRUR 1988, 620, 623 – Vespa-Roller.
[464] BGH vom 03.04.1963 – Ib ZR 162/61, GRUR 1963, 430, 431 – Erdener Treppchen.
[465] BGH vom 12.11.1991 – KZR 18/90, GRUR 1992, 191, 194 – Amtsanzeiger.
[466] MünchKommZPO/*Musielak*, § 308 Rn. 1.

tigsten Normen der ZPO genannt ist. Zum ersten Mal findet er sich schon in § 2 ZPO. Demnach richtet sich die Streitwertbemessung nach dem Streitgegenstand. Um den „Wert des Streitgegenstands" geht es unter anderen auch in §§ 40 Abs. 2 Nr. 1, 107 Abs. 1 und 253 Abs. 3 ZPO. Gemäß § 59 ZPO können mehrere Personen als Streitgenossen dann gemeinschaftlich klagen oder verklagt werden, wenn sie „hinsichtlich des Streitgegenstands in Rechtsgemeinschaft" stehen. Auch für die Bestimmung von Umfang und Beschränkungen der Prozessvollmacht nach §§ 81, 83 ZPO kommt es auf den Streitgegenstandsbegriff an. § 130 Nr. 1 ZPO verlangt für die vorbereitenden Schriftsätze die „Bezeichnung (...) des Streitgegenstands". Ferner bestimmt der Streitgegenstand über die Zuständigkeiten der Vollstreckungsorgane im Zwangsvollstreckungsverfahren (§§ 805, 879, 942 ZPO). Wenn in der ZPO vom „erhobenen Anspruch" wie in den §§ 253 Abs. 2 Nr. 2, 261 Abs. 2 und 322 Abs. 1 ZPO oder vom „geltend gemachten Anspruch" wie in den §§ 5, 33 Abs. 1, 306 und 307 Abs. 1 ZPO die Rede ist, ist auch hiermit der Streitgegenstand im Sinne der zuvor genannten Vorschriften gemeint.[467] Der Streitgegenstand ist demnach auch für die so wichtigen Fragen nach der Rechtshängigkeit der Streitsache (§ 261 ZPO) und den Umfang der materiellen Rechtskraft (§ 322 ZPO) von entscheidender Bedeutung. Auch ohne ausdrückliche Nennung des Begriffs im Wortlaut, kommt es für die objektive Klagehäufung nach § 260 ZPO und die Klageänderung nach §§ 263 f. ZPO auf den Streitgegenstand an. Diese Betrachtung zeigt, wie sich der Streitgegenstand als roter Faden durch das Prozessrecht zieht. Der Streitgegenstand prägt den Rechtsstreit von der Zuständigkeit des Gerichts (vgl. § 40 ZPO) bis über dessen Ende (vgl. § 322 ZPO) hinaus.[468]

2. Zweigliedriger Streitgegenstand

Trotz dieser zahlreichen Erwähnungen in der ZPO wird der Begriff des Streitgegenstands dort nicht näher erläutert. In einer aktuellen Entscheidung vom 19.1.2010 stellt das BAG fest, der Streitgegenstand eines Verfahrens richte sich nach „dem zur Entscheidung gestellten Antrag (Klageziel) und dem zugehörigen Lebenssachverhalt (Klagegrund), aus dem die begehrte Rechtsfolge hergeleitet wird".[469] Mit dieser Definition bemüht das BAG den sogenannten „zweigliedrigen Streitgegenstandsbegriff", den heute ganz überwiegend vertretenen Streitgegens-

---
[467] *Horn*, JuS 1992, 680 (681).
[468] Stein/Jonas/*Roth*, vor § 253 Rn. 4.
[469] BAG vom 19.1.2010 – 1 ABR 55/08, NZA 2010, 659 (660) unter Verweis auf BAG vom 1.2.1983 – 1 ABR 33/78, NJW 1984, 1710 (1711).

tandsbegriff.[470] Doch bis sich die Auffassung vom zweigliedrigen Streitgegenstand durchgesetzt hatte, war es ein langer Weg und noch immer macht der Streitgegenstand seinem Namen alle Ehre – als „Lieblingskind der Begriffsjurisprudenz"[471] gehört er zu den umstrittensten Thematiken des Prozessrechts.[472] Die Vielzahl der auf diesem Gebiet vertretenen Auffassungen darf jedoch nicht darüber hinwegtäuschen, dass die Unterschiede im Ansatz meist keine Unterschiede im Ergebnis zur Folge haben.[473] Folglich beschränkt sich die folgende Darstellung auf den von Rechtsprechung und herrschender Meinung in der Literatur vertretenen zweigliedrigen Streitgegenstandsbegriff.

Nach dem zweigliedrigen Streitgegenstandsbegriff kommt es für die Bestimmung des Streitgegenstands sowohl auf den gestellten Antrag als auch auf den zur Begründung dieses Antrags vorgetragenen Lebenssachverhalt – auch Klagegrund genannt – an.[474] Der Antrag und der Lebenssachverhalt sind gleichwertig.[475] Im Klageantrag konkretisiert sich die vom Kläger in Anspruch genommene Rechtsfolge.[476] Diese Rechtsfolge wiederum leitet sich aus dem vorgetragenen Lebenssachverhalt ab.[477] Werden im Verfahren mehrere Anträge gestellt oder mehrere Lebenssachverhalte vorgetragen führt das nach der Lehre vom zweigliedrigen Streitgegenstand zu einer entsprechenden Anzahl von Streitgegenständen, im Ergebnis also zu einer objektiven Klagehäufung im Sinne des § 260 ZPO.[478] Jedoch ist auch dieser von der herrschenden Meinung vertretene Ansatz nicht in der Lage, alle sich stellenden Fragen abschließend zu beantworten. Somit bleibt zu klären, wie sich solche „Lebenssachverhalte" voneinander abgrenzen lassen und wann von einer Identität derselben auszugehen ist.[479] Zur Bewältigung dieser Schwierigkeiten greift

---

[470] BGH vom 18.11.1982 – IX ZR 91/81, NJW 1983, 388 (389); BGH vom 29.6.2000 – VI ZR 279/99, NJW 2001, 401 (402); *Fritzsche*, Unterlassungsanspruch und Unterlassungsklage, 574; Stein/Jonas/*Roth*, vor § 253 Rn. 18.
[471] *Ekelöf*, ZZP 85, 145 (145).
[472] Siehe die umfassende Darstellung der vertretenen Auffassungen zum Streitgegenstand bei Stein/Jonas/*Roth*, vor § 253 Rn. 10 ff. und 14 ff.
[473] *Backsmeier*, Das „Minus" beim unterlassungsrechtlichen Globalantrag, S. 88; *Horn*, JuS 1992, 680 (684).
[474] *Horn*, JuS 1992, 680 (682); *Schilken*, Zivilprozessrecht, Rn. 227.
[475] *Horn*, JuS 1992, 680 (682); *Schilken*, Zivilprozessrecht, Rn. 227.
[476] BGH vom 3.4.2003 – I ZR 1/01, NJW 2003, 2317 (2318).
[477] BGH vom 3.4.2003 – I ZR 1/01, NJW 2003, 2317 (2318).
[478] *Backsmeier*, Das „Minus" beim unterlassungsrechtlichen Globalantrag, S. 85; *Horn*, JuS 1992, 680 (682).
[479] *Baumgärtel*, JuS 1974, 69 (71); *Schilken*, Zivilprozessrecht, Rn. 227.

der BGH auf eine sogenannte „natürliche Betrachtungsweise" zurück.[480] Zum Lebenssachverhalt sind demnach alle Tatsachen zu rechnen, die bei einer natürlichen, vom Standpunkt der Parteien ausgehenden, den Sachverhalt seinem Wesen nach erfassenden Betrachtungsweise zu dem durch den Vortrag des Klägers zur Entscheidung gestellten Tatsachenkomplex gehören.[481] Zum Teil wird vorgeschlagen, die Abgrenzung der Lebenssachverhalte nach materiellrechtlichen Gesichtspunkten vorzunehmen und danach zu schauen, welche Tatsachen im konkreten Fall „rechtserheblich" sind.[482]

3. Besonderheiten des Streitgegenstands der Unterlassungsklage

Grundsätzlich gilt der zweigliedrige Streitgegenstandsbegriff für alle drei Klagearten, das heißt für die Leistungs-, die Feststellungs- sowie die Gestaltungsklage.[483] Da die Unterlassungsklage zu den Leistungsklagen zählt, gilt auch hier, dass der Streitgegenstand zum einen durch den Klageantrag, in dem sich die in Anspruch genommene Rechtsfolge konkretisiert, und zum anderen durch den Lebenssachverhalt, aus dem sich die begehrte Rechtsfolge herleitet, bestimmt wird.[484] Anders jedoch als die herkömmliche Leistungsklage, ist die Unterlassungsklage in die Zukunft gerichtet.[485] Ausgehend von der begangenen konkreten Verletzungshandlung geht es um ein Verbot zukünftiger Handlungen.[486] Diese „gewichtigen Besonderheiten"[487] der Unterlassungsklage führten gerade in jüngster Zeit zu einer umfangreichen Debatte um die Frage nach dem Streitgegenstand im Unterlassungsverfahren.

---

[480] BGH vom 19.12.1991 – IX ZR 96/91, NJW 1992, 1172 (1173 f.); BGH vom 6.5.1999 – II ZR 265/98, NJW 1999, 3126 (3127); BGH vom 8.5.2007 – XI ZR 278/06, NJW 2007, 2560 (2561); MünchKommZPO/*Becker-Eberhard*, vor §§ 253 ff. Rn. 33; Stein/Jonas/*Roth*, vor § 253 Rn. 11.
[481] BGH vom 8.5.2007 – XI ZR 278/06, NJW 2007, 2560 (2561).
[482] *Musielak*, NJW 2000, 3593 (3599).
[483] MünchKommZPO/*Becker-Eberhard*, vor §§ 253 ff. Rn. 34.
[484] BGH vom 11.12.1986 – IX ZR 165/85, NJW-RR 1987, 683 (684); BGH vom 3.4.2003 – I ZR 1/01, NJW 2003, 2317 (2318); *Backsmeier*, Das „Minus" beim unterlassungsrechtlichen Globalantrag, S. 92; *Fritzsche*, Unterlassungsanspruch und Unterlassungsklage, S. 579.
[485] *Kamlah/Ulmar*, WRP 2006, 967 (968).
[486] *Kamlah/Ulmar*, WRP 2006, 967 (968).
[487] *Teplitzky*, WRP 2010, 181 (181).

a) Aktuelle Tendenzen in der Rechtsprechung des BGH zum Streitgegenstand – insbesondere BGHZ 166, 253 ff. – „Markenparfümverkäufe"

Für die Untersuchung des Globalunterlassungsantrags, mit dessen Hilfe Rechtsschutz für eine Vielzahl zukünftiger Lebenssachverhalte erlangt werden soll, ist die neuere Rechtsprechung des BGH zum zweiten Bestandteil des Streitgegenstands – dem Lebenssachverhalt – von besonderem Interesse.[488] Es ist zu beobachten, dass der Umfang des streitgegenständlichen Lebenssachverhalts immer weiter eingeschränkt wird.[489] Grundsätzlich beinhaltet der Lebenssachverhalt im Sinne des zweigliedrigen Streitgegenstandsbegriffs alle Tatsachen, die bei natürlicher Betrachtungsweise aus der Sicht der Parteien den Sachverhalt ausmachen, den der Kläger zur Begründung seines Begehrens vorträgt.[490] Um den einen vom anderen Lebenssachverhalt und damit den einen vom anderen Streitgegenstand zu unterscheiden, fragten der BGH[491] sowie die herrschende Meinung in der Literatur[492] bislang danach, ob durch neue Tatsachen „der Kern" des in der Klage angeführten Lebenssachverhalts verändert wird. Es müsse sich dann um „wesentliche Abweichungen" handeln.[493] Das führte zu dem Schluss, dass die durch Abstraktion aus der konkreten Verletzungshandlung gewonnene konkrete Verletzungsform für den Streitgegenstand der Unterlassungsklage maßgeblich ist.[494]

Zu einer Begrenzung des Lebenssachverhalts schon durch die konkrete Verletzungshandlung kam es in der umstrittenen Entscheidung „Markenparfümverkäufe"

---

[488] Hierzu BGH vom 8.6.2000 – I ZR 269/97, GRUR 2001, 181 ff. – Dentalästhetika; BGH vom 7.12.2000 – I ZR 146/98, GRUR 2001, 755 ff. – Telefonkarte; BGH vom 3.4.2003 – I ZR 1/01, GRUR 2003, 716 ff. – Reinigungsarbeiten; BGH vom 26.1.2006 – I ZR 121/03, GRUR 2006, 429 ff. – Schlank-Kapseln; BGH vom 23.2.2006 – I ZR 272/02, GRUR 2006, 421 ff. – Markenparfümverkäufe; ein zusammenfassender und bewertender Überblick findet sich bei *Götz*, GRUR 2008, 401 ff.
[489] *Götz*, GRUR 2008, 401 (401).
[490] BGH vom 20.3.2000 – II ZR 250/99, NJW 2000, 1958 (1958); MünchKommZPO/*Becker-Eberhard*, vor §§ 253 ff. Rn. 33.
[491] BGH vom 11.10.2006 – KZR 45/05, GRUR 2007, 172 (172) – Lesezirkel II; vom „im Kern" verschiedenen Lebenssachverhalt ist auch in BGH vom 19.9.1996 – I ZR76/97, GRUR 1997, 141 (141) – Kompetenter Fachhändler und BGH vom 3.4.2003 – I ZR 1/01, GRUR 2003, 716 (717) – Reinigungsarbeiten die Rede.
[492] Harte-Bavendamm/Henning-Bodewig/*Brüning*, Vorbem. zu § 12 Rn. 21 f.; *Kamlah/Ulmar*, WRP 2006, 967 (970); *Teplitzky*, Kap. 46 Rn. 2b; Zöller/*Vollkommer*, Einl. Rn. 76.
[493] BGH vom 11.10.2006 – KZR 45/05, GRUR 2007, 172 (172) – Lesezirkel II.
[494] Stein/Jonas/*Roth*, vor § 253 Rn. 11; *Teplitzky*, WRP 2007, 1 (2) m.w.N; auf den „Kern" abstellend Zöller/*Vollkommer*, Einl. Rn. 76.

Globalunterlassungsantrag

vom 23.2.2006.[495] Der 1. Senat hatte hier darüber zu befinden, ob der Zulässigkeit einer markenrechtlichen Unterlassungsklage aus § 14 Abs. 5 MarkenG der Einwand der Rechtskraft entgegensteht.[496] Da sich der Umfang der materiellen Rechtskraft nach dem zur Entscheidung gestellten Streitgegenstand richtet[497], war hier der Streitgegenstand der beiden parallel geführten Verfahren zu bestimmen.[498] Vom zweigliedrigen Streitgegenstandsbegriff ausgehend, stellt der BGH fest, dass ein einheitliches Klageziel – hier die Unterlassung des Parfümverkaufs – nicht unbedingt auch die Einheitlichkeit des Streitgegenstands zur Folge hat.[499] Der 1. Senat stellte hier auf den Klagegrund, mithin auf den vorgetragenen Lebenssachverhalt ab, um die Verschiedenheit der beiden Streitgegenstände der Parallelverfahren zu begründen. Demnach werde der Klagegrund durch die zu seiner Begründung vorgetragenen Verletzungsfälle gebildet.[500] Der Streitgegenstand werde durch die konkrete Verletzungshandlung begrenzt, aus der das Unterlassungsbegehren hergeleitet wird.[501] Daran ändere sich insbesondere auch dann nichts, wenn „der Kläger seinen Antrag ausdrücklich weiter fasst, indem er die angegriffene Verletzungsform im Antrag stärker abstrahierend umschreibt".[502] Eine solche abstrakte Formulierung des Antrags führe nicht dazu, dass Streitgegenstand und materielle Rechtskraft über den Klagegrund – die konkrete Verletzungshandlung – hinausgehen.[503] In materielle Rechtskraft erwächst demzufolge das in die Zukunft gerichtete Unterlassungsgebot nicht als solches, sondern nur in seinem Bezug auf die festgestellten Verletzungshandlungen.[504]

---

[495] BGH vom 23.2.2006 – I ZR 272/02, BGHZ 166, 253 ff. = GRUR 2006, 421 ff. – Markenparfümverkäufe; zustimmend: *Lehment*, WRP 2007, 237 ff.; kritisch: *Berneke*, WRP 2007, 579 ff.; *Götz*, GRUR 2008, 401 ff.; *Kamlah/Ulmar*, WRP 2006, 967 ff.; *von Linstow/Büttner*, WRP 2007, 169 ff.; *Teplitzky*, WRP 2007, 1 ff.
[496] Vor Eintritt der Rechtskraft des Urteils im Parallelverfahren stellte sich die Frage im Rahmen des Einwands der anderweitigen Rechtshängigkeit nach § 261 Abs. 3 Nr. 1 ZPO; siehe BGH vom 23.2.2006 – I ZR 272/02, GRUR 2006, 421 (422) – Markenparfümverkäufe.
[497] MünchKommZPO/*Gottwald*, § 322 Rn. 112.
[498] Siehe BGH vom 23.2.2006 – I ZR 272/02, GRUR 2006, 421 (422 f.) – Markenparfümverkäufe.
[499] BGH vom 23.2.2006 – I ZR 272/02, GRUR 2006, 421 (422) – Markenparfümverkäufe.
[500] BGH vom 23.2.2006 – I ZR 272/02, GRUR 2006, 421 (422) – Markenparfümverkäufe.
[501] BGH vom 23.2.2006 – I ZR 272/02, GRUR 2006, 421 (421) – Markenparfümverkäufe.
[502] BGH vom 23.2.2006 – I ZR 272/02, GRUR 2006, 421 (422) – Markenparfümverkäufe.
[503] BGH vom 23.2.2006 – I ZR 272/02, GRUR 2006, 421 (422) – Markenparfümverkäufe.
[504] BGH vom 23.2.2006 – I ZR 272/02, GRUR 2006, 421 (422) – Markenparfümverkäufe; zur Frage der Rechtskraft noch unten C V.

b) Zustimmende Rechtsprechung des BAG

Diese Begrenzung des Lebenssachverhalts auf die konkrete Verletzungshandlung vertritt auch das BAG. Das überrascht insofern, als das BAG den Globalantrag, mit dem gerade eine Vielzahl an Lebenssachverhalten und damit ein möglichst abstrakter Lebenssachverhalt zum Streitgegenstand gemacht werden soll, als legitimes Prozessmittel anerkennt. In einer aktuellen Entscheidung vom 19.1.2010 hatte sich der 1. Senat des BAG mit der Frage der Streitgegenstandsidentität zweier Beschlussverfahren zu befassen.[505] Betriebsrat und Arbeitgeberin stritten um den Anspruch auf Unterlassung bestimmter personeller Einzelmaßnahmen. Der vom Betriebsrat gestellte Globalunterlassungsantrag wurde vom Gericht im Wege der Auslegung auf ein § 253 Abs. 2 Nr. 2 ZPO genügendes Maß reduziert, leider ohne näher auf die Problematik des Globalantrags einzugehen.[506] Entgegen der Ansicht das LAG sah das BAG den Einwand der Rechtskraft hier nicht gegeben. Die Streitgegenstände der beiden Verfahren seien nicht identisch. Zur Begründung rekurrierte der 1. Senat auf den auch im arbeitsgerichtlichen Beschlussverfahren anwendbaren zweigliedrigen Streitgegenstandsbegriff.[507] Unter ausdrücklichem Verweis auf die Entscheidung des BGH „Markenparfümverkäufe" vom 23.2.2006[508] stellt das BAG fest, dass die Rechtskraft durch den Klageantrag und die vorgetragene, der Entscheidung zugrunde gelegten Verletzungshandlung begrenzt wird.[509]

4. Rezeption der Entscheidung „Markenparfümverkäufe" in der Literatur

Die Entscheidung „Markenparfümverkäufe" des BGH stieß ganz überwiegend auf Ablehnung.[510] Einzig zustimmend äußerte sich *Lehment*, der der Prozessvertreter der obsiegenden Klägerin in diesem Fall war.[511] Er sieht den Wert der Entscheidung insbesondere darin, dass der BGH den Unterschied zwischen dem Umfang des Unterlassungstitels einerseits und dem Umfang der materiellen Rechtskraft andererseits klarstellt.[512] Während die Reichweite des Unterlassungstitels mit Hilfe

---

[505] BAG vom 19.1.2010 – 1 ABR 55/08, AP Nr. 47 zu § 23 BetrVG 1972 = NZA 2010, 659 ff.
[506] BAG vom 19.1.2010 – 1 ABR 55/08, AP Nr. 47 zu § 23 BetrVG 1972.
[507] BAG vom 19.1.2010 – 1 ABR 55/08, AP Nr. 47 zu § 23 BetrVG 1972.
[508] BGH vom 23.2.2006 – I ZR 272/02, GRUR 2006, 421 ff. – Markenparfümverkäufe.
[509] BAG vom 19.1.2010 – 1 ABR 55/08, AP Nr. 47 zu § 23 BetrVG 1972.
[510] *Berneke*, WRP 2007, 579 ff.; *Götz*, GRUR 2008, 401 ff.; *Kamlah/Ulmar*, WRP 2006, 967 ff.; *von Linstow/Büttner*, WRP 2007, 169 ff.; *Teplitzky*, WRP 2007, 1 ff.; *Teplitzky* (9 Aufl.), Kap. 46 Rn. 5b ff.; *Teplitzky*, Kap. 46 Rn. 2e.
[511] *Lehment*, WRP 2007, 237 ff.
[512] *Lehment*, WRP 2007, 237 (240).

der Kerntheorie und konkreter Verletzungsform bestimmt werde, spielten diese Gesichtspunkte für die Reichweite der Rechtskraft keine Rolle.[513] Das gestehen zum Teil auch die kritischen Stimmen dem BGH zu. Für die Identität zweier Lebenssachverhalte sei die Identität der konkreten Verletzungsformen zwar eine notwendige, doch noch nicht die hinreichende Bedingung.[514] Als „zu weit gehend" und ob ihrer Konsequenzen „Unsinn" verwirft *Teplitzky* die Entscheidung des BGH.[515] Es würde jede Unterlassungsklage „ad absurdum" führen, wenn es für den Streitgegenstand auf den gesamten Lebenssachverhalt ankäme.[516] Bei der in die Zukunft gerichteten Unterlassungsklage könne es nicht auf die Fragen nach dem Wann, Wo und Wie oft der Verletzungshandlung ankommen.[517] Richtigerweise sei nach wie vor auf den für den Streitgegenstand wesentlichen Sachverhaltsteil, bei der Unterlassungsklage ist das die konkrete Verletzungsform der konkreten Verletzungshandlung, abzustellen.[518] Die Kritik blieb nicht ohne Wirkung. Mittlerweile gibt es Anzeichen dafür, dass der BGH an den in der Entscheidung „Markenparfümverkäufe" aufgestellten Grundsätzen nicht in aller Konsequenz festhalten will.[519] In einer Entscheidung vom 2.4.2009 bezieht sich der 1. Senat bei der Bestimmung des streitgegenständlichen Lebenssachverhalts nicht auf die konkrete Verletzungshandlung, sondern auf deren Kern.[520] Das sollte auch für das BAG Anlass sein, seine jüngste Rechtsprechung zum Streitgegenstand bei der Unterlassungsklage zu überdenken.

5. Streitgegenstand und Globalunterlassungsantrag – Zwischenergebnis

Das über die Grenzen der Gerichtszweige hinweg vertretene enge Verständnis des streitgegenständlichen Lebenssachverhalts zeigt, dass der Globalantrag kein taugliches Mittel ist, eine Vielzahl zukünftiger Lebenssachverhalte zur gerichtlichen Entscheidung zu stellen. Entscheidender Maßstab für die Untersuchung des Streitgegenstands des Globalunterlassungsantrags muss hier der zweigliedrige Streitgegenstandsbegriff der ganz herrschenden Meinung sein. Dieses Verständnis des

---

[513] *Lehment*, WRP 2007, 237 (240).
[514] *Götz*, GRUR 2008, 401 (405).
[515] *Teplitzky* (9. Aufl.), Kap. 46 Rn. 5b.
[516] *Teplitzky* (9. Aufl.), Kap. 46 Rn. 5b.
[517] *Teplitzky*, Kap. 46 Rn. 2c.
[518] *Teplitzky* (9. Aufl.), Kap. 46 Rn. 5e; so auch *Kamlah/Ulmar*, WRP 2006, 967 (973).
[519] *Teplitzky*, Kap. 46 Rn. 2d.
[520] BGH vom 2.4.2009 – I ZR 78/06, GRUR 2009, 672 (678) – OSTSEE-Post; weitere Beispiele aus der neuesten Rechtsprechung finden sich bei *Teplitzky*, Kap. 46 Fn. 60.

Streitgegenstands hat sich in der Praxis durchgesetzt, sodass sich der Globalantrag an diesem Maßstab messen lassen muss. Nach der dargestellten Rechtsprechung des BGH und des BAG kommt es für die Bestimmung des zweiten Bestandteils des Streitgegenstands – den Lebenssachverhalt – entscheidend auf die vorgetragene konkrete Verletzungshandlung an. Damit kann es jedoch nicht gelingen, mit Hilfe des abstrakt gefassten und von der konkreten Verletzungshandlung völlig losgelösten Globalantrags eine Vielzahl künftiger Lebenssachverhalte zum Streitgegenstand eines Verfahrens zu erheben. Selbst mit der großzügigeren, in der Literatur herrschend vertretenen Auffassung, wonach „gleichwertige Handlungen"[521] nicht zu einem anderen Streitgegenstand führen, lässt sich der Umfang des Streitgegenstands nicht auf das mit einem Globalantrag bezweckte Maß ausdehnen. Denn der Globalantrag abstrahiert die konkrete Verletzungshandlung über die konkrete Verletzungsform hinaus.[522] Im Ergebnis ist der Globalantrag mit der herrschenden Streitgegenstandsdogmatik nicht zu vereinbaren und erweist sich daher als zur Erreichung der mit ihm verfolgten Ziele als untauglich. Bezüglich der oben vorgeschlagenen Alternative zum Globalunterlassungsantrag – einer Kombination aus Verletzungsunterlassungsantrag und vorbeugendem Unterlassungsantrag – ist an dieser Stelle darauf hinzuweisen, dass hierbei unterschiedliche Lebenssachverhalte vorgetragen werden und daher zwei Streitgegenstände anzunehmen sind.[523]

V. Globalunterlassungsantrag und materielle Rechtskraft

Mit dem umfassend formulierten Globalunterlassungsantrag bezwecken die Antragsteller die Befriedung ihres Streits über den konkreten Anlassfall hinaus auch für Sachverhalte, die weit in der Zukunft liegen mögen. Das Mittel des Prozessrechts zur endgültigen Streitbeilegung ist die materielle Rechtskraft. Sie soll den inhaltlichen Bestand einer im Instanzenzug nicht mehr angreifbaren Entscheidung sichern.[524] Im Zuge der Untersuchung des Globalunterlassungsantrags stellt sich somit die Frage, inwieweit die das Verfahren beendende Entscheidung des Gerichts auch zukünftige Streitfälle rechtskräftig zu entscheiden vermag. Es geht um die Grenzen der Rechtskraft. Hier lassen sich insbesondere die mit Hilfe der voranste-

---

[521] *Götz*, GRUR 2008, 401 (405).
[522] Zu den Begriffen der konkreten Verletzungshandlung und der konkreten Verletzungsform siehe oben C II 2 b) bb).
[523] BGH vom 26.1.2006 – I ZR 121/03, GRUR 2006, 429 (431 f.) – Schlank-Kapseln; *Fritzsche*, Unterlassungsanspruch und Unterlassungsklage, S. 577; *Götz*, GRUR 2008, 401 (404); *Teplitzky*, WRP 2007, 1 (2).
[524] MünchKommZPO/*Gottwald*, § 322 Rn. 2.

henden Untersuchung des Streitgegenstands des Globalunterlassungsantrags gewonnenen Erkenntnisse fruchtbar machen. Denn nach dem Wortlaut des § 322 Abs. 1 ZPO erwachsen Urteile nur insoweit in Rechtskraft, als über den „erhobenen Anspruch" entschieden wurde. Hiermit ist derselbe prozessuale Anspruch wie in § 253 Abs. 2 Nr. 2 ZPO, also der Streitgegenstand gemeint.[525] Die folgenden Ausführungen widmen sich zunächst der Frage nach dem Wesen der materiellen Rechtskraft. Sodann sollen hieraus Schlussfolgerungen für die mögliche Reichweite der materiellen Rechtskraft gezogen werden. In einem letzten Schritt wird die Problematik des Globalunterlassungsantrags aufgegriffen und dessen Verhältnis zur materiellen Rechtskraft untersucht.

1. Grundsätzliches zur materiellen Rechtskraft

a) Zweck der materiellen Rechtskraft

Die Idee der materiellen Rechtskraft wurzelt im Rechtsstaatsprinzip.[526] Nach Ansicht des BVerfG ist die Gewährleistung von Rechtssicherheit gar ein wesentlicher Bestandteil des Rechtsstaatsprinzips und für die grundgesetzliche Ordnung konstituierend.[527] Die von Verfassungs wegen geforderte Rechtssicherheit könne nur dann gewährleistet werden, wenn das Rechtsfindungsverfahren sowohl einen geregelten Verlauf nimmt als auch zu einem Abschluss kommt, dessen Rechtsbeständigkeit gesichert ist.[528] Der bindende Abschluss des Verfahrens ermöglicht den Parteien überhaupt erst, ihre subjektiven Rechte durchzusetzen.[529] Damit erfüllt das Institut der materiellen Rechtskraft zugleich den Zweck des Zivilprozesses an sich – den Schutz privater Rechte.[530] Neben diesen Hauptzwecken der Durchsetzung privater Rechte und der Sicherung des Rechtsfriedens kommt die materielle Rechtskraft auch ganz praktischen Bedürfnissen der Gerichte entgegen. Zum einen

---

[525] BGH vom 7.2.1995 – VI ZR 201/94, NJW 1995, 1614 (1614); BAG vom 25.10.2007 – 8 AZR 989/06, NZA 2008, 357 (358); Baumbach/Lauterbach/Albers/Hartmann, § 322 Rn. 15; MünchKommZPO/*Gottwald*, § 322 Rn. 112; *Rosenberg/Schwab/Gottwald*, § 153 Rn. 2; zu der Frage, ob von dem Streitgegenstand ein sogenannter Entscheidungsgegenstnd (auch Urteilsgegenstand) zu unterscheiden ist siehe MünchKommZPO/*Gottwald*, § 322 Rn. 114 ff. sowie Stein/Jonas/*Leipold*, § 322 Rn. 92 ff.
[526] Ahrens/*Ahrens*, Kap. 36 Rn. 19; MünchKommZPO/*Gottwald*, § 322 Rn. 2.
[527] BVerfG vom 1.1.1953 – 1 BvL 23/51, NJW 1953, 1137 (1138); BVerfG vom 8.10.1992 – 1 BvR 1262/92, NJW 1993, 1125 (1125).
[528] BVerfG vom 1.1.1953 – 1 BvL 23/51, NJW 1953, 1137 (1138).
[529] Stein/Jonas/*Leipold*, § 322 Rn. 27.
[530] Stein/Jonas/*Leipold*, § 322 Rn. 27.

müssen sie sich mit einem rechtskräftig entschiedenen Streit nicht noch einmal befassen.[531] Zum anderen wird ihre Deutungshoheit nicht durch widersprechende Entscheidungen anderer Gerichte in Frage gestellt und somit ihr Ansehen bewahrt.[532]

b) Rechtsnatur der materiellen Rechtskraft

Über die Antwort auf die Frage nach der Rechtsnatur der materiellen Rechtskraft besteht Uneinigkeit.[533] Es lassen sich materiellrechtliche und prozessuale Ansätze voneinander unterscheiden. Nach dem materiellrechtlichen Erklärungsansatz ist davon auszugehen, dass „das Urteil die zivilistische Rechtslage ändert".[534] Die materielle Rechtskraft wirkt demnach gestaltend auf das materielle Recht ein. *Pagenstecher* sieht in dem rechtskräftigen Urteil gar „eine Deklaration der Wahrheit", die „niemals materiell ungerechtfertigt" sein könne.[535] Sich von diesem rein materiellrechtlichen Verständnis der Rechtskraft verabschiedend sehen neuere Auffassungen die materielle Rechtskraft als „Zwittererscheinung"[536]. Die materielle Rechtskraft stelle eine „unwiderlegliche Vermutung für das Vorliegen der in der Entscheidung festgestellten Rechtsfolge" dar.[537] Als solche Vermutung betreffe sie die Begründetheit der Klage.[538] Hierin zeigt sich bereits die Hinwendung zu einem eher prozessualen Verständnis der materiellen Rechtskraft. Überwiegend wird in der materiellen Rechtskraft jedoch ein rein prozessuales Institut gesehen.[539] Sie soll als prozessuale Verhaltensnorm für den Richter zu verstehen sein.[540] Die materielle Rechtskraft einer Entscheidung schließt demnach jede neue Verhandlung über den

---

[531] *Rosenberg/Schwab/Gottwald*, § 151 Rn. 1.
[532] So BGH vom 3.3.2004 – IV ZB 43/03, NJW 2004, 1805 (1806); *Rosenberg/Schwab/Gottwald*, § 151 Rn. 1; hierzu kritisch Stein/Jonas/*Leipold*, § 322 Rn. 30.
[533] Übersichten über die vertretenen Auffassungen finden sich bei Baumbach/Lauterbach/Albers/Hartmann, Einf. §§ 322-327 Rn. 4 ff. und bei *Rosenberg/Schwab/Gottwald*, § 322 Rn. 3 ff.
[534] So *Kohler*, FS Klein, S. 1 (7).
[535] *Pagenstecher*, Zur Lehre von der materiellen Rechtskraft, S. 303.
[536] *Blomeyer*, JR 1968, 407 (411).
[537] *Blomeyer*, JR 1968, 407 (411).
[538] *Blomeyer*, JR 1968, 407 (411).
[539] Ahrens/*Ahrens*, Kap. 36 Rn. 13; Baumbach/Lauterbach/Albers/Hartmann, Einf. §§ 322-327 Rn. 9; Musielak/*Musielak*, § 322 Rn. 5; *Rosenberg/Schwab/Gottwald*, § 151 Rn. 5 f.; *Schilken*, Zivilprozessrecht, Rn. 1010; für Stein/Jonas/*Leipold*, § 322 Rn. 38 steht die materielle Rechtskraft „jenseits dieser Unterscheidung zwischen materiellem und prozessualem Recht".
[540] Ahrens/*Ahrens*, Kap. 36 Rn. 13; darüber hinaus werden aber auch die Parteien von der materiellen Rechtskraft unmittelbar betroffen, *Rosenberg/Schwab/Gottwald*, § 151 Rn. 9.

rechtskräftig entschiedenen Anspruch aus.[541] Dieses an den Richter gerichtete Wiederholungsverbot wird auch als *ne bis in idem*-Lehre bezeichnet.[542]

c) Rechtskraftwirkungen

Hiermit ist bereits eine Wirkungsweise der materiellen Rechtskraft angesprochen. Da es dem Richter nach der *ne bis in idem*-Lehre verboten ist, über den rechtskräftig entschiedenen Anspruch erneut zu verhandeln und zu entscheiden, ist jede Klage, die ein solches Ziel verfolgt, als unzulässig abzuweisen.[543] Die Rechtskraft eines früheren Urteils über denselben Streitgegenstand stellt demnach eine von Amts wegen zu beachtende negative Prozessvoraussetzung dar.[544] Die Abweisung der Klage erfolgt durch Prozessurteil.[545] Darüber hinaus sichert die materielle Rechtskraft die Rechtsbeständigkeit der vom Gericht getroffenen Entscheidung, indem sie in bestimmten Fällen präjudiziell wirkt.[546] Eine in einem Erstprozess rechtskräftig entschiedene Frage kann auch für den Folgeprozess – als Vorfrage – entscheidungserheblich sein.[547] In diesem Fall ist das Gericht des Folgeprozesses an das Urteil des Vorprozesses gebunden und hat die dort getroffenen Feststellungen der eigenen Entscheidung zu Grunde zu legen.[548]

2. Grenzen der materiellen Rechtskraft

Für die Untersuchung des Verhältnisses zwischen dem Globalunterlassungsantrag und der materiellen Rechtskraft ist die Problematik des Umfangs der Rechtskraft

---

[541] BGH vom 27.2.1961 – III ZR 16/60, NJW 1961, 917 (917); BGH vom 14.2.1962 – IV ZR 156/61, NJW 1961, 1109 (1109).
[542] Ahrens/*Ahrens*, Kap. 36 Rn. 13 f.; *Rosenberg/Schwab/Gottwald*, § 151 Rn. 6; innerhalb der prozessualen Rechtskrafttheorie lässt sich von der *ne bis in idem*-Lehre die sogenannte Bindungsthorie unterscheiden. Hiernach ist es dem Richter nicht verwehrt, erneut über die Sache zu entscheiden. Doch darf die neue Entscheidung die alte Entscheidung inhaltlich lediglich wiederholen; hierzu *Rosenberg/Schwab/Gottwald*, § 151 Rn. 5.
[543] BGH vom 14.2.1962 – IV ZR 156/61, NJW 1962, 1109 (1109); *Rosenberg/Schwab/Gottwald*, § 151 Rn. 10 f. weist zu Recht auf die Parallele zu § 261 Abs. 3 Nr. 1 ZPO hin, wonach die anderweitige Rechtshängigkeit derselben Streitsache ebenso zur Unzulässigkeit der Klage führt.
[544] BGH vom 16.1.2008 – XII ZR 216/05, NJW 2008, 1227 (1227 f.); Musielak/*Musielak*, § 322 Rn. 9; zu den ausnahmen von diesem Grundsatz siehe *Rosenberg/Schwab/Gottwald*, § 151 Rn. 12 f.
[545] Musielak/*Musielak*, § 322 Rn. 9.
[546] Zur Präjudizialität Ahrens/*Ahrens*, Kap. 36 Rn. 24; *Rosenberg/Schwab/Gottwald*, § 151 Rn. 15; *Schilken*, Zivilprozessrecht, Rn. 1030 f.; Zöller/*Vollkommer*, vor § 322 Rn. 68 ff.
[547] BAG vom 26.7.2001 – 8 AZR 739/00, NJW 2002, 1593 (1595).
[548] BAG vom 26.7.2001 – 8 AZR 739/00, NJW 2002, 1593 (1595).

von besonderer Bedeutung. Denn die vom Antragsteller mit dem Globalantrag bezweckte umfassende Streitbeilegung ist nur mit einer entsprechend umfangreichen Rechtskraftwirkung zu erreichen. Doch ist die Wirkung der Rechtskraft in objektiver, subjektiver sowie zeitlicher Hinsicht bestimmten Grenzen unterworfen.[549] Unter diesen Schranken der Rechtskraft, sind in dem hier diskutierten Zusammenhang allein die objektiven Schranken von Interesse.

a) Objektive Grenzen der Rechtskraft

Zunächst ist zu klären, wie die objektiven Grenzen der Rechtskraft im Grundsatz zu bestimmen sind. Einen ersten Anhaltspunkt für die Beantwortung dieser Frage enthält schon der Wortlaut des § 322 Abs. 1 ZPO. Demnach erwachsen gerichtliche Entscheidungen nur insoweit in Rechtskraft, als über den erhobenen Anspruch entschieden wurde. Um etwa beurteilen zu können, ob der Zulässigkeit einer Klage die Rechtskraft eines zuvor ergangenen Urteils entgegensteht, muss der Richter demnach prüfen, inwieweit sich die geltend gemachten „Ansprüche" im Sinne des § 322 Abs. 1 ZPO decken. Kommt er zu dem Ergebnis der Identität der Ansprüche, ist die Klage durch Prozessurteil als unzulässig abzuweisen.[550] Mit dem Begriff des „Anspruchs" ist an dieser Stelle der prozessuale Anspruch im Sinne der Streitgegenstandslehre gemeint.[551] Nach der oben dargestellten, herrschend und auch hier vertretenen Lehre vom zweigliedrigen Streitgegenstand kommt es für die Bestimmung des Streitgegenstands einerseits auf den Antrag, in dem sich die vom Kläger in Anspruch genommene Rechtsfolge konkretisiert, sowie andererseits auf den vorgetragenen Lebenssachverhalt, aus dem der Kläger die begehrte Rechtsfolge herleitet, an.[552] Der so umschriebene Streitgegenstand ist jedoch nicht allein maßgeblich für den Umfang der Rechtskraft. Denn gemäß § 322 Abs. 1 ZPO erwächst die Entscheidung „nur insoweit" in Rechtskraft, als über den Streitgegenstand letzten Endes auch entschieden wurde. Gegenstand der Rechtskraft ist also nur der vom Gericht tatsächlich gezogene Subsumtionsschluss.[553] Damit ist die aus der

---

[549] Zu den Grenzen der Rechtskraft Ahrens/*Ahrens*, Kap. 36 Rn. 19 ff.; *Rosenberg/Schwab/Gottwald*, §§ 154, 155, 156; *Schilken*, Zivilprozessrecht, Rn. 1018 ff.
[550] *Schilken*, Zivilprozessrecht, Rn. 1027.
[551] Baumbach/Lauterbach/Albers/Hartmann, Einf. §§ 322-327 Rn. 2; *Rosenberg/Schwab/Gottwald*, § 153 Rn. 2; *Schilken*, Zivilprozessrecht, Rn. 1019; zum Begriff des sogenannten Entscheidungsgegenstands siehe *Rosenberg/Schwab/Gottwald*, § 153 Rn. 1 ff. sowie Stein/Jonas/*Leipold*, § 322 Rn. 92 ff.
[552] BGH vom 21.10.2008 – XI ZR 466/07, NJW 2009, 56 (56) sowie oben C IV 2.
[553] *Rosenberg/Schwab/Gottwald*, § 153 Rn. 7; *Schilken*, Zivilprozessrecht, Rn. 1020; Stein/Jonas/*Leipold*, § 322 Rn. 71.

Anwendung des Rechtssatzes auf die festgestellten Tatsachen gezogene Schlussfolgerung gemeint.[554] Nachlesen lässt sich dieser Subsumtionsschluss im Tenor des Urteils.[555] Die beiden anderen Bestandteile des Urteils – Tatbestand und Entscheidungsgründe – erwachsen dagegen nicht in Rechtskraft.[556] Zu solchen nicht rechtskraftfähigen „Urteilselementen"[557] zählen insbesondere abstrakte Rechtsfragen.[558] Die Fragen nach der Geltung, der Auslegung sowie Anwendbarkeit einer Rechtsnorm werden zwar vom Gericht beantwortet, doch entfalten diese Antworten keine Rechtskraftwirkung.[559]

b) Rechtskraft des Unterlassungsurteils und Kerntheorie

Um das Verhältnis zwischen materieller Rechtskraft und Globalunterlassungsantrag untersuchen zu können, bedarf es noch eines Blicks auf die Rechtskraft des Unterlassungsurteils und dessen Besonderheiten. Auszugehen ist auch hier von dem Grundsatz, dass sich der Umfang der Rechtskraft vom Streitgegenstand her bestimmt, über den das Gericht entschieden hat.[560]

aa) Maßgeblichkeit der konkreten Verletzungshandlung – Konsequenzen aus der „Markenparfümverkäufe"-Entscheidung des BGH

Wie in dem vorangehenden Kapitel ausgeführt, folgt die Streitgegenstandsdefinition bei der Unterlassungsklage eigenen, durch die Rechtsprechung insbesondere des BGH aufgestellten Regeln.[561] So werde der Streitgegenstand des Unterlassungsverfahrens nicht nur durch den Antrag begrenzt, sondern auch durch die konkrete(n) Verletzungshandlung(en), auf die der Antrag gestützt ist.[562] Der Streitgegenstand des Verfahrens ist damit sehr eng gefasst. Auch eine abstrahierende Formulierung des Antrags führt nach Auffassung des BGH nicht zur einer Erweiterung des

---

[554] BGH vom 24.6.1993 – III ZR 43/92, NJW 1993, 2304 (2305); *Rosenberg/Schwab/Gottwald*, § 153 Rn. 7.
[555] *Schilken*, Zivilprozessrecht, Rn. 1020.
[556] *Rosenberg/Schwab/Gottwald*, § 153 Rn. 9 ff.
[557] Ahrens/*Ahrens*, Kap. 36 Rn. 25.
[558] Ahrens/*Ahrens*, Kap. 36 Rn. 26; Zöller/*Vollkommer*, vor § 322 Rn. 33.
[559] Stein/Jonas/*Leipold*, § 322 Rn. 74; siehe auch MünchKommZPO/*Gottwald*, § 322 Rn. 93.
[560] BGH vom 23.2.2006 – I ZR 272/02, GRUR 2006, 421 (422) – Markenparfümverkäufe; BAG vom 19.1.2010 – 1 ABR 55/08, AP Nr. 47 zu § 23 BetrVG 1972; *Backsmeier*, Das „Minus" beim unterlassungsrechtlichen Globalantrag, S. 153 f.
[561] Siehe oben C IV 3.
[562] BGH vom 23.2.2006 – I ZR 272/02, GRUR 2006, 421 (422) – Markenparfümverkäufe.

Streitgegenstands.[563] Diese Begrenzung des Streitgegenstands und damit der Rechtskraft auf die konkrete Verletzungshandlung verwundert insbesondere, wenn der BGH im selben Atemzug feststellt, dass die Kerntheorie sich auf den Umfang der Rechtskraft beziehe und besage, dass aus dem Urteil auch wegen kerngleicher Verstöße gegen das Unterlassungsgebot vollstreckt werden könne.[564] Damit ist das noch nicht zufriedenstellend geklärte Verhältnis zwischen materieller Rechtskraft und Kerntheorie angesprochen.[565] Trotz seines Bekenntnisses zur Kerntheorie im Vollstreckungsverfahren positioniert sich der BGH in der Frage nach der Rechtskraft konsequenterweise ebenso restriktiv wie in der Frage nach dem Streitgegenstand. Da der Urteilsgegenstand grundsätzlich durch den Streitgegenstand bestimmt werde, sei der Umstand, dass der Unterlassungsantrag auf eine konkret benannte Verletzungshandlung gestützt ist, auch für den Umfang der materiellen Rechtskraft des Unterlassungsurteils entscheidend.[566] In Rechtskraft erwachse demnach der in die Zukunft gerichtete Verbotsausspruch nicht als solcher, sondern nur in Bezug auf die vom Gericht festgestellte Verletzungshandlung.[567] Diese Auffassung macht sich wortgleich auch das BAG zu eigen.[568] Dabei wird die Rolle der Kerntheorie bei der Bestimmung der Reichweite der materiellen Rechtskraft auch innerhalb der Rechtsprechung nicht einheitlich beurteilt. In einer Entscheidung vom 30.6.1998 wies das Kammergericht eine Unterlassungsklage wegen entgegenstehender Rechtskraft als unzulässig ab.[569] Die Klägerin hatte hier bereits in einem früheren Verfahren einen abstrakt gehaltenen Unterlassungsantrag gestellt, der nach Ansicht des Kammergerichts auch die nun geltend gemachte Verletzungshandlung erfasse, sodass bei den beiden Verfahren von einer Streitgegenstandsidentität auszugehen sei.[570]

---

[563] BGH vom 23.2.2006 – I ZR 272/02, GRUR 2006, 421 (422 f.) – Markenparfümverkäufe.
[564] BGH vom 23.2.2006 – I ZR 272/02, GRUR 2006, 421 (422) – Markenparfümverkäufe.
[565] So auch *Fritzsche*, Unterlassungsanspruch und Unterlassungsklage, S. 230.
[566] BGH vom 23.2.2006 – I ZR 272/02, GRUR 2006, 421 (423) – Markenparfümverkäufe.
[567] BGH vom 23.2.2006 – I ZR 272/02, GRUR 2006, 421 (423) – Markenparfümverkäufe; zustimmend Köhler/Bornkamm/*Köhler*, § 12 Rn. 2.113 sowie *v. Ungern-Sternberg*, GRUR 2009, 1009 (1017).
[568] BAG vom 19.1.2010 – 1 ABR 55/08, AP Nr. 47 zu § 23 BetrVG 1972.
[569] KG vom 30.6.1998 – 5 U 4771/97, GRUR 1999, 370 f. – Weiterer Verstoß und Rechtskraft; ablehnend: BGH vom 23.2.2006 – I ZR 272/02, GRUR 2006, 421 (422) – Markenparfümverkäufe sowie auch *Fritzsche*, Unterlassungsanspruch und Unterlassungsklage, S. 231.
[570] KG vom 30.6.1998 – 5 U 4771/97, GRUR 1999, 30 (371) – Weiterer Verstoß und Rechtskraft.

bb) Maßgeblichkeit der konkreten Verletzungsform

Die gegen die restriktive Auffassung unter anderem des BGH argumentierenden Stimmen in der Literatur vertreten – wie bereits dargestellt – einen erweiterten, unter Anwendung der Kerntheorie definierten Streitgegenstandsbegriff.[571] Demnach komme es für die Bestimmung des streitgegenständlichen Lebenssachverhalts auf die konkrete Verletzungsform und nicht nur auf die konkrete Verletzungshandlung an.[572] Da der Streitgegenstand für den Umfang der Rechtskraft maßgeblich ist, bestimme die Kerntheorie nicht nur die Reichweite der Vollstreckung, sondern auch den Umfang der Rechtskraft selbst.[573] In Rechtskraft erwachse der Urteilsspruch über die konkrete Verletzungsform und damit auch über alle mit der angegriffenen Verletzungshandlung kerngleichen Verhaltensweisen.[574] Auf diese Weise hindert die Rechtskraft den Anspruchsinhaber daran, in einem neuen Verfahren kerngleiche Verhaltensweisen geltend zu machen.[575] Ein dahingehender Antrag ist nach der herrschend vertretenen *ne bis in idem*-Lehre als unzulässig abzuweisen.[576] Wie schon im Rahmen der Untersuchung des Streitgegenstandsbegriffs erscheint auch hier die in der Literatur herrschend vertretene Auffassung überzeugend, wonach sich der Umfang der Rechtskraft des Unterlassungsurteils – unter Berücksichtigung der Aussagen der Kerntheorie – auch auf solche Verletzungshandlungen erstreckt, die den Kern der konkret angegriffenen Verletzungshandlung unberührt lassen.

3. Rechtskräftig abgewiesener Globalantrag

Die Analyse der Rechtsprechung des BAG zum Globalunterlassungsantrag zeigte bereits, dass dieser meist als unbegründet abgewiesen wird.[577] So formuliert das BAG in ständiger Rechtsprechung, dass „ein Globalantrag, der einschränkungslos

---

[571] Hierzu siehe oben C IV 4.
[572] *Kamlah/Ulmar*, WRP 2006, 967 (973); *Teplitzky*, Kap. 46 Rn. 2b m.w.N.
[573] Stein/Jonas/*Leipold*, § 322 Rn. 104; so auch Ahrens/*Ahrens*, Kap. 36 Rn. 81; *Ahrens*, JZ 2006, 1180 (1186); Baumbach/Lauterbach/Albers/Hartmann, § 890 Rn. 4; *Schöpflin*, JR 2007, 239 (244); *Teplitzky*, Kap. 57 Rn. 16a; *Teplitzky*, GRUR 1998, 320 (322).
[574] *Rüssmann*, FS Lüke, S. 675 (686); so früher auch BGH vom 22.2.1952 – I ZR 117/51, GRUR 1952, 577 (577) – Fischermännchen-Zwilling-Illing.
[575] *Schöpflin*, JR 2007, 239 (244); zur Verhinderung solcher Doppelverfahren will der BGH nach BGH vom 23.2.2006 – I ZR 272/02, GRUR 2006, 421 (423) – Markenparfümverkäufe auf das fehlende Rechtsschutzinteresse zurückgreifen.
[576] *Teplitzky*, Kap. 57 Rn. 16a; zur *ne-bis-in-idem*-Lehre siehe bereits oben C V 1 c).
[577] Siehe oben A III.

eine Vielzahl möglicher Fallgestaltungen erfasst, grundsätzlich als insgesamt unbegründet abzuweisen ist, wenn unter ihn zumindest auch Sachverhalte fallen, in denen sich der Antrag als unbegründet erweist".[578] In dem hier diskutierten Zusammenhang stellt sich die Frage nach dem Umfang der Rechtskraft eines solchen abweisenden Urteils.[579] Denn der Umfang der Rechtskraft des Abweisungsurteils zeigt den Parteien, welche Schlussfolgerungen sie aus dem Urteil ziehen können und definiert zugleich die Erfolgsaussichten eines neuerlichen gerichtlichen Vorgehens. Soweit das Gericht über den geltend gemachten Anspruch im Sinne des § 322 Abs. 1 ZPO entschieden hat, ist nach der *ne bis in idem*-Lehre ein erneuter Antrag als unzulässig abzuweisen. Auch hier ergeben sich neue Schlussfolgerungen aufgrund der Rechtsprechung des BGH zum Streitgegenstand.

a) Rechtskraft des Abweisungsurteils

Während die Prozessparteien bei einem der Klage stattgebenden Urteil dem Tenor unmittelbar entnehmen können, was sie zu tun und zu lassen haben, ist die Situation bei Klageabweisung nicht ganz so eindeutig. Im Grundsatz folgt aus der Abweisung des Unterlassungsantrags, dass sich der beklagte Antragsgegner weiter so verhalten darf, wie er es bisher tat. Das Abweisungsurteil umfasst somit die Feststellung des kontradiktorischen Gegenteils des Unterlassungsantrags.[580] Was dieses „kontradiktorische Gegenteil" des Unterlassungsantrags jedoch genau ist, muss erst noch geklärt werden. Die Urteilsformel lässt den Umfang des Streitgegenstands und folglich den Umfang der Rechtskraft oft nicht ohne weiteres erkennen.[581] Daher ist man sich einig, dass es bei klageabweisenden Urteilen zum Zwecke der Feststellung der Reichweite der Rechtskraft einer Auslegung der Entscheidung bedarf.[582] Hierzu werden die beiden anderen Bestandteile des Urteils, also Tatbestand und Entscheidungsgründe herangezogen.[583] Diese erwachsen selbst nicht in Rechtskraft[584], sollen an dieser Stelle aber helfen, die Bindungswirkung des Urteils zu definieren. Ziel der Auslegung ist zunächst, den Abweisungsgrund benennen zu

---

[578] Beispielhaft BAG vom 20.4.2010 – 1 ABR 78/08, AP Nr. 9 zu Art. 5 Abs. 1 GG Pressefreiheit.
[579] Hierzu schon *Backsmeier*, Das „Minus" beim unterlassungsrechtlichen Globalantrag, S. 155 ff.
[580] Ahrens/*Ahrens*, Kap. 36 Rn. 92 ff.; *Backsmeier*, Das „Minus" beim unterlassungsrechtlichen Globalantrag, S. 154 f.; nach Stein/Jonas/*Leipold*, § 322 Rn. 103 ist das klageabweisende Urteil seinem Inhalt nach ein Feststellungsurteil.
[581] BGH vom 23.9.1992 – I ZR 224/90, NJW 1993, 333 (334) – Dauernd billig; BAG vom 19.1.2010 – 1 ABR 55/08, AP Nr. 47 zu § 23 BetrVG 1972; *Schilken*, Zivilprozessrecht, Rn. 1020.
[582] *Rosenberg/Schwab/Gottwald*, § 153 Rn. 23 ff.
[583] BGH vom 14.2.2008 – I ZR135/05, NJW 2008, 2716 (2716); BAG vom 19.1.2010 – 1 ABR 55/08, AP Nr. 47 zu § 23 BetrVG 1972; *Schilken*, Zivilprozessrecht, Rn. 1020.
[584] Hierzu siehe oben C V 2 a).

können. Ihm kommt für die Bestimmung des Rechtskraftumfangs entscheidende Bedeutung zu.[585] Denn der Abweisungsgrund trägt die Abweisungsentscheidung und ist somit Teil des vom Gericht gezogenen Subsumtionsschlusses.[586]

b) Abgewiesener Globalantrag als Freibrief für den Unterlassungsschuldner?

Für die Beteiligten an einem Verfahren, dass mit der Abweisung des Globalunterlassungsantrags endet, stellt sich die Frage, welche Schlussfolgerungen sie aus dieser Entscheidung ziehen können. Um Klarheit zu erlangen, müssen die Beteiligten ihren Blick auf die Entscheidungsgründe richten, diese auslegen und so den Abweisungsgrund bestimmen. Die Entscheidungsgründe für die Abweisung des Globalunterlassungsantrags formuliert das BAG ist ständiger Rechtsprechung gleich. Es weist den Globalantrag insgesamt als unbegründet ab, weil er auch solche Sachverhalte umfasst, in denen kein Unterlassungsanspruch gegeben ist.[587] Damit beschränkt sich die Aussage der Abweisung des Globalunterlassungsantrags darauf, dass dem Antragsteller zwar ein Unterlassungsanspruch zusteht, jedoch nicht in dem geltend gemachten Umfang. Die Reichweite des Unterlassungsanspruchs wird damit bewusst offen und die Beteiligten insoweit im Unklaren gelassen. Das kontradiktorische Gegenteil des abgewiesenen Globalunterlassungsantrags ist demzufolge nicht, dass dem Betriebsrat gar kein Unterlassungsanspruch zusteht. Die Abweisung enthält keinen Freibrief für den Antragsgegner. Im Falle einer betriebsverfassungsrechtlichen Streitigkeit zwischen Betriebsrat und Arbeitgeber folgt aus dem Abweisungsurteil, dass der Betriebsrat durchaus mitzubestimmen hat. Der Arbeitgeber kann den Betriebsrat jedoch bei einem Teil der von dem Globalunterlassungsantrag umfassten Fallkonstellationen außen vor lassen. Am Ende der Auslegung des Urteils steht damit folgender Abweisungsgrund: Der mit dem Antrag verfolgte Unterlassungsanspruch steht dem Antragsteller nicht in dem geltend gemachten Umfang zu.[588]

---

[585] Stein/Jonas/*Leipold*, § 322 Rn. 103.
[586] *Rosenberg/Schwab/Gottwald*, § 153 Rn. 25.
[587] Beispielhaft BAG vom 20.4.2010 – 1 ABR 78/08, AP Nr. 9 zu Art. 5 Abs. 1 GG Pressefreiheit.
[588] Zu der Frage, ob dies zu einer Abweisung als insgesamt unbegründet führen muss oder ob das Gericht hier konkrete Aussagen zum Umfang des Unterlassungsanspruchs treffen darf siehe unten C VII 2.

c) Abweisung des Globalantrags und erneutes gerichtliches Vorgehen

Da die Abweisung des Globalantrags nicht zum erhofften umfassenden Unterlassungstitel führt und auch keinen wesentlichen Erkenntnisgewinn mit sich bringt, stellt sich für den Antragsteller die Frage, inwiefern noch Spielraum für ein weiteres gerichtliches Vorgehen besteht. Das hängt maßgeblich vom Streitgegenstand und dem Umfang der Rechtskraft des Abweisungsurteils ab.[589] Denn so weit der Streitgegenstand reicht, stünde einem neuen Antrag die Rechtskraft des Abweisungsurteils entgegen. Der Antrag müsste dann als unzulässig abgewiesen werden. Fest steht, dass der gleiche Globalantrag den gleichen Streitgegenstand hätte und so wegen entgegenstehender Rechtskraft abgewiesen würde.[590] Gleiches gälte für einen Antrag des Antragsgegners auf Feststellung, dass er seinerseits befugt ist, all die Handlungen zu begehen, die ihm im Wege des Unterlassungsverfahrens verboten werden sollen.[591]

Aussichtsreicher ist hingegen das Stellen eines enger gefassten, auf die Untersagung der konkreten Verletzungsform zielenden Antrags.[592] Um die Erfolgsaussichten eines solchen Vorgehens zu klären, muss untersucht werden, ob auch in diesem Falle die Abweisung durch Prozessurteil wegen entgegenstehender Rechtskraft des Abweisungsurteils zum Globalantrag droht. In der Rechtsprechung finden sich – soweit ersichtlich – keine Beispiele für eine derartige Vorgehensweise. In der wettbewerbsrechtlichen Entscheidung „Dauernd billig" des BGH vom 23.9.1992 stellte der 1. Senat zwar fest, dass die Rechtskraft eines Urteils, durch das die einschränkungslos erhobene Klage auf Unterlassung abgewiesen wurde, einer erneuten Klage wegen der gleichen Werbeaussage entgegensteht.[593] Doch lag dieser Fall anders als bei der hier interessierenden Abweisung des Globalantrags als insgesamt unbegründet.[594] In dem Fall des BGH wurde die abstrakt gefasste Unterlassungsklage im ersten Prozess als unbegründet abgewiesen, weil der Anspruch schon im Grundsatz nicht gegeben war. Die Rechtskraft dieser Entscheidung stand dann der erneuten – wenn auch konkretisiert abgefassten – Klage entgegen. Denn auch bei der

---

[589] *Backsmeier*, Das „Minus" beim unterlassungsrechtlichen Globalantrag, S. 158.
[590] *Rosenberg/Schwab/Gottwald*, § 154 Rn. 2.
[591] Ahrens/*Ahrens*, Kap. 36 Rn. 94.
[592] Für die Zulässigkeit eines solchen konkretisierten Antrags in einem Zweitprozess auch *Backsmeier*, Das „Minus" beim unterlassungsrechtlichen Globalantrag, S.160.
[593] BGH vom 23.9.1992 – I ZR 224/90, NJW 1993, 333 (333) – Dauernd billig.
[594] *Backsmeier*, Das „Minus" beim unterlassungsrechtlichen Globalantrag, S. 158 hingegen zieht die Entscheidung BGH vom 23.9.1992 – I ZR 224/90, NJW 1993, 333 ff. – Dauernd billig als Beispiel für den Umgang der Rechtsprechung mit konkretisierten Anträgen in Folgeprozessen heran.

zweiten Klage kam es auf die im ersten Prozess rechtskräftig entschiedene und verneinte Frage nach dem Bestehen eines entsprechenden Anspruchs an. Im Gegensatz hierzu begründet das BAG die Abweisung des Globalunterlassungsantrags in seinen Entscheidungen jedoch nicht mit dem Fehlen eines Anspruchs an sich, sondern mit der zu weit gehenden Begehr des Antragstellers. Der in Rechtskraft erwachsende Subsumtionsschluss des Gerichts unterscheidet sich hier grundlegend von der Entscheidung des BGH. Somit taugt die Entscheidung „Dauernd billig" des BGH nicht als Erkenntnisquelle. Vielmehr spricht einiges dafür, dass sich der BGH und auch das BAG dem hier vorgeschlagenen Weg nicht verschließen würden.[595] Denn mit der Entscheidung „Markenparfümverkäufe" hat sich der BGH für ein sehr enges Verständnis des Streitgegenstands und damit der Reichweite der materiellen Rechtskraft ausgesprochen.[596] Wie gesehen, folgt das BAG dem BGH in dieser Frage.[597] Die scharfe Begrenzung von Streitgegenstand und Rechtskraft auf die konkrete Verletzungshandlung eröffnen den Klägern große Spielräume für weitere Klagen. Diese wären nämlich schon dann nicht mehr durch die Rechtskraft des Vorprozesses gehindert, wenn sie im Folgeprozess eine andere Verletzungshandlung geltend machten.[598] Auch die Vertreter des durch die Kerntheorie erweiterten Streitgegenstands- und Rechtskraftbegriffs würden an der Geltendmachung eines konkretisierten Antrags nach Abweisung des Globalunterlassungsantrags nichts auszusetzen haben. Ein Antrag, der auf eine konkrete Verletzungshandlung oder auf eine in zulässiger Weise abstrahierend formulierte konkrete Verletzungsform Bezug nimmt, hätte einen anderen Streitgegenstand als der von einem konkreten Lebenssachverhalt losgelöste Globalantrag im Erstprozess und somit Aussicht auf Erfolg. Denn der rechtskräftige Subsumtionsschluss der Abweisung des Globalunterlassungsantrags trifft gerade keine Aussagen darüber, welche Verhaltensweisen verboten sind.

---

[595] Wegen dem in der Entscheidung „Markenparfümverkäufe" des BGH vom 23.2.2006 – I ZR 272/02, GRUR 2006, 421 ff. offenbarten engen Auslegung des Streitgegenstands würde wohl auch die Entscheidung „Dauernd billig" heute so nicht mehr getroffen werden. So auch *v. Ungern-Sternberg*, GRUR 2009, 1009 (Fn. 71).
[596] BGH vom 23.2.2006 – I ZR 272/02, GRUR 2006, 421 ff. – Markenparfümverkäufe; hierzu schon oben C IV 3 a).
[597] BAG vom 19.1.2010 – 1 ABR 55/08, AP Nr. 47 zu § 23 BetrVG 1972; hierzu schon oben C IV 3 b).
[598] So entschied das BAG in BAG vom 19.1.2010 – 1 ABR 55/08, AP Nr. 47 zu § 23 BetrVG 1972.

4. Zwischenergebnis

Am Ende der Untersuchung des Verhältnisses des Globalunterlassungsantrags zur materiellen Rechtskraft im Sinne des § 322 Abs. 1 ZPO steht die ernüchternde Erkenntnis, dass der Globalunterlassungsantrag den Erwartungen des Antragstellers nicht gerecht werden kann. Er ist kein taugliches Mittel, um mit einem Unterlassungsverfahren einen Vollstreckungstitel zu erstreiten, dessen Rechtskraft sich auf eine Vielzahl noch nicht konkretisierter Sachverhalte erstreckt. Vielmehr ist der Globalunterlassungsantrag mangels Beschreibung eines konkretisierten Lebenssachverhalts der Rechtskraft gar nicht fähig. Nach der Rechtsprechung des BGH und des BAG sind dem Streitgegenstand und damit auch dem Umfang der Rechtskraft in einem Unterlassungsverfahren enge, auf die konkrete Verletzungshandlung bezogene Grenzen gesetzt. Auch die Anwendung der Kerntheorie kann hier nicht dazu führen, die Rechtskraft der Entscheidung in dem mit dem Globalunterlassungsantrag bezweckten Ausmaß zu erweitern. Es kommt allenfalls zu einer Erstreckung der Rechtskraft auch auf die konkrete Verletzungsform der konkreten Verletzungshandlung. Eine hierüber hinaus gehende Erweiterung der Rechtskraft wird zu Recht abgelehnt. Die Parteien und damit auch die Gerichte müssten bei einer umfassenden Rechtskraftwirkung den Streitstoff bis in das letzte Detail aufarbeiten und ausstreiten, auch wenn das für die eigentliche Streitfrage irrelevant ist. Nur so könnten sie sich vor dem Risiko ungewollter Rechtskraftwirkungen in der Zukunft schützen. Hiermit würden die Verfahren in einer Weise überladen, die einem auch der Prozessökonomie verpflichteten Zivilprozessrecht nicht dienlich wären. Diese Erwägungen sprechen überzeugend für eine Begrenzung des Rechtskraftumfangs zumindest auf die konkrete Verletzungsform. Letztlich ist an dieser Stelle festzuhalten, dass die Rechtskraft der Abweisung des Globalunterlassungsantrags als unbegründet zwar der erneuten Antragstellung eines solchen Globalunterlassungsantrags entgegenstünde. Doch hätte ein auf die Verletzungshandlung oder -form konkretisierter Antrag Aussicht auf Erfolg.

VI. Globalunterlassungsentscheidung in der Zwangsvollstreckung

Die bisher gestellten Fragen betreffen allesamt das Erkenntnisverfahren. Doch das ist auf dem Weg des Unterlassungsgläubigers nur der erste Schritt. Denn Ziel des Antragstellers eines jeden Unterlassungsverfahrens ist es, schlussendlich einen Vollstreckungstitel zu erhalten, mit dessen Hilfe er den Unterlassungsschuldner zu rechtskonformem Verhalten zwingen kann. Der Globalunterlassungsantrag soll zu einer Globalunterlassungsentscheidung, das heißt einem möglichst umfassenden Titel im Sinne einer „Allzweckwaffe" führen. Ob ein Unterlassungstitel einen solchen Zweck erfüllen und wie nahe man diesem Ziel überhaupt kommen kann, ist Gegenstand der folgenden Untersuchung.

1. Grundsätze der Unterlassungsvollstreckung

Das Zwangsvollstreckungsverfahren ist von dem ihm grundsätzlich vorgeschalteten Erkenntnisverfahren zu trennen und folgt eigenen Regeln.[599] Einen guten Ausgangspunkt für die Untersuchung bietet auch hier der Wortlaut des Gesetzes. Nach § 890 Abs. 1 ZPO hat der Titelschuldner eine Verurteilung zu einem Ordnungsgeld oder Ordnungshaft zu befürchten, wenn er der Verpflichtung, eine Handlung zu unterlassen, zuwider handelt. Zuständiges Vollstreckungsorgan ist das Prozessgericht des ersten Rechtszuges (§ 890 Abs. 1 ZPO). Es wird auf Antrag des Titelgläubigers tätig (§ 890 Abs. 1 ZPO). Zu den Voraussetzungen der Vollstreckung, das heißt der Verhängung eines Ordnungsmittels, zählt neben der Existenz eines vollstreckbaren Titels, die Androhung des Ordnungsmittels durch das Gericht (§890 Abs. 2 ZPO).[600] Ferner muss der Titelschuldner schuldhaft gegen den Titel verstoßen haben.[601] Die Vornahme der verbotenen Verletzungshandlung kann durchaus schon vor Klauselerteilung und Zustellung erfolgen.[602] Diese Grundsätze gelten nach § 85 Abs. 1 S. 3 ArbGG auch für die Vollstreckung von Unterlassungsbeschlüssen, die im Rahmen des arbeitsgerichtlichen Beschlussverfahrens ergangen sind.[603] Es schadet nicht, wenn das Unterlassungsgebot durch ein positives Tun erfüllt werden kann.[604] Beantragt der Betriebsrat, dem Arbeitgeber aufzugeben, es zu unterlassen, bestimmte Maßnahmen ohne seine Mitbestimmung durchzuführen, so verlangt der Betriebsrat im Grunde ein Tun des Arbeitgebers, nämlich die Beteiligung des Betriebsrats in Betriebsverfassungsfragen. Auch in diesem Fall würde der Titel nach § 890 ZPO vollstreckt. Im Zuge dieser allgemeinen Ausführungen zur der Vollstreckung von Unterlassungstiteln ist mit Blick auf den Globalantrag letztlich darauf hinzuweisen, dass der Unterlassungstitel dem

---

[599] Ahrens/*Spätgens*, Kap. 63 Rn. 1.
[600] Hierzu Kindl/Meller-Hannich/Wolf/*Bendsten*, § 890 ZPO Rn. 22 ff.
[601] Kindl/Meller-Hannich/Wolf/*Bendsten*, § 890 ZPO Rn. 37; *Teplitzky*, Kap. 57 Rn. 2.
[602] BGH vom 22.1.2009 – I ZB 115/07, WM 2009, 1622 (1622); Kindl/Meller-Hannich/Wolf/ *Bendsten*, § 890 ZPO Rn. 42.
[603] Hierzu GMP/*Matthes*, § 85 Rn. 1.
[604] Ahrens/*Spätgens*, Kap. 63 Rn. 4.

vollstreckungsrechtlichen Bestimmtheitsgebot zu genügen hat.[605] Für die Bestimmtheit des Tenors gilt nichts anderes als für die Bestimmtheit des Antrags nach § 253 Abs. 2 Nr. 2 ZPO.[606] Wie dort soll das Bestimmtheitserfordernis auch hier für Rechtssicherheit und -klarheit sorgen.[607] Der Titelschuldner soll dem Tenor zuverlässig entnehmen können, welche Handlungen er zu unterlassen hat.[608] Zudem lässt sich das Bestimmtheitsgebot für die Unterlassungsvollstreckung verfassungsrechtlich begründen.[609] Zwar ließ das BVerfG zuletzt offen, ob Art. 103 Abs. 2 GG im Rahmen des § 890 ZPO anwendbar ist.[610] Doch dient auch das vollstreckungsrechtliche Bestimmtheitsgebot der Rechtssicherheit und entspringt somit rechtsstaatlichen Überlegungen.[611]

2. Schutzumfang des Unterlassungstitels – Vollstreckungsrechtliche Dimension der Kerntheorie

Hat der Unterlassungsgläubiger im Erkenntnisverfahren obsiegt, stellt sich die Frage, wegen welcher Verhaltensweisen des verurteilten Unterlassungsschuldners er mit Erfolg vollstrecken kann. Auf den Punkt gebracht ist das die Frage nach dem Schutzumfang des Unterlassungstitels.[612] Wie auch bei der Suche nach dem Umfang der materiellen Rechtskraft des Unterlassungsurteils muss sich hier der erste Blick auf den Tenor des Urteils richten.[613] Denn der Tenor – gemäß § 313 Abs. 1 Nr. 4 ZPO auch Urteilsformel genannt – gibt an, welche Handlungen der Titelschuldner zu unterlassen hat.[614] Nach der Idee des Zivilprozesses entsprechen sich der vom Gericht gefasste Tenor und der vom Unterlassungsgläubiger gestellte Antrag.[615] Die zu der Frage der Konkretisierung des Antrags gefundenen Antworten können daher auch hier zu Rate gezogen werden.[616]

---

[605] Hierzu MünchKommZPO/*Gruber*, § 890 Rn. 29; Stein/Jonas/*Brehm*, § 890 Rn. 10.
[606] MünchKommZPO/*Gruber*, § 890 Rn. 29.
[607] BGH vom 14.10.1999 – I ZR 117/97, GRUR 2000, 228 (228) – Musical Gala.
[608] BAG vom 28.2.2003 – 1 AZB 53/02, AP Nr. 41 zu § 23 BetrVG 1972.
[609] *Teplitzky*, Kap. 57 Rn. 8.
[610] BVerfG vom 4.12.2006 – 1 BvR 1200/04, GRUR 2007, 618 (619).
[611] Stein/Jonas/*Brehm*, § 890 Rn. 10.
[612] Zum Schutzumfang des Unterlassungstitels siehe insbesondere Ahrens/*Ahrens*, Kap. 65 Rn. 6 ff.; *Teplitzky*, Kap. 57 Rn. 11 ff.
[613] Ahrens/*Spätgens*, Kap. 63 Rn. 5.
[614] Ahrens/*Spätgens*, Kap. 63 Rn. 5; *Teplitzky*, Kap. 57 Rn. 5.
[615] Ahrens/*Ahrens*, Kap. 65 Rn. 1.
[616] Hierzu siehe oben C III.

So groß das Interesse des Titelschuldners an einem möglichst eng gefassten Titel sein mag, so groß ist auch das Interesse des Unterlassungsgläubigers, mit dem Vollstreckungstitel ein möglichst wirksames Mittel zur Rechtsdurchsetzung an die Hand zu bekommen. Dieser Interessenkonflikt durchzieht den Unterlassungsprozess wie der sprichwörtliche rote Faden. Schon bei der Frage nach der Vereinbarkeit des unterlassungsrechtlichen Globalantrags mit dem Gebot der Antragsbestimmtheit im Sinne des § 253 Abs. 2 Nr. 2 ZPO und dem Konkretisierungsgebot traten die gegenläufigen Interessen von Antragsteller und Antragsgegner zu Tage. Der Unterlassungstitel scheint für den Vollstreckungsgläubiger in seinem Nutzen entwertet, sobald er die zu unterlassende Handlung eindeutig umschreibt.[617] Denn eine auf die konkrete Verletzungshandlung konkretisierte Tenorierung des Urteils macht es dem Titelschuldner leicht, das Verbot zu umgehen. Hierzu würde schon ein nur geringfügig verändertes Verhalten genügen. Je konkreter die zu unterlassende Handlung umschrieben ist, desto geringer ist also der Schutzumfang des Unterlassungstitels in Bezug auf Handlungen, die der begangenen Verletzungshandlung nur ähneln. Würde man den Unterlassungsrechtsschutz auf solch eng gefasste Titel beschränken, wäre dem Unterlassungsgläubiger nicht geholfen.[618] Um den vor Gericht erkämpften Titel nicht derart zu entwerten, ist man sich überwiegend einig, den Schutzumfang eines Unterlassungstitels auch auf solche Handlungen des Unterlassungsschuldners zu erweitern, die ungeachtet etwaiger Abweichungen im Einzelnen, den Kern der Verletzungshandlung unberührt lassen.[619] Die Kerntheorie ist freilich nicht ohne Kritik geblieben.[620] Doch hat sie sich nicht nur in der wettbewerbsrechtlichen Praxis zu Recht durchgesetzt.[621] Insbesondere der Vorwurf, die Kerntheorie verstoße gegen Art. 103 Abs. 2 GG kann nicht verfangen.[622] Denn die durch Abstraktion aus der konkreten Verletzungshandlung gewonnene konkrete Verletzungsform ist vom materiellrechtlichen Unterlassungsanspruch umfasst.[623] Die konkrete Verletzungshandlung begründet die Vermutung der Begehungsgefahr

---

[617] *Teplitzky*, Kap. 57 Rn. 12 sieht die Kerntheorie als notwendiges Korrektiv, damit Unterlassungsurteile nicht zur „leeren Formalität" werden.
[618] So auch Ahrens/*Ahrens*, Kap. 65 Rn. 6.
[619] RG vom 2.2.1935 – I 120 /34, RGZ 147, 27 (31); BVerfG vom 4.12.2006 – 1 BvR 1200/04, GRUR 2007, 618 (619); BGH vom 22.2.1952 – I ZR 117/51, GRUR 1952, 577 (577) – Fischermännchen-Zwilling-Illing; Musielak/*Lackmann*, § 890 Rn. 4; MünchKommZPO/*Gruber*, § 890 Rn. 10; *Teplitzky*, Kap. 57 Rn. 12; kritisch jedoch *Backsmeier*, Das „Minus" beim unterlassungsrechtlichen Globalantrag, S. 72.
[620] Hierzu schon oben C II 2 b) ee).
[621] Zur Kerntheorie auch in anderen Rechtsgebieten siehe bereits oben C II 2 b) cc).
[622] Die Frage, ob Art. 103 Abs. 2 GG im Zivilrecht überhaupt Anwendung findet, verneinend das BVerfG vom 23.4.1991 – 1 BvR 1443/87, NJW 1991, 3139 (3139); jüngst dagegen die Frage offen lassend BVerfG vom 4.12.2006 – 1 BvR 1200/04, GRUR 2007, 618 (618).
[623] Zum Umfang des materiellrechtlichen Unterlassungsanspruchs siehe oben C II 2.

auch bezüglich aller im Kern gleichartigen Handlungen.[624] Alle Verletzungshandlungen, die sich in diesem Kernbereich befinden, sind bereits zum Gegenstand des Erkenntnisverfahrens geworden und folglich vom Schutzumfang des Unterlassungsurteils mit umfasst.[625] Als veranschaulichendes Beispiel für die Anwendung der Kerntheorie im Vollstreckungsverfahren soll hier ein vom OLG Köln entschiedener Sachverhalt dienen.[626] Zu Werbezwecken hatte der Hersteller des Schmerzmittels „Tilidin-r plus" eine Flasche alkoholfreien Punsch an Ärzte verteilt. Die Flasche war in der Originalpackung des Arzneimittels verpackt. Da auf dieser Packung die nach § 4 Abs. 1 HWG für Arzneimittelwerbung notwendigen Angaben fehlten, wurde der Hersteller zur Unterlassung verurteilt. In der Folge warb der Hersteller für „Tilidin-r plus", indem er nicht eine Flasche Punsch, sondern Duplo-Stangen in der Arzneiverpackung verteilte. Der hiergegen beim Landgericht gestellte Ordnungsmittelantrag hatte Erfolg und wurde vom OLG Köln in der hier zitierten Entscheidung bestätigt. Zwar sei die konkrete Verletzungshandlung, die zum Unterlassungstitel führte mit dem neuen Verhalten „nicht identisch".[627] Doch entspreche sie „im Kern" dem der Unterlassungsschuldnerin im Urteil untersagten Werbeform und sei damit bereits Gegenstand des Erkenntnisverfahrens gewesen.[628] Hieran könne auch die andere Größe der Verpackung sowie die anders verlaufende Beschriftung nichts ändern.[629] Um den Kernbereich des Unterlassungsgebots zu verlassen, müsste die Unterlassungsschuldnerin eine „einheitliche, neue Werbeform" genutzt haben.[630] Diese konnten die Richter hier zu Recht nicht erkennen.

3. Globalantrag und vollstreckungsgerichtliche Titelauslegung

Die zuvor dargestellte Entscheidung des OLG Köln verdeutlicht neben der Anwendung der Kerntheorie im Vollstreckungsverfahren insbesondere die Rolle des Vollstreckungsgerichts bei der Unterlassungsvollstreckung. Da die im Vollstreckungsverfahren geltend gemachte Verhaltensweise mit der im Unterlassungsurteil be-

---

[624] St. Rspr. BGH vom 25.6.1992 – I ZR 136/90, GRUR 1992, 858 (860) – Clementinen; BGH vom 23.6.1994 – I ZR 15/92, GRUR 1994, 844 (846) – Rotes Kreuz; BGH vom 15.12.1999 – I ZR 159/97, GRUR 2000, 337 (338) – Preisknaller; BGH vom 29.6.2000 – I ZR 29/98, GRUR 2000, 907 (909) – Filialleiterfehler; Köhler/Bornkamm/*Bornkamm*, § 8 Rn. 1.52.
[625] *Teplitzky*, Kap. 57 Rn. 14.
[626] OLG Köln vom 29.12.1997 – 6 W 95/97, Pharma Recht 1998, 370 ff.; dieses und weitere Beispiele aus der Rechtsprechung finden sich bei Ahrens/*Ahrens*, Kap. 65 Rn. 12 bis 33.
[627] OLG Köln vom 29.12.1997 – 6 W 95/97, Pharma Recht 1998, 370 (371).
[628] OLG Köln vom 29.12.1997 – 6 W 95/97, Pharma Recht 1998, 370 (371).
[629] OLG Köln vom 29.12.1997 – 6 W 95/97, Pharma Recht 1998, 370 (371).
[630] OLG Köln vom 29.12.1997 – 6 W 95/97, Pharma Recht 1998, 370 (372).

schriebenen konkreten Verletzungshandlung nicht identisch war, war die Entscheidung darüber, ob die neue Handlung unter das Verbot fällt, nicht ganz einfach zu beantworten. Vielmehr musste das Vollstreckungsgericht den Tenor des Unterlassungsurteils auslegen. Diese Konstellation ist typisch für die Fälle des Globalunterlassungsantrags. Für die Titelauslegung gibt es allgemeine Grundsätze, die schon im Zuge der Untersuchung des Umfangs von Streitgegenstand und Rechtskraft Anwendung fanden.[631] Das Vollstreckungsgericht kann zur Auslegung des Tenors die anderen Urteilselemente, namentlich den Tatbestand sowie die Entscheidungsgründe heranziehen.[632] Die Auslegung der Urteilsformel durch das Gericht birgt für den Unterlassungsgläubiger wie für den Unterlassungsschuldner gewisse Risiken. Das Ergebnis eines solchen Vorgangs lässt sich nicht genau vorhersagen. Das Vollstreckungsgericht kann den Tenor zu Lasten des Titelschuldners weit oder aber umgekehrt zu Lasten des Titelgläubigers eher eng auslegen.[633] Dieses Risiko kommt auch bei auf die konkrete Verletzungshandlung beschränkten Anträgen und Tenorierungen zum Tragen. Denn hier ist die Urteilsformel durch die konkreten Umstände des Einzelfalls der ursprünglichen Verletzungshandlung geprägt. Vorausgesetzt, dass der Tenor überhaupt Raum für eine Auslegung bietet, kommt der Titelgläubiger um eine solche nicht herum, um im Falle eines erneuten und nicht identischen Verstoßes, vollstrecken zu können.

Die Befugnis zur Auslegung der Urteilsformel durch das Vollstreckungsgericht darf jedoch nicht dazu führen, dass sich das Vollstreckungsgericht die Befugnisse des über den Antrag entscheidenden Erkenntnisgerichts anmaßt.[634] Einen solchen Kompetenzübergriff sieht *Backsmeier* schon in der Anwendung der Kerntheorie im Vollstreckungsverfahren begründet.[635] Wenn der Vollstreckungsrichter darüber befindet, ob vom Schutzumfang des Unterlassungsurteils auch kerngleiche Verletzungshandlungen erfasst werden, soll es nicht mehr nur um eine Frage der Auslegung gehen.[636] Vielmehr beanspruche das Vollstreckungsgericht damit die Ent-

---

[631] Zur Feststellung des Umfangs von Streitgegenstand und materieller Rechtskraft des Unterlassungsurteils siehe oben C V 2.
[632] Ahrens/*Spätgens*, Kap. 63 Rn. 5; Kindl/Meller-Hannich/Wolf/*Bendtsen*, § 890 ZPO Rn. 47; MünchKommZPO/*Gruber*, § 890 Rn. 29; *Teplitzky*, Kap. 57 Rn. 5.
[633] Ahrens/*Ahrens*, Kap. 36 Rn. 11 wendet sich ausdrücklich gegen Bemühungen der Titelgläubiger, den zuvor aus Furcht vor dem Kostenrisiko eng gefassten Unterlassungantrag im folgenden Vollstreckungsverfahren mittels der Auslegung durch das Vollstreckungsgericht erweitern zu wollen.
[634] *Backsmeier*, Das „Minus" beim unterlassungsrechtlichen Globalantrag, S. 38; zur Frage der Abgrenzung der Aufgabenbereiche zwischen Erkenntnis- und Vollstreckungsgericht siehe *Backsmeier*, Das „Minus" beim unterlassungsrechtlichen Globalantrag, S. 38 f.
[635] *Backsmeier*, Das „Minus" beim unterlassungsrechtlichen Globalantrag, S. 68 f, 72.
[636] *Backsmeier*, Das „Minus" beim unterlassungsrechtlichen Globalantrag, S. 69.

scheidungsbefugnis über originär materiellrechtliche Fragen, die nach der Kompetenzverteilung im Zivilprozess im Erkenntnisverfahren zu beurteilen seien.[637] Im Ergebnis würde der Schutzumfang des Unterlassungstitels so nicht mehr durch die Urteilsformel definiert, sondern durch den auslegenden Richter am Vollstreckungsgericht.[638] Wie weit die Auslegung des Tenors eines Unterlassungsurteils gehen kann, zeigt ein aktuelles Beispiel aus der Rechtsprechung. Das OLG Schleswig hatte in einem am 14.5.2009 entschiedenen Fall über die Vollstreckungsfähigkeit eines Unterlassungstitels zu befinden.[639] Trotz zugegeben „missglückter" Formulierung der Urteilsformel, hielten die Richter den Titel für vollstreckungsfähig. Unter Heranziehung der Antragsschrift legten sie den Tenor aus. Die Grenze einer solchen Titelauslegung sei allein dann erreicht, „wenn ein Vollstreckungsorgan notwendigerweise wie ein Gericht im Erkenntnisverfahren tätig werden muss, um eine Auslegung des genauen Titelinhalts vornehmen zu können, dazu aber nicht befugt ist".[640] Diese Gefahr sieht das Gericht im Falle der Unterlassungsvollstreckung nach § 890 ZPO jedoch nicht gegeben. Gemäß § 890 Abs. 1 S. 1 ZPO sei das Prozessgericht auch Vollstreckungsgericht und kenne die Verfahrensakten somit bereits.[641] Die Richtung in die dieses Urteil weist, erscheint bedenklich. Aus der Tatsache, dass nach § 890 Abs. 1 S. 1 ZPO das Prozessgericht zugleich Vollstreckungsgericht ist, folgt nicht, dass es zwischen Erkenntnis- und Vollstreckungsverfahren im Falle der Unterlassungsvollstreckung keine kompetenziellen Unterschiede gibt.[642] Die Rechtsbehelfe des Schuldners sowie der Instanzenzug im Vollstreckungsverfahren unterscheiden sich vom Erkenntnisverfahren.[643] Zudem birgt eine allzu weitgehende Auslegungstätigkeit des Vollstreckungsgerichts die Gefahr der Verschiebung von Rechtskraftgrenzen.[644] Gleichwohl zeigt die Tatsache, dass die Vollstreckung in Unterlassungssachen gerade einem Gericht und nicht dem Gerichtsvollzieher obliegt, dass es dem Gesetzgeber bewusst war, dass es hier gelegentlich auch materiellrechtliche Fragen zu beantworten gilt.[645] Zum Schutz vor einer im Ergebnis nur schwer abzuschätzenden Auslegung der Urteilsformel durch das Vollstreckungsgericht sollte sich der Antragsteller schon in

---

[637] *Backsmeier*, Das „Minus" beim unterlassungsrechtlichen Globalantrag, S. 69.
[638] *Backsmeier*, Das „Minus" beim unterlassungsrechtlichen Globalantrag, S. 72.
[639] OLG Schleswig vom 14.5.2009 – 6 W 2/09, OLGR Schleswig 2009, 581 f.
[640] OLG Schleswig vom 14.5.2009 – 6 W 2/09, OLGR Schleswig 2009, 581 (581).
[641] OLG Schleswig vom 14.5.2009 – 6 W 2/09, OLGR Schleswig 2009, 581 (581).
[642] *Backsmeier*, Das „Minus" beim unterlassungsrechtlichen Globalantrag, S. 70 Fn. 39; *Pagenberg*, GRUR 1976, 78 (86).
[643] Ahrens/*Ahrens*, Kap. 36 Rn. 10; *Backsmeier*, Das „Minus" beim unterlassungsrechtlichen Globalantrag, S. 69 f.
[644] Ahrens/*Ahrens*, Kap. 36 Rn. 10.
[645] *Pagenberg*, GRUR 1976, 78 (85 f.).

seinem Antrag auf die konkrete Verletzungsform beziehen. Auf diese Weise macht er von Anfang an unmissverständlich klar, dass er auch solche Handlungen vom Unterlassungstitel mit umfasst sehen möchte, die den Kern der konkreten Verletzungsform unberührt lassen.[646] Es bedarf dann nicht mehr der Auslegung des Titels, um zu diesem Schluss zu kommen. Wie bereits in dem Abschnitt zur Bestimmtheit des Antrags im Sinne des § 253 Abs. 2 Nr. 2 ZPO ausgeführt, steht einer verallgemeinernden Formulierung des Antrags, die die konkrete Verletzungsform der konkreten Verletzungshandlung beschreibt, aus Sicht des Bestimmtheitsgebots nichts entgegen. Abstrahierungen, die im Rahmen der Antragsbestimmtheit zulässig sind, sind auch in dem hier diskutierten vollstreckungsrechtlichen Zusammenhang unbedenklich.[647]

Um sich in Bezug auf die Titelauslegung nicht in die Hände des Vollstreckungsgerichts begeben zu müssen, können die Parteien alternativ im Wege der Feststellungsklage den Umfang des Unterlassungstitels klären lassen.[648] Titelgläubiger wie Titelschuldner müssen hierfür nicht erst das Beschlussverfahren nach §§ 890, 891 ZPO durchlaufen, um zu schauen, wie das Vollstreckungsgericht den Tenor auslegt.[649]

4. Vollstreckbarkeit des Globalunterlassungsantrags – Zwischenergebnis

Die Gesamtschau der zur Frage des Schutzumfangs des Unterlassungstitels gefundenen Ergebnisse legt die Vermutung nahe, der Globalunterlassungsantrag sei nicht vollstreckungsfähig. Zunächst folgt das aus der Tatsache, dass der Globalunterlassungsantrag nach der hier vertretenen Auffassung schon dem Gebot der Antragsbestimmtheit nach § 253 Abs. 2 ZPO nicht genügt.[650] Da im Rahmen des Vollstreckungsverfahrens für die Bestimmtheit des Unterlassungstitels nichts anderes gilt als für die Bestimmtheit des Unterlassungsantrags im Erkenntnisverfahren[651], scheitert der Globalunterlassungsantrag auch am vollstreckungsrechtlichen Bestimmt-

---

[646] Für eine solche auf die konkrete Verletzungsform abstellende Antragstellung plädieren auch Baumbach/Hefermehl, 21. Aufl. (1999), Einl. UWG Rn. 462; *Borck*, GRUR 1996, 522 (526); *Teplitzky*, Kap. 57 Rn. 16.
[647] Für die Bestimmtheit des Unterlassungstitels gilt das Gleiche wie für die Bestimmtheit des Antrags, *Teplitzky*, Kap. 57 Rn. 11.
[648] Hierbei handelt es sich um die sogenannte Klage auf Feststellung des Titelinhalts; Ahrens/*Ahrens*, Kap. 36. Rn. 123 sowie Kap. 65 Rn. 4; Stein/Jonas/*Brehm*, § 890 Rn. 11.
[649] Stein/Jonas/*Brehm*, § 890 Rn. 10.
[650] Zur Frage der Bestimmtheit des Globalantrags gemäß § 253 Abs. 2 Nr. 2 ZPO siehe oben C III 4.
[651] MünchKommZPO/*Gruber*, § 890 Rn. 29.

heitsgebot. Anhand einer derart vom konkreten Einzelfall losgelösten Formulierung wäre es zum einen dem Titelschuldner unmöglich, vorherzusehen, welches Verhalten ihm verboten ist. Zum anderen wäre es auch dem Vollstreckungsgericht als zuständigem Vollstreckungsorgan nicht möglich, anhand eines Globalunterlassungstenors zu prüfen, ob ein Verhalten des Titelschuldners unter den Verbotstenor fällt oder nicht. Auch wenn sich im Rahmen der Unterlassungsvollstreckung nach § 890 ZPO das Treffen von Abwägungsentscheidungen nicht umgehen lässt, müsste das Vollstreckungsgericht hier wie ein Erkenntnisgericht vorgehen und erneut prüfen, inwieweit der materiellrechtliche Unterlassungsanspruch die vermeintliche Verletzungshandlung umfasst. Der weitestmögliche, mit rechtsstaatlichen Grundsätzen noch zu vereinbarende Schutzumfang eines Unterlassungstitels lässt sich mit Hilfe eines an der konkreten Verletzungsform der konkreten Verletzungshandlung ausgerichteten Antragsformulierung erreichen. Zwar werden in der Praxis auch enger gefasste Tenorierungen mit Hilfe der Kerntheorie auf im Vergleich zur ursprünglichen Verletzungshandlung kerngleiche Verletzungshandlungen erstreckt. Doch kann der Antragsteller die Unannehmlichkeiten einer im Ergebnis ungewissen Auslegung des Unterlassungstitels im Vollstreckungsverfahren umgehen, indem er die konkrete Verletzungsform von Anfang an in seinen Antrag aufnimmt und so den Umfang des Titels unmissverständlich auf alle kerngleichen Verletzungshandlungen erstreckt.

VII. Gericht und Globalunterlassungsantrag

Nun, da gezeigt ist, wo der Globalunterlassungsantrag mit den Strukturprinzipien der Unterlassungsklage in Konflikt gerät, stellt sich schließlich die Frage, inwiefern sich dem erkennenden Gericht Möglichkeiten bieten, dem umfassenden Rechtsschutzbegehren des Antragstellers doch noch zum Erfolg zu verhelfen. Dem Gericht kommen im Laufe des Verfahrens zwei Einflussnahmemöglichkeiten zu. Zum einen könnte es schon bei der Antragstellung auf eine sachgerechte und mit Erfolgsaussichten versehene Formulierung des Begehrens hinwirken. Zum anderen könnte das Gericht noch bei der Urteilsfindung und Abfassung des Tenors hinter dem – in der Regel zu weit gefassten – Globalunterlassungsantrag zurückbleiben und ihm nur insoweit stattgeben als er begründet ist. Diesbezüglich wird der Handlungsrahmen des Gerichts durch die §§ 139, 308 ZPO definiert. Im Folgenden wird es daher darauf ankommen, zu untersuchen, welche Grenzen die ZPO dem Gericht bei seinem Umgang mit dem Globalunterlassungsantrag setzt und ob die Abweisung als insgesamt unbegründet so alternativlos ist, wie es nach der Rechtsprechung des BAG scheint.

1. Richterliche Hinweispflicht nach § 139 ZPO

Auf die Verbindung zwischen dem Globalantrag und der gerichtlichen Hinweispflicht nach § 139 ZPO wies schon das BAG in seiner Grundsatzentscheidung zum allgemeinen Unterlassungsanspruch des Betriebsrats vom 3.5.1994 hin.[652] Die Frage, ob das LAG den Betriebsrat auf Bedenken gegen die Antragsfassung hätte hinweisen müssen, ließ der 1. Senat ausdrücklich offen. Einer Entscheidung bedurfte es diesbezüglich nur deshalb nicht, weil der Betriebsrat keine entsprechende Verfahrensrüge erhoben hatte. Um eine Antwort auf die durch das BAG unbeantwortet gelassene Frage zu geben, ist zunächst auf die Grundsätze der richterlichen Hinweispflicht nach § 139 ZPO einzugehen.

a) Grundsätzliches zu Zweck und Inhalt der richterlichen Hinweispflicht

Gelegentlich wird die Vorschrift des § 139 ZPO als „Magna Charta" des Zivilprozesses bezeichnet.[653] Ob ihr tatsächlich eine solch große Ehre zusteht, sei dahingestellt. Doch steht fest, dass § 139 ZPO das Verhältnis des Gerichts zu den Prozessparteien grundlegend regelt.[654] § 139 ZPO weist dem Gericht die sogenannten materielle Prozessleitung zu.[655] In Abgrenzung zur formellen Prozessleitung, die den vorschriftsmäßigen äußeren Verfahrensablauf meint[656], kommt es bei der materiellen Prozessleitung darauf an, die Verhandlung sachangemessen[657] und sorgfältig[658] zu gestalten. Hier bewegt sich der Richter in einem Spannungsfeld zwischen Gerechtigkeitsverwirklichung einerseits und richterlicher Neutralität andererseits.[659] Der „aktive Richter"[660] soll, indem er den Sach- und Streitstand mit den Parteien erörtert (§ 139 Abs. 1 S. 1 ZPO) sowie auf Vollständigkeit und Sachdienlichkeit

---

[652] BAG vom 3.5.1994 – 1 ABR 24/93, AP Nr. 23 zu § 23 BetrVG 1972.
[653] Baumbach/Lauterbach/Albers/Hartmann, § 139 Rn. 1.
[654] Stein/Jonas/*Leipold*, § 139 Rn. 1.
[655] Stein/Jonas/*Leipold*, § 139 Rn. 1; neben § 139 ZPO regelt auch § 136 Abs. 3 ZPO die sogenannte materielle Prozessleitung.
[656] MünchKommZPO/*Wagner*, § 136 Rn. 1; Musielak/*Stadler*, § 136 Rn. 2; Stein/Jonas/*Leipold*, § 139 Rn. 1.
[657] MünchKommZPO/*Wagner*, § 136 Rn. 2.
[658] Musielak/*Stadler*, § 136 Rn. 2.
[659] Baumbach/Lauterbach/Albers/Hartmann, § 139 Rn. 2 f.; Stein/Jonas/*Leipold*, § 139 Rn. 1, 4.
[660] Stein/Jonas/*Leipold*, § 139 Rn. 1.

der Parteihandlungen hinwirkt (§ 139 Abs. 1 S. 1 ZPO), das materielle Recht durchsetzen helfen. Durch die Hilfestellungen, die der Richter geben muss – § 139 ZPO lässt dem Gericht keinen Ermessensspielraum[661] – soll letztlich Waffengleichheit zwischen den Parteien hergestellt werden.[662] Diese Pflicht des Gerichts ist gleichsam Ausdruck der Rechtsstaatlichkeit wie des Gleichheitssatzes im Zivilverfahren.[663] § 139 ZPO sichert die Gleichwertigkeit der prozessualen Stellung der Parteien vor dem Richter.[664] So sehr die Regelung des § 139 ZPO von Gerechtigkeitserwägungen motiviert ist, so wenig ändert sie etwas an der Geltung von Dispositions- und Verhandlungsmaxime im Zivilprozess.[665] Nach wie vor obliegen Einleitung, Inhalt, Gang und Beendigung des Verfahrens der Herrschaft der Parteien.[666] Auch bleibt es deren Aufgabe, Tatsachen und Beweismittel beizubringen.[667] Letztlich ändert die Pflicht nach § 139 ZPO auch nichts daran, dass der Richter bei der Erörterung und Aufklärung des Streitstoffs unparteilich vorzugehen hat. Es gilt, das Prinzip der richterlichen Neutralität zu wahren.[668] Als allgemeiner Grundsatz für die Rolle des Gerichts im Zivilprozess kommt der Vorschrift des § 139 ZPO ein breiter Anwendungsbereich zu.[669] Die durch § 139 ZPO statuierten Pflichten des Gerichts gelten auch im arbeitsgerichtlichen Beschlussverfahren nach §§ 80 ff. ArbGG.[670]

b) Globalunterlassungsantrag und Hinwirkungspflicht gemäß § 139 Abs. 1 S. 2 ZPO

Gemäß § 139 Abs. 1 ZPO lassen sich zwei Pflichten des Gerichts voneinander unterscheiden. Zum einen ist das die sogenannte allgemeine Erörterungspflicht nach § 139 Abs. 1 S. 1 ZPO. Demnach ist das Gericht zur Erörterung des Sach- und Streitverhältnisses zusammen mit den Parteien verpflichtet.[671] Zum anderen findet sich in § 139 Abs. 1 S. 1 und 2 ZPO die Frage- und Hinweispflicht des Gerichts

---

[661] § 139 ZPO ist keine Ermessensvorschrift; MünchKommZPO/*Wagner*, § 139 Rn. 3; *Teplitzky*, Kap. 51 Rn. 1; sehr differenziert *Stürner*, Die richterliche Aufklärung im Zivilprozess, S. 28 ff.
[662] OLG Schleswig vom 3.9.1982 – 11 U 22/82, NJW 1983, 347 (348); MünchKommZPO/*Wagner*, § 139 Rn. 1; zur Rechtsprlicht des Gerichts Stein/Jonas/*Leipold*, § 139 Rn. 27.
[663] BVerfG vom 25.7.1979 – 2 BvR 878/74, NJW 1979, 1925 (1927).
[664] BVerfG vom 25.7.1979 – 2 BvR 878/74, NJW 1979, 1925 (1927).
[665] Stein/Jonas/*Leipold*, § 139 Rn. 2.
[666] Zum Dispositionsgrundsatz MünchKommZPO/*Rauscher*, Einleitung Rn. 275.
[667] Zur Verhandlungsmaxime MünchKommZPO/*Rauscher*, Einleitung Rn. 290.
[668] Baumbach/Lauterbach/Albers/Hartmann, § 139 Rn. 2 f.
[669] Stein/Jonas/*Leipold*, § 139 Rn. 14.
[670] ErfK/*Koch*, § 81 ArbGG Rn. 1; GMP/*Matthes*, § 81 Rn. 8; Hauck/Helml/*Hauck*, § 81 Rn. 4.
[671] Näher zur allgemeinen Erörterungspflicht des Gerichts Stein/Jonas/*Leipold*, § 139 Rn. 15 ff.

geregelt. Diese Frage- und Hinweispflicht lässt sich wiederum in verschiedene Fallgruppen unterteilen.[672] Unter den einzelnen Pflichtengruppen soll hier die Pflicht zur Hinwirkung auf sachdienliche Anträge im Fokus der Betrachtung stehen. Denn im Zuge der Untersuchung des Globalunterlassungsantrags stellt sich insbesondere die Frage, inwiefern die Gerichte auf die Antragstellung Einfluss nehmen können, ohne die Grenzen der richterlichen Neutralität zu überschreiten und so einen Befangenheitsantrag nach § 42 Abs. 1 ZPO zu riskieren.[673]

Um die Pflicht des Gerichts, auf die Stellung sachdienlicher Anträge hinzuwirken, näher zu ergründen, kann direkt vom Wortlaut ausgegangen werden. Das Gericht soll genau auf solche Anträge hinwirken, die der „Sache" dienlich sind.[674] Mit der „Sache" ist hier das Prozessziel der Parteien gemeint.[675] Das Gericht ist demnach verpflichtet, Hinweise zu geben, die den prozessualen Antrag und das materielle Prozessziel zusammenführen und zugleich eine etwaige Zwangsvollstreckung ermöglichen.[676] Diese im Grundsatz noch recht abstrakte Aufforderung an das Gericht wurde durch die Rechtsprechung selbst konkretisiert.[677] Die Hinweispflicht des Gerichts soll greifen, wenn der klägerische Antrag zu allgemein gehalten oder unbestimmt ist.[678] Lässt sich aus dem Parteivortrag entnehmen, dass der Antrag das eigentliche Prozessziel nicht abdeckt, soll sogar das Anlass genug sein, den Antragsteller hierauf hinzuweisen und ihm die Klarstellung des Umfangs des geltend gemachten Anspruchs zu ermöglichen.[679] Doch ist die „richterliche Formulierungshilfe"[680] nach § 139 Abs. 1 ZPO gewiss nicht grenzenlos.[681] Eine Verletzung der richterlichen Neutralität wird dort gesehen, wo das Gericht durch seine Hinweise eine Umformulierung vermeintlich unbegründeter Anträge in wahrscheinlich

---

[672] Zu den einzelnen Fallgruppen des § 139 Abs. 1 ZPO siehe MünchKommZPO/*Wagner*, § 139 Rn. 22 ff. sowie Stein/Jonas/*Leipold*, § 139 Rn. 28 ff.
[673] Zum Verhältnis zwischen § 139 ZPO und der Befangenheit des Richters im Sinne des § 42 Abs. 1 ZPO siehe MünchKommZPO/*Wagner*, § 139 Rn. 9 f. sowie *Teplitzky*, Kap. 51 Rn. 2.
[674] Nach Stein/Jonas/*Leipold*, § 139 Rn. 47 „liegt der Ton auf dem sachdienlich".
[675] Vgl. Stein/Jonas/*Leipold*, § 139 Rn. 47.
[676] BAG vom 18.2.2003 – 9 AZR 356/02, NZA 2003, 911 (913); Baumbach/Lauterbach/Albers/Hartmann, § 139 Rn. 35; einschränkender *Borck*, WRP 1977, 457 (459), wonach die gemeinsame „Sache" aller Beteiligten das Anliegen sei, den Streit zu beenden.
[677] Fallbeispiele finden sich bei MünchKommZPO/*Wagner*, § 139 Rn. 25 sowie bei Stein/Jonas/*Leipold*, § 139 Rn. 48 f.
[678] RG vom 27.2.1912, 321/11, JW 1912, 591 (592); MünchKommZPO/*Wagner*, § 139 Rn. 24; Stein/Jonas/*Leipold*, § 139 Rn. 48.
[679] So in BGH vom 7.6.2001 I ZR 198/98, juris; siehe hierzu auch Stein/Jonas/*Leipold*, § 139 Rn. 48 Fn. 82.
[680] *Borck*, WRP 1977, 457 (457).
[681] Zu den Grenzen der Hinwirkungspflicht nach § 139 Abs. 1 ZPO *Borck*, WRP 1977, 457 (458 f.) sowie Stein/Jonas/*Leipold*, § 139 Rn. 50 f.

begründete Anträge bewirkt.[682] Eine Beratung der Parteien durch das Gericht soll ausgeschlossen bleiben.[683]

Auf den Globalunterlassungsantrag angewendet, stellt sich nun die Frage, ob das Arbeitsgericht in diesem Fall gemäß § 139 Abs. 1 S. 2 ZPO zu einem Hinweis verpflichtet ist. Hält man den Globalunterlassungsantrag mit der Rechtsprechung für hinreichend bestimmt und ausschließlich für ein Problem der Begründetheit, so fällt die Annahme einer Hinweispflicht des Gerichts schwer. Denn ist das Gericht der Auffassung, der gestellte Antrag gehe über den Umfang des geltend gemachten Anspruchs hinaus, so würde es mit einem entsprechenden Hinweis den Bereich des nach § 139 Abs. 1 S. 2 ZPO Zulässigen überschreiten. Hier könnten die durch den Streitgegenstand definierten Grenzen verschoben werden, sodass im Ergebnis zu einem „neuen" Antrag und damit einer Klageänderung geraten wird.[684] Das wirft die Frage auf, inwiefern das Gericht nach § 139 Abs. 1 S. 2 ZPO dazu verpflichtet sein kann, eine Klageänderung im Sinne des § 263 ZPO anzuregen.[685] Hier lassen sich die zuvor gewonnenen Erkenntnisse zum Streitgegenstand der Unterlassungsklage wie des Globalunterlassungsantrags fruchtbar machen.[686] Würde das Gericht den Antragsteller zu einer Konkretisierung anhalten, die den Globalantrag zu einem auf die konkrete Verletzungsform beschränkten Antrag ändert, führte das zu einer Streitgegenstandsänderung. Zudem würde das Gericht den zum Scheitern verurteilten Globalantrag mit Erfolgsaussichten ausstatten. Auch wenn man die Möglichkeit der Anregung einer Klageänderung im Grundsatz für zulässig hält, ginge eine solche Hilfestellung wie hier beschrieben, entschieden zu weit.[687] Es kann nicht die Aufgabe des Gerichts sein, den klägerischen Antrag auf ein Maß zu stutzen, dass noch begründet wäre. Denn hierdurch würde es zu einer einseitigen Bevorteilung des Antragstellers kommen, indem dessen Risiko, mit seinem Antrag zu unterliegen, vom Gericht selbst entschärft wird. Auch wenn man also dem Gericht unter Umständen die Anregung einer Klageänderung im Rahmen des § 139 Abs. 1 S. 2

---

[682] *Borck*, WRP 1977, 457 (459).
[683] *Borck*, WRP 1977, 457 (459).
[684] Nach BGH vom 5.11.1993 – V ZR 145/92, DNotZ 1994, 297 (299) ist das Gericht nicht verpflichtet, auf die Stellung eines auf einen anderen Lebenssachverhalt gestützten und daher neuen Antrag hinzuwirken.
[685] Für eine solche Pflicht zur Anregung der Klageänderung MünchKommZPO/*Wagner*, § 139 Rn. 26; zurückhaltender dagegen Baumbach/Lauterbach/Albers/Hartmann, § 139 Rn. 64; Stein/Jonas/*Leipold*, § 139 Rn. 51.
[686] Hierzu siehe oben C IV 5.
[687] Für eine solche Hinweispflicht des Gerichts im Falle des Globalantrags dagegen *Backsmeier*, Das „Minus" beim unterlassungsrechtlichen Globalantrag, S. 148 f.

ZPO zugestehen mag[688], so ist das im Falle des Globalantrags nicht mit dem Grundsatz der gerichtlichen Neutralität vereinbar. Das Gericht darf dem Antragsteller nicht helfen, die Klage erst schlüssig zu machen.[689]

Geht man hingegen mit der hier vertretenen Auffassung davon aus, dass der Globalunterlassungsantrag schon nicht hinreichend bestimmt im Sinne des § 253 Abs. 2 Nr. 2 ZPO und damit unzulässig ist[690], kommt eine solche Hinweispflicht des Gerichts in Betracht. § 139 Abs. 1 S. 2 ZPO legt dem Gericht die Pflicht auf, auf hinreichend bestimmte Anträge hinzuwirken.[691] Das Gericht hat dafür Sorge zu tragen, dass der Antrag zu einer Entscheidung führen kann, die das Prozessziel erreicht, mithin den Streit auch beendet.[692] Ein unbestimmter Antrag ließe den Antragsgegner darüber im Unklaren, wogegen er sich verteidigen soll, würde den Streit letztlich in das Vollstreckungsverfahren verlagern und wäre daher auch nicht geeignet, den Streit zu beenden.[693] Der unbestimmte Globalunterlassungsantrag ist somit nicht „sachdienlich" im Sinne des § 139 Abs. 1 S. 2 ZPO. Es ist am Gericht, den Antragsteller hierauf hinzuweisen und so im Interesse aller Verfahrensbeteiligter auf einen hinreichend bestimmten Antrag hinzuwirken.

c) Abweisung des Globalunterlassungsantrags als Fall des § 139 Abs. 2 ZPO?

Neben der Pflicht, auf sachdienliche Anträge hinzuwirken, ist im Zusammenhang dieser Untersuchung des Globalunterlassungsantrags das an das Gericht gerichtete Verbot von Überraschungsentscheidungen nach § 139 Abs. 2 ZPO zu berücksichtigen. Denn in der Abweisung des Globalantrags als insgesamt unbegründet, ohne dass das Gericht zuvor einen dahingehenden Hinweis erteilt hätte, wird zum Teil eine solche Überraschungsentscheidung gesehen.[694] Will das Gericht seine Entscheidung auf Gesichtspunkte stützen, die entweder eine Partei erkennbar übersehen hat oder die eine Partei für unerheblich hielt oder die gar beide Parteien anders beurteilen, ist das nach § 139 Abs. 2 ZPO nur dann möglich, wenn das Gericht hierauf hinwies und Gelegenheit zur Stellungnahme gab. In der Literatur ist man sich einig, dass sich die Anwendungsbereiche der Hinweispflichten nach § 139

---

[688] So MünchKommZPO/*Wagner*, § 139 Rn. 26.
[689] Baumbach/Lauterbach/Albers/Hartmann, § 139 Rn. 64.
[690] Zur Frage der Bestimmtheit des Globalunterlassungsantrags siehe oben C III.
[691] MünchKommZPO/*Wagner*, § 139 Rn. 24; Musielak/*Stadler*, § 139 Rn. 10; Stein/Jonas/*Leipold*, § 139 Rn. 48.
[692] Baumbach/Lauterbach/Albers/Hartmann, § 139 Rn. 35; Stein/Jonas/*Leipold*, § 139 Rn. 47.
[693] Vgl. *Borck*, WRP 1977, 457 (459).
[694] So *Backsmeier*, Das „Minus" beim unterlassungsrechtlichen Globalantrag, S. 149 ff.

Abs. 1 ZPO sowie nach § 139 Abs. 2 ZPO in der Regel und weitgehend decken.[695] Die Argumentation im Rahmen des § 139 Abs. 2 ZPO verläuft demnach nicht anders als zuvor im Rahmen des § 139 Abs. 1 S. 2 ZPO.

Hält man den Globalunterlassungsantrag für hinreichend bestimmt und damit für ein Problem der Begründetheit[696], ist das Gericht weder nach § 139 Abs. 1 S. 2 ZPO noch nach § 139 Abs. 2 ZPO dazu verpflichtet, dem Globalantrag durch entsprechende Hinweise zu einer erfolgversprechenden Gestalt zu verhelfen. Hier wie dort muss gelten, dass sich der Umfang der gerichtlichen Hinweispflicht nach dem Umfang des vom Antragsteller beschriebenen Streitgegenstands bemisst.[697] Dass das Gericht den Globalantrag am Ende für insgesamt unbegründet hält und abweist, ist daher nicht überraschend, sondern ein Ergebnis mit dem man rechnen muss. Wenn man jedoch mit der hier vertretenen Auffassung von der Unbestimmtheit des Globalantrags ausgeht, ist das Gericht nach § 139 Abs. 1 S. 2 ZPO zu einem Hinweis verpflichtet ist und der Abweisungsbeschluss ohne entsprechenden Hinweis auch überraschend im Sinne des § 139 Abs. 2 ZPO.

d) Aufwertung des § 139 ZPO durch den BGH – Eine Option auch für das BAG?

§ 139 ZPO hat in letzter Zeit wesentlich an Bedeutung dazugewonnen; für den Zivilprozess im Allgemeinen, insbesondere aber für das Unterlassungsverfahren. Diesen Bedeutungszuwachs hat sie der Rechtsprechung des BGH zu verdanken, der dazu übergegangen ist, unbestimmte oder nicht hinreichend konkretisierte Anträge nicht mehr nur schlichtweg abzuweisen.[698] Vielmehr weist der BGH die Revisionsanträge zunehmend mit dem Hinweis an das Berufungsgericht zurück, das Berufungsgericht habe dem Kläger gemäß § 139 ZPO nicht in ausreichendem Maße die Gelegenheit gegeben, den Antrag zu präzisieren und hierzu neuen Tatsachenvortrag zu halten.[699] Dass der Kläger hierzu die Möglichkeit haben müsse,

---

[695] Hierzu sowie zum Auseinanderfallen von § 139 Abs. 1 und Abs. 2 ZPO Baumbach/Lauterbach/Albers/Hartmann, § 139 Rn. 37; MünchKommZPO/*Wagner*, § 139 Rn. 48; Stein/Jonas/*Leipold*, § 139 Rn. 70 f.
[696] So wie *Backsmeier*, Das „Minus" beim unterlassungsrechtlichen Globalantrag, S. 35 ff., 38; hierzu siehe oben C III 4.
[697] Stein/Jonas/*Leipold*, § 139 Rn. 70.
[698] *Teplitzky*, Kap. 51 Rn. 1.
[699] Vgl. BGH vom 11.10.1990 – I ZR 35/89, GRUR 1991, 254 (257) – Unbestimmter Unterlassungsantrag; BGH vom 29.2.1996 – I ZR 6/96, GRUR 1996, 796 (797) – Setpreis; BGH vom 5.6.1997 – I ZR 69/95, GRUR 1998, 489 (492) – Unbestimmter Unterlassungsantrag III; BGH vom 20.5.1999 – I ZR 31/97, GRUR 1999, 1119 (1121 f.) – RUMMS; BGH vom 24.11.1999 – I ZR

ergebe sich bereits aus dem Grundsatz des Vertrauensschutzes.[700] Da insbesondere im Wettbewerbsrecht die Formulierung des Antrags häufig schwierig sei, gebiete ferner der Anspruch der Parteien auf ein faires Gerichtsverfahren eine solche Chance zur Antragsneufassung.[701] Diese Hervorhebung der Hinweispflicht des Berufungsgerichts nach § 139 ZPO verbindet der BGH jedoch stets mit einem Fingerzeig auf deren Grenzen. Es sei nach wie vor Sache des Klägers, Inhalt, Umfang und Grenzen des begehrten Verbots aufzuzeigen und die insoweit maßgebenden Umstände darzutun.[702] Aus der Erörterungs- und Hinweispflicht des Gerichts könne nicht gefolgert werden, dass letztlich das Gericht dem unbestimmten und daher unzulässigen Antrag einen zulässigen Wortlaut und Inhalt gibt.[703] Ferner sei es nicht die Aufgabe des Gerichts, durch Fragen oder Hinweise, neue Anspruchsgrundlagen und Streitgegenstände einzuführen, die in dem streitigen Vortrag der Parteien nicht zumindest andeutungsweise eine Grundlage hätten.[704] Die Tendenz in der Rechtsprechung des BGH zugunsten einer stärkeren Gewichtung der Pflichten des Gerichts zur materiellen Prozessleitung nach § 139 ZPO wird im Schrifttum kaum, dafür aber umso wohlwollender kommentiert. Durch die frühzeitige Klarstellung und Präzisierung des Antrags könne die für die Prozessbeteiligten ungewisse Auslegung des Antrags[705] durch die Berufungs- und Revisionsgerichte vermieden werden.[706] Auch die Vollstreckung des Unterlassungstitels wäre dann für das Vollstreckungsgericht einfacher und für die Beteiligten vorhersehbarer.[707] Zugleich wird dem BGH jedoch auch in dessen Betonung der gerichtlichen Unparteilichkeit zugestimmt. Eine Rückverweisung an das Berufungsgericht wegen Verstoßes gegen § 139 ZPO, ohne dass der Parteivortrag zu entsprechenden Hinweisen seitens des Gerichts Anlass gegeben hätte, würde zu einer einseitigen und daher unrechtmäßigen Begünstigung des Klägers führen.[708] Diesen Ausführungen ist

---

189/97, GRUR 2000, 438 (441) – Gesetzeswiederholende Unterlassungsanträge; BGH vom 23.4.2009 – IX ZR 95/06, NJW-RR 1010, 70 (70) – Unbestimmter Feststellungsantrag.
[700] BGH vom 5.6.1997 – I ZR 69/95, GRUR 1998, 489 (492) – Unbestimmter Unterlassungsantrag III.
[701] BGH vom 5.6.1997 – I ZR 69/95, GRUR 1998, 489 (492) – Unbestimmter Unterlassungsantrag III.
[702] BGH vom 5.6.1997 – I ZR 69/95, GRUR 1998, 489 (492) – Unbestimmter Unterlassungsantrag III.
[703] BGH vom 11.10.1990 – I ZR 35/89, GRUR 1991, 254 (257) – Unbestimmter Unterlassungsantrag; BGH vom 5.6.1997 – I ZR 69/95, GRUR 1998, 489 (492) – Unbestimmter Unterlassungsantrag III.
[704] BGH vom 21.9.2000 – I ZR 216/98, GRUR 2001, 352 (354).
[705] Zur Problematik der Auslegung des Antrags und Titels siehe oben C VI 3.
[706] *Teplitzky*, Kap. 51 Rn. 1, 3 sowie Kap. 57 Rn. 16e.
[707] *Teplitzky*, Kap. 51 Rn. 1, 2.
[708] *Teplitzky*, Kap. 51 Rn. 1 Fn. 7.

grundsätzlich zuzustimmen. Zugleich werfen sie in dem hier diskutierten Zusammenhang die Frage nach Schlussfolgerungen auch für den Umgang mit dem Globalunterlassungsantrag durch die Arbeitsgerichte auf. Wie gezeigt, ist die Vorschrift des § 139 ZPO uneingeschränkt auch im arbeitsgerichtlichen Beschlussverfahren nach §§ 80 ff. ArbGG anzuwenden. Unter dem Gesichtspunkt der Anwendbarkeit steht einer Übernahme der Rechtsprechungslinie des BGH zu § 139 ZPO durch das BAG daher nichts entgegen. Gerade im Falle des Unterlassungsantrags steht der Antragsteller im arbeitsgerichtlichen Beschlussverfahren vor den gleichen Herausforderungen wie in einem Wettbewerbsprozess. Hier sollte das Arbeitsgericht seine Hinweispflicht zum Wohle aller Verfahrensbeteiligten ernst nehmen und schon früh auf die Stellung hinreichend bestimmter Anträge hinwirken. Diese Aufgabe des Gerichts wird im arbeitsgerichtlichen Beschlussverfahren noch einmal durch die Regelung des § 83 Abs. 1 sowie 1a ArbGG unterstrichen. Der hier geregelte sogenannte „eingeschränkte Untersuchungsgrundsatz"[709] hält die Arbeitsgerichte ausdrücklich dazu an, eine aktive Rolle bei der Sachverhaltsaufklärung einzunehmen. Dennoch gilt es auch hier unbedingt, den Dispositionsgrundsatz, wonach die Antragstellung und die Bestimmung des Streitgegenstands allein dem Antragsteller überlassen sind, zu beachten. Im Falle des unbestimmten Globalunterlassungsantrags könnte und sollte das BAG jedoch in Zukunft – bei entsprechender Rüge des Revisionsführers[710] – die Sache an die Vorinstanzen zurückverweisen und diese dazu auffordern, ihre Pflichten aus § 139 ZPO ernster zu nehmen.

2. Bindung des Gerichts an die Parteianträge nach § 308 Abs. 1 S. 1 ZPO

Neben der Möglichkeit, gemäß § 139 Abs. 1 S. 2 ZPO auf eine sachdienliche Antragstellung hinzuwirken, könnte dem Gericht auch noch im Rahmen der Urteilsfassung ein gewisser Spielraum bleiben, dem Globalunterlassungsantrag zu weitgehendem Erfolg und dem Antragsteller zum begehrten umfassenden Unterlassungstitel zu verhelfen. Für das Gericht gilt es, die Vorschrift des § 308 Abs. 1 S. 1 ZPO zu beachten, wonach es nicht befugt ist, einer Partei etwas zuzusprechen, was diese nicht beantragt hat. Im Zuge der Untersuchung des Globalunterlassungsantrags kommt dieser Regelung eine besondere Bedeutung zu. Denn die Arbeitsge-

---

[709] ErfK/*Koch*, § 83 ArbGG Rn. 1; *Weth*, Das arbeitsgerichtliche Beschlussverfahren, S. 278; zur Problematik des Untersuchungsgrundsatzes im arbeitsgerichtlichen Beschlussverfahren nach §§ 80 ff. ArbGG siehe oben B I.
[710] Zu den an die Rüge einer Verletzung der Aufklärungspflicht im Sinne des § 139 ZPO gestellten Anforderungen BAG vom 6.1.2004 – 9 AZR 680/02, NZA 2004, 449 (452).

richte weisen den Globalunterlassungsantrag in ständiger Rechtsprechung unter Bezug auf § 308 Abs. 1 S. 1 ZPO im Ganzen als unbegründet ab.[711] Dem Globalunterlassungsantrag dürfe nicht unter Einschränkungen stattgegeben werden, da andernfalls etwas anderes als beantragt zugesprochen würde.[712] An dieser Stelle wird es vor allem darauf ankommen, das „nicht beantragte etwas" im Sinne des § 308 Abs. 1 S. 1 ZPO zu definieren, um in einem zweiten Schritt, die Rechtsprechung des BAG kritisch zu hinterfragen. Das geschieht mit dem Ziel, herauszufinden, welche Alternative dem Gericht zur Abweisung des Globalunterlassungsantrags im Ganzen verbleibt.

a) Grundsätzliches zu Zweck und Inhalt des Bindungsgebots

Die Regelung des § 308 Abs. 1 S. 1 ZPO geht auf den römischen Rechtssatz „ne eat iudex ultra petita partium" zurück.[713] Schon diese lange Tradition der Bindung des Gerichts an die Parteianträge zeigt, wie grundlegend ihre Bedeutung für den Zivilprozess ist. Das wird noch einmal deutlicher, wenn man sich die durch § 308 Abs. 1 S. 1 ZPO konkretisierten Prinzipien vor Augen hält. Die Bindung des Gerichts an die Anträge ist ein Ausdruck des Dispositionsgrundsatzes.[714] Denn nur wenn die Richter sich bei der Urteilsfindung an die gestellten Anträge halten müssen, kann wirklich von einer Herrschaft der Parteien über das Verfahren gesprochen werden.[715] Auch der Verhandlungsgrundsatz, wonach es die Aufgabe der Parteien ist, die erheblichen Tatsachen beizubringen, spiegelt sich in § 308 Abs. 1 S. 1 ZPO wider.[716] Der Richter darf sein Urteil nur auf das von den Parteien Vorgebrachte stützen und nicht etwa auf Grund eigenen Wissens über den Antrag hinausgehend tenorieren, um den Streit umfassend beizulegen.[717] Diese Grundsätze

---
[711] BAG vom 18.9.1991 – 7 ABR 63/90, AP Nr. 40 zu § 40 BetrVG 1972; BAG vom 3.5.1994 – 1 ABR 24/93, AP Nr. 23 zu § 23 BetrVG 1972; BAG vom 7.4.2004 – 7 ABR 35/03, AP Nr. 2 zu § 95 SGB IX; LAG Köln vom 14.6.1996 – 4 Sa 177/96, AP Nr. 149 zu Art. 9 GG – Arbeitskampf.
[712] BAG vom 18.9.1991 – 7 ABR 63/90, AP Nr. 40 zu § 40 BetrVG 1972; BAG vom 3.5.1994 – 1 ABR 24/93, AP Nr. 23 zu § 23 BetrVG 1972.
[713] MünchKommZPO/*Musielak*, § 308 Rn. 1; zur Geschichte des Rechtssatzes seit der Antike siehe *Melissinos*, Die Bindung des Gerichts an die Parteianträge nach § 308 I ZPO, S. 19 ff.
[714] MünchKommZPO/*Musielak*, § 308 Rn. 1; Stein/Jonas/*Leipold*, § 139 Rn. 1.
[715] Baumbach/Lauterbach/Albers/Hartmann, § 308 Rn. 2 sieht durch § 308 Abs. 1 ZPO die „Parteiherrschaft" gesichert.
[716] MünchKommZPO/*Musielak*, § 308 Rn. 1.
[717] Stein/Jonas/*Leipold*, § 308 Rn. 1.

finden auch im arbeitsgerichtlichen Beschlussverfahren nach § 80 ff. ArbGG Anwendung.[718]

Die Probleme, denen sich das Gericht bei der Abfassung des Tenors, insbesondere jedoch im Falle des Unterlassungstitels, gegenüber sieht, entsprechen grundsätzlich denen des Antragstellers bei der Antragsformulierung.[719] Freilich hat es das Gericht hier etwas leichter. Denn ist der Antrag in vollem Umfang begründet, kann der Wortlaut für den Tenor schlicht übernommen werden.[720] Liegt der Fall so klar, wird es kaum zu Problemen mit § 308 Abs. 1 S. 1 ZPO kommen. Anders verhält es sich dort, wo das mit dem Antrag eingeforderte Recht und das dem Antragsteller nach der Gesetzeslage zustehende Recht nicht deckungsgleich sind. Hier kann der Antragswortlaut nicht ohne weiteres als Tenor herhalten. Das Gericht muss selbst eine passende Formulierung finden. Genauso wie der Antragsteller hat es die Gebote der Bestimmtheit und hinreichender Konkretisierung zu beachten, um so die Vollstreckbarkeit des Titels zu gewährleisten.[721] Doch besteht die Herausforderung nicht allein in Bezug auf Bestimmtheit und Konkretisierung des Tenors. Bei der Urteilsformulierung gerät das Gericht zudem in die Gefahr, gegen § 308 Abs. 1 S. 1 ZPO zu verstoßen. Ausweislich des Wortlauts des § 308 Abs. 1 S. 1 ZPO liegt ein solcher Verstoß gegen das Bindungsgebot vor, wenn das Gericht dem Antragsteller „etwas anderes" als das Beantragte zuspricht. Es lassen sich drei Fallgruppen unterscheiden.[722] „Etwas anderes" als beantragt wird dem Antragsteller zum einen dann zugesprochen, wenn er auf Grund des – im Vergleich zum Antragswortlaut erweiterten – Wortlauts des Unterlassungstitels vom Titelschuldner mehr verlangen kann als beantragt.[723] Eine „andere" als die begehrte Tenorierung liegt zum anderen grundsätzlich dann vor, wenn der Unterlassungstitel in seinem Umfang hinter dem Umfang des mit dem gestellten Antrag begehrten Unterlas-

---

[718] BAG vom 8.11.1983 – 1 ABR 57/81, AP Nr. 11 zu § 87 BetrVG 1972 – Arbeitszeit; BAG vom 27.10.1992 – 1 ABR 17/92, AP Nr. 61 zu § 87 BetrVG 1972 – Lohngestaltung; ErfK/*Koch*, § 81 ArbGG Rn. 4; GMP/*Matthes*, § 81 Rn. 33; Hauck/Helml/*Hauck*, § 81 Rn. 4; MünchKommZPO/ *Musielak*, § 308 Rn. 3; Zöller/*Vollkommer*, § 308 Rn. 1.
[719] Ahrens/*Jestaedt*, Kap. 35 Rn. 1; *Fritzsche*, Unterlassungsanspruch und Unterlassungsklage, S. 602.
[720] Ahrens/*Jestaedt*, Kap. 35 Rn. 8; vgl. auch Ahrens/*Ahrens*, Kap. 65 Rn.1.
[721] Ahrens/*Jestaedt*, Kap. 35 Rn. 1.
[722] Zu den verschiedenen Fällen des § 308 Abs. 1 ZPO Ahrens/*Jestaedt*, Kap. 35 Rn. 9 ff.; *Melissinos*, Die Bindung des Gerichts an die Parteianträge nach § 308 I ZPO, S. 41 leitet aus § 308 Abs. 1 ZPO sogar zwei Verbote her.
[723] Sogenannte Fälle des „plus"; siehe hierzu Ahrens/*Jestaedt*, Kap. 35 Rn. 9 sowie *Melissinos*, Die Bindung des Gerichts an die Parteianträge nach § 308 I ZPO, S. 121 ff.

sungsgebots zurückbleibt. Hier spricht man allgemein vom „minus".[724] Letztlich liegt ein Verstoß gegen das Bindungsgebot aus § 308 Abs. 1 S. 1 ZPO nahe, wenn das Gericht in seinem Urteil dem Antragsteller tatsächlich etwas anderes, nämlich ein sogenanntes „aliud" zuerkennt.[725] Von diesen drei Fallgruppen sind für die hiesige Untersuchung des Globalunterlassungsantrags die Fälle des „minus" sowie des „aliud" hervorzuheben und zu diskutieren. Denn im Falle des Globalunterlassungsantrags wird das Gericht allenfalls in Erwägung ziehen, mit seinem Tenor hinter dem Umfang des Antrags zurückzubleiben. Um den Spielraum bei der Tenorierung zu ergründen, muss nun geklärt werden, wie sich die „minus"- von der „aliud"-Tenorierung unterscheiden lässt und wie sich beide zu dem Bindungsgebot des § 308 Abs. 1 ZPO verhalten.

b) Noch ein „minus" oder schon ein „aliud"? – Abgrenzungsfragen

aa) Maßgeblichkeit des Streitgegenstands

Um beschreiben zu können, worin das Wesen einer „minus"- sowie „aliud"-Tenorierung besteht, muss ein gemeinsamer Ausgangspunkt definiert werden. Es kann vom Wortlaut des § 308 Abs. 1 S. 1 ZPO ausgegangen werden. Die Vorschrift enthält das Verbot, dem Antragsteller „etwas anderes" zuzusprechen als dieser beantragt hat. Dem Wortlaut nach muss also auf den Antrag selbst abgestellt werden. Mit Blick auf den Telos der Norm erscheint die Begrenzung des Bindungsgebots auf die Antragsformulierung jedoch zu eng.[726] § 308 Abs. 1 S. 1 ZPO schützt die Herrschaft der Parteien über das Verfahren und ist damit Ausdruck des Dispositionsgrundsatzes im Zivilprozess.[727] Dieser Dispositionsgrundsatz ermöglicht den Parteien jedoch nicht nur, über Beginn und Beendigung des Verfahrens

---

[724] BAG vom 19.7.1995 – 7 ABR 60/94, NZA 1996, 332 (333); BAG vom 11.12.2001 – 9 AZR 435/00, NZA 2002, 464 (464); BAG vom 4.12.2002 – 5 AZR 494/01, NZA 2003, 632 (632); Ahrens/*Jestaedt*, Kap. 35 Rn. 10; *Backsmeier*, Das „Minus" beim unterlassungsrechtlichen Globalantrag, S. 105 ff.; Baumbach/Lauterbach/Albers/Hartmann, § 308 Rn. 7; *Melissinos*, Die Bindung des Gerichts an die Parteianträge nach § 308 I ZPO, S. 133 ff.; Stein/Jonas/*Leipold*, § 308 Rn. 16.
[725] So für den Globalunterlassungsanspruch BAG vom 18.9.1991 – 7 ABR 63/90, AP Nr. 40 zu § 40 BetrVG 1972; BAG vom 3.5.1994 – 1 ABR 24/93, AP Nr. 23 zu § 23 BetrVG 1972; zum Begriff des „aliud" siehe ferner Ahrens/*Jestaedt*, Kap. 35 Rn. 11; *Backsmeier*, Das „Minus" beim unterlassungsrechtlichen Globalantrag, S. 107 ff.; Baumbach/Lauterbach/Albers/Hartmann, § 308 Rn. 7; *Melissinos*, Die Bindung des Gerichts an die Parteianträge nach § 308 I ZPO, S. 126 ff.; Stein/Jonas/*Leipold*, § 308 Rn. 19 f.
[726] Stein/Jonas/*Leipold*, § 308 Rn. 2.
[727] Baumbach/Lauterbach/Albers/Hartmann, § 308 Rn. 2; MünchKommZPO/*Musielak*, § 308 Rn. 1; Stein/Jonas/*Leipold*, § 139 Rn. 1.

frei zu bestimmen, sondern auch über dessen Inhalt.[728] Der Inhalt des Verfahrens wiederum wird nach ganz herrschender Meinung nicht nur durch den Antragswortlaut, sondern auch durch den dazugehörigen Lebenssachverhalt, den sogenannten Klagegrund bestimmt.[729] Somit kann es im Rahmen des § 308 Abs. 1 S. 1 ZPO nicht allein auf den Antrag ankommen. Auch hier ist der durch Antrag und Lebenssachverhalt zusammengesetzte Streitgegenstand der maßgebliche Bezugspunkt für die Frage, woran die Gerichte bei der Urteilsfindung gebunden sind.[730] Dass es im Rahmen des § 308 Abs. 1 S. 1 ZPO auf den Streitgegenstand ankommen muss, wird noch einmal deutlicher, wenn man sich mit den Beispielen von *Melissinos* vor Augen hält, dass das Gericht sich durchaus an den Antragswortlaut halten und dem Antragsteller dennoch „etwas anderes" zusprechen kann.[731] Denn gibt das Gericht einem Zahlungsantrag statt und stützt es sich zugleich auf einen anderen als den im Parteivortrag in Bezug genommenen Kaufvertrag, so erkennt es auf „etwas anderes" als beantragt.[732] Es bleibt festzuhalten, dass der Wortlaut des § 308 Abs. 1 S. 1 ZPO nach dem Zweck der Vorschrift erweiternd auszulegen ist und die Gerichte an den von den Parteien definierten Streitgegenstand gebunden sind.[733] Für die folgende Untersuchung ergibt sich hieraus, dass sich die Definition und die Abgrenzung von „minus"- sowie „aliud"-Tenorierung am Begriff des Streitgegenstands zu orientieren haben.

bb) Zulässiges „minus"

Erkennt das Gericht in seinem Urteil auf ein „minus" zu dem Umfang des gestellten Antrags, so soll nach allgemeiner Meinung in Rechtsprechung und Schrifttum kein Verstoß gegen § 308 Abs. 1 S. 1 ZPO vorliegen.[734] Das gilt für quantitative

---

[728] MünchKommZPO/*Rauscher*, Einleitung Rn. 275.
[729] Zum sogenannten zweigliedrigen Streitgegenstandsbegriff siehe MünchKommZPO/*Becker-Eberhard*, Vorbem. zu §§ 253 ff. Rn. 32 ff.; Musielak/*Musielak*, Einleitung Rn. 68 ff. sowie oben C IV 2.
[730] *Grunsky*, ZZP 96, 395 (396); *Melissinos*, Die Bindung des Gerichts an die Parteianträge nach § 308 I ZPO, S. 71 f.; Stein/Jonas/*Leipold*, § 308 Rn. 2; Zöller/*Vollkommer*, § 308 Rn. 1.; zurückhaltend MünchKommZPO/*Musielak*, § 308 Rn. 1.
[731] *Melissinos*, Die Bindung des Gerichts an die Parteianträge nach § 308 I ZPO, S. 44.
[732] *Melissinos*, Die Bindung des Gerichts an die Parteianträge nach § 308 I ZPO, S. 44.
[733] *Melissinos*, Die Bindung des Gerichts an die Parteianträge nach § 308 I ZPO, S. 71 f.; Stein/Jonas/*Leipold*, § 308 Rn. 2.
[734] BAG vom 13.6.1989 – 1 ABR 4/88, AP Nr. 36 zu § 80 BetrVG 1972; BAG vom 4.12.2002 – 5 AZR 494/01, AP Nr. 17 zu § 3 EntgeltFG; BGH vom 11.4.2006 – X ZR 139/03, GRUR 2006, 747 (747 f.) – Schneidbrennerstromdüse; Ahrens/*Jestaedt*, Kap. 35 Rn. 10; Baumbach/Lauterbach/Albers/Hartmann, § 308 Rn. 7; *Melissinos*, Die Bindung des Gerichts an die Par-

wie für qualitative „minusse".⁷³⁵ Auf den ersten Blick leuchtet dieses Ergebnis nicht unbedingt ein. Denn auch ein Weniger ist nicht „das Beantragte" im Sinne des § 308 Abs. 1 S. 1 ZPO.⁷³⁶ Doch erschließt sich die Richtigkeit dieser Auffassung, sobald man sich vergegenwärtigt, dass es hier auf den Streitgegenstand ankommt. Ist die Begehr des Antragstellers zwar nicht im geltend gemachten Umfang, doch in einem Teil begründet, so war auch dieser Teilaspekt Gegenstand des Verfahrens. Der Streitgegenstand besteht aus seinen Teilen.⁷³⁷ Ein solcher „minus"-Tenor enthielte nichts, was die Parteien nicht beigebracht hätten und würde mithin auch nicht deren Herrschaft über das Verfahren in Frage stellen. Die in einer solchen „minus"-Verurteilung enthaltene Teilabweisung der Klage muss vom Kläger auch nicht extra beantragt werden.⁷³⁸ Vielmehr kann man nach allgemeiner Lebenserfahrung davon ausgehen, dass der Wille des Klägers auf ein „minus" gerichtet sein wird, wenn sein Antrag nicht in vollem Umfang durchgreift.⁷³⁹ Somit ist es dem Richter gar geboten, auf ein „minus" zu erkennen.⁷⁴⁰

cc) Unzulässiges „aliud"

Anders verhält es sich in den Fällen des sogenannten „aliud". Dieses ist nach allgemeiner Auffassung nicht von dem Beantragten im Sinne des § 308 Abs. 1 S. 1 ZPO umfasst.⁷⁴¹ Eine „aliud"-Tenorierung verstieße demnach gegen die Antragsbindung des Gerichts. Auch dieses Ergebnis lässt sich vor dem Hintergrund des Telos des § 308 Abs. 1 S. 1 ZPO und der Maßgeblichkeit des Streitgegenstands leicht nachvollziehen. Denn ein Vergleich zwischen dem von den Parteien definierten Streitgegenstand und dem Urteilstenor ergäbe, dass das Gericht hier über etwas befindet, über das die Parteien so nicht streiten wollten und wozu sie sich im Laufe des Verfahrens auch nicht geäußert haben. Um rechtmäßig auf das „aliud" zu er-

---

teianträge nach § 308 I ZPO, S. 133; MünchKommZPO/*Musielak*, § 308 Rn. 8; Musielak/*Musielak*, § 308 Rn. 6; Stein/Jonas/*Leipold*, § 308 Rn. 14; Zöller/*Vollkommer*, § 308 Rn. 4.
⁷³⁵ Stein/Jonas/*Leipold*, § 308 Rn. 14.
⁷³⁶ So auch *Melissinos*, Die Bindung des Gerichts an die Parteianträge nach § 308 I ZPO, S. 117.
⁷³⁷ Stein/Jonas/*Leipold*, § 308 Rn. 14.
⁷³⁸ Stein/Jonas/*Leipold*, § 308 Rn. 14.
⁷³⁹ MünchKommZPO/*Musielak*, § 308 Rn. 8.
⁷⁴⁰ *Melissinos*, Die Bindung des Gerichts an die Parteianträge nach § 308 I ZPO, S. 140.
⁷⁴¹ BGH vom 3.4.2003 – I ZR 1/01, GRUR 2003, 716 (717) – Reinigungsarbeiten; BAG vom 6.6.2007 – 4 AZR 505/06, AP Nr. 6 zu § 308 ZPO; Ahrens/*Jestaedt*, Kap. 35 Rn. 11; Baumbach/Lauterbach/Albers/Hartmann, § 308 Rn. 7; *Melissinos*, Die Bindung des Gerichts an die Parteianträge nach § 308 I ZPO, S. 126 f.; MünchKommZPO/*Musielak*, § 308 Rn. 9; Stein/Jonas/*Leipold*, § 308 Rn. 19 f.; Zöller/*Vollkommer*, § 308 Rn. 3.

kennen, müsste also eine Klageänderung nach § 263 ZPO herbeigeführt werden.[742] Denn eine solche ist bei Änderung des Streitgegenstands gegeben.[743] Eine objektive, am Streitgegenstand ausgerichtete Abgrenzung des „aliud" vom „minus" führt zu einem Gleichlauf zwischen der Frage, wann ein „aliud" im Sinne des § 308 Abs. 1 S. 1 ZPO vorliegt und der Frage, wann eine Klageänderung im Sinne des § 263 ZPO geboten ist. Dieser Gleichlauf steht ganz im Sinne einer in sich stimmigen Zivilprozessrechtsdogmatik. Auch die von *Melissinos* vorgeschlagene subjektive Abgrenzung des „aliud" vom „minus" nach dem Willen des Antragstellers kann nicht überzeugen.[744]

Die vorstehenden Ausführungen sollen nicht darüber hinwegtäuschen, dass die Grenzen zwischen dem „minus" einerseits und dem „aliud" andererseits fließend sind[745], was die Abgrenzung schwierig und letztlich zu einer Frage des Einzelfalls macht.[746] Die Aufgabe, die es jedoch in jedem Fall zu meistern gilt, ist der Vergleich zwischen Streitgegenstand und Urteilstenor.

c) „Minus"-Tenorierung beim Globalunterlassungsantrag und Rechtsprechung des BAG

Die gewonnenen Erkenntnisse sollen nun fruchtbar gemacht werden, um die entscheidende Frage zu beantworten, auf die hier alles zuläuft: Verstößt das Gericht im Falle des Globalunterlassungsantrags gegen § 308 Abs. 1 S. 1 ZPO, wenn es sich im Urteilstenor auf das Verbot der konkreten Verletzungsform beschränkt. Hierzu wird zunächst die Rechtsprechung des BAG dargestellt. Nach einer Erläuterung des Vorschlags von *Backsmeier*, die sich für eine „minus"-Tenorierung beim Globalunterlassungsantrag ausspricht, endet der Abschnitt mit einer eigenen Stellungnahme zur Problematik.

---

[742] MünchKommZPO/*Musielak*, § 308 Rn. 9.
[743] MünchKommZPO/*Becker-Eberhard*, § 263 Rn. 7.
[744] *Melissinos*, Die Bindung des Gerichts an die Parteianträge nach § 308 I ZPO, S. 135 ff.; ablehnend *Grunsky*, ZZP 96, 395 (398), der dem Gericht eine solche Pflicht zur „Motivforschung" nicht aufbürden will; einschränkend auch MünchKommZPO/*Musielak*, § 308 Rn. 9, der fordert, dass sich der Wille mindestens durch Auslegung ergründen lässt.
[745] *Melissinos*, Die Bindung des Gerichts an die Parteianträge nach § 308 I ZPO, S. 120.
[746] Zahlreiche Beispiele aus der Rechtsprechungs finden sich bei Baumbach/Lauterbach/Albers/Hartmann, § 308 Rn. 8 ff. sowie Stein/Jonas/*Leipold*, § 308 Rn. 16 ff.

aa) Rechtsprechungslinie des BAG

Im Falle des Globalunterlassungsantrags sieht sich das Bundesarbeitsgericht in ständiger Rechtsprechung durch § 308 Abs. 1 S. 1 ZPO daran gehindert, dem Globalantrag, der nicht in all den geltend gemachten Fallkonstellationen begründet ist, wenigstens unter Einschränkungen teilweise stattzugeben.[747] Es weist ihn daher als im Ganzen unbegründet ab.[748] Während sich das BAG in den aktuellen Entscheidungen zum Globalunterlassungsantrag kaum mit der Fragestellung nach alternativen Tenorierungen auseinandersetzt und sich mit einem denkbar knappen Hinweis auf das Verbot einer „aliud"-Tenorierung begnügt[749], führte es seine Auffassung im Jahr 1991 noch etwas umfassender aus.[750] Hier ging es um den Globalantrag eines Betriebsrats, der die Arbeitgeberin dazu verurteilen lassen wollte, den Zutritt von ihm eingeladener Journalisten zum Betriebsratsbüro dulden zu müssen. Dieser Globalantrag war nach Ansicht des Gerichts nicht in allen erfassten Sachverhaltskonstellationen begründet, sodass der Antragswortlaut keinen tauglichen Urteilstenor hergab. Zu klären war demnach, ob das Gericht hier einschränkende Bedingungen in den Tenor aufnehmen darf. Diese Möglichkeit verneinte der 7. Senat. Bestehe der geltend gemachte Anspruch nicht unter allen denkbaren Gesichtspunkten, müsse er im Ganzen als unbegründet zurückgewiesen werden.[751] Das Gericht könne hier nicht urteilen, dass die Begehr nur unter bestimmten, nicht in den Antragswortlaut aufgenommenen Voraussetzungen bestehe und im übrigen unbegründet sei.[752] Denn würde das Gericht solche Einschränkungen vornehmen, würde es nicht weniger als beantragt zusprechen, sondern etwas anderes und so die durch § 308 Abs. 1 S. 1 ZPO gesteckten Grenzen übertreten.[753] Es sei rechtlich etwas anderes, ob ein Handlungs-, Unterlassungs- oder Duldungsanspruch einschränkungslos für alle denkbaren Fälle oder nur in bestimmten, von weiteren Umständen abhängigen Einzelfällen bestehe.[754] Solle das Gericht prüfen, unter welchen Bedingungen der

---

[747] BAG vom 18.9.1991 – 7 ABR 63/90, AP Nr. 40 zu § 40 BetrVG 1972; BAG vom 3.5.1994 – 1 ABR 24/93, AP Nr. 23 zu § 23 BetrVG 1972; BAG vom 6.12.1994 – 1 ABR 30/94, AP Nr. 24 zu § 23 BetrVG 1972; BAG vom 28.2.2006 – 1 AZR 460/04, AP Nr. 127 zu Art. 9 GG; BAG vom 17.8.2010 – 9 ABR 83/09, NZA 2010, 1431 (1433); BAG vom 27.10.2010 – 7 ABR 36/09, NZA 2011, 527 (530).
[748] Siehe als Beispiel BAG vom 3.5.1994 – 1 ABR 24/93, AP Nr. 23 zu § 23 BetrVG 1972.
[749] So in BAG vom 27.10.2010 – 7 ABR 36/09, NZA 2011, 527 (530).
[750] Siehe BAG vom 18.9.1991 – 7 ABR 63/90, AP Nr. 40 zu § 40 BetrVG 1972.
[751] BAG vom 18.9.1991 – 7 ABR 63/90, AP Nr. 40 zu § 40 BetrVG 1972.
[752] BAG vom 18.9.1991 – 7 ABR 63/90, AP Nr. 40 zu § 40 BetrVG 1972.
[753] BAG vom 18.9.1991 – 7 ABR 63/90, AP Nr. 40 zu § 40 BetrVG 1972.
[754] BAG vom 18.9.1991 – 7 ABR 63/90, AP Nr. 40 zu § 40 BetrVG 1972.

Anspruch im Einzelnen bestehe, müssten auch auf diese Bedingungen abstellende Anträge gestellt werden.[755]

In einer Entscheidung vom 6.12.1994 ergänzt der 1. Senat diese Rechtsauffassung um einige wichtige Aspekte.[756] Richte sich der Antrag auf eine Vielzahl von Fallgestaltungen und sei er nicht in allen diesen Konstellationen auch begründet, so kommen eine Teilabweisung und „minus"-Tenorierung nur dann in Betracht, wenn der begründete Teil dem Antrag selbst als Teilziel zu entnehmen ist.[757] Ließen sich die einschränkenden Voraussetzungen dem Antrag nicht entnehmen, so bedeutete eine dahin gehende Tenorierung eine Änderung des Gegenstands des Verfahrens.[758] Da somit nicht weniger, sondern etwas anderes zugesprochen würde, wäre eine Verletzung des § 308 Abs. 1 S. 1 ZPO die Folge.[759] Der Globalantrag lasse sich nach Ansicht des Gerichts auch nicht durch eine klarstellende Antragsbegründung oder etwaige Hilfsanträge retten, da sich die Einschränkungen auf situationsgebundene Sachverhalte bezögen, die sich im Voraus nicht klar bezeichnen ließen.[760] Die Folge wäre eine unzulässige Verlagerung des Streits in das Vollstreckungsverfahren.[761]

Das BAG erteilt einer Stattgabe des Globalunterlassungsantrags unter Einschränkungen eine klare Absage. Die zentralen Argumente für diese Auffassung entnimmt es dem Bindungsgebot des § 308 Abs. 1 S. 1 ZPO. Eine einschränkende Stattgabe änderte den Streitgegenstand des Verfahrens und führte so zu einer unzulässigen „aliud"-Tenorierung.

bb) „minus"-Tenorierung beim Globalunterlassungsantrag

Diese strikte und für den um einen möglichst effektiven Präventivrechtsschutz bemühten Antragsteller eines Globalunterlassungsantrags ungünstige Rechtsprechung zu kritisieren, hat sich *Backsmeier* mit ihrem Plädoyer für eine „minus"-Tenorierung beim Globalunterlassungsantrag zur Aufgabe gemacht.[762] Für sie stellt die Verurteilung zur Unterlassung der konkreten Verletzungshandlung ein „minus"

---

[755] BAG vom 18.9.1991 – 7 ABR 63/90, AP Nr. 40 zu § 40 BetrVG 1972.
[756] BAG vom 6.2.1994 – 1 ABR 30/94, AP Nr. 24 zu § 23 BetrVG 1972.
[757] BAG vom 6.2.1994 – 1 ABR 30/94, AP Nr. 24 zu § 23 BetrVG 1972.
[758] BAG vom 6.2.1994 – 1 ABR 30/94, AP Nr. 24 zu § 23 BetrVG 1972.
[759] BAG vom 6.2.1994 – 1 ABR 30/94, AP Nr. 24 zu § 23 BetrVG 1972.
[760] BAG vom 6.2.1994 – 1 ABR 30/94, AP Nr. 24 zu § 23 BetrVG 1972.
[761] BAG vom 6.2.1994 – 1 ABR 30/94, AP Nr. 24 zu § 23 BetrVG 1972.
[762] *Backsmeier*, Das „Minus" beim unterlassungsrechtlichen Globalantrag, S. 101 ff.

zur beantragten globalen Unterlassung dar.[763] Zur Abgrenzung zwischen dem nach § 308 Abs. 1 S. 1 ZPO zulässigen „minus" und dem unzulässigen „aliud", sei auf den „Antrag und das in ihm verobjektivierte subjektive Begehren des Antragstellers" abzustellen.[764] Im Falle des Globalunterlassungsantrags sei dieses Begehren darauf gerichtet, wenn schon keine vollumfängliche Verurteilung durchsetzbar ist, so doch wenigstens ein der materiellen Rechtslage entsprechendes Unterlassungsurteil zu erzielen.[765] Aus diesen Argumenten leitet *Backsmeier* eine Teilbarkeit des Streitgegenstands des Globalunterlassungsantrags ab.[766] Da es sich demnach bei der Unterlassung der konkreten Verletzungshandlung um ein „minus" zu der Unterlassung schlechthin handele, sei die entsprechende „minus"-Tenorierung gar nach § 308 Abs. 1 S. 1 ZPO geboten.[767] Doch lässt es *Backsmeier* mit dem Gebot zur Verurteilung zur Unterlassung der konkreten Verletzungshandlung noch nicht bewenden. Sie fordert vielmehr, dass sich das Gericht bei seiner Suche nach einem Urteilstenor auch mit der Frage nach der konkreten Verletzungsform auseinanderzusetzen habe.[768] Da dem Antragsteller des Globalunterlassungsantrags mit einem auf die konkrete Verletzungshandlung beschränkten Titel wegen der leicht möglichen Umgehungshandlungen des Titelschuldners nicht geholfen sei, gebiete der effektive Rechtsschutz, eine Tenorierung zu wählen, die „ das Charakteristische der Handlung, also ihren Kern, in den Schutzbereich mit einbezieht".[769] Auf dem Weg zu einer solchen Tenorierung müsse das Gericht zunächst die konkrete Verletzungshandlung aus dem Strauß der mit Hilfe des Globalunterlassungsantrags zum Streitstoff erhobenen Sachverhalten isolieren.[770] Sodann sei das Gericht dazu aufgerufen, den charakteristischen Kernbereich der konkreten Verletzungshandlung herauszuarbeiten und diesen so zu umschreiben, dass der Tenor ein Verbot der konkreten Verletzungsform enthalte.[771] Diese Ausführungen sind im Folgenden kritisch zu hinterfragen.

---

[763] *Backsmeier*, Das „Minus" beim unterlassungsrechtlichen Globalantrag, S. 120.
[764] *Backsmeier*, Das „Minus" beim unterlassungsrechtlichen Globalantrag, S. 109.
[765] *Backsmeier*, Das „Minus" beim unterlassungsrechtlichen Globalantrag, S. 111.
[766] *Backsmeier*, Das „Minus" beim unterlassungsrechtlichen Globalantrag, S. 120.
[767] *Backsmeier*, Das „Minus" beim unterlassungsrechtlichen Globalantrag, S. 126 f.
[768] *Backsmeier*, Das „Minus" beim unterlassungsrechtlichen Globalantrag, S. 128 ff.
[769] *Backsmeier*, Das „Minus" beim unterlassungsrechtlichen Globalantrag, S. 134.
[770] *Backsmeier*, Das „Minus" beim unterlassungsrechtlichen Globalantrag, S. 134.
[771] *Backsmeier*, Das „Minus" beim unterlassungsrechtlichen Globalantrag, S. 134.

cc) Nur „gedankliche minus" als prozessuales aliud

So sehr das Anliegen *Backsmeiers*, die Rechtsprechung des BAG zum Globalunterlassungsantrag einer kritischen Analyse zu unterziehen, zu unterstützen ist, kann dem Vorschlag, dem nicht unter allen geltend gemachten Gesichtspunkten auch begründeten Globalunterlassungsantrag einschränkend stattzugeben, nicht gefolgt werden. Insbesondere die Annahme, bei der Verurteilung zur Unterlassung der konkreten Verletzungsform handele es sich um ein „minus" zur beantragten Globalunterlassung vermag nicht zu überzeugen. Bei der Suche nach einer Antwort auf die Problematik ist vom Streitgegenstand des Verfahrens auszugehen. Denn dieser ist Dreh- und Angelpunkt der Frage nach der Abgrenzung des „minus" vom „aliud". Im Speziellen geht es hier um den Streitgegenstand des Unterlassungsverfahrens. An dieser Stelle kann auf die zuvor zum Streitgegenstand der Unterlassungsklage gewonnenen Erkenntnisse zurückgegriffen werden.[772] Der Streitgegenstand bestimmt sich demnach einerseits durch den Klageantrag, in dem sich die in Anspruch genommene Rechtsfolge konkretisiert, und andererseits durch den Lebenssachverhalt, aus dem die begehrte Rechtsfolge hergeleitet wird.[773] Antrag und Lebenssachverhalt sind also die beiden entscheidenden Eckpunkte für die Beurteilung, ob eine Streitgegenstandsänderung – und damit ein „aliud" – vorliegt oder nicht. Für die Bestimmung des zweiten Bestandteils des Streitgegenstands – den Lebenssachverhalt – kommt es nach Ansicht der Rechtsprechung entscheidend auf die vorgetragene konkrete Verletzungshandlung an.[774] Nach der überzeugenden Auffassung des Schrifttums umfasst der Lebenssachverhalt zudem alle kerngleichen Verletzungshandlungen.[775] Diese Streitfrage kann hier jedoch dahinstehen. Schält man die konkrete Verletzungshandlung oder -form aus der Vielzahl der mit dem Globalunterlassungsantrag geltend gemachten Sachverhalten heraus, ändert sich in jedem Fall der Lebenssachverhalt im Sinne des Streitgegenstandsbegriffs und damit der Streitgegenstand an sich. Diese Erkenntnis lässt sich insbesondere aus einer Analyse der wettbewerbsrechtlichen Rechtsprechung des 1. Senats des BGH gewinnen, der auf eine große Erfahrung mit Umgang mit zu weit gefassten Unterlassungsbegehren zurückblicken kann. In einer Entscheidung vom 3.4.2003 äußerte er sich eingehend zu der hier diskutierten Problematik.[776] Das Berufungs-

---

[772] Zum Streitgegenstand der Unterlassungsklage siehe oben C IV 3.
[773] BGH vom 3.4.2003 – I ZR 1/01, GRUR 2003, 716 (716 f.) – Reinigungsarbeiten m.w.N.
[774] Hierzu siehe oben C IV 3 a) und b).
[775] Hierzu siehe oben C IV 4.
[776] BGH vom 3.4.2003 – I ZR 1/01, GRUR 2003, 716 (717) – Reinigungsarbeiten; auch außerhalb des Wettbewerbsrechts argumentiert der BGH in gleicher Weise, siehe BGH vom 10.12.2001 – II ZR 139/00, NJW-RR 2002, 540 (540 f.).

gericht hatte einem Globalunterlassungsantrag unter Einschränkungen stattgegeben. Der BGH sah hierin ein Verstoß gegen § 308 Abs. 1 S. 1 ZPO. Das vom Berufungsgericht ausgesprochene Verbot sei vom Vorliegen bestimmter Voraussetzungen abhängig, die so nicht zum Inhalt des Antrags erhoben wurden.[777] Ein solches Verbot sei in prozessualer Hinsicht kein „minus" zu gestellten Unterlassungsantrag.[778] In einer diese Auffassung bestätigenden Entscheidung vom 29.6.2006 ergänzt der BGH, dass es sich bei einem eingeschränkten Antrag zwar um ein „gedankliches, nicht aber prozessuales minus im Sinne des § 264 Nr. 2 ZPO" handele.[779] Für die Abgrenzung des „minus" vom „aliud" muss es jedoch auf diese prozessuale Sichtweise ankommen. Beim Globalunterlassungsantrag im arbeitsgerichtlichen Beschlussverfahren liegt der Fall gleich. Durch die einschränkende Formulierung des Antrags müsste das Gericht über die Frage befinden, ob der Antrag unter den nunmehr geltend gemachten Bedingungen bestünde. Diese konkretisierten Sachverhalte hängen aber von tatsächlichen Umständen ab, mit denen sich das Gericht zuvor nicht auseinanderzusetzen hatte. Auf diese Weise argumentierte auch schon *Grunsky* in seiner Anmerkung zur Entscheidung des BAG vom 8.11.1983.[780] Die Voraussetzungen unter denen der konkretisierte Unterlassungsanspruch gegeben ist, seien „ganz andere" als die des gestellten Globalunterlassungsantrags.[781]

Der Vorzug einer solchen eng am Begriff des Streitgegenstands orientierten Argumentation liegt in einer stimmigen zivilprozessualen Systematik. An früherer Stelle in dieser Untersuchung wurde diskutiert, ob die Abweisung des Globalunterlassungsantrags als insgesamt unbegründet einem erneuten, nunmehr auf die konkrete Verletzungsform beschränkten Vorgehen entgegenstünde.[782] Das ist nicht der Fall. Auch hier ist die konkrete Verletzungsform nicht etwa als „minus" mit abgewiesen. Wegen der verschiedenen Streitgegenstände der beiden Anträge ist § 322 ZPO

---

[777] BGH vom 3.4.2003 – I ZR 1/01, GRUR 2003, 716 (717) – Reinigungsarbeiten; anders noch BGH vom 3.12.1998 – I ZR 74/96, GRUR 1999, 760 (760 f.) – Auslaufmodelle II.
[778] BGH vom 3.4.2003 – I ZR 1/01, GRUR 2003, 716 (717) – Reinigungsarbeiten.
[779] BGH vom 29.6.2006 – I ZR 235/03, GRUR 2006, 960 (961) – Anschriftenliste; zu der Möglichkeit, den auf die konkrete Verletzungsform beschränkten Antrag im Wege eines Hilfsantrags, parallel zum globalen Hauptantrag, zu verfolgen siehe BGH vom 30.4.2008 – I ZR 73/05, GRUR 2008, 702 (704) – Internet-Versteigerung III.
[780] *Grunsky*, in Anm. zu BAG vom 8.11.1983 – 1 ABR 57/81, AP Nr. 11 zu § 87 BetrVG 1972 – Arbeitszeit.
[781] *Grunsky*, in Anm. zu BAG vom 8.11.1983 – 1 ABR 57/81, AP Nr. 11 zu § 87 BetrVG 1972 – Arbeitszeit.
[782] Hierzu siehe oben C V 3 c).

nicht berührt und dem Antragsteller steht der Weg zum Unterlassungstitel immer noch offen.

Eine auf die konkrete Verletzungsform beschränkte Tenorierung, wie *Backsmeier* sie vorschlägt, kommt letztlich auch deshalb nicht in Betracht, weil dem Gericht andernfalls genuine Aufgaben des Antragstellers übertragen würden. Wenn das Gericht den Kern der konkreten Verletzungshandlung ermitteln und ihn anhand abstrahierender Begriffe im Urteilstenor umschreiben soll[783], greift es nachhaltig in die Dispositionsfreiheit der Parteien ein. Nicht mehr sie bestimmten über den Streitgegenstand, sondern das Gericht. Die rechtsgestalterische Tätigkeit der Gerichte bei der Tenorierung birgt die Gefahr, dem Verfahren ein Ende zu bereiten, das die Parteien nie beabsichtigten. Auch die Gerichte selbst dürften sich über eine solche Aufgabenstellung nicht freuen. Müssten sie doch alle vom Globalunterlassungsantrag umfassten Fallvarianten auf ihre Begründetheit hin überprüfen.[784] Für die Frage nach der Zulässigkeit einer auf die konkrete Verletzungsform beschränkten Tenorierung kann an dieser Stelle abschließend festgehalten werden, dass hierdurch der Streitgegenstand des Verfahrens geändert und sich das Urteil als Verstoß gegen § 308 Abs. 1 S. 1 ZPO darstellen würde.

3. Zwischenergebnis

Eine Zusammenschau der zur Hinweispflicht des Gerichts nach § 139 ZPO sowie zum Bindungsgebot nach § 308 Abs. 1 S. 1 ZPO gefundenen Ergebnisse offenbart die begrenzten Möglichkeiten des Gerichts, dem Antragsteller des Globalunterlassungsantrags mit seiner Begehr weiterzuhelfen. Das Gericht darf den Antragsteller nicht durch gezielte Hinweise zu den notwendigen grundlegenden Änderungen seines Globalantrags bewegen, da es andernfalls seine Pflicht zur Neutralität verletzen würde. Auch bei der Urteilsfindung kann es dem Globalunterlassungsantrag nicht zum Erfolg verhelfen, ohne gegen § 308 Abs. 1 S. 1 ZPO zu verstoßen. Wohl aber ist es die Aufgabe des Gerichts, auf eine hinreichende Bestimmtheit des Antrags im Sinne des § 253 Abs. 2 Nr. 2 ZPO hinzuwirken. Dieser Pflicht sollte in den Fällen des Globalantrags auch das BAG in Einklang mit der jüngeren Rechtsprechung des BGH stärker nachkommen. Das setzt indes voraus, dass man mit der hier vertretenen Auffassung den Globalunterlassungsantrag für unbestimmt hält.

---

[783] So *Backsmeier*, Das „Minus" beim unterlassungsrechtlichen Globalantrag, S. 134.
[784] *Grunsky*, in Anm. zu BAG vom 8.11.1983 – 1 ABR 57/81, AP Nr. 11 zu § 87 BetrVG 1972 – Arbeitszeit.

VIII. Zusammenfassung

Die Untersuchung und Kritik am Globalantrag in seiner unterlassungsrechtlichen Variante kann an dieser Stelle abschließend zusammengefasst werden. Es wurde gezeigt, dass sich auch der Globalunterlassungsantrag im arbeitsgerichtlichen Beschlussverfahren nach §§ 80 ff. ArbGG an den Grundsätzen der allgemeinen zivilprozessualen Unterlassungsklage messen lassen muss. Zudem hat sich die Untersuchung der insbesondere im Wettbewerbsrecht entwickelten Grundsätze im Umgang mit abstrakten Unterlassungsanträgen als fruchtbar erwiesen. Hier wie dort hängen die Erfolgsaussichten des Antrags maßgeblich vom Umfang des materiellen Unterlassungsanspruchs ab. Der sachliche Umfang des Unterlassungsanspruchs bemisst sich nach dem Umfang der sogenannten Begehungsgefahr. Mit der von der Rechtsprechung – ursprünglich für das Wettbewerbsrecht – entwickelten Kerntheorie ist dem Unterlassungsgläubiger eine Hilfe an die Hand gegen, die seinem Bedürfnis nach einem effektiven Präventivrechtsschutz weitgehend Rechnung trägt. Unter Berücksichtigung der Grundsätze der Kerntheorie erstreckt sich der materielle Unterlassungsanspruch über die konkrete Verletzungshandlung hinaus auch auf die sogenannte konkrete Verletzungsform. Hierunter ist der von den Umständen des Einzelfalls abstrahierte Kern der konkreten Verletzungshandlung zu verstehen. Einen zusätzlichen in die Zukunft gerichteten Schutz gewährt der vorbeugende Unterlassungsanspruch. Besteht Erstbegehungsgefahr bezüglich einer Verletzungshandlung, kann der Unterlassungsgläubiger durch Kombination von Verletzungsunterlassungsanspruch und vorbeugendem Unterlassungsanspruch sein Recht auch für die Zukunft umfassend schützen. Einen globalen Unterlassungsanspruch, der wiederum eine globale Begehungsgefahr voraussetzt, kann es nicht geben. Deshalb wird auch der Globalunterlassungsantrag nie von Erfolg gekrönt sein.

In prozessualer Hinsicht scheitert der Globalunterlassungsantrag schon an der Anforderungen, die § 253 Abs. 2 Nr. 2 ZPO an den Antrag stellt. Da der Globalunterlassungsantrag nicht vollstreckbar ist, muss er als unbestimmt und unzulässig abgewiesen werden. Materiellrechtliche Gründe für eine großzügigere Handhabung des Bestimmtheitserfordernisses sind nicht ersichtlich. Nur so lässt sich der Antragsgegner vor unklaren Unterlassungsgeboten schützen. Auch mit dem für viele Fragen entscheidenden Streitgegenstandsbegriff gerät der Globalunterlassungsantrag in Konflikt. Der von der ganz herrschenden Meinung vertretene zweigliedrige Streitgegenstandsbegriff fußt neben dem zur Entscheidung gestellten Antrag auf dem zur Begründung des Antrags vorgetragenen Lebenssachverhalt. Ob dieser Lebenssachverhalt nun wie die Rechtsprechung meint, auf die konkrete Verletzungshandlung beschränkt ist oder nach der herrschenden Ansicht in der Literatur zudem alle kerngleichen Verletzungshandlungen, mithin die konkrete Verletzungsform, umfasst, kann dahingestellt bleiben. Denn eine Vielzahl zukünftiger Lebenssachverhalte zum Streitgegenstand zu erheben, gelingt in keinem Fall. Das Ergebnis der Untersuchung des Streitgegenstands des Globalunterlassungsantrags gibt zugleich die Antwort auf die Frage nach dessen Verhältnis zur materiellen Rechtskraft im Sinne des § 322 ZPO. Da sich der Umfang der Rechtskraft nach dem Umfang des Streitgegenstands bestimmt, bleibt festzuhalten, dass eine Globalunterlassungsentscheidung nicht rechtskraftfähig ist. Es fehlt dem Globalunterlassungsantrag an der Umschreibung eines hinreichend konkreten Lebenssachverhalts. Auch hier erweist sich für den Antragsteller das Abstellen auf die konkrete Verletzungsform als kluger Kompromiss. Ein auf die Verletzungsform konkretisierter Antrag wird seinem Begehren gerecht und widerspricht nicht den Grundsätzen der Rechtskraftlehre. Letztlich lässt sich der Globalunterlassungsantrag auch nicht mit den Regelungen des Vollstreckungsverfahrens in Einklang bringen. Das zur Bestimmtheit des Antrags nach § 253 Abs. 2 Nr. 2 ZPO Gesagte gilt genauso für die Bestimmtheit des Vollstreckungstitels. Im Falle des unbestimmten Globalunterlassungsantrags müsste das Vollstreckungsgericht – unzulässigerweise – Antworten auf Fragen finden, die mit Abschluss des Erkenntnisverfahrens eigentlich beantwortet sein sollten.

Auch das Gericht vermag es nicht, dem Globalunterlassungsantrag zum Erfolg zu verhelfen. Für einen erfolgversprechenden Antrag zu sorgen, bleibt die elementare Aufgabe des Rechtsschutzsuchenden und seines Anwalts. Das Gericht darf sich hier nicht auf die Seite des Antragstellers werfen. Das wird nicht zuletzt durch das gerichtliche Bindungsgebot nach § 308 Abs. 1 S. 1 ZPO verhindert. Das Gericht kann entweder dem Antrag stattgeben oder es muss ihn abweisen. Den Globalunterlassungsantrag auf ein begründetes Maß zurechtzustutzen kommt hingegen nicht in Betracht. Allerdings sollten die Gerichte die ihnen gemäß § 139 Abs. 1 S. 2 ZPO aufgegebene Pflicht verstärkt wahrnehmen und auf hinreichend bestimmte Anträge hinwirken. Das liegt nicht zuletzt auch im Interesse des Antragstellers, der mit einem bestimmten Antrag zugleich die Aussicht auf eine vollstreckbare Entscheidung in der Sache hat.

D. Globalfeststellungsantrag

Im Rahmen der Untersuchung des Globalunterlassungsantrags wurde schon viel von dem betrachtet, was die Problematik des Globalantrags an sich betrifft. Die Fragen nach der Antragsbestimmtheit und der materiellen Rechtskraft berühren den Globalantrag nicht nur in seiner unterlassungsrechtlichen Spielart. Doch bleiben auch noch Fragen offen, die sich so nur im Falle des Globalfeststellungsantrags stellen. Probleme können hier insbesondere im Zusammenhang mit den beiden zentralen Pfeilern der Feststellungsklage, nämlich der Frage nach dem feststellungsfähigen Rechtsverhältnis sowie nach dem Interesse an alsbaldiger Feststellung im Sinne des § 256 ZPO auftreten. Diesen Fragen widmet sich die folgende Untersuchung. Hierzu wird zunächst die Rechtsprechung des BAG zum Globalfeststellungsantrag im arbeitsgerichtlichen Beschlussverfahren nach §§ 80 ff. ArbGG auf ihre Leitlinien hin analysiert. Insbesondere die Frage des hinreichenden Rechtsschutzinteresses wurde im Laufe der Zeit unterschiedlich bewertet und bedarf einer näheren Betrachtung. Sodann soll ein Überblick über das Wesen der Feststellungsklage helfen, die Rechtsprechung des BAG vor dem Hintergrund der Dogmatik der Feststellungsklage kritisch zu überprüfen.

I. Zulässig, doch unbegründet – Analyse der Rechtsprechung des BAG zum Globalfeststellungsantrag

Zwar erging die Entscheidung, in der das BAG den Begriff des Globalantrags zum ersten Mal verwendete am 8.11.1983 zu einem Unterlassungsantrag.[785] Doch überwiegt bislang die Anzahl der Entscheidungen zu Globalfeststellungsanträgen die Anzahl der Entscheidungen zu Globalunterlassungsanträgen.[786] Diese Tatsache

---

[785] BAG vom 8.11.1983 – 1 ABR 57/81, AP Nr. 11 zu § 87 BetrVG 1972 – Arbeitszeit.
[786] Zum Globalfeststellungsantrag BAG vom 10.6.1986 – 1 ABR 61/84, AP Nr. 18 zu § 87 BetrVG 1972; BAG vom 19.2.1991 – 1 ABR 31/90, AP Nr. 42 zu § 87 BetrVG 1972; BAG vom 17.9.1991 – 1 ABR 74/90, AP Nr. 13 zu § 106 BetrVG 1972; BAG vom 22.10.1991 – 1 ABR 6/91, AP Nr. 14 zu Art. 56 ZA-Nato-Truppenstatut; BAG vom 20.2.1997 – 6 AZR 808/95, juris; BAG vom 11.11.1998 – 4 ABR 40/97, AP Nr. 18 zu § 50 BetrVG 1972; BAG vom 15.12.1998 – 1 ABR 9/98, AP Nr. 56 zu § 80 BetrVG 1972; BAG vom 29.9.1999 – 7 ABR 22/98, juris; BAG vom 20.10.1999 – 7 ABR 37/98, juris; BAG vom 11.12.2001 – 1 ABR 9/01, juris; BAG vom 16.4.2002 – 1 ABR 34/01, AP Nr. 9 zu § 87 BetrVG 1972 – Akkord; BAG vom 28.5.2002 – 1 ABR 35/01, AP Nr. 23 zu Art. 56 ZA-Nato-Truppenstatut; BAG vom 22.6.2005 – 10 ABR 34/04, NZA-RR 2006, 23 ff.; BAG vom 26.7.2005 – 1 ABR 16/04, juris; BAG vom 27.6.2006 – 1 ABR 35/05, AP Nr. 47 zu § 95 BetrVG 1972; BAG vom 10.3.2009 – 1 ABR 87/07, AP Nr. 16 zu § 87 BetrVG 1972; BAG vom 15.9.2009 – 9 AZR 757/08, AP Nr. 7 zu § 106 GewO; BAG vom 13.10.2009 – 9 AZR 139/08, AP Nr. 4 zu § 2 ArbZG; BAG vom 17.8.2010 – 9 ABR 83/09, NZA 2010, 1431 ff.; BAG vom

ist maßgeblich darauf zurückzuführen, dass es bis 1994 keinen anerkannten allgemeinen Unterlassungsanspruch des Betriebsrats gab. Erst mit seiner wegweisenden Entscheidung vom 3.5.1994 – in der es zudem um einen Globalantrag ging – wurde ein solcher allgemeiner Unterlassungsanspruch des Betriebsrats etabliert.[787] Zuvor blieb dem Betriebsrat gar nichts anderes übrig, als seine Begehr nach Rechtssicherheit in mitbestimmungsrechtlichen Streitigkeiten im Wege des Feststellungsantrags zu verfolgen. Aus der nun fast dreißigjährigen und kaum mehr überschaubaren Geschichte des Globalfeststellungsantrags sollen an dieser Stelle die Eckpfeiler der Entwicklung hin zur heute aktuellen Rechtsprechung des BAG aufgezeigt werden.[788]

1. Ursprünge der Rechtsprechung zum Globalfeststellungsantrag

Als Ausgangspunkt für die Betrachtung der Genese der Rechtsprechung zum Globalfeststellungsantrag eignet sich die Entscheidung des BAG vom 10.6.1974[789], eine Entscheidung also aus der Zeit, bevor das BAG derartige Sachverhalte unter den Begriff des „Globalantrags" subsumierte. Das BAG sprach noch von „Streitfällen der vorliegenden Art".[790] Gemeint waren Anträge, mit denen die Feststellung der Rechtswidrigkeit bestimmter Handlungen begehrt wurde, welche aber zum Zeitpunkt des Verfahrens längst abgeschlossen waren. Im konkreten Fall hatte der Betriebsrat beschlossen, eines seiner Mitglieder an einem Aufbauseminar der IG-Metall zum Thema „Lohngestaltung und Mitbestimmung im Betrieb" teilnehmen zu lassen. Der Arbeitgeber jedoch verweigerte dem Betriebsratsmitglied die Freistellung für die Zeit des Seminars. Daraufhin beantragte der Betriebsrat beim Arbeitsgericht festzustellen, dass das Mitglied des Betriebsrats berechtigt sei, an der Bildungsveranstaltung der IG Metall teilzunehmen. Das Kernproblem des Falls lag hier nicht in der Abstraktheit des zur Entscheidung gestellten Sachverhalts, sondern vielmehr in dem Umstand, dass das Gewerkschaftsseminar zum Zeitpunkt der Entscheidung schon abgehalten war und somit der Vergangenheit angehörte. Dennoch lassen sich der Entscheidungsbegründung Aussagen entnehmen, die für das Ver-

---

27.10.2010 – 7 ABR 36/09, NZA 2011, 527 ff.; BAG vom 27.11.2010 – 7 ABR 123/09, NZA 2011, 531 ff.
[787] BAG vom 3.5.1994 – 1 ABR 24/93, AP Nr. 23 zu § 23 BetrVG 1972.
[788] Zur Rechtsprechung des BAG zum Globalfeststellungsantrag siehe *Jacobs*, FS Picker, S. 1013 (1016 ff.).
[789] BAG vom 10.6.1974 – 1 ABR 136/73, AP Nr. 15 zu § 37 BetrVG 1972; hierzu schon oben kurz B II 2.
[790] BAG vom 10.6.1974 – 1 ABR 136/73, AP Nr. 15 zu § 37 BetrVG 1972.

ständnis des Umgangs des BAG mit dem eigentlichen Globalfeststellungsantrag essentiell sind. Der 1. Senat argumentiert hier, dass das erforderliche Rechtsschutzinteresse des Antragstellers nicht schon deshalb entfiele, weil der für das Verfahren anlassgebende Streitfall bereits abgeschlossen ist.[791] Vielmehr reiche es für die Annahme eines hinreichenden Rechtsschutzinteresses aus, dass eine „nicht geringe Wahrscheinlichkeit" dafür bestehe, dass in Zukunft gleichgelagerte Fälle auftreten können.[792] Zur Begründung für die geringen Anforderungen an das Rechtsschutzinteresse verweist das BAG auf den Zweck des arbeitsgerichtlichen Beschlussverfahrens. Dieser erschöpfe sich nicht darin, den konkreten Streitfall zu entscheiden, sondern „zur Befriedung im Betrieb überhaupt beizutragen".[793] Doch finden sich auch aus dieser Zeit Entscheidungen, in denen sich das BAG für eine restriktivere Handhabung derartiger, vom konkreten Einzelfall losgelöster Anträge ausspricht. So in einer Entscheidung desselben Senats vom 15.12.1972.[794] Es wurde beantragt festzustellen, dass eine bestimmte Gruppe von Arbeitnehmern bei der Berechnung der Zahl der zu wählenden Betriebsratsmitglieder zu berücksichtigen sei. Im Hinblick auf das erforderliche Rechtsschutzinteresse war auch hier problematisch, dass die Betriebsratswahl mittlerweile durchgeführt war. Im Gegensatz zu der Entscheidung aus dem Jahr 1974 kam das BAG hier zu dem Ergebnis, dass es der Antragstellerin an einem Rechtsschutzinteresse fehle. Der Zusammenhang zwischen dem nunmehr abgeschlossenen Anlassfall und dem gegenwärtigen und zukünftigen betrieblichen Geschehen dürfe nicht völlig verlorengehen.[795] Es sei nicht die Aufgabe der Arbeitsgerichte, für die Beteiligten abstrakte Rechtsfragen zu beantworten oder ohne Zusammenhang mit dem tatsächlichen Geschehen Rechtsgutachten zu erstatten.[796] Trotz der restriktiveren Auslegung des Erfordernisses des Rechtsschutzinteresses betont der 1. Senat auch in dieser Entscheidung, dass bei der Prüfung des Rechtsschutzinteresses im Beschlussverfahren „nicht die strengen Maßstäbe des Zivilprozessrechts" anzulegen seien.[797] Diese „gewisse Großzügigkeit"[798] im Umgang mit dem Erfordernis eines hinreichenden Rechtsschutzinteresses ist für die frühe Rechtsprechung des BAG zum Globalfeststellungsantrag kennzeichnend.

---

[791] BAG vom 10.6.1974 – 1 ABR 136/73, AP Nr. 15 zu § 37 BetrVG 1972.
[792] BAG vom 10.6.1974 – 1 ABR 136/73, AP Nr. 15 zu § 37 BetrVG 1972.
[793] BAG vom 10.6.1974 – 1 ABR 136/73, AP Nr. 15 zu § 37 BetrVG 1972. Dass sich ein solcher, über die Durchsetzung subjektiver Rechte hinausgehender Sonderzweck der §§ 80 ff. ArbGG nicht überzeugend begründen lässt, wurde schon an früherer Stelle festgestellt; siehe hierzu schon oben kurz B II 2.
[794] BAG vom 15.12.1972 – 1 ABR 5/72, AP Nr. 5 zu § 80 ArbGG 1953.
[795] BAG vom 15.12.1972 – 1 ABR 5/72, AP Nr. 5 zu § 80 ArbGG 1953.
[796] BAG vom 15.12.1972 – 1 ABR 5/72, AP Nr. 5 zu § 80 ArbGG 1953.
[797] BAG vom 15.12.1972 – 1 ABR 5/72, AP Nr. 5 zu § 80 ArbGG 1953.
[798] BAG vom 15.12.1972 – 1 ABR 5/72, AP Nr. 5 zu § 80 ArbGG 1953.

2. Neuausrichtung der Rechtsprechung seit BAG vom 29.7.1982 – 6 ABR 51/79

Eine grundlegende Änderung erfuhr die Rechtsprechung des BAG zum Globalfeststellungsantrag mit einer Entscheidung des 6. Senats vom 29.7.1982.[799] Das BAG hatte hier über einen Antrag zu entscheiden, mit dem die Antragsteller – eine Gruppe von Angestellten eines Betriebs – die Feststellung der Rechtsunwirksamkeit zweier Betriebsratsbeschlüsse begehrten. Da die Antragsteller zum Teil bereits aus dem Betrieb ausgeschieden waren und zudem schon eine neue Betriebsratswahl stattgefunden hatte, stellte sich wiederum die Frage nach dem Bestehen eines hinreichenden Rechtsschutzinteresses. Die Entscheidung dieses Falls nahm das BAG zum Anlass, sich grundsätzlich zu der Frage nach dem Rechtsschutzinteresse in derart gelagerten Fällen zu äußern. Der restriktive Umgang mit den an das Feststellungsinteresse zu stellenden Anforderungen, wie er sich schon in der Entscheidung vom 15.12.1972[800] andeutete, wurde hier bestätigt und ausführlich begründet. Voraussetzung für eine Entscheidung sei, dass nach dem Beteiligtenvortrag von einer Gefährdung der betriebsverfassungsrechtlichen Rechte des Antragstellers auszugehen ist und hieraus folgend das Bedürfnis nach baldiger Klarstellung besteht.[801] Eine Entscheidung über abgeschlossene Sachverhalte, die sich in Zukunft so nicht hinreichend wahrscheinlich wiederholen werden, würde auf ein Gutachten über eine abstrakte Rechtsfrage hinauslaufen.[802] Die Arbeitsgerichte seien auch im Beschlussverfahren nicht dazu berufen, die Richtigkeit von Rechtsauffassungen gerichtlich zu bestätigen.[803] Ein solches „allgemeines Interesse an der Klärung einer umstrittenen Rechtsfrage" ließ nun auch der 1. Senat in seiner Entscheidung vom 10.4.1984 nicht mehr genügen und schloss sich damit ausdrücklich der Rechtsauffassung des 6. Senats an.[804] Der Idee von den Arbeitsgerichten als „Rechtsauskunftstellen"[805] erteilt das BAG mithin eine ausdrückliche Absage. Die im Vergleich zu früheren Entscheidungen restriktivere Auslegung des Erfordernisses des Rechtsschutzinteresses wurde auch als Rückbesinnung auf die allgemeinen zivilprozessualen Grundsätze im Beschlussverfahren gedeutet.[806]

---

[799] *Jacobs*, FS Picker, S. 1013 (1017); zu BAG vom 29.7.1982 – 6 ABR 51/79, AP Nr. 5 zu § 83 ArbGG 1979 siehe schon kurz oben B II 2.
[800] BAG vom 15.12.1972 – 1 ABR 5/72, AP Nr. 5 zu § 80 ArbGG 1953.
[801] BAG vom 29.7.1982 – 6 ABR 51/79, AP Nr. 5 zu § 83 ArbGG 1979.
[802] BAG vom 29.7.1982 – 6 ABR 51/79, AP Nr. 5 zu § 83 ArbGG 1979.
[803] BAG vom 29.7.1982 – 6 ABR 51/79, AP Nr. 5 zu § 83 ArbGG 1979.
[804] BAG vom 10.4.1984 – 1 ABR 73/82, AP Nr. 3 zu § 81 ArbGG 1979.
[805] BAG vom 29.7.1982 – 6 ABR 51/79, AP Nr. 5 zu § 83 ArbGG 1979.
[806] *von Hoyningen-Huene*, AP Nr. 19 zu § 80 BetrVG 1972.

So fundamental die Rechtsprechungswende auf den ersten Blick erscheinen mag, muss die sich auf den zweiten Blick offenbarende Inkonsequenz mit der das BAG hier vorgeht, doch enttäuschen. Denn es lässt die Sache nicht mit der Abweisung des Antrags wegen des fehlenden Rechtsschutzinteresses bewenden. Vielmehr weist es die Antragsteller darauf hin, dass sie im Wege der objektiven Antragshäufung einen „über den konkreten Anlass hinausgehenden Antrag" stellen könnten.[807] Nach Ansicht des BAG kann so „wegen der Ablösung vom konkreten Vorgang und der Wiederholungsgefahr eine Entscheidung erreicht werden, die die von der Rechtskraft dieser Entscheidung Betroffenen auch für die Zukunft bindet".[808] Auf diesem Wege kann ein an sich abgeschlossener und somit grundsätzlich nicht mehr justiziabler Vorgang doch noch zur gerichtlichen Entscheidung gestellt werden. Das BAG erhofft sich hierdurch eine endgültige Klärung der durch die Entscheidung über den konkreten Anlassfall noch nicht bereinigten betriebsverfassungsrechtlichen Streitigkeit.[809] Dieses Schlupfloch, das das BAG den Antragstellern zur Verfügung stellt, ebnete den Weg für seine bis heute aktuelle Rechtsprechung zum Globalfeststellungsantrag.

3. Von Argumentationsmustern und Atavismen – Die jüngsten Entscheidungen des BAG zum Globalfeststellungsantrag

Der Umgang mit dem Globalfeststellungsantrag im arbeitsgerichtlichen Beschlussverfahren nach §§ 80 ff. ArbGG wird am Beispiel neuester Entscheidungen des BAG dargestellt. Am 17.8.2010 hatte der 9. Senat das BAG über den Streit zwischen einer Schwerbehindertenvertretung und einer Arbeitgeberin zu befinden.[810] Es ging um die Unterrichtungs- und Anhörungsrechte der Schwerbehindertenvertretung bei der Besetzung von Stellen mit Personalführungsfunktion. Die Schwerbehindertenvertretung hatte beantragt „festzustellen, dass die Arbeitgeberin verpflichtet ist, die Schwerbehindertenvertretung nach § 95 Abs. 2 S. 1 SGB IX vor der Entscheidung zur Besetzung einer Stelle mit Personalleitungsfunktion (...) zu unterrichten und anzuhören, soweit es um die Besetzung einer Stelle geht, der bezüglich der Personalleitungsfunktion mindestens ein schwerbehinderter Mensch zugeordnet ist".[811] Da mit diesem Antrag die Feststellung von Unterrichtungs- und

---

[807] BAG vom 29.7.1982 – 6 ABR 51/79, AP Nr. 5 zu § 83 ArbGG 1979.
[808] BAG vom 29.7.1982 – 6 ABR 51/79, AP Nr. 5 zu § 83 ArbGG 1979.
[809] BAG vom 29.7.1982 – 6 ABR 51/79, AP Nr. 5 zu § 83 ArbGG 1979.
[810] BAG vom 17.8.2010 – 9 ABR 83/09, NZA 2010, 1431 ff.; hierzu siehe schon oben kurz A II.
[811] BAG vom 17.8.2010 – 9 ABR 83/09, NZA 2010, 1431 (1432).

Anhörungsrechten für eine Vielzahl denkbarer Konstellationen begehrt wird, handelt es sich um einen typischen Globalfeststellungsantrag. Im Rahmen der Zulässigkeitsprüfung geht das BAG hier auf die beiden Fragen nach der Bestimmtheit im Sinne des § 253 Abs. 2 Nr. ZPO sowie nach dem besonderen Feststellungsinteresse im Sinne des § 256 Abs. 1 ZPO ein. Bezüglich der Bestimmtheit des Globalfeststellungsantrags hat der Senat keine Bedenken. Da er alle denkbaren Fallkonstellationen erfasse, lasse er nichts unbestimmt.[812] Ferner sieht das BAG auch im Hinblick auf § 256 Abs. 1 ZPO keinen Grund, an der Zulässigkeit des Globalfeststellungsantrags zu zweifeln. Der Globalfeststellungsantrag sei geeignet, die zwischen den Beteiligten umstrittene Frage nach dem Bestehen der Unterrichtungs- sowie Anhörungsrechte zu klären. Somit bestehe das erforderliche besondere Interesse an der Feststellung. Wie die Prüfung der Zulässigkeit des Antrags, ist auch die Prüfung der Begründetheit in der Entscheidung vom 17.8.2010 geradezu typisch für den Umgang des BAG mit dem Globalfeststellungsantrag. Da die Prüfung des Gerichts ergab, dass der Schwerbehindertenvertretung die behaupteten Unterrichtungs- und Anhörungsrechte nicht in allen geltend gemachten Fallkonstellationen zustehen, wies das BAG den Globalfeststellungsantrag als insgesamt unbegründet zurück. Dem Antrag könne auch nicht mit Einschränkungen stattgegeben werden.[813] Würde der Senat feststellen, unter welchen einschränkenden Voraussetzungen die behaupteten Unterrichtungs- und Anhörungsrechte bestehen, würde er etwas anderes als beantrag zusprechen und so gegen § 308 Abs. 1 ZPO verstoßen.[814] Dieses Argumentationsmuster – zulässig, aber unbegründet – findet sich in allen jüngeren Entscheidungen des BAG zum Globalfeststellungsantrag.[815]

Umso bemerkenswerter ist da ein Ausreißer aus nicht allzu ferner Vergangenheit. Gleich einem Atavismus trifft das BAG im Jahr 1999 eine Entscheidung, die aus den siebziger Jahren stammen könnte. In dem ersten Leitsatz der Entscheidung vom 20.4.1999 stellt es fest, dass an der gerichtlichen Klärung einer über den konkreten Anlass hinausgehenden allgemeinen Streitfrage durchaus ein berechtigtes Interesse bestehen könne.[816] Voraussetzung hierfür sei ein Antrag, der die allge-

---

[812] BAG vom 17.8.2010 – 9 ABR 83/09, NZA 2010, 1431 (1432).
[813] BAG vom 17.8.2010 – 9 ABR 83/09, NZA 2010, 1431 (1433).
[814] BAG vom 17.8.2010 – 9 ABR 83/09, NZA 2010, 1431 (1433).
[815] Vgl. BAG vom 22.6.2005 – 10 ABR 34/04, NZA-RR 2006, 23 ff.; BAG vom 27.6.2006 – 1 ABR 35/05, AP Nr. 47 zu § 95 BetrVG 1972; BAG vom 10.3.2009 – 1 ABR 87/07, AP Nr. 16 zu § 87 BetrVG 1972; BAG vom 27.10.2010 – 7 ABR 36/09, NZA 2011, 527 ff.; BAG vom 27.11.2010 – 7 ABR 123/09, NZA 2011, 531 ff.
[816] BAG vom 20.4.1999 – 1 ABR 13/98, AP Nr. 43 zu § 81 ArbGG 1979.

meine Frage hinreichend deutlich vom Anlassfall losgelöst umschreibe und zum Gegenstand des Verfahrens mache.[817]

4. Langer Weg der Rechtsprechung zum Globalfeststellungsantrag – Zwischenergebnis

Bis zuletzt zeigt sich die Entwicklung der Rechtsprechung des BAG zum Globalfeststellungsantrag im arbeitsgerichtlichen Beschlussverfahren nach §§ 80 ff. ArbGG als ein Hin und Her zwischen mehr und weniger großzügigem Umgang mit dem Erfordernis eines hinreichenden Feststellungsinteresses. Zunächst ging man davon aus, das arbeitsgerichtliche Beschlussverfahren gebiete die Zulässigkeit von Feststellungsanträgen, die sich auf abgeschlossene Sachverhalte beziehen. Man bemühte sich seit Anfang der achtziger Jahre um die Durchsetzung strengerer Maßstäbe. Gleichwohl eröffnete man den Antragstellern mit der Möglichkeit, im Wege der objektiven Antragshäufung sogenannte Globalanträge zu stellen, ein verfahrensrechtliches Schlupfloch, das im Grunde die gleichen Probleme aufwirft wie die nunmehr für unzulässig erklärten vergangenheitsbezogenen Anträge. Das BAG beschränkt sich in seiner Prüfung der Globalfeststellungsanträge auf eine knappe Zulässigkeitsprüfung, die die Antragsbestimmtheit nach § 253 Abs. 2 Nr. 2 ZPO sowie das besondere Feststellungsinteresse im Sinne des § 256 Abs. 1 ZPO als unproblematisch bejaht. In der Begründetheit prüft das BAG, ob der behauptete Anspruch in allen von dem Globalfeststellungsantrag erfassten Fallkonstellationen besteht. Da das kaum jemals der Fall ist, lässt sich die Rechtsprechung des BAG zum Globalfeststellungsantrag auf folgende Formel bringen: zwar zulässig, doch unbegründet.

II. Zweck und Struktur des Feststellungsverfahrens

Die Untersuchung der Besonderheiten des arbeitsgerichtlichen Beschlussverfahrens nach § 80 ff. ArbGG hat gezeigt: Auch im Beschlussverfahren gelten die allgemeinen zivilprozessualen Grundsätze der ZPO.[818] Der nun folgende Überblick über die Dogmatik der Feststellungsklage soll – gleich einem vor die Klammer gezogenen Allgemeinen Teil – zeigen, von welchen Ideen die zivilprozessuale Feststellungsklage im Sinne des § 256 ZPO getragen wird. Hieraus ergeben sich die Punkte, an

---

[817] BAG vom 20.4.1999 – 1 ABR 13/98, AP Nr. 43 zu § 81 ArbGG 1979.
[818] Hierzu siehe oben B III.

denen die kritische Analyse der Rechtsprechung des BAG zum Globalfeststellungsantrag anzusetzen hat.

1. Rechtsnatur und Zweck(e) des Feststellungsverfahrens

Unter den zivilprozessualen Klagearten nimmt die Feststellungsklage in vielerlei Hinsicht eine Sonderstellung ein. Das beginnt damit, dass sie als einzige Rechtsschutzform speziell gesetzlich geregelt worden ist.[819] Gemäß § 256 Abs. 1 ZPO kann sich der Rechtsschutzsuchende mit der Begehr an das Gericht wenden, das Bestehen oder Nichtbestehen eines Rechtsverhältnisses sowie die Echtheit oder Unechtheit einer Urkunde festzustellen. Die auf das Bestehen eines Rechtsverhältnisses und die Echtheit einer Urkunde gerichtete Feststellungsklage wird positive Feststellungsklage genannt.[820] Die auf das Nichtbestehen eines Rechtsverhältnisses sowie die Unechtheit einer Urkunde zielende Feststellungsklage heißt dementsprechend negative Feststellungsklage.[821] Umstritten ist die Frage, ob es sich bei der Feststellungsklage um ein prozessrechtliches oder materiellrechtliches Institut handelt. Die herrschende Meinung in der Literatur geht davon aus, dass die Feststellungsklage ein rein prozessuales Rechtsschutzmittel ist.[822] Sie soll den Rechtsfrieden sichern.[823] Dementsprechend werde mit der Feststellungsklage auch kein subjektives Recht auf Feststellung oder gar ein Anspruch auf Anerkennung des streitigen Rechtsverhältnisses verfolgt.[824] In jüngerer Zeit wird jedoch verstärkt für eine „materiellrechtliche Neuorientierung"[825] der Feststellungsklage argumentiert.[826] Im Gleichklang mit Leistungs- sowie Gestaltungsklage sei die Feststellungsklage materiellrechtlich zu deuten.[827] Seinen Ausdruck finde das vor allem durch eine stärkere Berücksichtigung des Rechtsverhältnisses im Sinne des § 256 Abs. 1 ZPO „als

---

[819] MünchKommZPO/*Becker-Eberhard*, § 256 Rn. 4.
[820] MünchKommZPO/*Becker-Eberhard*, § 256 Rn. 9; Stein/Jonas/*Roth*, § 256 Rn. 11; Zöller/*Greger*, § 256 Rn. 2.
[821] MünchKommZPO/*Becker-Eberhard*, § 256 Rn. 9; Stein/Jonas/*Roth*, § 256 Rn. 11; Zöller/*Greger*, § 256 Rn. 2.
[822] MünchKommZPO/*Becker-Eberhard*, § 256 Rn. 1; *Rosenberg/Schwab/Gottwald*, § 90 Rn. 4; Stein/Jonas/*Roth*, § 256 Rn. 2.
[823] MünchKommZPO/*Becker-Eberhard*, § 256 Rn. 1; Stein/Jonas/*Roth*, § 256 Rn. 2.
[824] Stein/Jonas/*Roth*, § 256 Rn. 3.
[825] *Jacobs*, Der Gegenstand des Feststellungsverfahrens, S. 154.
[826] Insbesondere *Jacobs*, Der Gegenstand des Feststellungsverfahrens, S. 153 ff., 177 ff., 514; für ein materiellrechtliches Verständnis der Feststellungsklage auch E. Habscheid, ZZP 112, 37 (38 f.); *Picker*, Die Drittwiderspruchsklage, S. 345 ff.; Zöller/*Greger*, § 256 Rn. 1; *Zöllner*, AcP 190, 471 (490 ff.).
[827] *Jacobs*, Der Gegenstand des Feststellungsverfahrens, S. 180.

materiellrechtliche(m) Band zwischen den Prozessparteien".[828] Da der Zivilprozess allgemein der Durchsetzung materieller Rechte diene[829], liege dem Feststellungsantrag auch ein materielles Recht auf Feststellung des Bestehens oder Nichtbestehens des Rechtverhältnisses zugrunde.[830] Dieses subjektive materielle Recht sei jedoch nicht im Sinne des Anspruchsbegriffs nach § 194 BGB zu verstehen.[831] Auch wenn dem Streit um die Rechtsnatur der Feststellungsklage hier nicht näher nachgegangen werden kann, wird im Rahmen der Auseinandersetzung mit dem Verhältnis zwischen dem Globalfeststellungsantrag und dem Erfordernis eines feststellungsfähigen Rechtsverhältnisses noch zu zeigen sein, welch grundlegende und damit zugleich charakterisierende Rolle das Rechtsverhältnis für die Feststellungsklage spielt.[832]

Die Frage danach, ob mit der Feststellungsklage subjektive Rechte durchgesetzt werden oder nicht, führt zu der Überlegung darüber, welche Ziele mit der Feststellungsklage verfolgt werden. Während sich bei der Leistungsklage das Prozessziel des Antragstellers recht einfach bestimmen lässt – es besteht in dem Erhalt der begehrten Leistung – stellt sich die Motivsuche bei der Feststellungsklage als nicht ganz so einfach dar.[833] Der Strauß möglicher verfolgter Zwecke ist bunt.[834] *Jacobs* diskutiert die Durchsetzung und den Schutz subjektiver materieller Rechte, die Erlangung von Rechtsgewissheit[835] sowie die Erlangung einer „Planungsbasis" für künftiges Verhalten als mögliche mit der Feststellungsklage bezweckt Ziele.[836] Weniger auf die Durchsetzung einer Rechtsposition abstellend, betont *Zimmer* das Prozessziel der „Bestätigung einer Rechtsposition".[837] Gleichwohl weist er darauf hin, dass mit der Feststellungsklage durchaus auch eine Leistung verfolgt werden

---

[828] *Jacobs*, Der Gegenstand des Feststellungsverfahrens, S. 178 f.
[829] Hierzu eingehend *Jacobs*, Der Gegenstand des Feststellungsverfahrens, S. 184 ff.
[830] *E. Habscheid*, ZZP 112, 37 (38 f.).
[831] *E. Habscheid*, ZZP 112, 37 (39).
[832] Hierzu siehe unten D IV.
[833] *Zimmer*, Der Anwendungsbereich der Feststellungsklage und des Feststellungsantrags im arbeitsgerichtlichen Verfahren, S. 131.
[834] Zum Zweck der Feststellungsklage ausführlich *Jacobs*, Der Gegenstand des Feststellungsverfahrens, S. 215 ff. sowie *Zimmer*, Der Anwendungsbereich der Feststellungsklage und des Feststellungsantrags im arbeitsgerichtlichen Verfahren, S. 131 ff.
[835] Stein/Jonas/*Roth*, § 256 Rn. 48 sieht entsprechend die Beseitigung von Ungewissheit als Ziel der Feststellungsklage.
[836] *Jacobs*, Der Gegenstand des Feststellungsverfahrens, S. 215 ff., 219 ff., 225 ff.
[837] *Zimmer*, Der Anwendungsbereich der Feststellungsklage und des Feststellungsantrags im arbeitsgerichtlichen Verfahren, S. 131 ff.

könne.[838] Letztlich könne mit der Feststellungsklage die Erlangung einer Rechtsauskunft bezweckt werden.[839] Die Zusammenschau der möglichen Zwecke der Feststellungsklage ruft die Frage nach den Motiven der Antragsteller für den Globalantrag in Erinnerung.[840] In seiner Feststellungsvariante soll der Globalantrag mit dem stattgebenden Urteil eine rechtsverbindliche Orientierungshilfe für die in Zukunft möglicherweise anstehenden Streitigkeiten liefern. Es ist unbedingt zu beachten, dass diese Prozessziele keine Zulässigkeitsvoraussetzungen darstellen. Sie sind tatsächlicher Natur[841] und stehen damit außerhalb des reinen Verfahrensrechts. Sie geben allenfalls Anlass, über die Rechtsschutzzone der Feststellungsklage nachzudenken.[842] Was also hier abstrakt als „Prozessziel" der Feststellungsklage und als „Motiv" für den Globalfeststellungsantrag beschrieben wurde, wird sich an späterer Stelle in dieser Untersuchung am Gesetz messen lassen müssen. Den Voraussetzungen des feststellungsfähigen Rechtsverhältnisses und des besonderen Feststellungsinteresses muss Genüge getan sein. Die entscheidende Frage wird demnach lauten: Inwiefern zeigt sich die Feststellungsklage nach § 256 Abs. 1 ZPO offen für die Begehr des Globalfeststellungsantrags nach umfassender Auskunft über die Reichweite materieller Rechte?

2. Antrag im Feststellungsverfahren

Für eine Untersuchung des Globalfeststellungsantrags sind die speziell an den Antrag im Feststellungsverfahren gestellten Anforderungen von besonderem Interesse. Im Grundsatz gilt hier nichts anderes als bei der Leistungsklage. Auch der Feststellungsantrag muss im Sinne des § 253 Abs. 2 Nr. 2 ZPO bestimmt sein.[843] Das gilt insbesondere auch für das arbeitsgerichtliche Beschlussverfahren nach §§ 80 ff. ArbGG.[844] Im konkreten Fall heißt das, der Antragsteller muss das festzustellende Rechtsverhältnis in der Weise bezeichnen, dass über Identität und Umfang der

---

[838] *Zimmer*, Der Anwendungsbereich der Feststellungsklage und des Feststellungsantrags im arbeitsgerichtlichen Verfahren, S. 133 ff.
[839] *Zimmer*, Der Anwendungsbereich der Feststellungsklage und des Feststellungsantrags im arbeitsgerichtlichen Verfahren, S. 145 ff.
[840] Hierzu siehe oben A II.
[841] *Zimmer*, Der Anwendungsbereich der Feststellungsklage und des Feststellungsantrags im arbeitsgerichtlichen Verfahren, S. 130.
[842] *Jacobs*, Der Gegenstand des Feststellungsverfahrens, S. 215.
[843] MünchKommZPO/*Becker-Eberhard*, § 253 Rn. 152; Musielak/*Foerste*, § 256 Rn. 36; Stein/Jonas/*Roth*, § 256 Rn. 77; Zöller/*Greger*, § 256 Rn. 15.
[844] BAG vom 22.6.2005 – 10 ABR 34/04, NZA-RR 2006, 23 (26); GMP/*Matthes*, § 81 Rn. 8; hierzu auch schon oben B II 1.

Rechtskraftwirkung des begehrten Feststellungsanspruchs keinerlei Ungewissheit herrscht.[845] Geht es – wie typischerweise beim Globalfeststellungsantrag – um die Bestimmung der Reichweite betriebsverfassungsrechtlicher Mitbestimmungsrechte, so erfordert das Bestimmtheitsgebot des § 253 Abs. 2 Nr. 2 ZPO, dass der Sachverhalt, für den ein Mitbestimmungsrecht behauptet oder geleugnet wird, so genau umschrieben ist, dass mit der Entscheidung des Gerichts feststeht, für welchen betrieblichen Vorgang ein Mitbestimmungsrecht bejaht oder verneint wurde.[846] Wie sich dieser Befund zu der weithin vertretenen Auffassung verhält, der Globalfeststellungsantrag sei hinreichend bestimmt im Sinne des § 253 Abs. 2 Nr. 2 ZPO, wird an späterer Stelle noch zu diskutieren sein.[847] Auf Grund der Tatsache, dass Feststellungsurteile anders als Leistungsurteile nicht vollstreckbar sind, wird argumentiert, dass in Bezug auf die Antragsbestimmtheit an den Feststellungsantrag geringere Anforderungen zu stellen seien als an den auf einen vollstreckbaren Titel abzielenden Leistungsantrag.[848] Sofern es hierbei jedoch um die Feststellung von Handlungspflichten des Arbeitgebers geht, müsse dem Antrag mit hinreichender Deutlichkeit zu entnehmen sein, mit welchem Verhalten er seinen betriebsverfassungsrechtlichen Pflichten entsprechen kann.[849] Auch diese Überlegung wird bei der Prüfung der Bestimmtheit des Globalfeststellungsantrag aufzugreifen sein.[850]

3. Besondere Zulässigkeitsvoraussetzungen nach § 256 Abs. 1 ZPO

Zwar stellt das Gesetz wie soeben gezeigt an den Feststellungsantrag keine besonderen Anforderungen. Doch ist die Zulässigkeitsprüfung der Feststellungsklage durch zwei Besonderheiten geprägt, die sich schon dem Wortlaut des § 256 Abs.1 ZPO entnehmen lassen. Demnach kann Gegenstand der Feststellungsklage nur ein „Rechtsverhältnis" sein.[851] Zudem muss der Kläger ein besonderes rechtliches Inte-

---

[845] BGH vom 4.10.2000 – VIII ZR 289/99, NJW 2001, 445 (447); Stein/Jonas/*Roth*, § 256 Rn. 77; Zöller/*Greger*, § 256 Rn. 15.
[846] BAG vom 14.9.1984 – 1 ABR 23/82, AP Nr. 9 zu § 87 BetrVG 1972 – Überwachung; GMP/*Matthes*, § 81 Rn. 9.
[847] Hierzu siehe unten D III 1.
[848] BAG vom 18.1.2005 – 3 ABR 21/04, AP Nr. 24 zu § 77 BetrVG 1972 – Betriebsvereinbarung; *Müller-Knapp/Brinkmeier*, ArbRAktuell 2010, 35 (35); gleiche Überlegungen zu feststellenden Verwaltungsakten finden sich bei *Benkel*, NZS 1997, 58 (60).
[849] BAG vom 10.12.2002 – 1 ABR 7/02, AP Nr. 59 zu § 80 BetrVG 1972; BAG vom 18.1.2005 – 3 ABR 21/04, AP Nr. 24 zu § 77 BetrVG 1972 – Betriebsvereinbarung.
[850] Hierzu siehe unten D III 1.
[851] Die gleichfalls bestehende Möglichkeit, die Echtheit einer Urkunde feststellen zu lassen, interessiert hier nicht.

resse an der alsbaldigen gerichtlichen Feststellung des Bestehens oder Nichtbestehens dieses Rechtsverhältnisses haben. Die folgenden Ausführungen dienen der weiteren Definition dieser für das Verständnis der Feststellungsklage so wichtigen Zulässigkeitsvoraussetzungen.

a) Feststellungsfähiges Rechtsverhältnis

Das Rechtsverhältnis, dessen Bestehen der Antragsteller behauptet oder bestreitet, bildet den Gegenstand der Feststellungsklage.[852] Doch trotz dieser elementaren Bedeutung dieses Tatbestandsmerkmals für die Feststellungsklage ist der Begriff für sich genommen nur begrenzt aussagekräftig. Diese begriffliche „Unschärfe"[853] macht eine genauere Definition notwendig.

aa) Streit um die Reichweite der Begriffsdefinition

Nach einer in Rechtsprechung und Literatur tradierten Ansicht handelt es sich bei dem Rechtsverhältnis im Sinne des § 256 Abs. 1 ZPO um die aus einem vorgetragenen Sachverhalt abgeleitete rechtliche Beziehung einer Person zu einer anderen oder zu einem Gegenstand.[854] Diese Definition steckt die Grenzen des Rechtsverhältnisses recht weit und wird deswegen auch kritisiert. Der Begriff des Rechtsverhältnisses sei konkreter zu fassen.[855] Ein Rechtsverhältnis im Sinne des § 256 Abs. 1 ZPO liege nur dann vor, wenn sich aus ihm subjektive Rechte ergeben oder zumindest ergeben können.[856] Dieser Ruf nach einer Begriffskonkretisierung ist mit der materiellrechtlichen Deutung der Feststellungsklage sowie mit einer starken Betonung des Prozesszweckes, nämlich der Durchsetzung subjektiver Rechte, zu erklären.[857] Zu den feststellungsfähigen Rechtsverhältnissen zählen damit jedenfalls vertragliche und gesetzliche Schuldverhältnisse sowie dingliche Rechte.[858]

---

[852] Stein/Jonas/*Roth*, § 256 Rn. 20.
[853] *Jacobs*, Der Gegenstand des Feststellungsverfahrens, S. 9 ff. setzt sich mit dieser „Unschärfe" des Tatbestandsmerkmals kritisch auseinander.
[854] BAG vom 27.10.2005 – 6 AZR 123/05, AP Nr. 61 zu § 81 ArbGG 1979; BAG vom 24.4.2007 – 1 ABR 27/06, AP Nr. 20 zu § 2 TVG – Tarifzuständigkeit; BGH vom 31.5.2000 – XII ZR 41/98, NJW 2000, 2663 (2664); BGH vom 7.6.2001 – I ZR 21/99, NJW 2001, 3789 (3789); Baumbach/Lauterbach/Albers/Hartmann, § 256 Rn. 5; MünchKommZPO/*Becker-Eberhard*, § 256 Rn. 10; Musielak/*Foerste*, § 256 Rn. 2; *Rosenberg/Schwab/Gottwald*, § 90 Rn. 6; Stein/Jonas/*Roth*, § 256 Rn. 21.
[855] *Jacobs*, Der Gegenstand des Feststellungsverfahrens, S. 255.
[856] *Jacobs*, Der Gegenstand des Feststellungsverfahrens, S. 255; Zöller/*Greger*, § 256 Rn. 3.
[857] *Jacobs*, Der Gegenstand des Feststellungsverfahrens, S. 177 ff., 213 ff.
[858] MünchKommZPO/*Becker-Eberhard*, § 256 Rn. 3, 18 ff.

Auch das Bestehen oder Nichtbestehen, der Inhalt sowie der Umfang von betriebsverfassungsrechtlichen Mitbestimmungsrechten kann – wie im arbeitsgerichtlichen Beschlussverfahren nach §§ 80 ff. ArbGG häufig – zum Gegenstand eines Feststellungsantrags gemacht werden.[859]

bb) Unbestrittene Grenzen der Feststellbarkeit

Unabhängig von den Meinungsverschiedenheiten bezüglich der richtigen Definition des Rechtsverhältnisses im Sinne des § 256 Abs. 1 ZPO ist man sich darüber einig, dass eine abstrakte Rechtsfrage kein solches feststellungsfähiges Rechtsverhältnis darstellen kann.[860] Denn ein diesbezüglicher Antrag liefe auf die Erstattung eines Rechtsgutachtens seitens des Gerichts hinaus.[861] Hierzu wiederum sind die Gerichte nicht befugt.[862] Nach dem BVerfG ist die Erstattung von Rechtsgutachten der richterlichen Funktion grundsätzlich „wesensfremd".[863] Ebenso fragwürdig wie die Zulässigkeit eines auf eine abstrakte Rechtsfrage gerichteten Antrags ist die Zulässigkeit eines Antrags, mit dem die Feststellung bloß hypothetischer Rechtsverhältnisse begehrt wird.[864] Denn Voraussetzung für die Feststellungsfähigkeit eines Rechtsverhältnisses im Rahmen einer Feststellungsklage ist dessen Gegenwärtigkeit.[865] Vergangene wie auch künftige Rechtsverhältnisse sind damit grundsätzlich nicht feststellungsfähig.[866] Der Grund hierfür liegt wie bei der Frage nach der Feststellungsfähigkeit abstrakter Rechtsfragen in dem Fehlen einer rechtlichen Beziehung zwischen zwei Personen oder zwischen einer Person und einer Sache. Zudem fehlt es an einem Bezug zu subjektiven Rechten.[867] Da aus einem nur gedachten Rechtsverhältnis keine konkreten Rechtsfolgen entspringen können, ist die

---

[859] BAG vom 16.8.1983 – 1 ABR 11/82, AP Nr. 2 zu § 81 ArbGG 1979; BAG vom 30.1.1990 – 1 ABR 2/89, AP Nr. 41 zu § 87 BetrVG 1972 – Lohngestaltung; GMP/*Matthes*, § 81 Rn. 16.
[860] BAG vom 27.10.2005 – 6 AZR 123/05, AP Nr. 61 zu § 81 ArbGG 1979; BGH vom 4.10.2000 VIII ZR 289/99, NJW 2001, 445 (447); BGH vom 7.6.2001 – I ZR 21/99, GRUR 2001, 1036 (1036) – Kauf auf Probe; MünchKommZPO/*Becker-Eberhard*, § 256 Rn. 22; Musielak/*Foerste*, § 256 Rn. 2; *Rosenberg/Schwab/Gottwald*, § 90 Rn. 7, 9; Stein/Jonas/*Roth*, § 256 Rn. 30; Zöller/*Greger*, § 256 Rn. 5.
[861] MünchKommZPO/*Becker-Eberhard*, § 256 Rn. 22; *Rosenberg/Schwab/Gottwald*, § 90 Rn. 7.
[862] BGH vom 12.12.1994 – II ZR 269/93, NJW 1995, 1097 (1097); MünchKommZPO/*Becker-Eberhard*, § 256 Rn. 22; Stein/Jonas/*Roth*, § 256 Rn. 30.
[863] BVerfG vom 8.12.1952 – 1 PBvV 1/52, NJW 1953, 17 (17); BVerfG vom 30.11.1955 – 1 BvO 2/52, NJW 1956, 97 (98).
[864] *Jacobs*, Der Gegenstand des Feststellungsverfahrens, S. 278 ff.; *Rosenberg/Schwab/Gottwald*, § 90 Rn. 7.
[865] MünchKommZPO/*Becker-Eberhard*, § 256 Rn. 28 ff.; Musielak/*Foerste*, § 256 Rn. 4; *Rosenberg/Schwab/Gottwald*, § 90 Rn. 14 ff.; Stein/Jonas/*Roth*, § 256 Rn. 37 ff.
[866] Stein/Jonas/*Roth*, § 256 Rn. 37, 40.
[867] *Jacobs*, Der Gegenstand des Feststellungsverfahrens, S. 279.

auf die Feststellung nicht gegenwärtiger Rechtsverhältnisse gerichtete Klage durch Prozessurteil als unzulässig abzuweisen.[868]

Nach zunehmend verbreiteter Ansicht sollen die Grenzen der Rechtsschutzzone der Feststellungsklage nicht abstrakt, sondern einzelfallabhängig gezogen werden.[869] Für die Frage nach der Zulässigkeit eines Feststellungsantrags käme es demnach nicht so sehr auf das Vorliegen eines definitionsgemäßen feststellungsfähigen Rechtsverhältnisses an. Vielmehr sei darauf abzustellen, ob die begehrte Feststellung den bestehenden Streit zu beseitigen vermag.[870] Ganz im Sinne der Prozessökonomie ließen sich weitere Verfahren verhindern.[871] Ob der flexible Umgang mit dieser gesetzlich vorgesehenen Prozessvoraussetzung auch dem Globalfeststellungsantrag zu einem feststellungsfähigen Rechtsverhältnis und damit zur Zulässigkeit verhelfen mag, wird später noch zu untersuchen sein.[872]

b) Rechtliches Interesse an alsbaldiger Feststellung

Die zweite, unmittelbar aus dem Wortlaut des Gesetzes hervorgehende Zulässigkeitsvoraussetzung der Feststellungsklage ist das Bestehen eines rechtlichen Interesses daran, dass das Rechtsverhältnis durch richterliche Entscheidung alsbald festgestellt werde (§ 256 Abs. 1 ZPO). Hierbei scheint es sich im Grundsatz um nichts anderes zu handeln als eine besondere Ausformung des allgemeinen Rechtsschutzinteresses.[873]

aa) Feststellungsinteresse und allgemeines Rechtsschutzinteresse

Das allgemeine Rechtsschutzinteresse zählt zu den allgemeinen Prozessvoraussetzungen jeder Klageart[874], obgleich es hierfür keine spezielle gesetzliche Normie-

---

[868] Zu den Folgen des Fehlens von Sachurteilsvoraussetzungen Stein/Jonas/*Roth*, § 256 Rn. 73.
[869] MünchKommZPO/*Becker-Eberhard*, § 256 Rn. 22; Musielak/*Foerste*, § 256 Rn. 2; Rosenberg/Schwab/Gottwald, § 90 Rn. 7; *Scherer*, JR 2001, 441 (444); Stein/Jonas/*Roth*, § 256 Rn. 27; *Zeuner*, FS Schumann, 595 (604, 610).
[870] Rosenberg/Schwab/Gottwald, § 90 Rn. 7; Stein/Jonas/*Roth*, § 256 Rn. 27.
[871] Musielak/*Foerste*, § 256 Rn. 2; *Scherer*, JR 2001, 441 (444).
[872] Hierzu siehe unten D IV und V.
[873] MünchKommZPO/*Becker-Eberhard*, § 256 Rn. 35; Musielak/*Foerste*, § 256 Rn. 7; Stein/Jonas/ *Roth*, § 256 Rn. 43; kritisch *Jacobs*, Der Gegenstand des Feststellungsverfahrens, S. 429, der betont, dass allgemeines Rechtsschutzinteresse und Feststellungsinteresse grundsätzlich unabhängig voneinander zu behandeln sind; auch *Wieser*, Das Rechtsschutzinteresse des Klägers im Zivilprozess, S. 28 f. differenziert.
[874] Zöller/*Greger*, vor § 253 Rn. 18; kritisch Stein/Jonas/*Roth*, vor § 253 Rn. 142.

rung gibt. Im Falle der Leistungsklage wird das Vorliegen des Rechtsschutzinteresses auf Seiten des Klägers nicht geprüft und dann positiv festgestellt. Vielmehr ergibt sich das Rechtsschutzinteresse hier bereits aus der Nichterfüllung des behaupteten materiellrechtlichen Anspruchs auf die Leistung.[875] Dass ein solcher Anspruch überhaupt existiert, wird unterstellt.[876] Dieser Grundsatz, wonach eine gesonderte Prüfung des Rechtsschutzinteresses im Falle von Leistungsanträgen entbehrlich ist, gilt ebenso für das arbeitsgerichtliche Beschlussverfahren nach §§ 80 ff. ArbGG.[877] Nur ausnahmsweise kann aufgrund des Vorliegens besonderer Umstände das Rechtsschutzinteresse für eine Leistungsklage auch einmal entfallen.[878] Dass das Rechtsschutzinteresse nur in Ausnahmefällen verneint werden kann, lässt sich mit dem öffentlich-rechtlichen Anspruch des Antragstellers auf Prüfung und Bescheidung seines Antrags durch das Gericht erklären.[879] Dieser Anspruch gegen den Staat steht jedoch unter der Voraussetzung, dass es sich bei dem Rechtsersuchen nicht um ein „unnütz(es) oder gar unlauter(es)" Bemühen der Gerichte handelt.[880] Hiermit ist zugleich die eigentliche Funktion der Sachurteilsvoraussetzung „Rechtsschutzinteresse" angesprochen. Das Erfordernis eines hinreichenden Rechtsschutzinteresses soll sinnlose Prozesse verhindern helfen.[881] Es sind Prozesse gemeint, die keinem anerkannten Prozesszweck dienen.[882] Klagebegehren, die des gerichtlichen Rechtsschutzes ersichtlich nicht bedürfen, sollen so gar nicht erst in das Stadium der Begründetheitsprüfung gelangen.[883] Sieht das Gericht eine solche Prozesszweckwidrigkeit gegeben, muss es die Klage wegen fehlenden Rechtsschutzinteresses durch Prozessurteil als unzulässig abweisen.[884]

---

[875] BGH vom 9.4.1987 – I ZR 44/85, GRUR 1987, 568 (569) – Gegenangriff; BGH vom 4.3.1993 – I ZR 65/91, GRUR 1993, 576 (577) – Datatel; BGH vom 24.2.2005 – I ZR 101/02, NJW 2005, 1788 (1789) – Vitamin-Zell-Komplex; MünchKommZPO/*Becker-Eberhard*, Vorbemerkung zu §§ 253 ff. Rn. 25.
[876] BGH vom 24.2.2005 – I ZR 101/02, NJW 2005, 1788 (1789) – Vitamin-Zell-Komplex.
[877] BAG vom 25.8.1983 – 6 ABR 52/80, AP Nr. 14 zu § 59 KO; BAG vom 19.6.1984 – 1 ABR 6/83, AP Nr. 2 zu § 92 BetrVG 1972; GMP/*Matthes*, § 81 Rn. 29; Schwab/Weth/*Weth*, § 81 Rn. 90.
[878] BGH vom 9.4.1987 – I ZR 44/85, GRUR 1987, 568 (569) – Gegenangriff.
[879] Baumbach/Lauterbach/Albers/Hartmann, Grundzüge § 253 Rn. 33; Zöller/*Greger*, vor § 253 Rn. 18.
[880] BGH vom 5.12.1975 – I ZR 122/74, GRUR 1976, 256 (257) – Rechenscheibe.
[881] Zöller/*Greger*, vor § 253 Rn. 18.
[882] Stein/Jonas/*Roth*, vor § 253 Rn. 133; eine Übersicht solcher prozesszweckfremden Klagen findet sich hier unter Stein/Jonas/*Roth*, vor § 253 Rn. 154 f.
[883] BGH vom 9.4.1987 – I ZR 44/85, NJW 1987, 3138 (3139); BGH vom 24.2.2005 – I ZR 101/02, NJW 2005, 1788 (1789) – Vitamin-Zell-Komplex; ArbG München vom 2.5.2000 – 6a Ca 8027/99, NZA-RR 2000, 524 (525).
[884] Baumbach/Lauterbach/Albers/Hartmann, Grundzüge § 253 Rn. 35.

Eine ähnliche – nämlich rechtsschutzbegrenzende – Funktion wie dem Rechtsschutzinteresse bei der Leistungsklage kommt auch dem Feststellungsinteresse bei der Feststellungsklage zu.[885] Doch bestehen dogmatische Unterschiede dieser beiden Institute, die eine grundsätzliche Differenzierung zwischen allgemeinen Rechtsschutzinteresse einerseits und Feststellungsinteresse andererseits rechtfertigen. Denn anders als das allgemeine Rechtsschutzinteresse kann die Frage nach dem Feststellungsinteresse im Sinne des § 256 Abs. 1 ZPO auch eine rechtsschutzbegründende Wirkung entfalten.[886] Die Prüfung, ob ein hinreichendes Feststellungsinteresse besteht, ist ein wichtiger Schritt auf dem Weg zur Ermittlung des richtigen Klagegegners.[887] Den richtigen Beklagten hat sich der Antragsteller nur dann ausgesucht, sofern durch die Feststellungsklage auch eine Beilegung des zwischen den Prozessparteien herrschenden Streits zu erhoffen ist. Diese Überlegung deutet bereits auf die Frage hin, wann von einem hinreichenden Interesse daran, dass das Rechtsverhältnis alsbald festgestellt werde, auszugehen ist. Der Beantwortung dieser Frage dienen die nun folgenden Ausführungen.

bb) Prüfungsmaßstab für Feststellungsinteresse

Anders als bei der Leistungsklage, bei der die Prüfung des Rechtsschutzinteresses lediglich im Rahmen einer Negativkontrolle erfolgt, ergibt sich aus § 256 Abs. 1 ZPO, dass bei der Feststellungsklage das sogenannte Feststellungsinteresse positiv geprüft und festgestellt werden muss. Der Maßstab für die Prüfung ist die Frage danach, ob für das Recht oder die Rechtslage des Antragstellers eine gegenwärtige Gefahr oder Unsicherheit besteht sowie ob das Feststellungsurteil infolge seiner Rechtskraft geeignet ist, diese Unsicherheit zu beseitigen.[888] Zudem darf kein einfacherer Weg offen stehen, um das Begehrte zu erreichen.[889] An dieser Stelle wird meist eine Konkurrenz zur Leistungsklage zu diskutieren sein, da diese mit ihrer

---

[885] *Jacobs*, Der Gegenstand des Feststellungsverfahrens, S. 429 sieht „partielle Überschneidungen der Funktionskreise" von allgemeinem Rechtsschutzinteresse und Feststellungsinteresse.
[886] Zur rechtsschutzbegründenden Funktion des Feststellungsinteresses *Cramer*, Probleme des Feststellungsinteresses im Zivilprozess, S. 96, 111 sowie *Jacobs*, Der Gegenstand des Feststellungsverfahrens, S. 427 ff., 445 ff.
[887] *Jacobs*, Der Gegenstand des Feststellungsverfahrens, S. 446.
[888] BAG vom 2.12.1999 – 8 AZR 796/98, AP Nr. 188 zu § 613a BGB; BGH vom 22.6.1977 – VIII ZR 5/76, NJW 1977, 1881 (881); BGH vom 10.10.1991 – IX ZR 38/91, NJW 1992, 436 (437); *Rosenberg/Schwab/Gottwald*, § 90 Rn. 19 ff.; Stein/Jonas/*Roth*, § 256 Rn. 45.
[889] *Rosenberg/Schwab/Gottwald*, § 90 Rn. 23; Stein/Jonas/*Roth*, § 256 Rn. 63; Zöller/*Greger*, vor § 253 Rn. 18b.

Vollstreckungsmöglichkeit weitergehenden Rechtsschutz zu bieten verspricht.[890] Dem Erfordernis eines Interesses an „alsbaldiger" Feststellung ist genügt, sofern das Feststellungsinteresse gegenwärtig besteht und nicht nur als in der Zukunft möglich erscheint.[891] Die erbetene Feststellung muss die Rechtslage des Rechtssuchenden bereits zum Zeitpunkt des Verfahrens, mindestens jedoch in naher Zukunft beeinflussen können.[892] Damit zeigt sich erneut, dass die Voraussetzung des hinreichenden Feststellungsinteresses für die Feststellungsklage den gleichen Zweck erfüllt wie das allgemeine Rechtsschutzinteresse für die anderen Klagearten: Es scheidet solche Klagebegehren schon auf Zulässigkeitsebene aus, die die Inanspruchnahme staatlicher Gerichte nicht rechtfertigen können.[893]

cc) Ungleiche Gewichtung von Feststellungsinteresse und Rechtsverhältnis

Das feststellungsfähige Rechtsverhältnis sowie das Interesse an alsbaldiger Feststellung stehen als die beiden zentralen Voraussetzungen einer zulässigen Feststellungsklage selbstständig nebeneinander. Dennoch wird die Bedeutung des Feststellungsinteresses für die Bestimmung der Rechtsschutzzone des § 256 ZPO oft weitaus stärker gewichtet als diejenige des Rechtsverhältnisses.[894] Dieser Umstand wird zum Teil mit einem Hinweis auf die Gesetzesmaterialien gerechtfertigt, aus denen sich ergäbe, dass der Anwendungsbereich der Feststellungsklage durch das Feststellungsinteresse definiert sei.[895] Zudem eigne sich das Feststellungsinteresse ob seiner „Schmiegsamkeit" viel mehr als das Kriterium des feststellungsfähigen Rechtsverhältnisses, das verfassungsrechtliche Gebot eines effizienten Rechtsschutzes einzelfallabhängig zu verwirklichen.[896] Das feststellungsfähige Rechtsverhältnis sei weit zu verstehen, während es die Aufgabe allein des Feststellungsinteresses sei, einem Ausufern der Rechtsschutzzone der Feststellungsklage im Ein-

---

[890] Zum Fehlen sowie Bestehen des Feststellungsinteresses bei der Möglichkeit einer Leistungsklage Musielak/*Foerste*, § 256 Rn. 12 ff. sowie Stein/Jonas/*Roth*, § 256 Rn. 64 ff.
[891] MünchKommZPO/*Becker-Eberhard*, § 256 Rn. 46; *Rosenberg/Schwab/Gottwald*, § 90 Rn. 29; Stein/Jonas/*Roth*, § 256 Rn. 54; hierzu eingehend *Jacobs*, Der Gegenstand des Feststellungsverfahrens, S. 81 ff.
[892] BAG vom 20.2.1959 – 1 AZR 472/56, AP Nr. 19 zu § 256 ZPO.
[893] *Zimmer*, Der Anwendungsbereich der Feststellungsklage und des Feststellungsantrags im arbeitsgerichtlichen Verfahren, S. 55; ausführlich zu Sinn und Zweck des Feststellungsinteresses *Jacobs*, Der Gegenstand des Feststellungsverfahrens, S. 419 ff.
[894] Zu dieser „Akzentverlagerung auf das rechtliche Interesse" *Jacobs*, Der Gegenstand des Feststellungsverfahrens, S. 53 ff.
[895] *Zeuner*, FS Schumann, S. 604.
[896] *Zeuner*, FS Schumann, S. 604.

zelfall entgegenzuwirken.[897] In die gleiche Richtung weisen Aussagen, wonach es bei der Prüfung der Zulässigkeit von Feststellungsklagen bezüglich hypothetischer Rechtsverhältnisse eher am Feststellungsinteresse als am feststellungsfähigen Rechtsverhältnis fehlen dürfte.[898] Wie schon im Rahmen der Ausführungen zum Rechtsverhältnis gezeigt, wurde das Rechtsverhältnis als Sachurteilsvoraussetzung dem Primat der Prozessökonomie unterstellt[899] und so im Verhältnis zum rechtlichen Interesse abgewertet. Die zu dieser Beobachtung geführte Diskussion kann hier nur im Ansatz dargestellt werden. Doch ist das Wissen um die Streitfrage unter anderem für die Untersuchung der durch den Globalfeststellungsantrag aufgeworfenen Probleme hilfreich. Denn nun lässt sich erklären, warum sich das BAG in seiner Rechtsprechung zum Globalfeststellungsantrag so sehr auf die Frage nach dem Feststellungsinteresse konzentrierte und die Frage nach dem Vorliegen eines feststellungsfähigen Rechtsverhältnisses kommentarlos hintan stehen ließ.[900] Der Problemkreis wird daher an späterer Stelle aufzugreifen sein, wenn es um das Verhältnis zwischen Globalfeststellungsantrag und den durch § 256 Abs. 1 ZPO gestellten Anforderungen geht.[901]

4. Feststellungsurteil – Rechtskraft, Streitgegenstand und Vollstreckbarkeit

Hat der Feststellungsantrag die Hürde der Zulässigkeit genommen, wird er vom Gericht auf seine Begründetheit hin geprüft werden. Am Ende der Prüfung steht dann möglicherweise das, was der Antragsteller mit seinem Feststellungsantrag bezweckte: die durch die materielle Rechtskraft abgesicherte gerichtliche Bestätigung der eigenen Rechtsposition.[902] Je nachdem ob es sich bei der Klage um eine positive oder negative Feststellungsklage handelt, wird mit einem antragsgemäßen Urteil das Bestehen oder Nichtbestehen des umstrittenen Rechtsverhältnisses festgestellt.[903] Kommt es dagegen zur Abweisung des Feststellungsantrags, so steht im Falle der positiven Feststellungsklage das Nichtbestehen des behaupteten Rechtsverhältnisses fest. Entsprechend wird mit der Abweisung der negativen Feststel-

---

[897] Stein/Jonas/*Roth*, § 256 Rn. 4.
[898] *Rosenberg/Schwab/Gottwald*, § 90 Rn. 7.
[899] So etwa Musielak/*Foerste*, § 256 Rn. 2 und *Scherer*, JR 2001, 441 (444).
[900] Zur Genese der Rechtsprechung des BAG zum Globalfeststellungsantrag siehe oben D I.
[901] Hierzu siehe unten D IV und V.
[902] Zur Rechtssicherheit durch materielle Rechtskraft als Prozesszweck der Feststellungsklage *Jacobs*, Der Gegenstand des Feststellungsverfahrens, S. 219 ff.
[903] MünchKommZPO/*Gottwald*, § 322 Rn. 183 f.; Stein/Jonas/*Leipold*, § 322 Rn. 105 f.

lungsklage das Bestehen des geleugneten Rechtsverhältnisses festgestellt.[904] Diese Überlegungen führen zu der Frage nach der Rechtskraft und dem Streitgegenstand des Feststellungsurteils. Denn auch hier ist es für alle Beteiligten wichtig, zu wissen, worin der eigentliche Aussagegehalt des Urteils besteht. Nur so können sie ihr zukünftiges Verhalten danach ausrichten. Grundsätzlich gilt bezüglich materieller Rechtskraft und Streitgegenstand bei der Feststellungsklage nichts anderes als bei der Leistungsklage.[905] Es gilt der zweigliedrige Streitgegenstandsbegriff der herrschenden Meinung.[906] Für die Bestimmung des Streitgegenstands kommt es demnach sowohl auf den gestellten Antrag wie auch auf den zur Begründung dieses Antrags vorgetragenen Lebenssachverhalt (auch Klagegrund) an.[907] Der so verstandene Streitgegenstand ist auch bei der Feststellungsklage Ausgangspunkt für die Bestimmung des Rechtskraftumfangs der gerichtlichen Entscheidung.[908] Gegenstand der Rechtskraft ist wiederum der vom Gericht tatsächlich gezogene Subsumtionsschluss.[909] Hierunter ist die aus der Anwendung des Rechtssatzes auf die festgestellten Tatsachen gezogene Schlussfolgerung zu verstehen.[910] Wie bei der Leistungsklage erwächst ausschließlich der Tenor des Urteils, nicht dagegen die beiden anderen Urteilsbestandteile – Tatbestand und Entscheidungsgründe – in Rechtskraft.[911] Die Rechtskraft wirkt auch in gleicher Weise wie beim Leistungsurteil. Es gilt, dass die rechtskräftig entschiedene Klage zur Unzulässigkeit eines neuerlichen Antrags mit identischem Streitgegenstand führt.[912] Daher schließt auch die Abweisung der negativen Feststellungsklage die auf das gleiche Rechtsverhältnis gerichtete positive Feststellungsklage aus.[913] Zudem binden die im Urteil getroffenen Feststellungen die Parteien in etwaigen Folgeprozessen.[914] Wegen der weiteren Einzelheiten kann an dieser Stelle auf die Darstellung der materiellen

---

[904] MünchKommZPO/*Gottwald*, § 322 Rn. 183 f.; Stein/Jonas/*Leipold*, § 322 Rn. 105 f.
[905] Stein/Jonas/*Roth*, vor § 253 Rn. 63; Stein/Jonas/*Leipold*, § 322 Rn. 95.
[906] Stein/Jonas/*Leipold*, § 322 Rn. 95; zur Eigentumsfeststellungsklage, wo nach herrschender Meinung der eingliedrige Streitgegenstandsbegriff Anwendung finden soll *Jacobs*, Der Gegenstand des Feststellungsverfahrens, S. 200 f. m.w.N.
[907] *Horn*, JuS 1992, 680 (682); *Schilken*, Zivilprozessrecht, Rn. 227.
[908] Allgemein zum Verhältnis zwischen Streitgegenstand und Rechtskraft Stein/Jonas/*Leipold*, § 322 Rn. 88 ff.
[909] *Rosenberg/Schwab/Gottwald*, § 153 Rn. 7; *Schilken*, Zivilprozessrecht, Rn. 1020; Stein/Jonas/*Leipold*, § 322 Rn. 71.
[910] BGH vom 24.6.1993 – III ZR 43/92, NJW 1993, 3204 (3205); *Rosenberg/Schwab/Gottwald*, § 153 Rn. 7.
[911] *Rosenberg/Schwab/Gottwald*, § 153 Rn. 9 ff.; *Schilken*, Zivilprozessrecht, Rn. 1020.
[912] BGH vom 17.3.1995 – V ZR 178/93, NJW 1995, 1757 (1757); MünchKommZPO/*Gottwald*, § 322 Rn. 38, 40; Stein/Jonas/*Leipold*, § 322 Rn. 186.
[913] BGH vom 10.4.1986 – VII ZR 286/85, NJW 1986, 2508 (2509); BGH vom 17.3.1995 – V ZR 178/93, NJW 1995, 1757 (1757).
[914] Zur sogenannten Präjudizialität *Rosenberg/Schwab/Gottwald*, § 151 Rn. 15 sowie § 154 Rn. 8 ff.

Rechtskraft nach § 322 ZPO und des herrschend vertretenen Streitgegenstandsbegriffs im Rahmen der Untersuchung des Globalunterlassungsantrags verwiesen werden.[915]

Trotz dieser Ähnlichkeiten zwischen Leistungs- und Feststellungsklage kann das Feststellungsurteil mit einem Alleinstellungsmerkmal aufwarten. Denn im Gegensatz zum Leistungsurteil ist das Feststellungsurteil nur in der Kostenentscheidung, nicht aber in der Hauptsache vollstreckbar.[916] Das ist Folge des Umstands, dass sich der Aussagegehalt des Feststellungsurteils in der Feststellung des Bestehens oder Nichtbestehens des Rechtsverhältnisses erschöpft. Eine vollstreckbare Pflicht des Klagegegners zur Anerkennung besteht gerade nicht.[917]

5. Schlussfolgerungen für die kritische Betrachtung des Globalfeststellungsantrags

Die vorangehende Darstellung der zivilprozessualen Feststellungsklage in ihren Grundzügen hat gezeigt, dass die Feststellungsklage in wesentlichen Teilen keine grundlegenden Besonderheiten gegenüber den anderen beiden zivilprozessualen Klagearten, der Leistungs- und Gestaltungsklage aufweist. Auch die Feststellungsklage dient der Durchsetzung subjektiver Rechte.[918] Der Feststellungsantrag muss sich am Maßstab des § 253 Abs. 2 Nr. 2 ZPO messen lassen. Auch in Bezug auf den Streitgegenstand und die Rechtskraft des Feststellungsurteils gilt für die Feststellungsklage nichts anderes als für die Leistungsklage. Schon an dieser Stelle lässt sich vermuten, dass wie der Globalunterlassungsantrag auch der Globalfeststellungsantrag mit dem Erfordernis eines hinreichend bestimmt gefassten Antrags, dem Streitgegenstandsbegriff und letztlich auch mit dem Institut der materiellen Rechtskraft schwer in Einklang zu bringen sein wird. Darüber hinaus stellt sich speziell für den Globalfeststellungsantrag die Frage nach seiner Vereinbarkeit mit den durch § 256 Abs. 1 ZPO an eine zulässige Feststellungsklage gestellten Anforderungen. Da sich der Antrag vom konkreten Einzelfall loslöst, ist schon zweifelhaft, ob dem Globalfeststellungsantrag ein feststellungsfähiges Rechtsverhältnis zugrunde liegt. Zudem ist der Globalfeststellungsantrag ein Ausdruck der Begehr

---

[915] Hierzu siehe oben C IV 2 und C V 1, 2.
[916] *Lüke*, JuS 1969, 301 (301); MünchKommZPO/*Becker-Eberhard*, Vorbemerkung zu §§ 253 ff. Rn. 27; *Rosenberg/Schwab/Gottwald*, § 90 Rn. 1; Stein/Jonas/*Roth*, § 256 Rn. 5.
[917] *Rosenberg/Schwab/Gottwald*, § 90 Rn. 4; Stein/Jonas/*Roth*, § 256 Rn. 3.
[918] Siehe hierzu unten D IV.

nach umfassender Rechtssicherheit. Ob für derlei Anliegen ein hinreichendes Feststellungsinteresse bestehen kann, ist fraglich.

III. Verhältnis zwischen Globalfeststellungsantrag und Antragsbestimmtheit, Streitgegenstand sowie materieller Rechtskraft

Wie schon zuvor der Globalunterlassungsantrag wirft der Globalantrag auch in seiner Variante als Feststellungsantrag die Frage nach der Vereinbarkeit mit allgemeinen zivilprozessualen Prinzipien wie der Antragsbestimmtheit nach § 253 Abs. 2 Nr. 2 ZPO, der Streitgegenstands- sowie Rechtskraftdogmatik auf. Da die Ausführungen zum Globalunterlassungsantrag diesbezüglich schon vieles enthalten, was so auch für den Globalfeststellungsantrag gilt, konzentriert sich die folgende Untersuchung auf die Spezifika des Feststellungsantrags.

1. Globalfeststellungsantrag und Bestimmtheitsgebot des § 253 Abs. 2 Nr. 2 ZPO

Die Vorschrift des § 253 Abs. 2 Nr. 2 ZPO, wonach die Klageschrift einen „bestimmten Antrag" enthalten muss, normiert eine Sachurteilsvoraussetzung[919] und gilt daher für die Sachanträge der Leistungs-, Gestaltungs- wie Feststellungsklage in gleicher Weise.[920] Doch bietet der unbestimmte Rechtsbegriff des „bestimmten Antrags" genügend Auslegungsspielraum, um die Frage zu stellen, ob die Anforderungen an die Bestimmtheit der Sachanträge je nach Klageart unterschiedlich streng zu stellen sind. Diese Dehnbarkeit des Wortlauts des § 253 Abs. 2 Nr. 2 ZPO mag auch der Grund für die weitverbreitete unkritische Sicht auf die Bestimmtheit des Globalfeststellungsantrags sein.

a) Fehlende kritische Reflexion über die Frage der Bestimmtheit von Globalfeststellungsanträgen

„Ein solcher Globalantrag ist umfassend, aber nicht unbestimmt."[921] Auf derart knappe Formeln beschränkt sich das BAG bei der Prüfung der Bestimmbarkeit von Globalfeststellungsanträgen im Sinne des § 253 Abs. 2 Nr. 2 ZPO seit Jahrzehn-

---

[919] Zöller/*Greger*, vor § 253 Rn. 9, 14.
[920] Baumbach/Lauterbach/Albers/Hartmann, Grundzüge § 253 Rn. 7 ff., 38.
[921] BAG vom 17.11.2010 – 7 ABR 123/09, NZA 2011, 531 (532).

ten.[922] Der überwiegende Teil der Stimmen in der Literatur stimmt dem BAG zu. Zwar wird gesehen, dass Globalanträge genauso wie Leistungsanträge auf ihre Bestimmtheit hin zu überprüfen sind.[923] Doch begnügt man sich dann mit der bloßen Feststellung, der Globalantrag sei ausreichend bestimmt und verstoße so grundsätzlich nicht gegen das Bestimmtheitsgebot.[924] Anderslautende Äußerungen des BAG, wonach der Globalantrag dem Bestimmtheitsgebot nicht genüge, finden sich ausschließlich in weit zurück liegenden Entscheidungen aus den achtziger Jahren. Im Jahr 1983 wurde ein Antrag bezüglich der Unterrichtungspflicht des Arbeitgebers über künftige Informations- und Bildungsveranstaltungen wegen mangelnder Bestimmtheit als unzulässig zurückgewiesen.[925] Allerdings betraf diese Entscheidung einen Leistungsantrag. Das BAG sah hier die Gefahr gegeben, dass ein antragsgemäßer Beschluss keine Klarheit schaffen würde und noch im Vollstreckungsverfahren geprüft werden müsse, wann eine „Informations- und Bildungsveranstaltung" im Antragssinne vorliege.[926] Da aber bei Globalfeststellungsanträgen die Gefahr einer solchen Verlagerung des Streits in das Vollstreckungsverfahren nicht drohen kann, war man in diesen Fällen nie genötigt, sich vertieft mit der Frage der Antragsbestimmtheit auseinanderzusetzen. Gleichermaßen konzentrieren sich auch jene Autoren, die der Frage der hinreichenden Bestimmtheit von Global*unterlassungs*anträgen nachgehen, auf die mangelnde Vollstreckbarkeit dieser Anträge. Kritische Äußerungen, die sich speziell dem Umgang der Rechtsprechung und Literatur mit der Bestimmtheit des Global*feststellungs*antrags widmen, blieben selten. Allein *Jacobs* weist auf die Unbestimmbarkeit von Globalfeststellungsanträgen hin.[927] Mit Globalfeststellungsanträgen wird zumeist eine gerichtliche Klärung des Umfangs von betriebsverfassungsrechtlichen Mitbestimmungsrechten begehrt. Für die Beantwortung dieser Frage komme es jedoch auf die konkreten Umstände des Einzelfalls an.[928] Im Voraus sei eine dem Bestimmtheitsgebot genügende, präzise

---

[922] Siehe nur BAG vom 10.6.1986 – 1 ABR 61/84, AP Nr. 18 zu § 87 BetrVG 1972 – Arbeitszeit; BAG vom 11.11.1998 – 4 ABR 40/97, AP Nr. 18 zu § 50 BetrVG 1972; BAG vom 16.4.2002 – 1 ABR 34/01, AP Nr. 9 zu § 87 BetrVG 1971 – Akkord; BAG vom 27.6.2006 – 1 ABR 35/05, AP Nr. 47 zu § 95 BetrVG 1972.
[923] HWK/*Bepler*, § 81 ArbGG Rn. 20.
[924] Hauck/Helml/*Hauck*, § 81 Rn. 4; Schwab/Weth/*Weth*, § 81 Rn. 5; dem BAG zustimmend auch GMP/*Matthes*, § 81 Rn. 9 und *Grunsky*, ArbGG, § 81 Rn. 2.
[925] BAG vom 17.5.1983 – 1 ABR 20/80, AP Nr. 19 zu § 80 BetrVG 1972; zur Unbestimmtheit von Globalunterlassungsanträgen siehe auch BAG vom 8.11.1983 – 1 ABR 57/81, AP Nr. 11 zu § 87 BetrVG 1972 – Arbeitszeit. Hierzu auch oben A III 2.
[926] BAG vom 17.5.1983 – 1 ABR 20/80, AP Nr. 19 zu § 80 BetrVG 1972.
[927] *Jacobs*, AP Nr. 18 zu § 50 BetrVG 1972; *Jacobs*, Der Gegenstand des Feststellungsverfahrens, S. 294; *Jacobs*, FS Picker, S. 1013 (1026 f.).
[928] *Jacobs*, FS Picker, S. 1013 (1027).

Umschreibung aller möglichen Anwendungsfälle nicht möglich.[929] Daher müsse auch der Globalfeststellungsantrag an § 253 Abs. 2 Nr. 2 ZPO scheitern. Ob sich wie der Globalunterlassungsantrag auch der Globalfeststellungsantrag als unbestimmt und *Jacobs* Kritik an der Rechtsprechung des BAG und dem Schrifttum insofern als berechtigt erweist, wird die folgende Untersuchung ergeben.

b) Keine geringeren Anforderungen an die Bestimmtheit des Feststellungsantrags

Der Globalfeststellungsantrag könnte insbesondere dann als hinreichend bestimmter und somit zulässiger Antrag fungieren, wenn § 253 Abs. 2 Nr. 2 ZPO an Feststellungsanträge geringere Anforderungen stellen würde als an Leistungsanträge. In einem im arbeitsgerichtlichen Beschlussverfahren nach §§ 80 ff. ArbGG ergangenen Beschluss vom 18.1.2005 wies der 3. Senat des BAG einen Leistungsantrag wegen mangelnder Bestimmtheit im Sinne des § 253 Abs. 2 Nr. 2 ZPO als unzulässig zurück, da er das dem Schuldner aufzuerlegende Verhalten nicht eindeutig genug festlege.[930] Doch eilte das BAG dem antragstellenden Gesamtbetriebsrat hier zur Hilfe, indem es den unzulässigen Leistungsantrag in einen zulässigen Feststellungsantrag umdeutete. Diesen Schritt begründete der Senat mit einer nicht näher belegten These, wonach an die Bestimmtheit von Feststellungsanträgen geringere Anforderungen zu stellen seien als an die Bestimmtheit von Leistungsanträgen.[931] Dieser Ansatz, die Bestimmtheit von Feststellungs- und Leistungsanträgen nach unterschiedlichen Maßstäben zu beurteilen, wird in der Literatur wiederholt, ohne dass es zu einer kritischen Auseinandersetzung mit der These kommt.[932] Ein mögliches Argument für geringere Anforderungen an die Bestimmtheit des Feststellungsantrags könnte die Tatsache sein, dass Feststellungsurteile nicht vollstreckt werden.[933] Beim Leistungsantrag soll das Bestimmtheitsgebot für den Antrag also die Vollstreckbarkeit des Titels gewährleisten.[934] Die Gefahren, die von einem unbestimmten Leistungstitel im Vollstreckungsverfahren ausgehen können bestehen hier nicht. Das Vollstreckungsorgan kann hier nicht in die Verlegenheit kommen, Fragen beantworten zu müssen, die eigentlich schon im Erkenntnisverfahren hätten

---

[929] *Jacobs*, FS Picker, S. 1013 (1027).
[930] BAG vom 18.1.2005 – 3 ABR 21/04, AP Nr. 24 zu § 77 BetrVG 1972 – Betriebsvereinbarung.
[931] BAG vom 18.1.2005 – 3 ABR 21/04, AP Nr. 24 zu § 77 BetrVG 1972 – Betriebsvereinbarung.
[932] *Müller-Knapp/Brinkmeier*, ArbRAktuell 2010, 35 (35); unkritisch auch *von Hoyningen-Huene*, AP Nr. 24 zu § 77 BetrVG 1972 in seiner Anmerkung zu BAG vom 18.1.2005 – 3 ABR 21/04.
[933] Zur Nichtvollstreckbarkeit von Feststellungsurteilen MünchKommZPO/*Becker-Eberhard*, Vorbemerkung zu §§ 253 ff. Rn. 27; *Rosenberg/Schwab/Gottwald*, § 90 Rn. 1; Stein/Jonas/*Roth*, § 256 Rn. 5.
[934] MünchKommZPO/*Becker-Eberhard*, § 253 Rn. 88; Stein/Jonas/*Roth*, § 253 Rn. 26.

geklärt werden sollen. Doch ergibt sich hieraus nicht gleich der Schluss, wonach der zulässige Feststellungsantrag weniger bestimmt sein dürfe als ein zulässiger Leistungsantrag. Denn das Bestimmtheitserfordernis für den Sachantrag nach § 253 Abs. 2 Nr. 2 ZPO sichert mehr als die Vollstreckbarkeit des begehrten Titels. Nach einer Formulierung des BGH ist ein Antrag hinreichend bestimmt, wenn „er den erhobenen Anspruch konkret bezeichnet, dadurch den Rahmen der gerichtlichen Entscheidungsbefugnis absteckt, Inhalt und Umfang der materiellen Rechtskraft der begehrten Entscheidung erkennen lässt, das Risiko des Unterliegens des Klägers nicht durch vermeidbare Ungenauigkeit auf den Beklagten abwälzt und schließlich eine Zwangsvollstreckung aus dem Urteil ohne eine Fortsetzung des Streits im Vollstreckungsverfahren erwarten lässt".[935] Die Ermöglichung der Zwangsvollstreckung ist folglich nur eine unter vielen Aufgaben des § 253 Abs. 2 Nr. 2 ZPO. Nicht minder als der Leistungsantrag muss auch der Feststellungsantrag den Entscheidungsrahmen des Gerichts nach § 308 Abs. 1 ZPO definieren, eine rechtskraftfähige Entscheidung ermöglichen sowie die Rechte des Antragsgegners hinreichend wahren. Speziell für den Feststellungsantrag fordert der BGH, den Antrag so genau zu fassen, dass über die Identität des Rechtsverhältnisses und folglich den Umfang der Rechtskraft des begehrten Feststellungsanspruch keinerlei Ungewissheit herrschen könne.[936] Wenn der Feststellungsantrag all das gewährleisten soll, so kann die Überlegung, die Anforderungen an die Bestimmtheit des Feststellungsantrags im Vergleich zum Leistungsantrag herabzusetzen, nicht überzeugen. Daher verdienen die jüngsten Äußerungen des 4. und 7. Senats des BAG zur Frage der Bestimmtheit des Feststellungsantrags Zustimmung. In einer Entscheidung vom 22.10.2008 hielt der 4. Senat fest, dass der auf die Feststellung einer Verpflichtung des Arbeitgebers zielende Feststellungsantrag diese Verpflichtung ebenso genau beschreiben und abgrenzen muss, wie es von einem auf dasselbe Ziel gerichteten Leistungsantrag verlangt würde.[937] Es seien nicht deswegen geringere Anforderungen an die Bestimmtheit des Antrags zu stellen, weil der Kläger sein Begehren in der Form eines Feststellungsantrags geltend macht, mit dem das Bestehen einer Verpflichtung zu einem bestimmten Handeln festgestellt werden soll.[938] Dieser Auffassung schloss sich der 7. Senat in einer Entscheidung vom 11.11.2009 an und stellte klar, dass bei einer Feststellungsklage grundsätzlich keine geringeren Anforderungen an die Bestimmtheit zu stellen sind als bei einer Leis-

---

[935] BGH vom 14.12.1998 – II ZR 330/97, NJW 1999, 954 (954); BGH vom 28.11.2002 – I ZR 168/00, GRUR 2003, 228 (229) – P-Vermerk.
[936] BGH vom 4.10.2000 – VIII ZR 289/99, NJW 2001, 445 (447).
[937] BAG vom 22.10.2008 – 4 AZR 735/07, AP Nr. 20 zu § 1 TVG – Tarifverträge: Chemie.
[938] BAG vom 22.10.2008 – 4 AZR 735/07, AP Nr. 20 zu § 1 TVG – Tarifverträge: Chemie.

tungsklage.[939] Auch wenn das Bestehen oder der Umfang eines Rechtsverhältnisses oder eines Anspruchs zur gerichtlichen Entscheidung gestellt wird, müsse zuverlässig erkennbar sein, worüber das Gericht eine Sachentscheidung treffen soll.[940] Wie sich aus diesen Äußerungen ergibt, scheint sich beim BAG die auch hier vertretene Auffassung durchzusetzen, wonach sich die an die Bestimmtheit des Antrags gestellten Anforderungen zwischen Feststellungs- und Leistungsklage nicht unterscheiden. Damit gelten für die Frage der Bestimmtheit des Globalfeststellungsantrags im Sinne des § 253 Abs. 2 Nr. 2 ZPO keine anderen Maßstäbe als sie schon im Rahmen der Untersuchung des Globalunterlassungsantrags Anwendung fanden.

c) Unbestimmtheit des Globalfeststellungsantrags – Zwischenergebnis

Was sich schon eingangs der Untersuchung andeutete, konnte bestätigt werden: Der Globalfeststellungsantrag kann wie auch der Globalunterlassungsantrag den an ihn durch § 253 Abs. 2 Nr. 2 ZPO gestellten Anforderungen nicht genügen. Eine erweiterte Auslegung des Bestimmtheitserfordernisses für den Feststellungsantrag kommt nicht in Betracht. Zwar kommt dem Bestimmtheitsgebot im Falle des Feststellungsantrags nicht die Aufgabe zu, für die Vollstreckbarkeit der gerichtlichen Entscheidung Sorge zu tragen. Doch garantiert ausschließlich ein Antrag, der die allgemeinen, strengen Bestimmtheitsanforderungen erfüllt, dass der Entscheidungsrahmen des Gerichts eindeutig festgelegt wird sowie dass das Feststellungsverfahren seinen Zweck erfüllen, das heißt subjektive Rechte durchsetzen kann. Ein derart unbestimmter Antrag wie der Globalfeststellungsantrag ließe die Beteiligten über die Grenzen der materiellen Rechtskraft der Entscheidung im Unklaren. Eine Beilegung des Streits lässt sich so nicht herbeiführen. Den Beteiligten wäre mit der Stattgabe des Globalfeststellungsantrags nicht geholfen. Erneut müssten sie prüfen, ob ein auftretender Sachverhalt unter die abstrakte Formulierung zu fassen ist oder nicht. Im Zweifel müssten diese Fragen in Folgeprozessen geklärt werden. Daher spricht auch der Gedanke der Prozessökonomie für strenge Anforderungen an die Bestimmtheit der Anträge im arbeitsgerichtlichen Beschlussverfahren nach §§ 80 ff. ArbGG und gegen die Zulässigkeit des Globalfeststellungsantrags. Den Antragsteller auf die Unbestimmtheit seines Antrags hinzuweisen obliegt auch hier gemäß § 139 Abs. 1 S. 2 ZPO den Gerichten.[941]

---

[939] BAG vom 11.11.2009 – 7 AZR 387/08, AP Nr. 50 zu § 253 ZPO.
[940] BAG vom 11.11.2009 – 7 AZR 387/08, AP Nr. 50 zu § 253 ZPO.
[941] Hierzu ausführlich oben C VII 1.

2. Streitgegenstand und Rechtskraft beim Globalfeststellungsantrag

Wie jedes gerichtliche Vorgehen dient auch der Feststellungsantrag letztlich der Erlangung einer verbindlichen Entscheidung durch das angerufene Gericht. Doch reicht die Entscheidung über das Bestehen oder Nichtbestehen eines Rechtsverhältnisses nicht so weit wie etwa die Verurteilung zur Leistung einer Zahlung. Denn an das Feststellungsurteil knüpft sich keine vollstreckbare Folge.[942] Alles, was die Beteiligten durch das Feststellungsurteil erlangen können, ist die Gewissheit, Recht zu haben. Der Bestand dieser Rechtserkenntnis ist jedoch nicht vom guten Willen der unterlegenen Partei abhängig, sondern wird durch das prozessrechtliche Instrumentarium der materiellen Rechtskraft gesichert. Sie verhindert, dass über den einmal entschiedenen Streitgegenstand ein zweites Mal verhandelt wird.[943] Zudem sind die Beteiligten auch in Folgeprozessen gebunden, wenn der Inhalt des rechtskräftig entschiedenen Erstprozesses eine Vorfrage des Folgeverfahrens betrifft.[944] Der Globalfeststellungsantrag wirft in diesem Zusammenhang einige Fragen auf, die im Folgenden zu beantworten sein werden. Denn inwiefern sich in einem einzelnen Verfahren rechtsbeständige Gewissheit über eine unbekannte Vielzahl von zukünftigen Sachverhaltskonstellationen gewinnen lassen soll, ist nicht nur auf den ersten Blick zweifelhaft.

a) Bloß „ideelle Rechtskraftwirkung" der Globalfeststellungsentscheidung

Die Suche nach Äußerungen des BAG, in denen es sich speziell mit der Frage der Rechtskraft einer „Globalfeststellungsentscheidung" auseinandersetzt, bleibt vergeblich. Das verwundert nicht, wenn man bedenkt, dass der Globalfeststellungsantrag ebenso häufig wie er an die Gerichte gestellt wird, von diesen als im Ganzen unbegründet zurückgewiesen wird, weil er sich auch auf Fallgestaltungen bezieht, in denen er unbegründet ist.[945] Somit war das BAG bislang nicht gezwungen, sich der Frage der Rechtskraftfähigkeit von Globalanträgen näher zu widmen und Stellung zu beziehen.

---

[942] Zur Frage der Vollstreckbarkeit der Feststellungsentscheidung siehe oben D II 4.
[943] Zum Verbot des „ne bis in idem" MünchKommZPO/*Gottwald*, § 322 Rn. 38 sowie oben C V 1 c).
[944] Zur Präjudizialität *Rosenberg/Schwab/Gottwald*, § 154 Rn. 8 ff.
[945] Siehe nur BAG vom 3.5.1994 – 1 ABR 24/93, AP Nr. 23 zu § 23 BetrVG 1972; BAG vom 3.6.2003 – 1 ABR 19/02, AP Nr. 1 zu § 89 BetrVG 1972; BAG vom 22.6.2005 – 10 ABR 34/04, NZA-RR 2006, 23 (26).

aa) Zusammenhang zwischen Bestimmtheit des Antrags und Rechtskraftfähigkeit der Entscheidung

Wenn das BAG den Globalfeststellungsantrag in ständiger Rechtsprechung für hinreichend bestimmt und damit für zulässig erklärt, bedeutet das zugleich, dass es von der Rechtskraftfähigkeit einer dem Antrag stattgebenden Entscheidung ausgeht. Denn bestimmt im Sinne des § 253 Abs. 2 Nr. 2 ZPO ist nur, was auch den Inhalt und Umfang der materiellen Rechtskraft der begehrten Entscheidung erkennen lässt.[946] In früheren Entscheidungen, in denen es noch – zutreffend – von der Unbestimmtheit des Globalantrags ausging, finden sich in der Zulässigkeitsprüfung Ausführungen mit mittelbarem Bezug zur Frage der Rechtskraft. Der 1. Senat des BAG verneinte in seiner Entscheidung vom 8.11.1983 die Zulässigkeit eines Globalantrags, weil er nicht geeignet sei, eine Klärung der zwischen den Beteiligten bestehenden Streitigkeit herbeizuführen.[947] Eine Befriedungswirkung im Betrieb lasse sich so nicht erreichen.[948] In einer aus dem gleichen Jahr stammenden Entscheidung hielt das BAG fest, dass eine gerichtliche Entscheidung im Sinne des Antrags nicht geeignet sei, abschließend Klarheit darüber zu schaffen, wann das begehrte Mitbestimmungsrecht bestehe und wann nicht.[949] Mit diesen Worten, mit denen das BAG in erster Linie die Unbestimmtheit der gestellten Globalanträge begründen will, spricht es ihnen zugleich die Fähigkeit ab, in eine rechtskräftige Entscheidung zu münden. Mittlerweile geht die herrschende Meinung jedoch von der hinreichenden Bestimmtheit des Globalfeststellungsantrags und damit auch von der Rechtskraftfähigkeit einer entsprechenden Entscheidung aus.[950]

bb) Ideelle Rechtskraft als minus zur materiellen Rechtskraft

Obgleich das BAG die Globalfeststellungsentscheidung mittelbar für rechtskraftfähig erklärt, scheint es sich nicht dazu durchringen zu können, von einer echten materiellen Rechtskraft der Globalfeststellungsentscheidung im Sinne des § 322 Abs. 1 ZPO zu sprechen. In einer Entscheidung noch aus der Zeit, bevor man abstrakte Anträge auf den Begriff des Globalantrags brachte, erkannte es die Möglichkeit

---

[946] BGH vom 14.12.1998 – II ZR 330/97, NJW 1999, 954 (954); BGH vom 28.11.2002 – I ZR 168/00, GRUR 2003, 228 (229) – P-Vermerk.
[947] BAG vom 8.11.1983 – 1 ABR 57/81, AP Nr. 11 zu § 87 BetrVG 1972 – Arbeitszeit.
[948] BAG vom 8.11.1983 – 1 ABR 57/81, AP Nr. 11 zu § 87 BetrVG 1972 – Arbeitszeit.
[949] BAG vom 17.5.1983 – 1 ABR 21/80, AP Nr. 19 zu § 80 BetrVG 1972.
[950] Zur Frage der Bestimmtheit des Globalfeststellungsantrags siehe oben D III 1.

einer bloß „ideellen Rechtskraftwirkung" eines Beschlusses an.[951] Hierunter verstand das BAG die Eignung des Beschlusses, für das künftige Verhalten der Beteiligten „richtungsweisend" zu sein.[952] Mit dieser einschränkenden Formulierung gesteht das BAG zu, dass abstrakt gefasste Anträge dem Zweck des Verfahrens, eine rechtskräftige und streitbeilegende Entscheidung herbeizuführen, nicht genügen können. Wenn Gerichtsentscheidungen den Beteiligten nur die ungefähre Richtung weisen sollten, bräuchte es gesetzlicher Regelungen wie § 253 Abs. 2 Nr. 2 ZPO und § 322 Abs. 1 ZPO nicht. Die Idee einer „ideellen Rechtskraftwirkung" ist auch nicht ohne Kritik geblieben.[953] Wenn wie beim Globalfeststellungsantrag gedachte Lebenssachverhalte zum Gegenstand des Feststellungsverfahrens gemacht würden, könnten auch bloß gedachte Rechtsfolgen das Ergebnis der Subsumtion sein.[954] Hierdurch käme es zu einer „bedingten Rechtskraftwirkung" der Entscheidung, die mit der materiellen Rechtskraft, wie sie § 322 Abs. 1 ZPO meint, „nichts zu tun" habe.[955] Die materielle Rechtskraft im eigentlichen Sinne beziehe sich auf konkrete abgeschlossene Sachverhalte, die unter eine Rechtsnorm subsumiert wurden.[956] Mit Globalfeststellungsbeschlüssen lasse sich zudem nicht die von den Beteiligten begehrte Rechtsgewissheit erlangen.[957] Die Berechtigung dieser Kritik wird noch deutlicher, wenn man sich die Konsequenzen einer dem Globalfeststellungsantrag stattgebenden Entscheidung vor Augen führt.[958] Hierzu dienen die folgenden Ausführungen.

b) Die Geister, die er rief – Präjudizialität von Globalfeststellungsentscheidungen

Die materielle Rechtskraft hat im Wesentlichen die Aufgabe, die Verfahrensbeteiligten, also sowohl Antragsteller und -gegner als auch die Gerichte, davor zu schützen, sich zweimal mit der gleichen Sache befassen zu müssen.[959] Auf diese Weise

---

[951] BAG vom 18.3.1975 – 1 ABR 102/73, AP Nr. 1 zu § 111 BetrVG 1972; siehe auch BAG vom 28.12.1956 – 2 AZR 132/56, AP Nr. 5 zu § 256 ZPO.
[952] BAG vom 18.3.1975 – 1 ABR 102/73, AP Nr. 1 zu § 111 BetrVG 1972.
[953] *Jacobs*, FS Picker, S. 1013 (1022 f., 1024 ff.); *Jacobs*, AP Nr. 18 zu § 50 BetrVG 1972.
[954] *Jacobs*, FS Picker, S. 1013 (1022).
[955] *Jacobs*, FS Picker, S. 1013 (1022); eingehend zur sogenannten „bedingten Rechtskraft" *Jacobs*, Der Gegenstand des Feststellungsverfahrens, S. 285 ff.
[956] *Jacobs*, FS Picker, S. 1013 (1025).
[957] *Jacobs*, FS Picker, S. 1013 (1023, 1025).
[958] Zu den „Paradoxe(n) Folgen von Globalfeststellungsentscheidungen" auch *Jacobs*, FS Picker, S. 1013 (1025 f.).
[959] Zum Zweck der Rechtskraft *Rosenberg/Schwab/Gottwald*, § 151 Rn. 1; Stein/Jonas/*Leipold*, § 322 Rn. 27 ff.; zur materiellen Rechtskraft allgemein siehe oben C V 1 und 2.

wird die Funktionsfähigkeit und Autorität der Rechtsprechung gewährleistet.[960] Der Antragsteller kann im Falle des Obsiegens auf den Bestand seines gerichtlich anerkannten Rechts vertrauen und gegebenenfalls vollstrecken. Zugleich soll er aber im Falle einer Niederlage vor Gericht den Antragsgegner nicht noch einmal angehen dürfen. In die Praxis umgesetzt bedeutet das zum einen, dass die einmal rechtskräftige Entscheidung eine negative Prozessvoraussetzung für ein erneutes streitgegenstandsidentisches gerichtliches Vorgehen darstellt.[961] Zum anderen – das ist insbesondere bei Feststellungsentscheidungen relevant – bilden die Feststellungen der rechtskräftigen Entscheidung ein Präjudiz für alle Folgeverfahren, in denen es unter anderem auf die im Erstverfahren beantworteten Fragen ankommt. Der Richter des Zweitverfahrens kann sich von den rechtskräftigen Feststellungen der Erstentscheidung nicht mehr lösen.[962] Das gilt grundsätzlich auch für sich im Nachhinein als falsch herausstellende Entscheidungen.[963] Unter Umständen wird der Antragsteller also die Geister, die er mit seinem Globalfeststellungsantrag rief, nicht mehr los. *Jacobs* weist mit seinem Beispiel eines Globalfeststellungsantrags bezüglich der Eingruppierung von Chefpiloten als leitende Angestellte auf die paradoxen Folgen von Globalfeststellungsentscheidungen hin.[964] Die Voraussetzungen, die den einen Chefpiloten zum leitenden Angestellten machen, müssen noch längst nicht bei jedem anderen, der in Zukunft auf eine Chefpilotenstelle rücken mag, in gleicher Weise gegeben sein.[965] Die zukünftige Entwicklung eines Sachverhalts lässt sich weder vom Antragsteller noch vom Gericht in einer Weise vorhersagen, die es ihnen gestatten würde, hierüber rechtskräftig zu entscheiden.[966] Hieraus wird deutlich, dass es auch im Interesse des Antragstellers liegt, der Rechtskraft enge Grenzen zu ziehen, um sich vor unvorhersehbaren und womöglich ungewollten Rechtskraftwirkungen zu schützen.

c) Keine Aufblähung des Streitgegenstands mittels des Globalfeststellungsantrags

Die Zweifel an der Rechtskraftfähigkeit von Globalfeststellungsentscheidungen erwachsen auch aus der Tatsache, dass sich die objektiven Grenzen der Rechtskraft

---

[960] MünchKommZPO/*Gottwald*, § 322 Rn. 3, 4.
[961] Musielak/*Musielak*, § 322 Rn. 9.
[962] *Rosenberg/Schwab/Gottwald*, § 151 Rn. 15.
[963] *Rosenberg/Schwab/Gottwald*, § 151 Rn. 2.
[964] *Jacobs*, FS Picker, S. 1013 (1025 f.).
[965] *Jacobs*, FS Picker, S. 1013 (1026).
[966] *Jacobs*, FS Picker, S. 1013 (1026) sieht die Beschränktheit der „prognostischen Fähigkeiten der Gerichte".

maßgeblich nach dem Streitgegenstand des Verfahrens bestimmen.[967] Nach der herrschend wie auch hier vertretenen Lehre vom zweigliedrigen Streitgegenstand kommt es für die Bestimmung des Streitgegenstands zum einen auf den Antrag, in dem sich die vom Kläger in Anspruch genommene Rechtsfolge konkretisiert, zum anderen auf den vorgetragenen Lebenssachverhalt, aus dem der Kläger die begehrte Rechtsfolge herleitet, an.[968] Der so verstandene Streitgegenstand gilt auch für das Feststellungsverfahren.[969] Um die Frage danach zu beantworten, wie sich der Globalfeststellungsantrag mit der Streitgegenstandsdogmatik der ZPO verträgt, muss das zweite Glied des Streitgegenstands, der Lebenssachverhalt, näher beleuchtet werden. Denn mit seinem Globalfeststellungsantrag versucht der Antragsteller, die Rechtslage für eine unbegrenzte Vielzahl an möglichen Fallgestaltungen zu klären und den streitgegenständlichen Lebenssachverhalt weitestmöglich aufzublähen. Nach der im Schrifttum geteilten Definition der Rechtsprechung bildet sich der Lebenssachverhalt im Sinne des zweigliedrigen Streitgegenstandsbegriffs aus allen Tatsachen, die bei einer natürlichen, vom Standpunkt der Parteien ausgehenden Betrachtungsweise zu dem durch den Vortrag des Antragstellers zur Entscheidung gestellten Tatsachenkomplex gehören.[970] Maßgeblich für die Abgrenzung von einem Lebenssachverhalt zum anderen ist also eine natürliche Betrachtungsweise. Diese Abgrenzungsmethode dient in erster Linie der Verhinderung einer unnatürlichen Aufspaltung einheitlicher Lebensvorgänge.[971] Die Parteien sollen den Streitgegenstand nicht dadurch willkürlich begrenzen können, dass sie bestimmte Tatsachen vortragen und andere nicht.[972] Im Falle des Globalfeststellungsantrags hat man es jedoch nicht mit der Gefahr eines unnatürlich engen Verständnisses des

---

[967] Baumbach/Lauterbach/Albers/Hartmann, Einf. §§ 322-327 Rn. 2; *Rosenberg/Schwab/Gottwald*, § 153 Rn. 2; *Schilken*, Zivilprozessrecht, Rn. 1019.
[968] BGH vom 27.2.1961 – III ZR 16/60, NJW 1961, 917 (917); BGH vom 14.2.1962 – IV ZR 156/61, NJW 1961, 1109 (1109); BGH vom 18.11.1982 – IX ZR 91/81, NJW 1983, 388 (389); BGH vom 19.12.1991 – IX ZR 96/91, NJW 1992, 1172 (1173); BGH vom 3.4.2003 – I ZR 1/01, NJW 2003, 2317 (2318); BGH vom 19.4.2007 – I ZR 57/05, NJW 2008, 231 (232); BGH vom 21.10.2008 – XI ZR 466/07, NJW 2009, 56 (56); Baumbach/Lauterbach/Albers/Hartmann, § 2 Rn. 4; *Habscheid*, Der Streitgegenstand im Zivilprozess, S. 221 f.; MünchKommZPO/*Becker-Eberhard*, vor §§ 253 ff. Rn. 32; *Rosenberg/Schwab/Gottwald*, § 92 Rn. 23; *Schilken*, Zivilprozessrecht, Rn. 229; Thomas/Putzo/*Reichold*, Einl. II Rn. 5,11; Zöller/*Vollkommer*, Einleitung Rn. 82.
[969] *Musielak*, NJW 2000, 3593 (3598); Stein/Jonas/*Leipold*, § 322 Rn. 95.; a.A. Zöller/*Vollkommer*, Einleitung Rn. 77 m.w.N.
[970] BGH vom 19.12.1991 – IX ZR 96/91, NJW 1992, 1172 (1173); BGH vom 16.9.2008 – IX ZR 172/07, NJW 2008, 3570 (3571); BGH vom 13.1.2009 – XI ZR 66/08, NJW-RR 2009, 790 (790); *Rosenberg/Schwab/Gottwald*, § 154 Rn. 2.
[971] BGH vom 11.7.1996 – III ZR 133/95, NJW 1996, 3151 (3152); zustimmend Stein/Jonas/*Leipold*, § 322 Rn. 226.
[972] BGH vom 17.3.1995 – V ZR 178/93, NJW 1995, 1757 (1757); OLG Hamm vom 27.1.1999 – 3 U 58/98, NJW-RR 1999, 1589 (1589); *Rosenberg/Schwab/Gottwald*, § 155 Rn. 7.

Lebenssachverhalts zu tun, sondern mit dessen Gegenteil, der Gefahr einer unnatürlichen Aufblähung. Hier gebietet eine natürliche Betrachtungsweise die Begrenzung des Streitgegenstands und damit der Rechtskraft auf den zur Begründung des Antrags vorgetragenen Lebenssachverhalt, den historischen Anlassfall. Der Lebenssachverhalt in diesem Sinne ist etwas temporär Begrenztes. Die mit dem Globalfeststellungsantrag begehrte Ausdehnung des Streitgegenstands und der Rechtskraft auf zukünftige, gar nicht absehbare Streitfälle lässt sich hiermit nicht in Einklang bringen. Für eine solche enge Grenzziehung spricht darüber hinaus die Parallele zu den im Rahmen der Untersuchung des Globalunterlassungsantrags gewonnenen Erkenntnissen. Denn hier wie dort gilt der gleiche Streitgegenstandsbegriff. Für das Unterlassungsverfahren war zwar umstritten, ob Streitgegenstand und Rechtskraft auf die enge konkrete Verletzungshandlung oder die weitere konkrete Verletzungsform zu beschränken sind.[973] Diese Frage kann jedoch dahingestellt bleiben. Denn gleich, welche Meinung man vertreten will, eine Ausweitung des streitgegenständlichen Lebenssachverhalts über die konkrete Verletzungsform hinaus wird von niemandem in Erwägung gezogen. Der Globalfeststellungsantrag sprengt die Grenzen des Streitgegenstands und erweist somit auch unter diesem Gesichtspunkt als nicht rechtskraftfähig.

d) Keine Rechtskraftfähigkeit abstrakter Rechtsfragen

Letztlich stellt die Tatsache, dass sich die materielle Rechtskraft einer Entscheidung nicht auf abstrakte rechtliche Beurteilungen erstreckt, ein gewichtiges Argument gegen die Rechtskraftfähigkeit von Globalfeststellungsentscheidungen dar.[974] Lautet der Globalfeststellungsantrag auf die Feststellung des Bestehens oder Nichtbestehens eines betriebsverfassungsrechtlichen Mitbestimmungsrechts, etwa bei der Anordnung von Überstunden im Betrieb, so liegt es am Gericht, zu prüfen, in welchen Fallgestaltungen das Mitbestimmungsrecht besteht und in welchen nicht. Zu einem echten Subsumtionsschluss kann es nur in Bezug auf konkrete Sachverhalte kommen. Für alle zukünftigen und daher im Einzelnen ungewissen Fallgestaltungen muss es der Natur der Sache nach bei einer abstrakten Beurteilung bleiben. Diese gerichtliche Beurteilung der Anwendbarkeit einer Rechtsnorm – in diesem Falle des § 87 Abs. 1 Nr. 3 BetrVG – auf einen bestimmten Sachverhalt

---

[973] Hierzu siehe oben C IV 3 und 4.
[974] Zur fehlenden Rechtskraftfähigkeit abstrakter Rechtsfragen Baumbach/Lauterbach/Albers/Hartmann, § 322 Rn. 17; *Jacobs*, Der Gegenstand des Feststellungsverfahrens, S. 207 f.; *Schilken*, Zivilprozessrecht, Rn. 1023; Stein/Jonas/*Leipold*, § 322 Rn. 74; Zöller/*Vollkommer*, vor § 322 Rn. 33.

nimmt an der materiellen Rechtskraft im Sinne des § 322 Abs. 1 ZPO jedoch nicht teil.[975] Der Richter eines möglichen Folgeverfahrens wäre nicht an die durch das Gericht des Erstverfahrens getroffenen Bewertungen gebunden.[976] Da die abstrakten rechtlichen Beurteilungen nach dem Willen des Antragstellers aber das Herzstück einer Globalfeststellungsentscheidung ausmachen würden, bliebe bei einer solchen Entscheidung nichts mehr übrig, was noch in materielle Rechtskraft erwachsen könnte. Auch aus diesem Grund ist die Rechtskraftfähigkeit von Globalfeststellungsentscheidungen zu verneinen.

e) Keine Rechtskraftfähigkeit der Globalfeststellungsentscheidung

Die vorangehende Untersuchung des Verhältnisses des Globalfeststellungsantrags zum Streitgegenstand und zur Rechtskraft der Feststellungsentscheidung haben die Zweifel an der Rechtskraftfähigkeit der Globalfeststellungsentscheidung bestätigt. Mit der Beurteilung des Globalfeststellungsantrags als hinreichend bestimmt im Sinne des § 253 Abs. 2 Nr. 2 ZPO geht das BAG in ständiger Rechtsprechung auch von dessen Rechtskraftfähigkeit aus. Der Ansatz, wonach einer Globalfeststellungsentscheidung eine „ideelle Rechtskraftwirkung" zukommen könne, verfängt nicht. Denn die von der materiellen Rechtskraft im Sinne des § 322 Abs. 1 ZPO bezweckte Beilegung des zwischen den Verfahrensbeteiligten herrschenden Streits lässt sich damit nicht erreichen. Die überzeugenderen Argumente sprechen gegen die Rechtskraftfähigkeit von Globalfeststellungsentscheidungen. Nur so gelingt es, die Beteiligten vor ungewollten Rechtskraftwirkungen zu schützen. Zudem sprengen Globalfeststellungsentscheidungen die durch den Streitgegenstand bestimmten Grenzen der materiellen Rechtskraft. Die zivilprozessuale Streitgegenstandsdogmatik lässt sich mit der Begehr, die Rechtslage für eine Vielzahl zukünftiger Fallgestaltungen klären zu wollen, nicht in Einklang bringen. Der streitgegenständliche Lebenssachverhalt erfasst nur, was bei natürlicher Betrachtungsweise zu dem zur Entscheidung gestellten Tatsachenkomplex gehört.[977] Der Globalfeststellungsantrag geht hierüber weit hinaus. Ferner steht die notwendige Abstraktheit einer Globalfeststellungsentscheidung ihrer Fähigkeit, in Rechtskraft zu erwachsen, entgegen. Bezüglich der Frage, welchen Raum die Abweisung des Globalfeststellungsantrags dem Antragsteller für ein erneutes gerichtliches Vorgehen belässt, kann auf

---

[975] Stein/Jonas/*Leipold*, § 322 Rn. 74.
[976] *Jacobs*, FS Picker, S. 1013 (1025).
[977] BGH vom 19.12.1991 – IX ZR 96/91, NJW 1992, 1172 (1173); BGH vom 16.9.2008 – IX ZR 172/07, NJW 2008, 3570 (3571); BGH vom 13.1.2009 – XI ZR 66/08, NJW-RR 2009, 790 (790); *Rosenberg/Schwab/Gottwald*, § 154 Rn. 2.

die Ausführungen im Rahmen der Untersuchung des Globalunterlassungsantrags verwiesen werden.[978]

3. Zwischenergebnis

Genauso wenig wie sich der Globalunterlassungsantrag zur Erlangung eines für alle Eventualitäten passenden Vollstreckungstitels eignet, taugt der Globalfeststellungsantrag zur Erlangung der begehrten umfassenden Gewissheit über die Rechtslage in fiktiven Fallgestaltungen. Doch obwohl sich das Prüfungsprogramm im Rahmen der Zulässigkeit des Feststellungsantrags im zivilgerichtlichen Verfahren nicht von dem des zulässigen Unterlassungsantrags unterscheidet, ergaben sich im Rahmen der Untersuchung von Bestimmtheit, Streitgegenstand und Rechtskraft bei Globalfeststellungsanträgen neue Aspekte der Problematik, die den Globalantrag nur in seiner feststellungsrechtlichen Variante betreffen. Es war die Frage nach – im Vergleich zum Unterlassungsantrag – geringeren Anforderungen an die Bestimmtheit des Feststellungsantrags zu beantworten. Die Argumentation mit der fehlenden Vollstreckbarkeit der Feststellungsentscheidung konnte nicht überzeugen. Denn mit Blick auf die Funktionen des Bestimmtheitserfordernisses nach § 253 Abs. 2 Nr. 2 ZPO sind an die Feststellungsantrag die gleichen Bestimmtheitsanforderungen zu stellen wie an den Unterlassungsantrag. Auch die Idee der „ideellen Rechtskraftwirkung" wird nur für Feststellungsentscheidungen diskutiert. Sie liefert jedoch keine befriedigenden Lösungen für die Begehr nach umfassender Gewissheit. Der Globalfeststellungsantrag entpuppt sich als untaugliches Mittel, um den eigentlichen Zweck des Feststellungsverfahrens zu verwirklichen, nämlich eine durch materielle Rechtskraft abgesicherte Feststellungsentscheidung zu erlangen. Im Ergebnis steht damit fest, dass sich der Globalfeststellungsantrag wie schon zuvor der Globalunterlassungsantrag als mit grundlegenden zivilprozessualen Prinzipien nicht kompatibel erweist. Wiederum liegt es unter der Voraussetzung, dass man mit der hier vertretenen Ansicht den Globalfeststellungsantrag als unbestimmt einordnet, gemäß § 139 Abs. 1 S. 2 ZPO am Gericht, den Antragsteller schon frühzeitig auf die Unbestimmtheit seines Antrags hinzuweisen und so auf die Stellung sachdienlicher Anträge hinzuwirken.[979]

---

[978] Hierzu siehe oben C V 3 c).
[979] Hierzu ausführlich oben C VII 1.

IV. Globalfeststellungsantrag und feststellungsfähiges Rechtsverhältnis

Nachdem in der vorangehenden Untersuchung solchen Fragen nachgegangen wurde, die sich in ähnlicher Weise auch in Bezug auf den Globalunterlassungsantrag stellten, geht es nun um die Spezifika des Feststellungsverfahrens – die besonderen Zulässigkeitsvoraussetzungen nach § 256 Abs. 1 ZPO. Gemeint sind das Rechtsverhältnis sowie das rechtliche Interesse an dessen alsbaldiger Feststellung. Die folgenden Ausführungen widmen sich zunächst der Frage, ob der Globalfeststellungsantrag ein feststellungsfähiges Rechtsverhältnis zum Gegenstand hat. Denn obwohl das Rechtsverhältnis eine gesetzlich normierte Zulässigkeitsvoraussetzung des Feststellungsverfahrens ist, fällt die Auseinandersetzung des BAG mit dieser Frage im Zuge der Prüfung der Zulässigkeit des Globalfeststellungsantrags unangemessen knapp aus. Geht es, wie bei Globalfeststellungsanträgen im arbeitsgerichtlichen Beschlussverfahren nach §§ 80 ff. ArbGG häufig, um die Feststellung des Bestehens oder Nichtbestehens eines betriebsverfassungsrechtlichen Mitbestimmungsrechts, so begnügt sich das BAG etwa mit dem Hinweis, dass der Streit ein betriebsverfassungsrechtliches Rechtsverhältnis der Betriebsparteien betreffe.[980] Zum Teil wird auf die Frage nach dem Rechtsverhältnis gar nicht eingegangen.[981] Die Oberflächlichkeit der Prüfung ist überraschend, da sowohl das BAG als auch das Schrifttum betonen, dass abstrakte Rechtsverhältnisse nicht zu den feststellungsfähigen Rechtsverhältnissen im Sinne des § 256 Abs. 1 ZPO zu zählen sind.[982] Im hier diskutierten Zusammenhang stellt sich daher die Frage, ob nicht eine tiefer gehende Auseinandersetzung mit dem Erfordernis eines feststellungsfähigen Rechtsverhältnis angezeigt ist und diese womöglich zu Zweifeln an der Zulässigkeit des Globalfeststellungsantrags führt.

---

[980] BAG vom 10.3.2009 – 1 ABR 87/07, AP Nr. 16 zu § 87 BetrVG 1972; BAG vom 27.10.2010 – 7 ABR 36/09, NZA 2011, 527 (528); BAG vom 17.11.2010 – 7 ABR 123/09, NZA 2011, 531 (532).
[981] BAG vom 16.4.2002 – 1 ABR 34/01, AP Nr. 9 zu § 87 BetrVG 1972 – Akkord.
[982] BAG vom 27.10.2005 – 6 AZR 123/05, AP Nr. 61 zu § 81 ArbGG 1979; BGH vom 4.10.2000 VIII ZR 289/99, NJW 2001, 445 (447); BGH vom 7.6.2001 – I ZR 21/99, GRUR 2001, 1036 (1036) – Kauf auf Probe; MünchKommZPO/*Becker-Eberhard*, § 256 Rn. 22; Musielak/*Foerste*, § 256 Rn. 2; *Rosenberg/Schwab/Gottwald*, § 90 Rn. 7, 9; Stein/Jonas/*Roth*, § 256 Rn. 30; Zöller/*Greger*, § 256 Rn. 5.

1. Abgrenzungsfunktion des feststellungsfähigen Rechtsverhältnisses für das Feststellungsverfahren

Um den durch den Globalfeststellungsantrag aufgeworfenen Fragen auf den Grund zu gehen, ist es unerlässlich, sich zunächst über die Funktion der Zulässigkeitsvoraussetzung eines feststellungsfähigen Rechtsverhältnisses bewusst zu werden. Nach dem Wortlaut des § 256 Abs. 1 ZPO ist die Feststellungsklage „auf (die) Feststellung des Bestehens oder Nichtbestehens eines Rechtsverhältnisses" gerichtet. Das Rechtsverhältnis bildet damit den Gegenstand des Feststellungsverfahrens.[983] Der Weg zu den Gerichten steht dem Antragsteller nicht mit jedweder Begehr offen. Für die Durchsetzung seiner materiellen Ansprüche vor den Gerichten stehen dem Rechtsschutzsuchenden nach der ZPO nur drei Klagearten zur Verfügung: die Leistungs-, die Feststellungs- und die Gestaltungsklage.[984] Alle diese Klagearten dienen verschiedenen Zwecken und folgen daher unterschiedlichen Regeln.[985] Nur wenn klar ist, für welche Begehren die einzelnen Klagearten zugänglich sind, kann die Abgrenzung zu unstatthaften Begehren sowie die Abgrenzung zwischen den Klagearten gelingen. Die Leistungsklagen dienen der Durchsetzung eines behaupteten Anspruchs im Sinne des § 194 Abs. 1 BGB.[986] Auch wenn diese Tatsache nirgends gesetzlich normiert wurde, ist mit dem „Anspruch" der Gegenstand der Leistungsklage eindeutig umschrieben. Ebenso präzise lässt sich der Gegenstand von Gestaltungsklagen umschreiben. Denn sie sind ausschließlich in den speziell geregelten Fällen statthaft.[987] Für die Feststellungsklage gelingt die Beschreibung der Rechtsschutzzone nicht ganz so einfach.[988] Denn trotz gesetzlicher Fixierung bleibt die Regelung des § 256 Abs. 1 ZPO weit hinter der Präzision etwa der Regelungen zu den Gestaltungsklagen zurück. Diesem Tatbestandsmerkmal wird deshalb auch eine begriffliche „Unschärfe" attestiert.[989] Inwiefern die in der Rechtsprechung wie dem Schrifttum verbreitete Definition des Rechtsverhältnisses als die aus einem vorgetragenen Sachverhalt abgeleitete rechtliche Beziehung einer Person zu einer anderen oder zu einem Gegenstand[990], dieser Unschärfe

---

[983] MünchKommZPO/*Becker-Eberhard*, § 256 Rn. 9; Stein/Jonas/*Roth*, § 256 Rn. 20.
[984] MünchKommZPO/*Becker-Eberhard*, Vorbemerkung zu §§ 253 ff. Rn. 20; *Rosenberg/Schwab/Gottwald*, § 88 Rn. 11; Stein/Jonas/*Roth*, vor § 253 Rn. 71.
[985] *Rosenberg/Schwab/Gottwald*, § 88 Rn. 11.
[986] MünchKommZPO/*Becker-Eberhard*, Vorbemerkung zu §§ 253 ff. Rn. 23.
[987] MünchKommZPO/*Becker-Eberhard*, Vorbemerkung zu §§ 253 ff. Rn. 28 nennt zudem die einzelnen Fallgruppen der Gestaltungsklage.
[988] *Jacobs*, Der Gegenstand des Feststellungsverfahrens, S. 9 f.
[989] *Jacobs*, Der Gegenstand des Feststellungsverfahrens, S. 9.
[990] BAG vom 27.10.2005 – 6 AZR 123/05, AP Nr. 61 zu § 81 ArbGG 1979; BAG vom 24.4.2007 – 1 ABR 27/06, AP Nr. 20 zu § 2 TVG – Tarifzuständigkeit; BGH vom 31.5.2000 – XII ZR 41/98,

Abhilfe schaffen kann, ist umstritten.[991] Konsens besteht immerhin über die Nichtfeststellbarkeit reiner Tatsachen sowie abstrakter Rechtsfragen.[992] Diese sollen nicht zur Rechtsschutzzone der Feststellungsklage gehören. Doch ungeachtet des bestehenden Streits um die Reichweite der Definition im Einzelnen, steht im Grundsatz fest, dass die Zulässigkeitsvoraussetzung des feststellungsfähigen Rechtsverhältnisses der Eingrenzung der Rechtsschutzzone des Feststellungsverfahrens und somit der Abgrenzung zu unstatthaften Klagebegehren dient. Um zu klären, ob die mit dem Globalfeststellungsantrag zum Gegenstand des Feststellungsverfahrens erhobene Vielzahl an Fallgestaltungen dieser Abgrenzungsfunktion des Tatbestandsmerkmals „Rechtsverhältnis" überhaupt gerecht werden kann, sind in einem ersten Schritt die vermeintlichen betriebsverfassungsrechtlichen Rechtsverhältnisse der Globalfeststellungsanträge im arbeitsgerichtlichen Beschlussverfahren näher unter die Lupe zu nehmen.

2. Betriebsverfassungsrechtliches Rechtsverhältnis zwischen den Betriebsparteien als Rechtsverhältnis im Sinne des § 256 Abs. 1 ZPO

Wie erwähnt, hat das BAG im Rahmen der Prüfung, ob dem Globalfeststellungsantrag bezüglich des Bestehens oder Nichtbestehens eines betriebsverfassungsrechtlichen Mitbestimmungsrechts ein feststellungsfähiges Rechtsverhältnis im Sinne des § 256 Abs. 1 ZPO zugrunde liegt, auf ein sogenanntes „betriebsverfassungsrechtliches Rechtsverhältnis" zwischen den Betriebsparteien verwiesen.[993] Obwohl die Verwendung des Begriffs des betriebsverfassungsrechtlichen Rechtsverhältnisses im Zusammenhang mit der Vorschrift des § 256 Abs. 1 ZPO einige Fragen aufwirft, schweigt sich das BAG darüber aus, was genau es hierunter versteht. Unter dem Terminus der betriebsverfassungsrechtlichen Rechtsverhältnisse wird im Schrifttum das Beziehungsgeflecht zwischen den sechs Subjekten der Betriebsver-

---

NJW 2000, 2663 (2664); BGH vom 7.6.2001 – I ZR 21/99, NJW 2001, 3789 (3789); Baumbach/Lauterbach/Albers/Hartmann, § 256 Rn. 5; MünchKommZPO/*Becker-Eberhard*, § 256 Rn. 10; Musielak/*Foerste*, § 256 Rn. 2; Rosenberg/Schwab/Gottwald, § 90 Rn. 6; Stein/Jonas/*Roth*, § 256 Rn. 21.
[991] Hierzu kurz schon oben D II 3 a).
[992] BGH vom 8.11.2005 – KZR 37/03, NJW 2006, 377 (378); BGH vom 20.2.2008 – VIII ZR 139/07, NJW 2008, 1303 (1303); BAG vom 20.5.2008 – 1 ABR 19/07, NZA-RR 2009, 102 (104); MünchKommZPO/*Becker-Eberhard*, § 256 Rn. 22; Rosenberg/Schwab/Gottwald, § 90 Rn. 9 f.; Stein/Jonas/*Roth*, § 256 Rn. 29 f.
[993] BAG vom 10.3.2009 – 1 ABR 87/07, AP Nr. 16 zu § 87 BetrVG 1972; BAG vom 27.10.2010 – 7 ABR 36/09, NZA 2011, 527 (528); BAG vom 17.11.2010 – 7 ABR 123/09, NZA 2011, 531 (532).

Globalfeststellungsantrag

fassung im Sinne des § 2 Abs. 1 BetrVG subsumiert.[994] Demnach sind Arbeitgeber, Betriebsrat, Gewerkschaften, Arbeitgeberverbindungen, Arbeitnehmer und der Betrieb selbst durch sogenannte betriebsverfassungsrechtliche Rechtsverhältnisse verknüpft. Unter den betriebsverfassungsrechtlichen Rechtsverhältnissen ist für den hier diskutierten Zusammenhang insbesondere die Rechtsbeziehung zwischen Arbeitgeber und Betriebsrat, das sogenannte Betriebsverhältnis von Interesse.[995] Denn aus diesem entspringen die mit dem Globalfeststellungsantrag im Beschlussverfahren geltend gemachten Streitigkeiten über Mitbestimmungsrechte. Genauer wird das Betriebsverhältnis als zweiseitiges, gesetzliches, unkündbares und kollektivrechtliches Dauerschuldverhältnis eigener Art definiert.[996] Damit erfasst dieser Rechtsbegriff einen bunten Strauß an gegenseitigen Pflichten zwischen Arbeitgeber und Betriebsrat.[997] Die Betriebspartner sind durch das Gebot vertrauensvoller Zusammenarbeit nach § 2 Abs. 1 BetrVG dazu verpflichtet, sich offen und ehrlich zu begegnen.[998] Der Arbeitgeber hat nach §§ 20 Abs. 3, 40 BetrVG die Pflicht, die Kosten der Betriebsratstätigkeit und der Wahlen zum Betriebsrat zu tragen. Ferner muss der Arbeitgeber die Betriebsratsmitglieder unter Umständen von der beruflichen Tätigkeit freistellen (§§ 37 Abs. 2, 38 BetrVG) sowie den Betriebsrat nach Maßgabe der §§ 87 ff. BetrVG mitbestimmen lassen. Die allgemeinen Aufgaben des Betriebsrats regelt § 80 Abs. 1 Nr. 1 bis 9 BetrVG. Angesichts der Vielfältigkeit dieses „umfassenden betriebsverfassungsrechtlichen Dauerrechtsverhältnisses"[999] drängen sich starke Zweifel daran auf, dass das Betriebsverhältnis ein Rechtsverhältnis im Sinne des § 256 ZPO darstellen kann. Die Zweifel werden bestärkt, wenn man sich die Funktion des Tatbestandsmerkmals „feststellungsfähiges Rechtsverhältnis" vergegenwärtigt. Das Rechtsverhältnis soll dem Feststellungsverfahren seinen Gegenstand geben.[1000] Das Verfahren kann seinen Zweck, den streitenden Parteien Rechtsgewissheit zu verschaffen, aber nur erreichen, wenn dieser Gegenstand hinreichend individualisiert benannt wird. Der pauschale Verweis auf ein betriebsverfassungsrechtliches Rechtsverhältnis kann die erforderliche Konkretisierung des festzustellenden Rechtsverhältnisses jedoch nicht herbeiführen. Das Betriebsverhältnis kann nur die Grundlage für künftige Rechtsverhältnisse

---

[994] MünchArbR/*von Hoyningen-Huene*, § 212 Rn. 1 ff.
[995] Zum Begriff des Betriebsverhältnisses *von Hoyningen-Huene*, NZA 1989, 121 ff.
[996] MünchArbR/*von Hoyningen-Huene*, § 212 Rn. 2; hierzu auch BAG vom 3.5.1994 – 1 ABR 24/93, AP Nr. 23 zu § 23 BetrVG 1972 sowie BAG vom 23.7.1996 – 1 ABR 13/96, AP Nr. 68 zu § 87 BetrVG 1972 – Arbeitszeit.
[997] Eine Auflistung dieser Pflichten findet sich bei MünchArbR/*von Hoyningen-Huene*, § 213 Rn. 9 f.
[998] ErfK/*Koch*, § 2 BetrVG Rn. 1; Richardi/*Richardi*, § 2 Rn. 14 jeweils m.w.N.
[999] MünchArbR/*von Hoyningen-Huene*, § 213 Rn. 15.
[1000] MünchKommZPO/*Becker-Eberhard*, § 256 Rn. 9; Stein/Jonas/*Roth*, § 256 Rn. 20.

sein. Das betriebsverfassungsrechtliche Rechtsverhältnis „Betriebsverhältnis" und das Rechtsverhältnis im Sinne des § 256 Abs. 1 ZPO sind daher streng voneinander zu trennen.[1001] Um Unklarheiten vorzubeugen, empfiehlt es sich, im Rahmen der Prüfung des § 256 Abs. 1 ZPO nicht auf ein betriebsverfassungsrechtliches Rechtsverhältnis zu rekurrieren, sondern ausschließlich das einzelne in Rede stehende Mitbestimmungs- oder Mitwirkungsrecht des Betriebsrats zu benennen. Ginge es bloß um das Betriebsverhältnis, stünde obendrein die Beteiligtenfähigkeit der Betriebspartner im Rahmen des arbeitsgerichtlichen Beschlussverfahrens in Frage.[1002] Denn die für die Beteiligtenfähigkeit erforderliche Betroffenheit kann sich nur aus einem konkretisierten Rechtsverhältnis ergeben.[1003]

3. Abstrakte Rechtsfragen und der Globalfeststellungsantrag

Nachdem der Verweis auf das allgemeine betriebsverfassungsrechtliche Rechtsverhältnis zwischen Arbeitgeber und Betriebsrat für die Beschreibung eines mit dem Feststellungsverfahren feststellungsfähigen Rechtsverhältnisses nicht ausreicht, bleibt die Frage der Vereinbarkeit des Globalfeststellungsantrags mit den in § 256 Abs. 1 ZPO normierten Zulässigkeitsvoraussetzungen noch immer offen. Insbesondere ist zweifelhaft, ob der abstrakte Hinweis auf das einzelne Mitbestimmungsrecht, wie es in den §§ 87 ff. BetrVG geregelt ist, ein Rechtsverhältnis im Sinne des § 256 Abs. 1 ZPO hinreichend konkret umschreiben kann. Denn zumeist geht es bei Globalfeststellungsanträgen um die Feststellung des Bestehens oder Nichtbestehens eines betriebsverfassungsrechtlichen Beteiligungsrechts. Als Beispiel sei hier nur auf die jüngere Entscheidung des BAG vom 17.8.2010 verwiesen, in der es um den Globalfeststellungsantrag einer Schwerbehindertenvertretung ging.[1004] Die Schwerbehindertenvertretung wollte festgestellt wissen, dass sie vor der Besetzung einer Stelle mit Personalleitungsfunktion zu unterrichten und anzuhören sei, soweit der zu besetzenden Stelle Personalleitungsfunktion bezüglich eines schwerbehinderten Menschen zukommt.[1005] Ein solcher Antrag, bei dem es

---

[1001] *Zimmer*, Der Anwendungsbereich der Feststellungsklage und des Feststellungsantrags im arbeitsgerichtlichen Verfahren, S. 79.
[1002] *Zimmer*, Der Anwendungsbereich der Feststellungsklage und des Feststellungsantrags im arbeitsgerichtlichen Verfahren, S. 79.
[1003] *Zimmer*, Der Anwendungsbereich der Feststellungsklage und des Feststellungsantrags im arbeitsgerichtlichen Verfahren, S. 79.
[1004] BAG vom 17.8.2010 – 9 ABR 83/09, NZA 2010, 1431 ff.; siehe auch BAG vom 27.10.2010 – 7 ABR 36/09, NZA 2011, 527 ff.; BAG vom 17.11.2010 – 7 ABR 123/09, NZA 2011, 531 ff.
[1005] BAG vom 17.8.2010 – 9 ABR 83/09, NZA 2010, 1431 (1432).

ausschließlich um die Anwendbarkeit einer Norm auf einen bestimmten Sachverhalt geht, könnte schon deshalb unzulässig sein, weil er eine abstrakte Rechtsfrage und somit kein feststellungsfähiges Rechtsverhältnis zum Gegenstand der Feststellungsklage macht.

a) Nichtfeststellbarkeit abstrakter Rechtsfragen

Die Nichtfeststellbarkeit abstrakter Rechtsfragen zählt zu den von niemandem in Frage gestellten Grundfesten des § 256 Abs. 1 ZPO.[1006] So apodiktisch dieser Grundsatz zunächst klingen mag, bedarf die Subsumtion unter den Tatbestand der abstrakten Rechtsfrage doch weiterer Erklärungen. Um einen Überblick über die Problematik zu bekommen, ist die Analyse entsprechender Entscheidungen der Rechtsprechung hilfreich. In ihren Augen stellt insbesondere die Begehr der Feststellung, dass eine bestimmte Gesetzesnorm auf einen Sachverhalt anwendbar ist, eine abstrakte Rechtsfrage an das Gericht dar.[1007] Folglich wies das BAG einen Antrag eines Mitglieds einer Schwerbehindertenvertretung, die Anwendbarkeit des Bundesreisekostengesetzes (BRKG) statt der Trennungsgeldverordnung (TGV) auf seine Heimfahrten festzustellen, als unzulässig zurück.[1008] Ebenso abstrakt und daher unzulässig sei ein Antrag, der sich auf eine Wiedergabe des Gesetzestextes beschränkt.[1009] Auch ein auf die Feststellung der Rechtmäßigkeit eines Verhaltens gerichtete Antrag konnte wegen der unzulässigen Begehr der Beantwortung einer abstrakten Rechtsfrage vor Gericht nicht bestehen.[1010] Die Zusammenschau dieser Entscheidungen deutet bereits darauf hin, dass auch der Globalfeststellungsantrag Gefahr läuft, dem Gericht eine abstrakte Rechtsfrage zu unterbreiten. Auch bei ihm geht es um die Frage der Anwendbarkeit bestimmter Mitbestimmungstatbestände aus dem BetrVG auf nicht näher konkretisierte Sachverhalte und die Rechtmäßigkeit des eigenen oder antragsgegnerischen Verhaltens. Doch abgesehen von der Kasuistik zu der Fallgruppe der abstrakten Rechtsfragen, ist im Rahmen dieser Un-

---

[1006] RG vom 30.4.1935 – II 291/34, RGZ 148, 81 (110); BGH vom 4.10.2000 – VIII ZR 289/99, NJW 2001, 445 (447); BGH vom 7.6.2001 – I ZR 21/99, GRUR 2001, 1036 (1036) – Kauf auf Probe; BAG vom 21.11.2002 – 6 AZR 34/01, AP Nr. 74 zu § 256 ZPO 1977; Baumbach/Lauterbach/Albers/Hartmann, § 256 Rn. 11; MünchKommZPO/*Becker-Eberhard*, § 256 Rn. 22; Musielak/*Foerste*, § 256 Rn. 2; *Noack*, Fehlerhafte Beschlüsse in Gesellschaften und Vereinen, S. 82; Rosenberg/Schwab/Gottwald, § 90 Rn. 7, 9; *Schilken*, Zivilprozessrecht, Rn. 184; Stein/Jonas/*Roth*, § 256 Rn. 30; *Zeuner*, FS Schumann, S. 595 (603); Zöller/*Greger*, § 256 Rn. 3, 5.
[1007] So schon das RG vom 30.4.1935 – II 291/34, RGZ 148, 81 (100).
[1008] BAG vom 11.11.2009 – 7 AZR 387/08, AP Nr. 50 zu § 253 ZPO.
[1009] BAG vom 21.11.2002 – 6 AZR 34/01, AP Nr. 74 zu § 256 ZPO 1977 verneint hier das rechtliche Interesse an der Feststellung.
[1010] BGH vom 7.6.2001 – I ZR 21/99, GRUR 2001, 1036 (1036) – Kauf auf Probe.

tersuchung insbesondere von Interesse, mit welcher Begründung die Gerichte die Feststellbarkeit abstrakter Rechtsfragen verneinen. Denn hieraus ergeben sich möglicherweise allgemeingültige Argumente, die sich für oder gegen die Zulässigkeit des Globalfeststellungsantrags anführen lassen. Nach der Ansicht des BAG kann ein Feststellungsantrag, der sich darauf beschränkt, den Gesetzestext zu wiederholen und somit eine abstrakte Rechtsfrage zum Gegenstand hat, keinen Rechtsfrieden schaffen.[1011] Denn der konkrete Umfang der gegenseitigen Verpflichtungen aus der Norm werde nicht geklärt.[1012] Abstrakte Rechtsfragen betreffen nur Vorfragen der allein feststellungsfähigen konkreten Rechtsbeziehungen zwischen den Parteien.[1013] Letztlich müsse die Rechtskraft der Feststellungsentscheidungen gewährleisten, dass weitere gerichtliche Auseinandersetzungen über die zwischen den Parteien strittigen Fragen um denselben Fragenkomplex ausgeschlossen sind.[1014] Der Grund für die Nichtfeststellbarkeit abstrakter Rechtsfragen liegt damit in der Überlegung, dass die gerichtliche Antwort auf eine abstrakte Rechtsfrage dem Zweck des Feststellungsverfahrens, der Erlangung durch materielle Rechtskraft abgesicherter Rechtsgewissheit, nicht gerecht werden kann.[1015] Die Herleitung einer konkreten Rechtsfolge aus einem bestimmten Sachverhalt findet nicht statt.[1016] Dass auch der Gesetzgeber von dem Grundsatz der Nichtfeststellbarkeit abstrakter Rechtsfragen ausgeht, zeigt die Spezialregelung des § 9 TVG. Hiernach ist die Feststellung einer abstrakten Rechtsfrage – der Rechtswirksamkeit von Tarifverträgen – ausnahmsweise zulässig.[1017] Da, wo eine solche gesetzliche Spezialregelung fehlt, muss es beim Grundsatz der Nichtfeststellbarkeit bleiben.

b) Globalfeststellungsantrag als abstrakte Rechtsfrage

Nun, da die Nichtfeststellbarkeit abstrakter Rechtsfragen erläutert und begründet ist, bleibt zu fragen, ob der Globalfeststellungsantrag eine abstrakte Rechtsfrage zum Gegenstand hat, es ihm daher an einem feststellungsfähigen Rechtsverhältnis fehlt und er sich auch insofern als unzulässige Rechtsbegehr erweist. Der Globalfeststellungsantrag lässt sich hier nicht auf Anhieb mit einem der oben genannten Fallbeispiele gleichsetzen. Vielmehr ist zu konstatieren, dass der Globalfeststel-

---

[1011] BAG vom 21.11.2002 – 6 AZR 34/01, AP Nr. 74 zu § 256 ZPO 1977.
[1012] BAG vom 21.11.2002 – 6 AZR 34/01, AP Nr. 74 zu § 256 ZPO 1977.
[1013] BGH vom 8.11.2005 – KZR 37/03, GRUR 2006, 249 (249) – Hörfunkrechte.
[1014] BAG vom 29.11.2001 – 4 AZR 757/00, AP Nr. 69 zu § 256 ZPO 1977; BAG vom 21.11.2002 – 6 AZR 34/01, AP Nr. 74 zu § 256 ZPO 1977.
[1015] Zum Zweck des Feststellungsverfahrens siehe oben D II 1.
[1016] Stein/Jonas/*Roth*, § 256 Rn. 30.
[1017] Zum Zweck der Regelung ErfK/*Franzen*, § 9 TVG Rn. 1.

lungsantrag den Beispielen in manchen Punkten ähnelt und zugleich Unterschiede aufweist. Beim Globalfeststellungsantrag geht es anders als oben nicht etwa um die bloße Anwendbarkeit des BetrVG auf einen betrieblichen Sachverhalt, sondern um das Bestehen oder Nichtbestehen eines bestimmten betriebsverfassungsrechtlichen Mitbestimmungsrechts. Auch beschränkt sich der Globalfeststellungsantrag nicht wie die gesetzeswiederholenden Feststellungsanträge auf die bloße Wiedergabe des Gesetzestextes. Der Globalfeststellungsantrag behauptet das Mitbestimmungsrecht nur in Bezug auf einen Ausschnitt aus den von der Norm erfassten Fällen – auch wenn dieser Ausschnitt für sich genommen eine unbegrenzte Vielzahl an Fallgestaltungen enthält. Die aufgezeigten Unterschiede des Globalfeststellungsantrags zu den Rechtsprechungsbeispielen führen jedoch nicht zwangsläufig zur Verneinung der Frage, ob der Gegenstand des Globalfeststellungsantrags eine abstrakte Rechtsfrage ist. Hierfür ist entscheidend, ob es dem Globalfeststellungsantrag wie der an das Gericht gestellten abstrakten Rechtsfrage an der konkreten Rechtsfolge mangelt. Für die Beurteilung eines Antrags als abstrakte Rechtsfrage ist entscheidend, ob der Antrag geeignet ist, Rechtsfrieden zu schaffen, indem er weitere Streitigkeiten um den gleichen Fragenkomplex ausschließt.[1018] Wie bereits im Rahmen der Untersuchung der Bestimmtheit des Globalfeststellungsantrags sowie der Rechtskraftfähigkeit von Globalfeststellungsentscheidungen ausgeführt, vermag es der Globalfeststellungsantrag aber gerade nicht, den mit dem Verfahren bezweckten Rechtsfrieden herbeizuführen.[1019] Aus einer Globalfeststellungsentscheidung erwüchse gerade kein rechtskräftiger Subsumtionsschluss, der den Streit beilegen könnte. Dem mit dem Globalfeststellungsantrag zum Gegenstand des Feststellungsverfahrens gemachten „Rechtsverhältnis" fehlt es für seine Feststellungsfähigkeit an einer konkreten Rechtsbeziehung, die sich aus einem bestimmten Sachverhalt ergibt.[1020] Indem er sich vom konkreten Einzelfall loslöst, wird der Globalfeststellungsantrag zur abstrakten Rechtsfrage, deren Beantwortung für die Beteiligten keine konkreten Rechtsfolgen zeitigt. Demzufolge ist der Globalfeststellungsantrag auch schon deshalb unzulässig, weil er eine abstrakte Rechtsfrage zum Gegenstand des Feststellungsverfahrens macht.

[1018] BAG vom 21.11.2002 – 6 AZR 34/01, AP Nr. 74 zu § 256 ZPO 1977.
[1019] Hierzu siehe oben D III.
[1020] Zum Erfordernis der konkreten Rechtsbeziehung *Zeuner*, FS Schumann, S. 595 (603).

4. Hypothetische Rechtsverhältnisse und der Globalfeststellungsantrag

Abgesehen von der Problematik der abstrakten Rechtsfrage wirft der Globalfeststellungsantrag im Zusammenhang mit der Untersuchung des im Sinne des § 256 Abs. 1 ZPO feststellungsfähigen Rechtsverhältnisses die Frage nach der Feststellbarkeit zukünftiger und damit hypothetischer Rechtsverhältnisse auf.[1021] Denn wenn mit dem Globalfeststellungsantrag das Bestehen oder Nichtbestehen eines betriebsverfassungsrechtlichen Mitbestimmungsrechts für eine Vielzahl von Sachverhaltskonstellationen festgestellt werden soll, so betrifft das sogar in erster Linie zukünftige Rechtsverhältnisse. Die hinter dem Globalfeststellungsantrag stehende Motivation speist sich gerade aus dem Verlangen nach einer rechtsverbindlichen Orientierungshilfe für die Zukunft.[1022] Ob sich diese Begehr mit dem Erfordernis eines feststellungsfähigen Rechtsverhältnisses verträgt, wird im Folgenden geprüft.

a) Grundsatz der Nichtfeststellbarkeit hypothetischer Rechtsverhältnisse

Neben der Nichtfeststellbarkeit abstrakter Rechtsfragen gehört die Nichtfeststellbarkeit hypothetischer Rechtsverhältnisse zu den von der herrschenden Meinung vertretenen Grundsätzen des Feststellungsverfahrens.[1023] Demnach gehört es zu den Voraussetzungen der Feststellungsfähigkeit eines Rechtsverhältnisses, dass es sich um ein gegenwärtiges Rechtsverhältnis handelt. § 256 Abs. 1 ZPO gewährt keinen richterlichen Schutz, wenn lediglich das Entstehen eines künftigen Rechtsverhältnisses befürchtet wird.[1024] Ein noch nicht bestehendes Rechtsverhältnis, dessen Entstehen von Voraussetzungen abhängig ist, deren Eintritt wiederum offen ist, kann nicht den Gegenstand eines Feststellungsverfahrens bilden.[1025] So sah es der BGH bei dem Feststellungsbegehren bezüglich der Ersatzfähigkeit eines Schadens, der nur dann eintreten würde, wenn der beklagte Störer die notwendigen Schutz-

---

[1021] Hierzu *Jacobs*, Der Gegenstand des Feststellungsverfahrens, S. 27 f., 294 ff.; *Jacobs*, FS Picker, S. 1013 (1017 f., 1022 f.).
[1022] Zu den Motiven für den Globalantrag siehe oben A II.
[1023] RG vom 5.12.1923 – I 842/22, RGZ 107, 303 ff.; BGH vom 20.11.1992 – V ZR 82/91, NJW 1993, 925 (928); BGH vom 7.6.2001 – I ZR 21/99, GRUR 2001, 1036 (1036); BGH vom 4.10.2000 – VIII ZR 289/99, NJW 2001, 445 (447); Baumbach/Lauterbach/Albers/Hartmann, § 256 Rn. 16; Musielak/*Foerste*, § 256 Rn. 4; *Rosenberg/Schwab/Gottwald*, § 90 Rn. 7; Stein/Jonas/*Roth*, § 256 Rn. 37; Zöller/*Greger*, § 256 Rn. 3a; MünchKommZPO/*Becker-Eberhard*, § 256 Rn. 28 sieht bei einem nicht gegenwärtigen Rechtsverhältnis in erster Linie das Feststellungsinteresse als nicht gegeben; a.A. *Trzaskalik*, Die Rechtsschutzzone der Feststellungsklage im Zivil- und Verwaltungsprozess, S. 68 ff; *Zeuner*, FS Schumann, S. 595 (605 ff.).
[1024] BGH vom 20.11.1992 – V ZR 82/91, NJW 1993, 925 (928).
[1025] BGH vom 20.11.1992 – V ZR 82/91, NJW 1993, 925 (928).

maßnahmen gegen den von einem Froschteich ausgehenden Lärm nicht träfe.[1026] Ein zur Illustration des Dogmas von der Nichtfeststellbarkeit hypothetischer Rechtsverhältnisse geeignetes und vor allem in der dieses Dogma kritisierenden Literatur immer wieder aufgegriffenes Rechtsprechungsbeispiel liefert eine Entscheidung des Reichsgerichts vom 5.12.1923.[1027] Hier begehrte die klagende Tabakhändlerin die Feststellung, dass das beklagte Versandunternehmen – die Reichseisenbahn – nicht dazu berechtigt sei, die Annahme von Tabaksendungen davon abhängig zu machen, dass auf der Sendung der Vermerk „In Pappkartons verpackt, mangelhaft" angebracht würde. Denn in der Vergangenheit war es wegen der mangelhaften Verpackung der Waren zu Annahmeverweigerungen durch die Eisenbahndirektion gekommen. Das Reichsgericht wies die Feststellungsklage als unzulässig zurück.[1028] Die allgemeine Verpflichtung der Eisenbahn, Güter zu anzunehmen und zu befördern, stelle noch kein feststellungsfähiges Rechtsverhältnis dar.[1029] Erst dann, wenn es zu einer konkreten Güterauslieferung komme, erhalte die abstrakte Verpflichtung der Bahn eine konkrete Gestaltung.[1030] Mangels eines gegenwärtigen Rechtsverhältnisses konnte die Feststellungsklage also keinen Erfolg haben.

b) Ruf nach der Feststellbarkeit feststellungsunfähiger Rechtsverhältnisse

Gegen die von der Rechtsprechung und auch in der Literatur vorherrschend vertretene Auffassung, wonach hypothetische Rechtsverhältnisse nicht zum Kreis der mit dem Feststellungsverfahren feststellungsfähigen Rechtsverhältnisse zählen, regt sich jedoch Widerstand. Im Schrifttum wird nicht nur vereinzelt für die Ausweitung der Rechtsschutzzone des Feststellungsverfahrens auch auf zukünftige Rechtsverhältnisse plädiert.[1031]

[1026] BGH vom 20.11.1992 – V ZR 82/91, NJW 1993, 925 (928).
[1027] RG vom 5.12.1923 – I 842/22, RGZ 107, 303 ff.; hierzu *Trzaskalik*, Die Rechtsschutzzone der Feststellungsklage im Zivil- und Verwaltungsprozess, S. 27 ff., 60 ff. sowie *Zeuner*, FS Schumann, S. 595 (608 ff.).
[1028] RG vom 5.12.1923 – I 842/22, RGZ 107, 303 (304).
[1029] RG vom 5.12.1923 – I 842/22, RGZ 107, 303 (304).
[1030] RG vom 5.12.1923 – I 842/22, RGZ 107, 303 (304).
[1031] *Trzaskalik*, Die Rechtsschutzzone der Feststellungsklage im Zivil- und Verwaltungsprozess, S. 68 ff.; *Zeuner*, FS Schumann, S. 595 (606 ff.); für Überlegungen in diese Richtung auch Stein/Jonas/*Roth*, § 256 Rn. 38.

aa) Feststellbarkeit auch hypothetischer Rechtsverhältnisse

Zu den stärksten Befürwortern einer Erweiterung der im Rahmen des Feststellungsverfahrens feststellungsfähigen Rechtsverhältnisse um die hypothetischen Rechtsverhältnisse zählt *Trzaskalik*.[1032] Seiner Meinung nach lässt sich die Rechtsschutzzone des Feststellungsverfahrens unmöglich nach zeitlichen Kriterien abgrenzen, da der Feststellungsstreit stets Bezüge zur Vergangenheit, Gegenwart und Zukunft aufweise.[1033] Zur Begründung seiner These von der Feststellungsfähigkeit auch hypothetischer Rechtsverhältnisse führt *Trzaskalik* im Wesentlichen drei Argumente an. Zum einen betont er das Wesen der Feststellungsentscheidung, das gerade in deren „zukunftsorientierter Wirkung" liege.[1034] Im Gegensatz zur Leistungsklage, die die Bestimmung eines genauen Leistungszeitpunktes verlange, könnten bei der Feststellungsklage im Urteilszeitpunkt lediglich Prognosen über dessen praktische Relevanz abgegeben werden.[1035] Zum anderen zeigt er auf, dass auch die Feststellung von weder in räumlicher noch in zeitlicher Hinsicht konkretisierten Rechtsverhältnissen denkbar ist. Diese Rechtsverhältnisse seien in der Entwicklung befindlich, sodass sich die Feststellungsentscheidung auf den Entwicklungszustand der Rechtsbeziehung im Entscheidungszeitpunkt beziehen könne.[1036] Die Rechtmäßigkeit eines Verhaltens lasse sich unabhängig von dessen Realisierung am Gesetz prüfen, da das Gesetz abstrakte Sachverhalte generell regelt.[1037] Um die Rechtsklarheit über Rechtsfolgen soll es ausdrücklich nicht gehen.[1038] Letztlich führt *Trzaskalik* an, dass von der Entscheidung über hypothetische Rechtsverhältnisse durchaus ein praktischer Nutzen ausgehen könne. Dieser bestehe in der „verhaltensbestimmenden Wirkung" der Entscheidung.[1039] Zugegeben lasse sich mit einer Entscheidung über „in Entwicklung befindliche Rechtsverhält-

---

[1032] *Trzaskalik*, Die Rechtsschutzzone der Feststellungsklage im Zivil- und Verwaltungsprozess, 1978.
[1033] *Trzaskalik*, Die Rechtsschutzzone der Feststellungsklage im Zivil- und Verwaltungsprozess, S. 59 f.
[1034] *Trzaskalik*, Die Rechtsschutzzone der Feststellungsklage im Zivil- und Verwaltungsprozess, S. 70.
[1035] *Trzaskalik*, Die Rechtsschutzzone der Feststellungsklage im Zivil- und Verwaltungsprozess, S. 71.
[1036] *Trzaskalik*, Die Rechtsschutzzone der Feststellungsklage im Zivil- und Verwaltungsprozess, S. 77.
[1037] *Trzaskalik*, Die Rechtsschutzzone der Feststellungsklage im Zivil- und Verwaltungsprozess, S. 77.
[1038] *Trzaskalik*, Die Rechtsschutzzone der Feststellungsklage im Zivil- und Verwaltungsprozess, S. 76.
[1039] *Trzaskalik*, Die Rechtsschutzzone der Feststellungsklage im Zivil- und Verwaltungsprozess, S. 79.

nisse" kein Rechtsfrieden herbeiführen[1040], doch sei davon auszugehen, dass eine solche Entscheidung „Klarheit über den Streit als solchen schaffe".[1041]

Zuspruch erhält *Trzaskaliks* These von der Feststellungsfähigkeit hypothetischer Rechtsverhältnisse insbesondere von *Zeuner*.[1042] Eine zeitliche Begrenzung der feststellungsfähigen Rechtsverhältnisse hält auch er für unangebracht. Die Öffnung des Feststellungsverfahrens für künftige Rechtsverhältnisse sei aus zweierlei Gründen geboten. Zunächst hebt *Zeuner* das Bedürfnis nach Rechtssicherheit hervor.[1043] Die Kläger wollten sich mit ihrer Feststellungsklage auf die Zukunft einstellen und auf Grundlage der gerichtlichen Entscheidung planen können.[1044] Die Zulässigkeit der Feststellung hypothetischer Rechtsverhältnisse ergebe sich aus dem rechtsstaatlichen Gebot der Gewährung eines effektiven Rechtsschutzes.[1045] Der effektive Rechtsschutz sei gefährdet, wenn dem Gegenstand des Feststellungsverfahrens zu enge Grenzen gesetzt würden.[1046] Aus diesen Gründen sollen auch zukünftige Rechtsverhältnisse feststellungsfähig sein. Zu beachten sei jedoch, dass es sich bei der zur Entscheidung gestellten Rechtsbeziehung um eindeutig individualisierte Rechtsfolgen handeln müsse und es zudem nach den Umständen des Einzelfalls sachgerecht erscheinen müsse, sich auf diese Rechtsfolgen einstellen zu wollen.[1047] Vor einer zweckfremden Instrumentalisierung zur gerichtlichen Klärung abstrakter Rechtsfragen sei das Feststellungsverfahren durch die Voraussetzung des rechtlichen Interesses an alsbaldiger Feststellung hinreichend geschützt.[1048] *Zeuner* geht mit der Forderung nach eindeutig individualisierten Rechtsfolgen zwar etwas auf Abstand zu *Trzaskaliks* sehr weitgehenden Ansatz. Doch proklamiert letzten Endes auch er die These von der notwendigen Ausweitung der Rechtsschutzzone des Feststellungsverfahrens auf hypothetische Rechtsverhältnisse.

[1040] *Trzaskalik*, Die Rechtsschutzzone der Feststellungsklage im Zivil- und Verwaltungsprozess, S. 78.
[1041] *Trzaskalik*, Die Rechtsschutzzone der Feststellungsklage im Zivil- und Verwaltungsprozess, S. 80.
[1042] *Zeuner*, FS Schumann, S. 595 (606 ff.); zustimmende Besprechungen *Trzaskaliks* finden sich bei *Grunsky*, AcP 179, 410 (411 f.); *Habscheid*, ZZP 93, 230 (231) sowie *Renck*, NJW 1979, 755 (755).
[1043] *Zeuner*, FS Schumann, S. 595 (606).
[1044] *Zeuner*, FS Schumann, S. 595 (606).
[1045] *Zeuner*, FS Schumann, S. 595 (608 f., 610).
[1046] *Zeuner*, FS Schumann, S. 595 (608).
[1047] *Zeuner*, FS Schumann, S. 595 (611).
[1048] *Zeuner*, FS Schumann, S. 595 (607, 611).

bb) Notwendigkeit auch zeitlicher Abgrenzung der feststellungsfähigen Rechtsverhältnisse

Ob dem Ruf nach einer Erweiterung der im Rahmen des § 256 Abs. 1 ZPO feststellungsfähigen Rechtsverhältnisse um die hypothetischen Rechtsverhältnisse gefolgt werden sollte, ist zweifelhaft.[1049] Der Beantwortung dieser Frage dient die Suche nach möglichen Argumenten, die sich für eine Begrenzung des Gegenstands des Feststellungsverfahrens auch in zeitlicher Hinsicht anführen lassen. Einen ersten Ansatzpunkt für die Untersuchung bietet bereits der Wortlaut des § 256 Abs. 1 ZPO. Demnach kann die Feststellungsklage auf die Feststellung des Bestehens oder Nichtbestehens eines Rechtsverhältnisses erhoben werden. Etwas Zukünftiges *besteht* aber noch nicht. Die Feststellung des Bestehens eines Rechtsverhältnisses setzt dessen Existenz, ein Vorhandensein voraus. Schon dem Wortlaut des § 256 Abs. 1 ZPO lässt sich das Erfordernis eines klaren Gegenwartsbezugs des festzustellenden Rechtsverhältnisses entnehmen.[1050]

Ferner ergeben sich aus dem Zweck des Feststellungsverfahrens Argumente gegen die These von der Feststellbarkeit zukünftiger Rechtsverhältnisse. Der Zweck des Feststellungsverfahrens besteht, wie an anderer Stelle in dieser Untersuchung bereits erläutert wurde, in dem Schutz subjektiver Rechte sowie in der Erlangung von Rechtsgewissheit.[1051] Stellte das Gericht nun hypothetische Rechtsverhältnisse fest, so würde das Feststellungsverfahren zweckentfremdet. Denn das hypothetische Rechtsverhältnis handelt nicht von der konkreten Verletzung oder Gefährdung eines Rechts.[1052] Es entwirft lediglich das Szenario einer solchen Rechtsgutsbeeinträchtigung. So wenig die Feststellung eines ungewissen Rechtsverhältnisses subjektive Rechte zu schützen vermag, taugt es zur Erlangung der mit dem Verfahren begehrten Rechtsgewissheit und Schaffung von Rechtsfrieden. Diese sollen mittels des Instrumentariums der materiellen Rechtskraft im Sinne des § 322 Abs. 1 ZPO herbeigeführt werden. Doch ist die Feststellungsentscheidung über hypothetische Rechtsverhältnisse dieser Rechtskraft gar nicht fähig.[1053] Selbst die Verfechter der These von der Feststellbarkeit zukünftiger Rechtsverhältnisse sehen die Schwierigkeiten, die eine Feststellungsentscheidung über solche Rechtsverhältnisse

---

[1049] Zu dieser Frage ausführlich *Jacobs*, Der Gegenstand des Feststellungsverfahrens, S. 278 ff.
[1050] A.A. *Zeuner*, FS Schumann, S. 595 (606).
[1051] Zum Zweck des Feststellungsverfahrens siehe oben D II 1.
[1052] *Jacobs*, Der Gegenstand des Feststellungsverfahrens, S. 282.
[1053] *Jacobs*, Der Gegenstand des Feststellungsverfahrens, S. 285 ff.

im Zusammenhang mit der materiellen Rechtskraft bereiten würde.[1054] Für hypothetische Rechtsverhältnisse käme allenfalls eine sogenannte „bedingte Rechtskraftwirkung" in Frage, die jedoch mit der materiellen Rechtkraft, wie § 322 Abs. 1 ZPO sie regelt, nichts gemein hat.[1055] Mit der bloß „verhaltensbestimmenden Wirkung"[1056] der Feststellungsentscheidung ist dem Antragsteller indes nicht geholfen. Bei einem Streit um die Berechtigung zu einem bestimmten Verhalten würde eine solche Entscheidung gerade nicht klären können, ob die Berechtigung besteht.[1057] Das kann sie nicht, weil die Umstände, die eventuell zu einer Berechtigung des Antragstellers führten, zum Zeitpunkt der Entscheidung noch unklar sind. Ein effektiver Rechtsschutz, wie er als Argument für die Ausdehnung der Rechtsschutzzone des Feststellungsverfahrens auf künftige Rechtsverhältnisse angeführt wurde[1058], lässt sich hierdurch gerade nicht erreichen. Nähme man dennoch die Zulässigkeit einer solchen „Entscheidung auf Verdacht" an, hätte der Antragsteller, der ein hypothetisches Rechtsverhältnis zum Gegenstand des Feststellungsverfahrens macht, wegen der Präjudizialität der Feststellungsentscheidung unerwünschte Rechtskraftwirkungen zu befürchten.[1059] Somit spricht auch der Zweck des Feststellungsverfahrens, subjektive Rechte durchzusetzen und Rechtsgewissheit zu schaffen, gegen die Feststellungsfähigkeit zukünftiger Rechtsverhältnisse.

Mit einer Feststellungsentscheidung über hypothetische Rechtsverhältnisse gingen im zivilprozessualen Feststellungsverfahren zudem ganz praktische Probleme einher. Dem Antragsgegner wäre es im Fall seines Unterliegens kaum zumutbar, die Kosten des Verfahrens nach §§ 91 ff. ZPO tragen zu müssen, ohne dass sich die Verwirklichung des entschiedenen Rechtsverhältnisses auch nur abzeichnet.[1060] Die Zulassung hypothetischer Rechtsbegehren führte ferner zu einer Ausuferung der Rechtsschutzzone des § 256 Abs. 1 ZPO.[1061] Wenn *Trzaskalik* meint, die Rechtsschutzzone des Feststellungsverfahrens sei unmöglich nach zeitlichen Kriterien

---

[1054] *Trzaskalik*, Die Rechtsschutzzone der Feststellungsklage im Zivil- und Verwaltungsprozess, S. 78; *Zeuner*, FS Schumann, S. 595 (607).
[1055] *Jacobs*, Der Gegenstand des Feststellungsverfahrens, S. 285 ff.; hierzu auch schon oben D III 2 a).
[1056] *Trzaskalik*, Die Rechtsschutzzone der Feststellungsklage im Zivil- und Verwaltungsprozess, S. 79.
[1057] A.A. *Trzaskalik*, Die Rechtsschutzzone der Feststellungsklage im Zivil- und Verwaltungsprozess, S. 78.
[1058] *Zeuner*, FS Schumann, S. 595 (608 f., 610).
[1059] *Jacobs*, Der Gegenstand des Feststellungsverfahrens, S. 287 f.; hierzu auch schon oben D III 2 b).
[1060] *Jacobs*, Der Gegenstand des Feststellungsverfahrens, S. 281 f.
[1061] *Jacobs*, Der Gegenstand des Feststellungsverfahrens, S. 283 f.

abgrenzbar, weil der Feststellungsstreit stets einen Bezug zur Vergangenheit, Gegenwart und Zukunft aufweise[1062], verkennt er, dass es bei der Frage der Feststellungsfähigkeit darum geht, dass der Feststellungsstreit trotz seiner Verbindungen zur Vergangenheit und Zukunft, in der Gegenwart verankert, hier also seinen Schwerpunkt haben muss. Letztlich muss konstatiert werden, dass die Befassung der Gerichte mit Sachverhalten, die keinen Bezug zu realen Streitigkeiten aufweisen, im Ergebnis auf die Erstattung eines Rechtsgutachtens hinausliefe.[1063] Rechtsgutachten anzufertigen, ist den Gerichten jedoch verwehrt.[1064] Ihre vornehmste Aufgabe lautet, Streitigkeiten zu klären. Für diese Klärung bedarf es eines konkret bestehenden Streitfalls. Wegen der Ungewissheit über die entscheidungserheblichen Umstände kann ein bloß zukünftiges Rechtsverhältnis aber nicht festgestellt werden.[1065] Es fehlte an der Herleitung einer konkreten Rechtsfolge. Nach wie vor sprechen demnach die besseren Argumente gegen die Feststellbarkeit rein hypothetischer Rechtsverhältnisse.

c) Bloß hypothetisches Rechtsverhältnis als Gegenstand des Globalfeststellungsantrags

Es bleibt zu klären, ob auch der Globalfeststellungsantrag ein hypothetisches Rechtsverhältnis zum Gegenstand des Feststellungsverfahrens macht.[1066] Zu untersuchen ist daher, ob es dem Globalfeststellungsantrag an der für die Feststellungsfähigkeit notwendigen Gegenwärtigkeit fehlt. Das typische hypothetische Rechtsverhältnis besteht noch nicht und ist darüber hinaus im ob und wann seines Entstehens ungewiss. Daher fehlt es ihm an einem durchzusetzenden subjektiven Recht des Antragstellers sowie an der Fähigkeit, in materielle Rechtskraft im Sinne des § 322 Abs. 1 ZPO zu erwachsen. Dem Antragsteller eines Globalfeststellungsantrags geht es mit seinem Antrag zumeist um die Feststellung des Bestehens oder Nichtbestehens eines betriebsverfassungsrechtlichen Mitbestimmungsrechts. Das kann wie in einem jüngst vor dem BAG verhandelten Fall das Beteiligungsrecht des Betriebsrats nach § 99 BetrVG bei der Arbeitsplatzbewertung oder Ersteingruppie-

---

[1062] *Trzaskalik*, Die Rechtsschutzzone der Feststellungsklage im Zivil- und Verwaltungsprozess, S. 59 f.
[1063] *Jacobs*, Der Gegenstand des Feststellungsverfahrens, S. 278 f.; *Zimmer*, Der Anwendungsbereich der Feststellungsklage und des Feststellungsantrags im arbeitsgerichtlichen Verfahren, S. 81.
[1064] BGH vom 12.12.1994 – II ZR 269/93, NJW 1995, 1097 (1097); MünchKommZPO/*Becker-Eberhard*, § 256 Rn. 22; Stein/Jonas/*Roth*, § 256 Rn. 30.
[1065] OLG Brandenburg vom 9.8.2001 – 9 UF 238/00, NJW-RR 2002, 578 (578).
[1066] Zu dieser Frage *Jacobs*, Der Gegenstand des Feststellungsverfahrens, S. 27 ff., 294 ff. sowie *Jacobs*, FS Picker, S. 1013 (1022 ff.).

rung von Arbeitsplätzen sein.[1067] Ein weiteres Beispiel ist die Begehr einer Schwerbehindertenvertretung, festzustellen, dass der Arbeitgeber verpflichtet sei, die Vertretung nach § 95 Abs. 2 S. 1 SGB IX vor der Besetzung einer Stelle mit Personalleitungsfunktion zu unterrichten und anzuhören, sofern die zu besetzende Stelle eine solche Leitungsfunktion bezüglich mindestens eines schwerbehinderten Menschen zugeordnet ist.[1068] Zwar waren in beiden Fällen Streitigkeiten mit dem Antragsgegner für die Antragstellung Anlass gebend. Doch bildeten diese nicht das verfahrensgegenständliche Rechtsverhältnis. Das Gericht sollte das Mitbestimmungsrecht für eine Vielzahl zwar erwarteter, in ihrem Eintreten jedoch ungewisser Fallgestaltungen attestieren. Diese Beispiele für den Globalfeststellungsantrag im arbeitsgerichtlichen Beschlussverfahren zeigen damit denselben reinen Zukunftsbezug und Mangel an Gegenwärtigkeit, die für hypothetische Rechtsverhältnisse typisch sind. Die zum Gegenstand des Feststellungsverfahrens erhobene Rechtsbeziehung bleibt im Stadium einer bloßen Möglichkeit. In einem solchen Fall ist die richterliche Subsumtion unter den betriebsverfassungsrechtlichen Mitbestimmungstatbestand freilich möglich, bleibt aber abstrakt. Der Eintritt konkreter Rechtsfolgen wie er sich nur aus dem Abgleich der abstrakt-generellen Norm mit einem konkret-individuellen Lebenssachverhalt ergeben kann, ist ausgeschlossen.[1069] Als unzulässiges Feststellungsbegehren erweist sich der Globalfeststellungsantrag zudem vor dem Hintergrund der mangelnden Rechtskraftfähigkeit einer Globalfeststellungsentscheidung über ein hypothetisches Rechtsverhältnis.[1070] Die materielle Rechtskraft ist zwar selbst durchaus in die Zukunft gerichtet. Indem sie im Falle der Streitgegenstandsidentität eine negative Prozessvoraussetzung für Folgeverfahren bildet, soll sie verhindern, dass sich die streitenden Parteien sowie die Gerichte *in Zukunft* ein zweites Mal mit dem gleichen Sachverhalt auseinandersetzen müssen.[1071] Doch fehlt der so verstandenen materiellen Rechtskraft in Folge des Umstands, dass der Globalfeststellungsantrag nicht auf die Feststellung einer konkreten Rechtsfolge zielt, jeglicher Ansatzpunkt. Die Fiktion des Rechtsverhältnisses führt zur Fiktion der Rechtsfolge.[1072] Würde die Globalfeststellungsentscheidung über das hypothetische Rechtsverhältnis des Globalfeststellungsantrags in Rechtskraft erwachsen, so könnte man mit *Jacobs* allenfalls von einer „beding-

---

[1067] BAG vom 17.11.2010 – 7 ABR 123/09, NZA 2011, 531 ff.
[1068] BAG vom 17.8.2010 – 9 ABR 83/09, NZA 2010, 1431 ff.
[1069] *Jacobs*, FS Picker, S. 1013 (1022).
[1070] *Jacobs*, FS Picker, S. 1013 (1022 f., 1024 ff.); zum Verhältnis des Globalfeststellungsantrags zur materiellen Rechtskraft im Sinne des § 322 Abs. 1 ZPO siehe oben D III 2.
[1071] Zum Zweck der Rechtskraft *Rosenberg/Schwab/Gottwald*, § 151 Rn. 1; Stein/Jonas/*Leipold*, § 322 Rn. 27 ff.; zur materiellen Rechtskraft allgemein siehe oben C V 1 und 2.
[1072] *Jacobs*, FS Picker, S. 1013 (1022).

160 Globalfeststellungsantrag

ten Rechtskraft" der Globalfeststellungsentscheidung sprechen.[1073] Es bliebe bei der von *Trzaskalik* benannten bloß „verhaltensbestimmenden Wirkung" der Feststellungsentscheidung über zukünftige Rechtsverhältnisse.[1074] Hierin erschöpft sich das Anliegen des Feststellungsverfahrens, wie es nach der ZPO konzipiert ist, jedoch keineswegs. Der Globalfeststellungsantrag kann den Streit nicht etwa zu der bezweckten und vom BAG erhofften „umfassenden Klärung" führen.[1075] Mit einer Globalfeststellungsentscheidung haben die Beteiligten nichts gewonnen. Es bleibt festzuhalten, dass der Globalfeststellungsantrag ein hypothetisches Rechtsverhältnis zum Gegenstand des Feststellungsverfahrens macht und somit ein unzulässiges Rechtsbegehren an das Gericht stellt.

5. Globalfeststellungsantrag und andere Vorboten des Abschieds vom feststellungsfähigen Rechtsverhältnis

Trotzdem es dem Globalfeststellungsantrag, wie gezeigt, an einem feststellungsfähigen Rechtsverhältnis fehlt, wird dessen Zulässigkeit weder von der Rechtsprechung noch von der Literatur in Zweifel gezogen.[1076] Die Großzügigkeit im Umgang mit der Tatbestandsvoraussetzung des feststellungsfähigen Rechtsverhältnisses ist kein auf den Einzelfall des Globalfeststellungsantrags im arbeitsgerichtlichen Beschlussverfahren beschränktes Phänomen. Der mit der Aufweichung der Grenzen des Rechtsverhältnisses einhergehende Bedeutungsverlust dieses Tatbestandsmerkmals des § 256 Abs. 1 ZPO lässt sich vielmehr auch an anderen Stellen beobachten.[1077] Ganz ähnlich zu der Konstellation beim Globalfeststellungsantrag im arbeitsgerichtlichen Beschlussverfahren, der auf die grundsätzliche Feststellung des Bestehens oder Nichtbestehens eines betriebsverfassungsrechtlichen Mitbestimmungsrechts zielt, kann es in arbeitskampfrechtlichen Streitigkeiten um die Feststellung der Zulässigkeit einer Tarifforderung gehen.[1078] Auch hier soll nach einer im Schrifttum verbreiteten Ansicht ein noch nicht gegenwärtiges Rechtsverhältnis mittels der Feststellungsklage einer gerichtlichen Entscheidung zugeführt

---

[1073] *Jacobs*, FS Picker, S. 1013 (1022); eingehend zur sogenannten „bedingten Rechtskraft" *Jacobs*, Der Gegenstand des Feststellungsverfahrens, S. 285 ff.
[1074] *Trzaskalik*, Die Rechtsschutzzone der Feststellungsklage im Zivil- und Verwaltungsprozess, S. 79.
[1075] BAG vom 17.11.2010 – 7 ABR 123/09, NZA 2011, 531 (532).
[1076] Eine Ausnahme bildet *Jacobs*, FS Picker, 1013 ff.
[1077] Hierzu eingehend *Jacobs*, Der Gegenstand des Feststellungsverfahrens, S. 9 ff.
[1078] Zu diesem Problem *Jacobs*, Der Gegenstand des Feststellungsverfahrens, S. 25 ff.

werden können.[1079] Hinter dieser Argumentation steht die Überlegung, es sei sinnvoller, die Rechtsschutzzone des Feststellungsverfahrens auf hypothetische Rechtsverhältnisse auszudehnen, als die Tarifparteien in einen womöglich rechtswidrigen Arbeitskampf zu drängen.[1080] Das BAG hat sich dieser Auffassung indes noch nicht angeschlossen.[1081] Genauso wie zukünftigen Rechtsverhältnissen fehlt es auch vergangenen Rechtsverhältnissen an der erforderlichen Gegenwärtigkeit.[1082] Wie bereits dargestellt, ging das BAG früher von der Feststellungsfähigkeit auch vergangener Rechtsverhältnisse aus.[1083] Doch obwohl das BAG in seiner Entscheidung vom 29.7.1982 eine Rechtsprechungswende vollzog und die Feststellungsfähigkeit vergangener Rechtsverhältnisse verneinte[1084], beließ es den Antragstellern ein Schlupfloch. Trage der Antragsteller substantiiert Tatsachen vor, die das Rechtsschutzinteresse für einen über den konkreten Anlass hinausgehenden Antrag begründen, so habe das Gericht nach Ansicht des BAG über diesen weitergehenden Antrag materiell zu entscheiden.[1085] Diese das Rechtsschutzinteresse begründenden Tatsachen umschreibt das BAG mit dem Begriff der „Wiederholungsgefahr".[1086] Genau in diesem Begründungsansatz liegt jedoch der Abschied vom Erfordernis eines feststellungsfähigen Rechtsverhältnisses begründet. Denn wenn es für die Zulässigkeit eines Feststellungsbegehrens nur noch auf das Vorliegen einer sogenannten Wiederholungsgefahr ankommen soll, wird die Existenz eines feststellungsfähigen Rechtsverhältnisses irrelevant. Auf diesem Wege öffnet das BAG das Feststellungsverfahren grundsätzlich auch für bereits abgeschlossene, der Vergangenheit angehörende Rechtsverhältnisse. Der Bedeutungsverlust des Tatbestandsmerkmals „Rechtsverhältnis" des § 256 Abs. 1 ZPO soll hier noch anhand eines letzten Beispiels – der Frage der Feststellungsfähigkeit von Elementen eines Rechtsverhältnisses – vor Augen geführt werden.[1087] Unter solchen Elementen eines Rechtsverhältnisses sind einzelne Beziehungen oder Folgen aus einem Rechtsverhältnis, bestimmte Ansprüche oder Verpflichtungen sowie etwa der Umfang einer

---

[1079] Grundlegend *Grunsky*, RdA 1986, 196 (201); *Grunsky*, DB 1990, 526 (531 f.) sowie MünchArbR(2. Aufl.)/*Otto*, § 293 Rn. 17, 22; für diese Möglichkeit auch *Gamillscheg*, Kollektives Arbeitsrecht, § 15 II 7; *Krause*, Rechtskrafterstreckung im kollektiven Arbeitsrecht, S. 360 ff.; *Wieser*, Arbeitsgerichtsverfahren, Rn. 124; *Zimmer*, Der Anwendungsbereich der Feststellungsklage und des Feststellungsantrags im arbeitsgerichtlichen Verfahren, S. 161.
[1080] MünchArbR(2. Aufl.)/*Otto*, § 293 Rn. 22.
[1081] Die Feststellungsfähigkeit der Rechtswidrigkeit von Handlungen verneinend BAG vom 5.3.1985 – 1 AZR 468/83, AP Nr. 85 zu Art. 9 GG – Arbeitskampf.
[1082] Zu dieser Frage *Jacobs*, Der Gegenstand des Feststellungsverfahrens, S. 21 f.
[1083] BAG vom 10.6.1974 – 1 ABR 136/73, AP Nr. 15 zu § 37 BetrVG 1972; hierzu siehe oben D I 1.
[1084] BAG vom 29.7.1982 – 6 ABR 51/79, AP Nr. 5 zu § 83 ArbGG 1979.
[1085] BAG vom 29.7.1982 – 6 ABR 51/79, AP Nr. 5 zu § 83 ArbGG 1979.
[1086] BAG vom 29.7.1982 – 6 ABR 51/79, AP Nr. 5 zu § 83 ArbGG 1979.
[1087] Hierzu ausführlich *Jacobs*, Der Gegenstand des Feststellungsverfahrens, S. 34 ff.

Leistungspflicht zu verstehen.[1088] Nach der im Schrifttum kritisierten Ansicht der Rechtsprechung gehören Vorfragen und Elemente eines Rechtsverhältnisses nicht zu den feststellungsfähigen Gegenständen des Feststellungsverfahrens.[1089] Doch entpuppt sich auch dieses Dogma im Ergebnis als leere Hülle. Denn mittlerweile erkennt das BAG in seiner Rechtsprechung die sogenannte Elementenfeststellungsklage an.[1090] Hier lässt das BAG die Frage nach dem feststellungsfähigen Rechtsverhältnis außen vor und konzentriert sich allein auf das rechtliche Interesse. Das rechtliche Interesse sei gegeben, wenn durch die Entscheidung über den Feststellungsantrag der Streit insgesamt beseitigt werde und das Rechtsverhältnis der Parteien abschließend geklärt werden könne.[1091] Einmal mehr ist die Existenz eines feststellungsfähigen Rechtsverhältnisses für die Zulässigkeit der Feststellungsklage irrelevant geworden.[1092]

Aus all diesen Beispielen aus der Rechtsprechung und dem Schrifttum lässt sich eine Grundtendenz herausfiltern: Das feststellungsfähige Rechtsverhältnis hat für die Zulässigkeit des Feststellungsverfahrens massiv an Bedeutung verloren.[1093] Die Rechtsprechung konzentriert sich mit Zustimmung des Schrifttums auf die Prüfung der Frage nach dem rechtlichen Interesse an alsbaldiger Feststellung.[1094] Der – zugegeben nicht ganz einfachen – Aufgabe, zwischen feststellungsfähigen Rechtsverhältnissen einerseits und nicht feststellungsfähigen Rechtsverhältnissen andererseits zu unterscheiden, hat man sich auf diese Weise entledigt. Die Grenzen der Rechtsschutzzone des Feststellungsverfahrens zu bestimmen, soll dem „schmiegsamen Kriterium" des rechtlichen Interesses vorbehalten sein.[1095] Man will das Feststellungsverfahren für möglichst viele Fallgestaltungen öffnen und zugleich solche Begehren ausschließen können, die zu einer „sachwidrigen Ausuferung" führten.[1096] Die Tatbestandsvoraussetzungen des § 256 Abs. 1 ZPO werden ganz in

---

[1088] BAG vom 21.4.2010 – 4 AZR 755/08, AP Nr. 101 zu § 256 ZPO 1977.
[1089] BAG vom 19.9.1985 – 6 AZR 460/83, AP Nr. 21 zu § 13 BUrlG; BGH vom 15.10.1956 – III ZR 226/55, NJW 1957, 21 (21); BGH vom 3.5.1977 – VI ZR 36/74, NJW 1977, 1288 (1289); BGH vom 3.5.1983 – VI ZR 79/80, NJW 1984, 1556 (1556); BGH vom 19.4.2000 – XII ZR 332/97, NJW 2000, 2280 (2281); kritisch *Brehm*, Festgabe 50 Jahre BGH, S. 89 (105 f.); MünchKommZPO/*Becker-Eberhard*, § 256 Rn. 25; Musielak/*Foerste*, § 256 Rn. 2 Fn. 8; für die Anwendung des § 256 ZPO auf die Frage des Verzugs *Schilken*, JZ 2001, 199 (200 f.).
[1090] BAG vom 21.4.2010 – 4 AZR 755/08, AP Nr. 101 zu § 256 ZPO 1977.
[1091] BAG vom 21.4.2010 – 4 AZR 755/08, AP Nr. 101 zu § 256 ZPO 1977.
[1092] Auf diesen Umstand hinweisend auch GMP/*Germelmann*, § 46 Rn. 76.
[1093] *Jacobs*, Der Gegenstand des Feststellungsverfahrens, S. 52.
[1094] Eingehend zur Akzentverlagerung auf das Feststellungsinteresse *Jacobs*, Der Gegenstand des Feststellungsverfahrens, S. 53 ff.
[1095] *Zeuner*, FS Schumann, S. 595 (604).
[1096] *Zeuner*, FS Schumann, S. 595 (604).

das Zeichen der Einzelfallgerechtigkeit und der Prozessökonomie gestellt.[1097] Die Handhabung des Globalfeststellungsantrags im arbeitsgerichtlichen Beschlussverfahren lässt sich, wie an den gezeigten Beispielen deutlich wird, in eine Reihe von Fallgruppen einordnen, in denen kein feststellungsfähiges Rechtsverhältnis gegeben ist. Dass der Globalfeststellungsantrag trotzdem für zulässig gehalten wird, verdankt er der Abwertung des feststellungsfähigen Rechtsverhältnisses als Tatbestandsmerkmal des § 256 Abs. 1 ZPO. Die Tendenz, das Rechtsverhältnis in die Bedeutungslosigkeit zu drängen, kann vor dem Hintergrund der Aufgabe dieses Tatbestandsmerkmals nur kritisiert werden. Denn Zweck der Benennung eines Rechtsverhältnisses ist es, die Rechtsschutzzone des Feststellungsverfahrens zu definieren. Es geht nicht etwa um eine abstrakte Festlegung der Grenzen der Feststellungsklage.[1098] Das feststellungsfähige Rechtsverhältnis dient dazu, dem Verfahren einen Gegenstand zu geben, über den sich sinnvoll streiten lässt und der die Gewähr für eine streitbeilegende, rechtskraftfähige Entscheidung bietet. Die einseitige Konzentration auf das rechtliche Interesse, das sich auf Grund seiner Geschmeidigkeit vermeintlich besser dazu eignet, den Anwendungsbereich des § 256 ZPO abzustecken, kann nicht überzeugen. Der Verzicht auf eine klare und damit berechenbare Benennung der im Rahmen des Feststellungsverfahrens zulässigen Begehren führt zu einem Verlust an Rechtssicherheit. Das kann nicht im Interesse der Rechtsschutzsuchenden sein.

6. Globalfeststellungsantrag und Mangel am Rechtsverhältnis – Zwischenergebnis

Als Ergebnis der vorangehenden Untersuchung lässt sich festhalten, dass es dem Globalfeststellungsantrag wie er mit Zustimmung der Rechtsprechung und des Schrifttums im arbeitsgerichtlichen Beschlussverfahren nach §§ 80 ff. ArbGG gestellt wird, schon an der Behauptung eines feststellungsfähigen Rechtsverhältnisses fehlt. Er ist damit unzulässig und zurückzuweisen. Auf das Betriebsverhältnis zwischen Arbeitgeber und Betriebsrat Bezug zu nehmen, reicht für die Feststellungsfähigkeit des Globalfeststellungsantrags nicht aus. Auch der bloße Verweis auf betriebsverfassungsrechtliche Mitbestimmungstatbestände reicht für die Beschreibung eines feststellungsfähigen Rechtsverhältnisses nicht aus. Vielmehr würde eine abstrakte Rechtsfrage zum Gegenstand des Feststellungsverfahrens gemacht. In

---

[1097] MünchKommZPO/*Becker-Eberhard*, § 256 Rn. 22; Musielak/*Foerste*, § 256 Rn. 2; *Scherer*, JR 2001, 441 (444 f.).
[1098] Diese aber befürchten *Rosenberg/Schwab/Gottwald*, § 90 Rn. 7 sowie Stein/Jonas/*Roth*, § 256 Rn. 27.

Ermangelung einer konkreten Rechtsfolge führt der Globalfeststellungsantrag nicht zur bezweckten Streitbeilegung. Ferner ist die Zulässigkeit des Globalfeststellungsantrags zu verneinen, da er hypothetische Rechtsverhältnisse zur Entscheidung des Gerichts stellt. Zwar wird die Nichtfeststellbarkeit hypothetischer Rechtsverhältnisse von einigen Stimmen im Schrifttum in Frage gestellt. Doch sprechen angefangen beim Wortlaut des § 256 Abs. 1 ZPO über den Zweck des Feststellungsverfahrens bis hin zur fehlenden Rechtskraftfähigkeit einer Feststellungsentscheidung über hypothetische Rechtsverhältnisse die überzeugenderen Argumente gegen eine diesbezügliche Ausweitung der Rechtsschutzzone des Feststellungsverfahrens. Indem der Globalfeststellungsantrag lediglich das Szenario einer Rechtsgutsbeeinträchtigung für die Zukunft entwirft, macht er ein hypothetisches und somit unzulässiges Rechtsverhältnis zum Gegenstand des Feststellungsverfahrens.[1099] Der Globalfeststellungsantrag ist damit ein Beispiel der in weiten Teilen des Schrifttums befürworteten und an Beispielen aus der Rechtsprechung belegbaren Marginalisierung des feststellungsfähigen Rechtsverhältnisses als Tatbestandsvoraussetzung des § 256 Abs. 1 ZPO. Ordnet man den Globalfeststellungsantrag auch in Zukunft als zulässiges Rechtsbegehren ein, bedeutete die Zurückweisung einer jeden anderen abstrakten Rechtsfrage oder eines jeden anderen hypothetischen Rechtsverhältnisses eine ungerechtfertigte Ungleichbehandlung.

V. Globalfeststellungsantrag und rechtliches Interesse an alsbaldiger Feststellung

Gemäß § 256 Abs. 1 ZPO erfordert ein zulässiges Feststellungsbegehren neben dem Vorliegen eines feststellungsfähigen Rechtsverhältnisses, dass der Antragsteller über ein hinreichendes rechtliches Interesse an alsbaldiger Feststellung des Rechtsverhältnisses verfügt. Obwohl allein der Befund, dass es dem Globalfeststellungsantrag an einem feststellungsfähigen Rechtsverhältnis fehlt, eine Abweisung durch Prozessurteil rechtfertige, muss sich eine umfassende Untersuchung der Problematik des Globalfeststellungsantrags auch auf die Suche nach einer Antwort auf die Frage nach dem rechtlichen Interesse machen. Denn diese zweite Voraussetzung ist es, die zur alles entscheidenden Frage der Zulässigkeitsprüfung geworden ist.[1100] Zudem konzentriert sich die Kritik am Globalfeststellungsantrag bislang

---

[1099] So auch *Jacobs*, Der Gegenstand des Feststellungsverfahrens, S. 27 ff., 294 ff.; *Jacobs*, FS Picker, S. 1013 (1022 ff.).
[1100] Zur sogenannten Akzentverlagerung auf das rechtliche Interesses insbesondere *Jacobs*, Der Gegenstand des Feststellungsverfahrens, S. 53 ff. sowie oben D II 3 b) cc).

auf den Mangel des Rechtsverhältnisses. Umso interessanter scheint daher der vertiefte Blick auf die Frage, ob der Antragsteller des Globalfeststellungsantrags ein rechtliches Interesse etwa an der Feststellung eines betriebsverfassungsrechtlichen Mitbestimmungsrechts für eine unbegrenzte Vielzahl an Fallgestaltungen nachweisen kann. Denn selbst wenn man dem Globalfeststellungsantrag das feststellungsfähige Rechtsverhältnis unterstellte, steht dessen Zulässigkeit damit keineswegs fest.

1. Feststellungsinteresse als Prüfstein der Zulässigkeit

Wie das feststellungsfähige Rechtsverhältnis ist auch das rechtliche Interesse an alsbaldiger Feststellung desselben eine Sachurteilsvoraussetzung des Feststellungsverfahrens.[1101] Als solche wird das Feststellungsinteresse von Amts wegen in jeder Lage des Verfahrens bis hin zur Revisionsinstanz geprüft.[1102] Nach einer in der Rechtsprechung und Literatur weit verbreiteten Definition ist das rechtliche Interesse im Sinne des § 256 I ZPO gegeben, wenn dem Recht oder der Rechtslage des Antragstellers eine gegenwärtige Gefahr oder Unsicherheit droht und das erstrebte Urteil dazu geeignet ist, diese Gefahr zu beseitigen.[1103] Schon aus dieser Formulierung wird deutlich, dass der Sachurteilsvoraussetzung des rechtlichen Interesses in erster Linie eine rechtsschutzbegrenzende Funktion zukommt.[1104] Steht das behauptete Recht des Antragstellers nicht in Gefahr, ist das Feststellungsbegehren genauso unzulässig wie wenn die Feststellungsentscheidung an einer bestehenden Gefahrenlage nichts zu ändern vermag. Obwohl das feststellungsfähige Rechtsverhältnis und das rechtliche Interesse nach dem Wortlaut des § 256 Abs. 1 ZPO zwei Sachurteilsvoraussetzungen gleichen Ranges zu sein scheinen, spielt das rechtliche

---

[1101] BAG vom 14.12.2005 – 4 AZR 522/04, AP Nr. 94 zu § 256 ZPO 1977; BAG vom 4.7.2007 – 4 AZR 491/06, NZA 2008, 307 (308); Baumbach/Lauterbach/Albers/Hartmann, § 256 Rn. 21; MünchKommZPO/*Becker-Eberhard*, § 256 Rn. 35; Musielak/*Foerste*, § 256 Rn. 7; *Rosenberg/Schwab/Gottwald*, § 90 Rn. 30; Stein/Jonas/*Roth*, § 256 Rn. 43; Zöller/*Greger*, § 256 Rn. 7.
[1102] BGH vom 23.4.1991 – X ZR 77/89, NJW 1991, 2707 (2708); Baumbach/Lauterbach/Albers/Hartmann, § 256 Rn. 21; *Rosenberg/Schwab/Gottwald*, § 90 Rn. 30.
[1103] BAG vom 2.12.1999 – 8 AZR 796/98, NZA 2000, 369 (370); BGH vom 22.6.1977 – VIII ZR 5/76, NJW 1977, 1881 (1881); BGH vom 13.1.2010 – VIII ZR 351/08, NJW 2010, 1877 (1878); Baumbach/Lauterbach/Albers/Hartmann, § 256 Rn. 25; MünchKommZPO/*Becker-Eberhard*, § 256 Rn. 37; *Rosenberg/Schwab/Gottwald*, § 90 Rn. 19 ff.; Stein/Jonas/*Roth*, § 256 Rn. 45; Zöller/*Greger*, § 256 Rn. 7.
[1104] Zur rechtsschutzbegrenzenden sowie -begründenden Funktion des Feststellungsinteresses *Jacobs*, Der Gegenstand des Feststellungsverfahrens, S. 420 ff, 445 ff.; siehe auch schon oben D II 3 b) aa).

Interesse für die Zulässigkeitsprüfung eines Feststellungsantrags die ungleich größere Rolle. Die Filterfunktion, nicht sachdienliche Rechtsbegehren zu identifizieren und vom gerichtlichen Rechtsschutz auszuschließen, wird gegenwärtig vor allem der Tatbestandsvoraussetzung des rechtlichen Interesses zugeschrieben.[1105] Diese Tendenz geht Hand in Hand mit dem zuvor beschriebenen Bedeutungsverlust des Rechtsverhältnisses.[1106] Ziel soll es sein, die Grenzen des Feststellbaren im Grundsatz so weit wie möglich zu ziehen und es dem mal als „schmiegsam" gerühmten[1107], mal als „konturlos" gescholtenen[1108] Kriterium des rechtlichen Interesses zu überlassen, die Rechtsschutzzone des Feststellungsverfahrens zu definieren.[1109] Das Feststellungsinteresse ist zum Prüfstein der Zulässigkeit geworden, an dem sich jeder Feststellungsantrag messen lassen muss. Zu fragen bleibt, ob der Globalfeststellungsantrag diese durch das Feststellungsinteresse aufgestellten Hürden überwinden kann.

2. Keine Wiederholungsgefahr

Dem Einstieg in die Untersuchung der Frage nach dem hinreichenden rechtlichen Interesse für den Globalfeststellungsantrag dient ein kurzer Blick auf die Rechtsprechung des BAG und seinen Umgang mit diesem Problem.

a) Wiederholungsgefahr als Konstruktion der Rechtsprechung

Wie bereits geschildert, verfuhr das BAG mit den Globalfeststellungsanträgen nicht immer in der gleichen Weise.[1110] Von einem zunächst sehr großzügigen Umgang mit dem Erfordernis des Rechtsschutzinteresses verlief die Entwicklung – maßgeblich bestimmt durch die Entscheidung des 6. Senats vom 29.7.1982[1111] – hin zu einer scheinbar restriktiven Rechtsprechung. Anträgen, die sich auf vergangene Rechtsverhältnisse beziehen, fehle es am Rechtsschutzinteresse.[1112] Der Grund hierfür liege in dem Umstand, dass ein abgeschlossener Sachverhalt für die

---

[1105] *Zeuner*, FS Schumann, S. 595 (604); hierzu schon oben D II 3 b) cc).
[1106] Hierzu siehe oben D IV 5.
[1107] *Zeuner*, FS Schumann, S. 595 (604).
[1108] *Jacobs*, Der Gegenstand des Feststellungsverfahrens, S. 92.
[1109] *Zeuner*, FS Schumann, S. 595 (604).
[1110] Zur Genese der Rechtsprechung des BAG zum Globalfeststellungsantrag siehe oben D I.
[1111] BAG vom 29.7.1982 – 6 ABR 51/79, AP Nr. 5 zu § 83 ArbGG.
[1112] BAG vom 29.7.1982 – 6 ABR 51/79, AP Nr. 5 zu § 83 ArbGG.

Beteiligten keine Rechtswirkungen mehr entfalten könne.[1113] Hiermit war dem Antragsteller der Weg über die Feststellung vergangener Rechtsverhältnisse zum Zwecke der Erlangung allgemeingültiger Rechtsgewissheit versperrt. Doch hat sich das BAG letztlich nicht von seiner Auffassung verabschiedet, wonach der Zweck des Beschlussverfahrens nicht allein darin bestehe, Meinungsverschiedenheiten zwischen den Beteiligten zu beseitigen, sondern ganz grundsätzlich auch darin, den Betriebsfrieden herzustellen und ähnliche Streitigkeiten in Zukunft zu verhindern.[1114] Um diesen Zweck zu fördern, bediente man sich eines Hilfsmittels – der sogenannten Wiederholungsgefahr. Ein von der konkret beanstandeten, jedoch schon abgeschlossenen Maßnahme losgelöster Antrag könne gestellt werden, wenn durch substantiierten Tatsachenvortrag geltend gemacht wird, dass bezüglich der beanstandeten Maßnahme eine Wiederholungsgefahr besteht.[1115] Genau diese Wiederholungsgefahr steht fortan im Zentrum der Argumentation des BAG zum Feststellungsinteresse beim Globalfeststellungsantrag. Die Wiederholungsgefahr ist das entscheidende Mittel geworden, um dem Globalfeststellungsantrag über die Hürde der Zulässigkeit zu verhelfen. Nach Ansicht des BAG bleibt das Interesse an der Feststellung eines betriebsverfassungsrechtlichen Rechtsverhältnisses trotz Erledigung des Anlasses eines aktuellen Streits erhalten, wenn zu erwarten ist, dass sich ein vergleichbarer Konflikt in dieser Form künftig wiederholt.[1116] Auch in einem solchen Fall kläre die Feststellungsentscheidung ein bestimmtes Rechtsverhältnis und stelle dessen Inhalt auch für die Zukunft hinreichend konkret fest.[1117] Etwas höhere Anforderungen an die Wahrscheinlichkeit der Wiederholung stellte das BAG unter anderem in seinen jüngsten Entscheidungen zum Globalfeststellungsantrag. Losgelöst vom konkreten Ausgangsfall könne das Bestehen, der Inhalt oder der Umfang eines betriebsverfassungsrechtlichen Mitbestimmungsrechts nur dann Gegenstand des Beschlussverfahrens sein, wenn die Maßnahme, für die das Mitbestimmungsrecht in Anspruch genommen wird, im Betrieb häufiger auftritt und sich auch künftig jederzeit wiederholen kann.[1118] Die bloße „gewisse Wahrscheinlich-

---

[1113] BAG vom 29.7.1982 – 6 ABR 51/79, AP Nr. 5 zu § 83 ArbGG.
[1114] BAG vom 10.6.1974 – 1 ABR 136/73, AP Nr. 15 zu § 37 BetrVG 1972.
[1115] BAG vom 29.7.1982 – 6 ABR 51/79, AP Nr. 5 zu § 83 BetrVG 1972.
[1116] BAG vom 22.6.2005 – 10 ABR 34/04, NZA-RR 2006, 23 (25).
[1117] BAG vom 11.12.2001 – 1 ABR 9/01, NJOZ 2002, 1491 (1493); BAG vom 22.6.2005 – 10 ABR 34/04, NZA-RR 2006, 23 (25).
[1118] BAG vom 27.10.2010 – 7 ABR 36/09, NZA 2011, 527 (528); BAG vom 17.11.2010 – 7 ABR 123/09, NZA 2011, 531 (532); siehe auch schon BAG vom 28.5.2002 – 1 ABR 35/01, AP Nr. 23 zu Art. 56 ZA-Nato-Truppenstatut.

keit", dass die Streitfrage im Betrieb auch in Zukunft eine Rolle spielen wird, reicht somit nicht mehr.[1119]

b) Zwei Klagearten, eine Gefahr? – Abgrenzung zur Wiederholungsgefahr bei der Unterlassungsklage

Die Begründung des rechtlichen Interesses im Sinne des § 256 Abs. 1 ZPO mithilfe des Kriteriums der Wiederholungsgefahr wirft die Frage auf, wie sich die Wiederholungsgefahr, wie das BAG sie hier versteht, zu der Wiederholungsgefahr im Sinne der Unterlassungsklage verhält.[1120] Nach Ansicht des BAG fungiert die Wiederholungsgefahr im Falle des Globalfeststellungsantrags als Mittel zur Etablierung des Feststellungsinteresses. Zwischen diesem Feststellungsinteresse und der Wiederholungsgefahr bei der Unterlassungslage soll nach *Habscheid* eine „evidente Verwandtschaft" bestehen.[1121] In der Tat wurde in der Literatur die Auffassung vertreten, dass sich Feststellungsklage und Unterlassungsklage nicht nur sehr ähnlich, sondern im Grunde dasselbe seien.[1122] Der prozessrechtliche Blick auf die Frage offenbart jedoch zunächst grundlegende Unterschiede zwischen Wiederholungsgefahr und Feststellungsinteresse. Im unterlassungsrechtlichen Kontext betrifft die Frage der Wiederholungsgefahr die materiellrechtliche Ebene des Unterlassungsanspruchs. Sie ist eine Anspruchsvoraussetzung.[1123] Die Wiederholungsgefahr ist neben der Erstbegehungsgefahr eine der beiden Subvarianten der sogenannten Begehungsgefahr. Als Anspruchsvoraussetzung ist die Wiederholungsgefahr von der allgemeinen Prozessvoraussetzung des Rechtsschutzinteresses streng zu trennen. Der Unterlassungsanspruch ist nur dann gegeben, die Unterlassungsklage nur dann begründet, wenn bezüglich der geltend gemachten Rechtsverletzung Wiederholungsgefahr besteht.[1124] Im Rahmen der Feststellungsklage betrifft das Feststellungsinteresses nach § 256 Abs. 1 ZPO hingegen die Zulässigkeit des Feststellungsverfahrens.[1125] Fehlt es an Tatsachen, aus denen man schließen kann, dass sich das streitgegenständliche Verhalten des Antragsgegners in Zukunft wiederho-

---

[1119] So aber noch BAG vom 15.12.1972 – 1 ABR 5/72, AP Nr. 5 zu § 80 BetrVG 1953.
[1120] Zu der Frage der Abgrenzung der beiden Wiederholungsgefahren bereits *Zimmer*, Der Anwendungsbereich der Feststellungsklage und des Feststellungsantrags im arbeitsgerichtlichen Verfahren, S. 81 ff.
[1121] *E. Habscheid*, ZZP 112, 37 (51); zustimmend *Jacobs*, Der Gegenstand des Feststellungsverfahrens, S. 447.
[1122] *Hölder*, AcP 93, 1 (34); hierzu schon oben C I 1.
[1123] Stein/Jonas/*Roth*, vor § 253 Rn. 78 sowie ausführlich oben C II 1 a).
[1124] Stein/Jonas/*Roth*, vor § 253 Rn. 78 sowie oben C II 1 a).
[1125] Hierauf hinweisend auch *Zimmer*, Der Anwendungsbereich der Feststellungsklage und des Feststellungsantrags im arbeitsgerichtlichen Verfahren, S. 81.

len wird, ist der Feststellungsantrag mangels Feststellungsinteresses durch Prozessurteil als unzulässig zurückzuweisen.

Die Wiederholungsgefahr der Unterlassungsklage und das Feststellungsinteresse der Feststellungsklage weisen jedoch funktionale Gemeinsamkeiten auf. Wie bereits an anderer Stelle erwähnt, kommt dem Feststellungsinteresse im Sinne des § 256 Abs. 1 ZPO neben seiner rechtsschutzbegrenzenden auch eine rechtsschutzbegründende Funktion zu.[1126] Die Prüfung des rechtlichen Interesses gilt auch der Ermittlung des richtigen Antragsgegners und folglich des festzustellenden Rechtsverhältnisses.[1127] Auch beim Unterlassungsanspruch wird mit Hilfe der Wiederholungsgefahr die Passivlegitimation des Beklagten überprüft. Da die Unterlassungsverpflichtung in die Handlungsfreiheit eingreift, soll sich der vermeintliche Störer erst dann mit dem Unterlassungsbegehren auseinandersetzen müssen, wenn von ihm die Gefahr der Wiederholung des rechtswidrigen Verhaltens ausgeht.[1128] Doch auch wenn das Feststellungsinteresse im Sinne des § 256 Abs. 1 ZPO und die Wiederholungsgefahr beim Unterlassungsanspruch einen gleichen Zweck erfüllen, kann damit noch nicht auf eine ebenso enge Verwandtschaft zwischen der Wiederholungsgefahr wie das BAG sie für den Globalfeststellungsantrag postuliert und der unterlassungsrechtlichen Wiederholungsgefahr geschlossen werden. Beim Globalfeststellungsantrag soll die Wiederholungsgefahr ein Instrumentarium zur Begründung des Feststellungsinteresses sein. Doch die dem Feststellungsinteresse zugeschriebene Aufgabe der Rechtsschutzbegründung kann die vom BAG kreierte Wiederholungsgefahr hier gar nicht erfüllen. Bereits *Zimmer* stellte fest, dass wenn im Zusammenhang mit dem Feststellungsverfahren von einer Wiederholungsgefahr die Rede ist, hierunter nichts anderes zu verstehen sei als die Wahrscheinlichkeit eines künftigen Streits.[1129] Es gehe nicht um die Frage der Wiederholung eines bestimmten Verhaltens, sondern um das Wiederauftreten einer Rechtsfrage unter noch nicht absehbaren tatsächlichen Umständen.[1130] Diese Argumentation überzeugt. Beim Unterlassungsanspruch hat die Wiederholungsgefahr einen klar definierten Bezugspunkt: Die begangene konkrete Verletzungshandlung des Unterlas-

---

[1126] Zur rechtsschutzbegründenden Funktion des Feststellungsinteresses *Cramer*, Probleme des Feststellungsinteresses im Zivilprozess, S. 96, 111 sowie *Jacobs*, Der Gegenstand des Feststellungsverfahrens, S. 427 ff., 445 ff.; hierzu siehe oben D II 3 b).
[1127] *Jacobs*, Der Gegenstand des Feststellungsverfahrens, S. 446.
[1128] Ahrens/*Ahrens*, Kap. 14 Rn. 7 f.; siehe auch oben C I 4.
[1129] *Zimmer*, Der Anwendungsbereich der Feststellungsklage und des Feststellungsantrags im arbeitsgerichtlichen Verfahren, S. 82.
[1130] *Zimmer*, Der Anwendungsbereich der Feststellungsklage und des Feststellungsantrags im arbeitsgerichtlichen Verfahren, S. 82.

sungsschuldners. Dieser eindeutige Bezug bleibt selbst dann erhalten, wenn sich die tatsächliche Vermutung der Wiederholungsgefahr auf die abstrahierte sogenannte konkrete Verletzungsform der konkreten Verletzungshandlung erstreckt.[1131] Beim Globalfeststellungsantrag für den ein Feststellungsinteresse über die Wiederholungsgefahr konstruiert werden soll, gibt es einen solchen Bezugspunkt nicht. Hier geht es um die von tatsächlichen Umständen völlig losgelöste Frage nach dem Umfang und Inhalt eines betriebsverfassungsrechtlichen Mitbestimmungsrechts in einer unbegrenzten Anzahl von zukünftigen Sachverhaltskonstellationen. Mit der Frage nach der Wiederholungsgefahr soll beim Globalfeststellungsantrag geklärt werden, mit welcher Wahrscheinlichkeit sich eine der vielen zum Antragsgegenstand erhobenen Fallgestaltungen tatsächlich verwirklichen wird.

Letztlich unterscheidet sich auch der Umfang dessen, was von der Wiederholungsgefahr jeweils umfasst sein soll, in erheblicher Weise. Bei der Unterlassungsklage beschränkt sich die Vermutung der Wiederholungsgefahr auf die konkrete Verletzungsform, womit der Kern der Verletzungshandlung umschrieben ist.[1132] Über diesen Kern der Verletzungshandlung hinaus zu abstrahieren, bedeutete, eine abstrakte Rechtsfrage zur Entscheidung des Gerichts zu stellen und ist daher abzulehnen. Die Anwendung einer sogenannten Wiederholungsgefahr beim Globalfeststellungsantrag führt jedoch genau hierzu. Indem mit ihrer Hilfe das rechtliche Interesse an der Feststellung des Globalrechtsverhältnisses begründet werden soll, wird das Gericht unzulässigerweise mit einer abstrakten Rechtsfrage betraut. Aus den genannten Gründen ist festzuhalten, dass die Wiederholungsgefahr als Voraussetzung des Unterlassungsanspruchs und die Wiederholungsgefahr als Voraussetzung des rechtlichen Interesses für den Globalfeststellungsantrag jeweils andere Sachverhalte beschreiben und trotz gleichen Wortlauts nicht gleichzusetzen sind.

c) Keine Wiederholungsgefahr für hypothetische Rechtsverhältnisse

Letztlich bleibt zu fragen, wie überzeugend sich das rechtliche Interesse an der Feststellung im Sinne des § 256 Abs. 1 ZPO für den Globalfeststellungsantrag mit der sogenannten Wiederholungsgefahr begründen lässt. Im Ausgangspunkt ist von der weithin geteilten Definition auszugehen, wonach das rechtliche Interesse immer dann gegeben ist, wenn dem Recht oder der Rechtslage des Antragstellers eine

---

[1131] Zum Umfang der tatsächlichen Vermutung der Wiederholungsgefahr beim Unterlassungsanspruch siehe oben C II 2.
[1132] Zur sogenannten Kerntheorie im Recht der Unterlassungsklage siehe oben C II 2 b).

gegenwärtige Gefahr oder Unsicherheit droht und das erstrebte Urteil dazu geeignet ist, diese Gefahr zu beseitigen.[1133] Unter dieser Prämisse scheint das Kriterium der Wiederholungsgefahr allenfalls für die Begründung des Feststellungsinteresses im Falle vergangener Rechtsverhältnisse geeignet zu sein. Denn bei der Feststellung vergangener Rechtsverhältnisse hat die Wiederholungsgefahr mit eben diesem Rechtsverhältnis einen klaren Anknüpfungspunkt. Da die Gefahr für das Recht des Antragstellers gegenwärtig sein oder zumindest drohen muss, kann ein Feststellungsinteresse nur angenommen werden, wenn aus der begehrten Feststellung des vergangenen Rechtsverhältnisses Rechtsfolgen für die Gegenwart oder Zukunft abgeleitet werden können.[1134] Bezogen auf betriebsverfassungsrechtliche Mitbestimmungsstreitigkeiten ist dann zu Recht von einem rechtlichen Interesse auszugehen, wenn die Maßnahme, für die das Mitbestimmungsrecht in Anspruch genommen wird, im Betrieb häufiger auftritt und sich jederzeit wiederholen kann – mithin Wiederholungsgefahr besteht. Hier besteht eine Gefahr für das Recht des Antragstellers, und die Entscheidung ist geeignet, diese Gefahr zu beseitigen. Diese Überlegungen führen in letzter Konsequenz zu dem Schluss, dass in solchen Fällen gar kein vergangenes Rechtsverhältnis im eigentlichen Sinne vorliegt. Denn solange sich aus dem Rechtsverhältnis Rechtsfolgen für die Gegenwart und Zukunft ergeben, ist ein feststellungsfähiges gegenwärtiges Rechtsverhältnis anzunehmen.[1135]

Grundlegend anders verhält es sich jedoch bei der Frage nach der Eignung des Kriteriums der Wiederholungsgefahr für die Begründung eines Feststellungsinteresses für den Globalfeststellungsantrag. Der Globalfeststellungsantrag versucht nämlich nicht, vergangene Rechtsverhältnisse mit engem Gegenwartsbezug, sondern vielmehr zukünftige und damit hypothetische Rechtsverhältnisse zum Gegenstand des Feststellungsverfahrens zu machen.[1136] Dem Problem, ob dem Recht oder der Rechtslage des Antragstellers in einem solchen Fall eine gegenwärtige Gefahr oder Unsicherheit droht, ist mit dem Kriterium der Wiederholungsgefahr nicht beizu-

---

[1133] BAG vom 2.12.1999 – 8 AZR 796/98, NZA 2000, 369 (370); BGH vom 22.6.1977 – VIII ZR 5/76, NJW 1977, 1881 (1881); BGH vom 13.1.2010 – VIII ZR 351/08, NJW 2010, 1877 (1878); Baumbach/Lauterbach/Albers/Hartmann, § 256 Rn. 25; MünchKommZPO/*Becker-Eberhard*, § 256 Rn. 37; *Rosenberg/Schwab/Gottwald*, § 90 Rn. 19 ff.; Stein/Jonas/*Roth*, § 256 Rn. 45; Zöller/*Greger*, § 256 Rn. 7.
[1134] BAG vom 15.12.1999 – 5 AZR 457/98, AP Nr. 59 zu § 256 ZPO 1977; BAG vom 21.7.2009 – 9 AZR 279/08, AP Nr. 52 zu § 256 ZPO; Baumbach/Lauterbach/Albers/Hartmann, § 256 Rn. 16; Stein/Jonas/*Roth*, § 256 Rn. 40; Zöller/*Greger*, § 256 Rn. 3a.
[1135] *Jacobs*, FS Picker, S. 1013 (1031) spricht von vergangenen Rechtsverältnissen im weiteren Sinne, aus denen sich gegenwärtige Rechtsverhältnisse im engeren Sinne ergeben.
[1136] Hierzu siehe oben D IV 4.

kommen. Da der Antragsteller mit dem Globalfeststellungsantrag hypothetische Rechtsverhältnisse und somit im Grunde eine abstrakte Rechtsfrage zum Gegenstand des Feststellungsverfahrens erhebt, fehlt es an einem Anknüpfungspunkt für die Prüfung einer Wiederholungsgefahr. Die Umstände, aus denen sich das fiktive Rechtsverhältnis in Zukunft ergeben soll, sind noch völlig offen. Wie *Zimmer* richtig feststellt, beschreibt das BAG mit dem Begriff der Wiederholungsgefahr hier nichts anderes als die Wahrscheinlichkeit des Wiederauftretens einer abstrakten Rechtsfrage.[1137] Aus dieser Unbestimmtheit heraus lässt sich jedoch nicht jene konkrete Gefahr für das Recht des Antragstellers begründen, wie sie für das rechtliche Interesse im Sinne des § 256 Abs. 1 ZPO gefordert wird. Demgemäß stellte auch der BGH fest, dass die bloße Befürchtung eines künftig entstehenden Rechtsverhältnisses grundsätzlich nicht für die Gewährung des gerichtlichen Schutzes nach § 256 Abs. 1 ZPO genügt.[1138] Abschließend bleibt festzuhalten, dass es die vom BAG postulierte Wiederholungsgefahr nicht vermag, den Globalfeststellungsantrag mit einem hinreichenden rechtlichen Interesse im Sinne des § 256 Abs. 1 ZPO auszustatten.

3. Keine Aussicht auf Rechtsgewissheit

Die Motivation des Antragstellers, einen Globalfeststellungsantrag dem Gericht zur Entscheidung zu stellen, speist sich im Wesentlichen aus der Begehr nach einer „Planungsbasis".[1139] Es geht ihm darum, sein Verhalten an einer rechtsverbindlichen Orientierungshilfe ausrichten zu können.[1140] Er will Rechtsgewissheit. Damit verfolgt der Antragsteller eines Globalfeststellungsantrags im Grunde die gleichen Zwecke, deren Einhaltung das rechtliche Interesse als Tatbestandsvoraussetzung des § 256 Abs. 1 ZPO sichern soll. Denn wie bereits gezeigt, kommt der Prozessvoraussetzung des rechtlichen Interesses unter anderem eine rechtsschutzbegrenzende Wirkung zu.[1141] Es soll vor allem Aufgabe des rechtlichen Interesses sein, die Rechtsschutzzone der Feststellungsklage zu definieren und einer „sachwidrigen Ausuferung" entgegenzuwirken.[1142] Ziel ist es, den Antragsgegner wie auch das Gericht vor solchen Feststellungsanträgen zu schützen, denen nicht das Potenzial

---

[1137] *Zimmer*, Der Anwendungsbereich der Feststellungsklage und des Feststellungsantrags im arbeitsgerichtlichen Verfahren, S. 81.
[1138] BGH vom 7.6.2001 – I ZR 21/99, GRUR 2001, 1036 (1037) – Kauf auf Probe.
[1139] *Grunsky*, RdA 1986, 196 (201).
[1140] Zu den Motiven für den Globalantrag siehe schon oben A II.
[1141] Zu den Zwecken des rechtlichen Interesses im Sinne des § 256 Abs. 1 ZPO siehe oben D II 3 b).
[1142] *Zeuner*, FS Schumann, S. 595 (604); so auch Stein/Jonas/*Roth*, § 256 Rn. 4.

innewohnt, eine streitbeilegende Feststellungsentscheidung herbeizuführen.[1143] Denn solche Verfahren sind „nutzlos", „überflüssig" und vor dem Hintergrund des Gebots effektiven Rechtsschutzes zu vermeiden.[1144] Auch wenn es die erklärte Absicht des Antragstellers eines Globalfeststellungsantrags ist, eine Rechtsgewissheit schaffende Feststellungsentscheidung des Gerichts herbeizuführen, reicht hier der gute Wille allein nicht. Die vom Antragsteller bezweckte Feststellungsentscheidung muss auch objektiv geeignet sein, die bezüglich der eigenen Rechtsstellung bestehende Unsicherheit zu beseitigen.[1145]

Zur Beantwortung der Frage, ob der Globalfeststellungsantrag mit dem nach § 256 Abs. 1 ZPO erforderlichen Feststellungsinteresse ausgestattet ist, muss daher in einem ersten Schritt geklärt werden, ob und inwiefern sich die Globalfeststellungsentscheidung zur Beseitigung der bestehenden Ungewissheit des Antragstellers eignet. Das entscheidende Instrumentarium zur Beseitigung der Rechtsunsicherheit gerade zwischen Antragsteller und Antragsgegner des Feststellungsverfahrens ist die materielle Rechtskraft im Sinne des § 322 Abs. 1 ZPO.[1146] Entfaltet die Feststellungsentscheidung bezüglich des verfahrensgegenständlichen Rechtsverhältnisses keine Bindungswirkung, ist die durch die Entscheidung herbeigeführte Gewissheit bedeutungslos und der Feststellungsantrag ohne Feststellungsinteresse.[1147] Ob im Falle des Globalfeststellungsantrags ein hinreichendes rechtliches Interesse angenommen werden kann, richtet sich folglich mittelbar nach der Rechtskraftfähigkeit der Globalfeststellungsentscheidung. Diesbezüglich kann auf die bereits erarbeiteten Ergebnisse zurückgegriffen werden.[1148] Eine Globalfeststellungsentscheidung ist nicht rechtskraftfähig. Indem der Antragsteller eine Vielzahl künftiger Fallgestaltungen, deren Eintritt im Übrigen ungewiss ist, zum Gegenstand des Feststellungsverfahrens zu erheben versucht, überschreitet er die durch den zweigliedrigen Streitgegenstandsbegriff gesetzten Grenzen der materiellen Rechtskraft. Die allumfassende Bindungswirkung, wie sie sich der Antragsteller des Globalfeststellungsantrags mit der Globalfeststellungsentscheidung erhofft, vermag die materiel-

---

[1143] *Blomeyer*, Zivilprozessrecht – Erkenntnisverfahren, S. 220; *Grunsky*, Festgabe 50 Jahre BGH, S. 109 (120); *E. Habscheid*, ZZP 112, 37 (49); *Henckel*, Parteilehre und Streitgegenstand im Zivilprozess, S. 193; *Jacobs*, Der Gegenstand des Feststellungsverfahrens, S. 449; *Lüke*, FS Henckel, S. 563 (572).
[1144] *Grunsky*, Festgabe 50 Jahre BGH, S. 109 (120); *Henckel*, Parteilehre und Streitgegenstand im Zivilprozess, S. 193; hierzu auch *Jacobs*, Der Gegenstand des Feststellungsverfahrens, S. 430 m.w.N.
[1145] Stein/Jonas/*Roth*, § 256 Rn. 52.
[1146] *E. Habscheid*, ZZP 112, 37 (49).
[1147] Stein/Jonas/*Roth*, § 256 Rn. 53.
[1148] Hierzu siehe oben D III 2.

le Rechtskraft im Sinne des § 322 Abs. 1 ZPO nicht zu leisten. Aus dieser Unfähigkeit der Globalfeststellungsentscheidung, in materielle Rechtskraft zu erwachsen, folgt auch deren Unfähigkeit, die zwischen den Verfahrensbeteiligten bestehende Rechtsungewissheit zu beseitigen. Das BAG führte in einer Entscheidung vom 21.11.2002 aus, dass das Feststellungsinteresse im Sinne des § 256 Abs. 1 ZPO nur dann gegeben sei, wenn die begehrte Feststellung den Streit der Parteien abschließend kläre.[1149] Das wiederum könne nur erreicht werden, wenn die sich nach der Urteilsformel richtende Rechtskraft der Entscheidung weitere gerichtliche Auseinandersetzungen über die zwischen den Parteien strittigen Fragen um denselben Fragenkomplex ausschließt.[1150] Diese Äußerungen galten zwar nicht einem Globalfeststellungsantrag in einem arbeitsgerichtlichen Beschlussverfahren. Doch sollte das BAG die selbst aufgestellten Grundsätze auch bei der Prüfung des Globalfeststellungsantrags befolgen. Denn die Vorschrift des § 256 ZPO gilt hier wie dort. Die Annahme eines rechtlichen Interesses beim Globalfeststellungsantrag führt jene „überflüssigen" Entscheidungen herbei, die mit Hilfe dieser Prozessvoraussetzung eigentlich verhindert werden sollten. Mit der Globalfeststellungsentscheidung in der Hand ist sich der Antragsteller seiner Rechte nicht sicherer als zuvor. Da dem Globalfeststellungsantrag nicht das erforderliche Potenzial innewohnt, den streitenden Verfahrensbeteiligten zu Rechtsgewissheit zu verhelfen, hat der Antragsteller kein rechtliches Interesse an alsbaldiger Feststellung im Sinne des § 256 Abs. 1 ZPO.

4. Kein Rechtsschutzdefizit – Globalfeststellungsantrag und verfassungsrechtliches Gebot effektiven Rechtsschutzes

Möglicherweise ist die Zulässigkeit des Globalfeststellungsantrags jedoch verfassungsrechtlich geboten. Für den Antragsteller könnte sich ein rechtliches Interesse an der Entscheidung des Gerichts über seinen Globalfeststellungsantrag aus dem Umstand ergeben, dass ihm keine wirkungsvolle Alternative zur Verfügung steht. In der für die Frage der Zulässigkeit des Globalfeststellungsantrags besonders bedeutsamen Debatte um die Grenzen der Rechtsschutzzone des Feststellungsverfahrens wird oft auf das verfassungsrechtliche Gebot effektiven Rechtsschutzes verwiesen. Der rechtsstaatlich gebotene effektive Rechtsschutz sei nach *Zeuner* nur gewährt, wenn auch zukünftige Rechtsverhältnisse in den Kreis feststellungsfähi-

---

[1149] BAG vom 21.11.2002 – 6 AZR 34/01, AP Nr. 74 zu § 256 ZPO 1977.
[1150] BAG vom 21.11.2002 – 6 AZR 34/01, AP Nr. 74 zu § 256 ZPO 1977; so auch schon BAG vom 29.11.2001 – 4 AZR 757/00, AP Nr. 69 zu § 256 ZPO 1977.

ger Rechtsverhältnisse aufgenommen würden.[1151] Auch *Zimmer* sieht Lücken im Rechtsschutz vor den Arbeitsgerichten, die möglicherweise in Widerspruch zum Gebot effektiven Rechtsschutzes stehen und sich durch entsprechend umfassende Feststellungsanträge schließen ließen.[1152] Ob sich aus dem Verfassungsgebot effektiven Rechtsschutzes Perspektiven für das Feststellungsinteresse bei Globalfeststellungsantrag ergeben, ist jedoch fraglich.

a) Gebot effektiven Rechtsschutzes

Zur Verifizierung dieser These von der Legitimation des Globalfeststellungsantrags mit Hilfe des Gebots effektiven Rechtsschutzes bedarf es zunächst einer näheren Betrachtung dieses Verfassungsgebots.[1153] Nach der Rechtsprechung des BVerfG ergibt sich das Gebot effektiven Rechtsschutzes für zivilrechtliche Streitigkeiten aus dem Rechtsstaatsprinzip des Grundgesetzes.[1154] Gelegentlich wird das Gebot effektiven Rechtsschutzes auch aus dem Rechtsstaatsprinzip in Verbindung mit Art. 2 Abs. 1 GG und/oder Art. 19 IV GG hergeleitet.[1155] Das dort verankerte Gebot der Gewährleistung eines wirkungsvollen Rechtsschutzes hat sich nach Ansicht des BVerfG zu einem Anspruch des Bürgers, dem sogenannten Justizgewährungsanspruch, verdichtet.[1156] Dieser Anspruch ermöglicht dem Einzelnen den Zugang zu staatlichen Gerichten, die Prüfung des Streitgegenstands sowie die verbindliche Entscheidung durch einen Richter.[1157] Jedoch lassen sich Rechtsmittelzüge nicht unmittelbar aus dem Grundgesetz ableiten.[1158] Das verfassungsrechtliche Gebot bedarf vielmehr der normativen Ausgestaltung durch eine Verfahrensordnung.[1159]

[1151] *Zeuner*, FS Schumann, S. 595 (604, 608 ff.); mit dem Gebot effektiven Rechtsschutzes argumentierend auch MünchKommZPO/*Becker-Eberhard*, § 256 Rn. 25.
[1152] *Zimmer*, Der Anwendungsbereich der Feststellungsklage und des Feststellungsantrags im arbeitsgerichtlichen Verfahren, S. 146 ff.; im Ergebnis kommt jedoch auch *Zimmer* zu einer Ablehnung des Globalfeststellungsantrags, S. 155 ff., 158.
[1153] Zu Begriff und Inhalt des Gebots effektiven Rechtsschutzes *Zimmer*, Der Anwendungsbereich der Feststellungsklage und des Feststellungsantrags im arbeitsgerichtlichen Verfahren, S. 149 f.
[1154] BVerfG vom 11.6.1980 – 1 PBvU 1/79, BVerfGE 54, 277 (291); BVerfG vom 12.2.1992 – 1 BvL 1/89, BVerfGE 85, 337 (345); BVerfG vom 26.4.2010 – 1 BvR 1991/09, GRUR 2010, 1033 (1033) – Kartenausschnitt.
[1155] BVerfG vom 9.5.1989 – 1 BvL 35/86, BVerfGE 80, 103 (107); BVerfG vom 2.3.1993 – 1 BvR 249/92, BVerfGE 88, 118 (118); BVerfG vom 9.12.2009 – 1 BvR 1542/06, NJW-RR 2010, 1474 (1475) – Squeeze out.
[1156] BVerfG vom 12.2.1992 – 1 BvL 1/89, BVerfGE 85, 337 (345); BVerfG vom 9.12.2009 – 1 BvR 1542/06, NJW-RR 2010, 1474 (1475) – Squeeze out; Maunz/Dürig/*Grzeszick*, Art. 20 Rn. 133.
[1157] BVerfG vom 11.6.1980 – 1 PBvU 1/79, BVerfGE 54, 277 (291); BVerfG vom 9.12.2009 – 1 BvR 1542/06, NJW-RR 2010, 1474 (1475) – Squeeze out.
[1158] BVerfG vom 11.6.1980 – 1 PBvU 1/79, BVerfGE 54, 277 (291).
[1159] BVerfG vom 2.3.1993 – 1 BvR 249/92, BVerfGE 88, 118 (123).

Die Prüfung des Streitgegenstands erfolgt daher nach Maßgabe des jeweiligen Prozessrechts.[1160] Für den Globalfeststellungsantrag kommt es somit in erster Linie auf die Regelung des § 256 Abs. 1 ZPO an. Entscheidende Bedeutung erlangt das Gebot effektiven Rechtsschutzes dann aber im Rahmen der Auslegung der verfahrensrechtlichen Bestimmungen.[1161] Das Rechtsschutzgebot richtet sich insofern direkt an den Richter und verlangt von diesem, das Prozessrecht so auszulegen und anzuwenden, dass dem Gebot effektiven Rechtsschutzes Genüge getan wird.[1162] Im Einzelnen ist zu beachten, dass der Zugang zu einem vom Gesetzgeber vorgesehenen Rechtsmittel nicht „in unzumutbarer, aus Sachgründen nicht mehr zu rechtfertigender Weise erschwert" wird.[1163]

b) Sachliche Rechtfertigung der Unzulässigkeit des Globalfeststellungsantrags

Die Zurückweisung des Globalfeststellungsantrags als unzulässig kann vor dem Hintergrund des verfassungsrechtlichen Gebots der Gewährleistung eines wirkungsvollen Rechtsschutzes demnach nur dann Bestand haben, wenn sie sich nicht als objektiv willkürlich, sondern als sachlich gerechtfertigt erweist. Zunächst ist der Einwand in den Blick zu nehmen, dem Antragsteller des Globalfeststellungsantrags stünde wegen eines unzureichenden Unterlassungsrechtsschutzes keine wirkungsvolle Alternative zur Verfügung. Zumindest für den Bereich des arbeitsgerichtlichen Beschlussverfahrens hat dieses Argument spätestens mit der Anerkennung des allgemeinen Unterlassungsanspruchs des Betriebsrats bei betriebsverfassungswidrigen Maßnahmen des Arbeitgebers durch den 1. Senat des BAG am 3.5.1994 viel von seiner Schlagkraft verloren.[1164] Denn nunmehr steht es dem Betriebsrat frei, sich im Wege des Unterlassungsverfahrens einen vollstreckbaren Unterlassungstitel zu verschaffen, der ihn auch in der Zukunft gegen kerngleiche Verletzungshandlungen des Arbeitgebers sichert. Das Bedürfnis nach umfassenden Feststellungsentscheidungen als Richtungsweiser ist mit einem defizitären Unterlassungsrechtsschutz nicht mehr zu begründen. Ein sachlicher Grund für die Abweisung des Globalfeststellungsantrags ergibt sich ferner aus seiner bereits beschrie-

---

[1160] Maunz/Dürig/*Grzeszick*, Art. 20 Rn. 133.
[1161] BVerfG vom 26.4.2010 – 1 BvR 1991/09, GRUR 2010, 1033 (1033) – Kartenausschnitt.
[1162] BVerfG vom 20.2.1998 – 1 BvR 661/94, BVerfGE 97, 298 (315); BVerfG vom 9.12.2009 – 1 BvR 1542/06, NJW-RR 2010, 1474 (1475) – Squeeze out.
[1163] BVerfG vom 26.4.2010 – 1 BvR 1991/09, GRUR 2010, 1033 (1033) – Kartenausschnitt.
[1164] BAG vom 3.5.1994 – 1 ABR 24/93, AP Nr. 23 zu § 23 BetrVG 1972; a.A. *Zimmer*, Der Anwendungsbereich der Feststellungsklage und des Feststellungsantrags im arbeitsgerichtlichen Verfahren, S. 147, 153.

benen Unfähigkeit, in eine streitlösende Feststellungsentscheidung zu münden.[1165] Es entspricht nicht der Idee eines wirkungsvollen Rechtsschutzes, wenn die Entscheidung des Gerichts zur Lösung der zwischen den Parteien bestehenden Unsicherheit über die Rechtslage nichts beitragen kann. Indem der Globalfeststellungsantrag keine Rechtssicherheit zu verschaffen vermag, ist er zur Erreichung des Ziels eines effektiven Rechtsschutzes sogar eher kontraproduktiv. Somit ist das Gegenteil der oben zitierten These richtig: Die Gewährleistung eines effektiven Rechtsschutzes gebietet, den Globalfeststellungsantrag abzuweisen.[1166]

5. Globalfeststellungsantrag und Mangel am rechtlichen Interesse – Zwischenergebnis

Auch aus der Untersuchung der Frage, ob an der Entscheidung über den Globalfeststellungsantrag ein rechtliches Interesse im Sinne des § 256 Abs. 1 ZPO besteht, kann der Antragsteller keine Hoffnung schöpfen. Selbst wenn man annimmt, der Globalfeststellungsantrag mache ein feststellungsfähiges Rechtsverhältnis zum Gegenstand des Feststellungsverfahrens, wäre er dennoch als unzulässig zurückzuweisen. Denn es fehlt dem Globalfeststellungsantrag am rechtlichen Interesse an alsbaldiger Feststellung dieses unterstellten Rechtsverhältnisses. Der Ansatz der Rechtsprechung, ein rechtliches Interesse aus der Gefahr der Wiederholung der beanstandeten Maßnahme herzuleiten, kann beim Globalfeststellungsantrag nicht verfangen. Die auf vergangene Rechtsverhältnisse bezogene Wiederholungsgefahr kann ein Feststellungsinteresse für die von konkreten Umständen völlig losgelösten zukünftigen Rechtsverhältnisse des Globalfeststellungsantrags nicht begründen. Zudem überschreitet die Anzahl der mit Hilfe des Globalfeststellungsantrags geltend gemachten Rechtsverhältnisse bei weitem den Bereich, den ein Kriterium wie die Wiederholungsgefahr sinnvoll abdecken kann. Die für das Feststellungsinteresse erforderliche konkrete Gefahr für die Rechtslage des Antragstellers lässt sich hiermit nicht begründen. Ferner fehlt es dem Globalfeststellungsantrag am rechtlichen Interesse, da sich mit ihm keine Rechtsgewissheit schaffen lässt. Eine Globalfeststellungsentscheidung kann keine materielle Rechtskraft im Sinne des § 322 Abs. 1 ZPO erlangen. Die zwischen den Parteien bestehende Rechtsunsicherheit würde daher nicht beseitigt. Letztlich kann sich der Antragsteller des Globalfest-

---

[1165] Zur Rechtskraftfähigkeit einer Globalfeststellungsentscheidung siehe oben D III 2.
[1166] Auch *Zimmer*, Der Anwendungsbereich der Feststellungsklage und des Feststellungsantrags im arbeitsgerichtlichen Verfahren, S. 158 lehnt den Globalfeststellungsantrag als unzulässig ab, da er dem Rechtsfrieden nicht dienlich sei.

stellungsantrags auch nicht auf eine anderweitig nicht zu schließende Rechtsschutzlücke berufen. Insbesondere im Wege des vorbeugenden Unterlassungsrechtsschutzes – der seit der Entscheidung des BAG vom 3.5.1994[1167] auch dem Betriebsrat offen steht – lässt sich ein mit zivilprozessualen Grundsätzen vereinbares Maß an Rechtssicherheit auch für die Zukunft erreichen.

VI. Zusammenfassung

Die im Rahmen der Untersuchung des Globalfeststellungsantrags gefundenen Ergebnisse können an dieser Stelle abschließend zusammengefasst werden. Es konnte gezeigt werden, dass das zivilprozessuale Feststellungsverfahren der Durchsetzung subjektiver Rechte dient. Die Fragen der Antragsbestimmtheit, des Streitgegenstands sowie der Rechtskraft richten sich auch hier nach den gleichen allgemeinen zivilprozessualen Prinzipien wie bei der Leistungsklage. Die Analyse der Rechtsprechung des BAG zum Problemkomplex rund um den Globalfeststellungsantrag offenbarte viele Gemeinsamkeiten zum Umgang des Gerichts mit dem Globalantrag in dessen unterlassungsrechtlicher Variante. Weder hier noch dort wird die Zulässigkeit des Antrags, insbesondere die Antragsbestimmtheit im Sinne des § 253 Abs. 2 Nr. 2 ZPO, kritisch hinterfragt. Wie sich jedoch aus der vorangehenden Untersuchung ergibt, lässt sich die These von der hinreichenden Bestimmtheit des Globalfeststellungsantrags nicht halten. Insbesondere sind an einen Feststellungsantrag keine geringeren Bestimmtheitsanforderungen zu stellen als an einen Leistungsantrag. Andernfalls ließe sich der Entscheidungsrahmen des Gerichts nicht hinreichend definieren. Genauso wenig könnte der Rechtsstreit zwischen den Verfahrensbeteiligten einer befriedigenden Lösung zugeführt werden. Die mangelnde Bestimmtheit des Antrags deutet bereits darauf hin, dass der Globalfeststellungsantrag wie schon der Globalunterlassungsantrag die Grenzen der materiellen Rechtskraft im Sinne des § 322 Abs. 1 ZPO sprengt. Auch hier wird vergeblich versucht, eine Vielzahl künftiger Fallgestaltungen zum Streitgegenstand des Verfahrens zu machen. Es ist gemäß § 139 Abs. 1 S. 2 ZPO die Aufgabe des Gerichts, den Antragsteller auf die Unbestimmtheit seines Antrags aufmerksam zu machen und so auf die Stellung sachdienlicher Anträge hinzuwirken.[1168]

[1167] BAG vom 3.5.1994 – 1 ABR 24/93, AP Nr. 23 zu § 23 BetrVG 1972.
[1168] Hierzu ausführlich oben C VII 1.

Für die Frage der Zulässigkeit des Feststellungsantrags allgemein und damit auch des Globalfeststellungsantrags im arbeitsgerichtlichen Beschlussverfahren von zentraler Bedeutung sind die in § 256 Abs. 1 ZPO normierten Voraussetzungen. Zum einen muss der Globalfeststellungsantrag demnach ein feststellungsfähiges Rechtsverhältnis zum Gegenstand haben. Zum anderen muss der Antragsteller ein hinreichendes rechtliches Interesse an alsbaldiger Feststellung dieses Rechtsverhältnisses nachweisen können. Nach der vorangehenden Untersuchung steht fest: Dem Globalfeststellungsantrag fehlt es an beidem. Mit dem Globalfeststellungsantrag werden abstrakte Rechtsfragen zum Gegenstand des Verfahrens erhoben. Die vom Antragsteller beschriebenen Fallgestaltungen sind rein zukunftsbezogen und damit hypothetisch. Über solche Vermutungen lässt sich jedoch nicht in der erhofften richtungsweisenden Klarheit entscheiden. Bereits wegen des Mangels am feststellungsfähigen Rechtsverhältnis ist der Globalfeststellungsantrag als unzulässig zurückzuweisen. Dass der Globalfeststellungsantrag dennoch für zulässig gehalten wird, ist auf eine in der Rechtsprechung wie der Literatur verbreitete Tendenz zurückzuführen, den Einfluss des feststellungsfähigen Rechtsverhältnisses auf die Definition der Rechtsschutzzone der Feststellungsklage zurückzudrängen.[1169] Demgegenüber soll es dem Tatbestandsmerkmal des rechtlichen Interesses vorbehalten sein, einzelfallgerecht und flexibel über die Zulässigkeit von Feststellungsanträgen zu entscheiden. Doch auch der Nachweis eines solchen Feststellungsinteresses gelingt dem Antragsteller des Globalfeststellungsantrags nicht. Denn zur Gewinnung einer verbindlichen Verhaltensrichtschnur für die Zukunft ist er ungeeignet. Die antragsgemäß ergehende Globalfeststellungsentscheidung hülfe nicht weiter als ein Blick in das Gesetz.

[1169] Eingehend zum Bedeutungsverlust des Rechtsverhältnisses *Jacobs*, Der Gegenstand des Feststellungsverfahrens, S. 9 ff.

E. Alternative zum Globalantrag

Wie die vorangehende Untersuchung des Globalantrags in seiner unterlassungs- wie auch feststellungsrechtlichen Variante zeigte, ist der Globalantrag mit zentralen zivilprozessualen Prinzipien nicht zu vereinbaren. Angesichts der unüberwindbaren Probleme, den Globalantrag sowohl prozessrechtskonform als auch erfolgversprechend zu gestalten, drängt die Frage nach einer möglichen Alternative zum Globalantrag. Denn die Motive der Antragsteller eines Globalantrags bleiben nach wie vor recht und billig. Gerade im täglichen Miteinander von Arbeitgeber und Betriebsrat lassen sich Reibungsverluste durch Mitbestimmungsstreitigkeiten vermeiden, wenn die jeweiligen Kompetenzfelder möglichst klar definiert sind. Die abstrakt-generellen Normen der Gesetze können nur den Ausgangspunkt bilden. Das Ziel der Konfliktvermeidung lässt sich nur dann erreichen, wenn die Beteiligten Richtlinien an die Hand bekommen, die diese abstrakten Regelungen für ihre Bedürfnisse konkretisieren. Daneben muss gefragt werden, wie sich anders als mit dem Globalantrag dem Bedürfnis der Antragsteller nach einem effektiven Präventivrechtsschutz beikommen lässt. Hier gilt es, das Dilemma zwischen der Unzulässigkeit eines konturlos weiten Antrags einerseits und der Nutzlosigkeit eines auf den Einzelfall begrenzten Vollstreckungstitels andererseits zu lösen. Ziel dieses folgenden Abschnitts ist es, die in der Literatur diskutierten alternativen Vorgehensweisen zum Globalantrag aufzugreifen und auf ihre Sachdienlichkeit hin zu untersuchen. Zudem soll die Debatte über die Alternative zum Globalantrag um den Vorschlag einer Musterprozessabrede zwischen den Streitparteien erweitert werden.

I. Zulässigkeit vergangenheitsbezogener Feststellungsanträge

Ein möglicher Weg, auf den unzulässigen Globalfeststellungsantrag zu verzichten und dennoch das Interesse des Antragstellers an einer richtungsweisenden Gerichtsentscheidung zu verwirklichen, könnte in der Öffnung des Feststellungsverfahrens auch für vergangene Rechtsverhältnisse bestehen. Es würde ein hinreichend individualisierter Sachverhalt zur Entscheidung gestellt. Die Frage der Unzulässigkeit wegen Unbestimmtheit im Sinne des § 253 Abs. 2 Nr. 2 ZPO sowie der Unbegründetheit infolge des Verbots aus § 308 Abs. 1 ZPO stellten sich nicht mehr. Dementsprechend plädieren auch einige Stimmen in der Literatur für die Zulässigkeit eines Feststellungsverfahrens nach Beendigung des Rechtsverhältnisses.¹¹⁷⁰ Zur Begründung dieser Forderung wird angeführt, dass ein nicht zu verkennendes praktisches Bedürfnis für die Feststellbarkeit vergangener Rechtsverhältnisse bestehe.¹¹⁷¹ Die Parteien könnten aus der vergangenheitsbezogenen Feststellungsentscheidung Schlussfolgerungen für die Zukunft ziehen.¹¹⁷² Damit wirkten auf abgeschlossene Sachverhalte bezogene Feststellungsverfahren vorbeugend und beförderten den Rechtsfrieden.¹¹⁷³

Die Argumente, die für die Öffnung des Feststellungsverfahrens für vergangene Rechtsverhältnisse angeführt werden, vermögen jedoch nicht zu überzeugen. Denn das Problem der Unsicherheit der Streitparteien über Rechtsfragen, die sich in der Vergangenheit stellten und auch in Zukunft stellen werden, lässt sich mit Hilfe von vergangenheitsbezogenen Feststellungsentscheidungen nicht befriedigend lösen. Zu dieser Einsicht kam das BAG schon in seiner Entscheidung vom 29.7.1982.¹¹⁷⁴ Hier verneinte es das Rechtsschutzinteresse, da ein in der Vergangenheit liegender Vorgang keine Rechtswirkungen mehr auslösen könne.¹¹⁷⁵ Eine gerichtliche Entscheidung würde auf die Erstellung eines Gutachtens über eine abstrakte Rechtsfrage hinauslaufen.¹¹⁷⁶ So richtig und überzeugend diese Feststellungen sind, so inkonsequent handelte das BAG als es die Antragsteller auf die Möglichkeit eines in die Zukunft gerichteten Feststellungsantrags hinwies und so dem Globalantrag den Weg ebnete.¹¹⁷⁷ Doch aus dem Scheitern des Globalantrags sollte nicht der Schluss gezogen werden, die Rechtsschutzzone der Feststellungsklage müsse auf vergangene Rechtsverhältnisse ausgeweitet werden. Denn genauso wenig wie der Globalantrag vermag es der Antrag auf Feststellung vergangener Rechtsverhältnisse, den Zweck des Feststellungsverfahrens zu verwirklichen. Das Feststellungsverfahren soll subjektive Rechte des Antragstellers durchsetzen helfen und so Rechts-

---

¹¹⁷⁰ MünchArbR(2. Aufl.)/*Otto*, § 293 Rn. 22; *Otto*, SAE 1991, 45 (48 f.); *Zimmer*, Der Anwendungsbereich der Feststellungsklage und des Feststellungsantrags im arbeitsgerichtlichen Verfahren, S. 158 ff., 162.
¹¹⁷¹ *Zimmer*, Der Anwendungsbereich der Feststellungsklage und des Feststellungsantrags im arbeitsgerichtlichen Verfahren, S. 161.
¹¹⁷² *Zimmer*, Der Anwendungsbereich der Feststellungsklage und des Feststellungsantrags im arbeitsgerichtlichen Verfahren, S. 160.
¹¹⁷³ *Otto*, SAE 1991, 45 (49).
¹¹⁷⁴ BAG vom 29.7.1982 – 6 ABR 51/79, AP Nr. 5 zu § 83 ArbGG 1979; zur vorigen Rechtsprechung des BAG siehe oben D I 1.
¹¹⁷⁵ BAG vom 29.7.1982 – 6 ABR 51/79, AP Nr. 5 zu § 83 ArbGG 1979.
¹¹⁷⁶ BAG vom 29.7.1982 – 6 ABR 51/79, AP Nr. 5 zu § 83 ArbGG 1979.
¹¹⁷⁷ Diesen Befund teilend *Zimmer*, Der Anwendungsbereich der Feststellungsklage und des Feststellungsantrags im arbeitsgerichtlichen Verfahren, S. 159.

gewissheit schaffen.[1178] Mit einer Feststellungsentscheidung über vergangene Rechtsverhältnisse würden aber mangels Gegenwartsbezugs keine Rechte durchgesetzt.[1179] Auch würde wegen des Vergangenheitsbezugs weder für die Gegenwart noch für die Zukunft die begehrte Rechtsgewissheit geschaffen.[1180] Bei alledem ist eine saubere Trennung geboten zwischen Rechtsverhältnissen, die vollständig beendet und daher nicht mehr feststellungsfähig sind[1181] und Rechtsverhältnissen, die eine Basis für gegenwärtige Rechtsverhältnisse bilden. *Jacobs* spricht diesbezüglich von vergangenen Rechtsverhältnissen im weiteren Sinne, aus denen sich gegenwärtige Rechtsverhältnisse im engeren Sinne ergeben können.[1182] Begehrt der Antragsteller die Feststellung eines vergangenen Rechtsverhältnisses im weiteren Sinne, das die Rechtsbeziehungen der Streitparteien auch in der Gegenwart prägt und gegenwärtige Rechtsverhältnisse hervorruft, stehen seinem Antrag keine Bedenken entgegen.[1183] Denn im Grunde handelt es sich hierbei um nichts anderes als feststellungsfähige gegenwärtige Rechtsverhältnisse.[1184]

II. Fortsetzungsfeststellungsklage im Zivilverfahren

Wenn nun das zivilprozessuale Feststellungsverfahren nach § 256 ZPO nicht für vergangenheitsbezogene Feststellungsanträge geöffnet werden kann, so könnte das gewollte Ergebnis – die vergangenheitsbezogene Feststellungsentscheidung des Gericht – über eine entsprechende Anwendung des § 113 Abs. 1 S. 4 VwGO erreicht werden.[1185]

[1178] *Jacobs*, FS Picker, S. 1013 (1031); Stein/Jonas/*Roth*, § 256 Rn. 48; zu den Zwecken des Feststellungsverfahrens siehe auch oben D II 1.
[1179] *Jacobs*, Der Gegenstand des Feststellungsverfahrens, S. 272 f.; *Jacobs*, FS Picker, S. 1013 (1029).
[1180] Gegen die Feststellbarkeit vergangener Rechtsverhältnisse auch Stein/Jonas/*Roth*, § 256 Rn. 40.
[1181] *Jacobs*, Der Gegenstand des Feststellungsverfahrens, S. 333 nennt diese Rechtsverhältnisse „echte vergangene Rechtsverhältnisse".
[1182] *Jacobs*, Der Gegenstand des Feststellungsverfahrens, S. 275 f.; *Jacobs*, FS Picker, S. 1013 (1031).
[1183] So im Ergebnis auch BAG vom 12.10.1994 – 7 AZR 745/93, AP Nr. 165 zu § 620 BGB – Befristeter Arbeitsvertrag; BAG vom 24.9.1997 – 4 AZR 429/95, AP Nr. 1 zu § 1 TVG – Tarifverträge: Reichsbund; BAG vom 2.3.2004 – 1 ABR 15/03, AP Nr. 87 zu § 256 ZPO 1977; BGH vom 29.4.1958 – VIII ZR 198/57, NJW 1958, 1293 (1294); MünchKommZPO/*Becker-Eberhard*, § 256 Rn. 28; *Rosenberg/Schwab/Gottwald*, § 90 Rn. 15; *Zeuner*, FS Schumann, S. 595 (606).
[1184] *Jacobs*, FS Picker, S. 1013 (1031).
[1185] Hierzu eingehend *Jacobs*, Der Gegenstand des Feststellungsverfahrens, S. 333 ff.; *Jacobs*, FS Picker, S. 1013 (1029 f.).

1. § 113 Abs. 1 S. 4 VwGO im Verwaltungsprozess

§ 113 Abs. 1 S. 4 VwGO ermöglicht dem Kläger im Verwaltungsprozess die Feststellung der Rechtswidrigkeit auch bereits erledigter Verwaltungsakte, sofern er hieran ein berechtigtes Interesse nachweisen kann. Die Ratio dieser Spezialvorschrift besteht darin, dem Kläger die Fortsetzung der bereits anhängigen Klage trotz zwischenzeitlich eingetretener Unzulässigkeit zu erleichtern.[1186] Bei berechtigtem Interesse soll der Aufwand nicht nutzlos gewesen sein und der Kläger nicht leer ausgehen.[1187] Besondere Zulässigkeitsvoraussetzung der Fortsetzungsfeststellungsklage ist das in § 113 Abs. 1 S. 4 VwGO ausdrücklich geforderte berechtigte Interesse an der Feststellung. Im Ausgangspunkt werden hierfür alle schutzwürdigen rechtlichen, wirtschaftlichen oder ideellen Belange als hinreichend angesehen.[1188] Abgesehen von dem Streit, ob an das Feststellungsinteresse bei der Fortsetzungsfeststellungsklage höhere[1189] oder niedrigere[1190] Anforderungen zu stellen sind als an das Feststellungsinteresse bei der allgemeinen Feststellungsklage nach § 43 VwGO, haben sich im Laufe der Zeit Fallgruppen herausgebildet, bei denen ein berechtigtes Interesse im Sinne des § 113 Abs. 1 S. 4 VwGO gegeben ist. Ein berechtigtes Interesse besteht demnach bei konkreter Wiederholungsgefahr, bei einem Rehabilitationsinteresse, bei schweren Grundrechtsverletzungen sowie bei Vorbereitung eines Amtshaftungs- oder Entschädigungsprozesses, für welchen die Fortsetzungsfeststellungsentscheidung präjudizielle Wirkung hätte.[1191] Leitgedanke bei der Prüfung des berechtigten Interesse soll die Frage sein, ob sich die Fortsetzungsfeststellungsentscheidung des Gerichts dazu eignet, die Lage des Klägers zu verbessern.[1192]

[1186] Schoch/Schmidt-Aßmann/Pietzner/*Gerhardt*, § 113 Rn. 78; Sodan/Ziekow/*Wolff*, § 113 Rn. 241.
[1187] BVerwG vom 28.4.1967 – IV C 163/65, NJW 1967, 1819 (1820); vgl. Brandt/Sachs/*Kienemund*, M Rn. 119.
[1188] Brandt/Sachs/*Kienemund*, M Rn. 124; Schoch/Schmidt-Aßmann/Pietzner/*Gerhardt*, § 113 Rn. 90; Sodan/Ziekow/*Wolff*, § 113 Rn. 268.
[1189] Hk-VerwR/*Kröninger/Wahrendorf* (1. Aufl.), § 113 VwGO Rn. 83.
[1190] BVerwG vom 20.1.1989 – 8 C 30/87, NJW 1989, 2486 (2487); Brandt/Sachs/*Kienemund*, M Rn. 124.
[1191] Brandt/Sachs/*Kienemund*, M Rn. 125 ff.; Hk-VerwR/*Emmenegger*, § 113 VwGO Rn. 101 ff.; Sodan/Ziekow/*Wolff*, § 113 Rn. 269.
[1192] BVerwG vom 16.10.1989 – 7 B 108/89, NVwZ 1990, 360 (361); Schoch/Schmidt-Aßmann/Pietzner/*Gerhardt*, § 113 Rn. 90; Sodan/Ziekow/*Wolff*, § 113 Rn. 268.

2. Zivilprozessualer Fortsetzungsfeststellungsantrag analog § 113 Abs. 1 S. 4 VwGO

Angesichts der Strukturähnlichkeit der Konstellationen beim Globalantrag und der behaupteten „praktischen Bedürfnisse" für vergangenheitsbezogene Feststellungsverfahren im Arbeitsgerichtsverfahren[1193] verwundert es nicht, dass die Idee und Forderung, § 113 Abs. 1 S. 4 VwGO im Arbeitsgerichtsverfahren entsprechend anzuwenden, schon mehrfach formuliert wurde.[1194] Ein Fortsetzungsfeststellungsantrag im Zivilverfahren böte die Möglichkeit, den Streit anhand eines konkreten Sachverhalts zu lösen.[1195] Anders als beim Globalantrag müsste man hier nicht „im Nebel stochern".[1196] Die unterschiedliche Wortwahl in § 256 Abs. 1 ZPO, der ein „rechtliches Interesse" fordert, und in § 113 Abs. 1 S. 4 VwGO, wo ein „berechtigtes Interesse" gefordert ist, könne kein Argument gegen die Feststellungsfähigkeit vergangener Sachverhalte auch im Zivilverfahren sein.[1197] Soweit es für die Verwirklichung des Gebots effektiven Rechtsschutzes als Ausprägung des Rechtsstaatsprinzips notwendig ist, sei daher eine Fortsetzungsfeststellungsklage nach § 256 Abs. 1 ZPO zuzulassen.[1198] Parallele Überlegungen finden sich auch in der Rechtsprechung. In Anlehnung an die zu § 113 Abs. 1 S. 4 VwGO entwickelten Fallgruppen lässt der BGH eine Fortsetzungsfeststellungsklage auch im Rahmen des § 256 Abs. 1 ZPO zu, wenn der Kläger ein Interesse an seiner Rehabilitierung nachweisen kann.[1199]

Ob in der Fortsetzungsfeststellungsklage die Alternative zum Globalantrag zu sehen ist, bleibt trotz der Argumente der Befürworter fraglich. Zweifel an dieser Lösung ergeben sich bereits im Hinblick auf die Analogiefähigkeit des § 113 Abs. 1 S. 4 VwGO.[1200] Doch auch wenn man auf eine analoge Anwendung des § 113 Abs.

[1193] *Zimmer*, Der Anwendungsbereich der Feststellungsklage und des Feststellungsantrags im arbeitsgerichtlichen Verfahren, S. 161.
[1194] *Jacobs*, AP Nr. 18 zu § 50 BetrVG 1972; MünchArbR(2. Aufl.)/*Otto*, § 293 Rn. 23; *Zimmer*, Der Anwendungsbereich der Feststellungsklage und des Feststellungsantrags im arbeitsgerichtlichen Verfahren, S. 158 ff.; die Parallele zwischen § 113 Abs. 1 S. 4 VwGO und zivilrechtlichen Feststellungskonstellationen betonend schon *Stoll*, FS Bötticher, 341 (358).
[1195] *Zimmer*, Der Anwendungsbereich der Feststellungsklage und des Feststellungsantrags im arbeitsgerichtlichen Verfahren, S. 159.
[1196] *Zimmer*, Der Anwendungsbereich der Feststellungsklage und des Feststellungsantrags im arbeitsgerichtlichen Verfahren, S. 159.
[1197] MünchArbR(2. Aufl.)/*Otto*, § 293 Rn. 23.
[1198] Musielak/*Foerste*, § 256 Rn. 1; vgl. auch MünchArbR(2. Aufl.)/*Otto*, § 293 Rn. 23.
[1199] BGH vom 20.10.2009 – V ZR 253/08, NJW 2010, 534 (535).
[1200] Hierzu eingehend *Jacobs*, Der Gegenstand des Feststellungsverfahrens, S. 335 ff. m.w.N.

1 S. 4 VwGO verzichtete und innerhalb der Grenzen des § 256 Abs. 1 ZPO für die Zulassung eines Fortsetzungsfeststellungsverfahrens argumentierte, spricht vieles gegen diesen Lösungsansatz für die Problematik des Globalantrags. Denn ob die Zulassung eines Fortsetzungsfeststellungsantrags verfassungsrechtlich geboten ist, hängt von einem entsprechenden Rechtsschutzinteresse des Klägers ab.[1201] Das Interesse an der gerichtlichen Entscheidung muss trotz Erledigung des ursprünglichen Rechtsschutzziels in besonderer Weise schutzwürdig sein.[1202] Diese Voraussetzung wird in den Fällen der Wiederholungsgefahr, der fortwirkenden Beeinträchtigung und tiefgreifender Grundrechtsverletzungen als erfüllt angesehen.[1203] Beispielsweise handelte es sich um die Frage der Ermächtigung des Gutachters im Insolvenzeröffnungsverfahren zum Betreten schuldnerischer Räumlichkeiten und eine Verletzung des Art. 13 GG.[1204] In diesen Situationen ist rechtzeitiger gerichtlicher Rechtsschutz kaum zu erlangen.[1205] Die den Gegenstand dieser Untersuchung bildenden Konstellationen des Globalantrags berühren indes keine vergleichbar grundrechtssensiblen Bereiche. Eine den gerichtlichen Rechtsschutz verkürzende, besonders schnelle Erledigung der Sachverhalte lässt sich ebenso wenig feststellen. Das erforderliche besondere Fortsetzungsfeststellungsinteresse ist daher nicht zu begründen. Die Zulassung eines Fortsetzungsfeststellungsantrags ist nicht verfassungsrechtlich geboten. Letztlich wäre auch der praktische Nutzen einer Fortsetzungsfeststellungsentscheidung des Gerichts für die Streitparteien gering. Denn ebenso wenig wie bei § 113 Abs. 1 S. 4 VwGO erstreckte sich die Rechtskraft der Entscheidung auf zukünftige Sachverhalte.[1206] Das mit dem Globalantrag verfolgte Ziel wäre folglich auch mit der Zulassung einer Fortsetzungsfeststellungsklage im Zivilverfahren nicht zu erreichen. Doch bestehen andere – erfolgversprechende – Möglichkeiten, diesem Ziel näher zu kommen.

[1201] BGH vom 20.9.2007 – IX ZB 37/07, NZI 2008, 100 (100).
[1202] BGH vom 11.1.2007 – IX ZB 271/04, NJW-RR 2007, 624 (625).
[1203] BVerfG vom 30.4.1997 – 2 BvR 817/90, NJW 1997, 2163 (2164); BGH vom 11.1.2007 – IX ZB 271/04, NJW-RR 2007, 624 (625); BGH vom 20.9.2007 – IX ZB 37/07, NZI 2008, 100 (100).
[1204] BGH vom 4.3.2004 – IX ZB 133/03, NJW 2004, 2015 ff.
[1205] BGH vom 4.3.2004 – IX ZB 133/03, NJW 2004, 2015 (2017).
[1206] *Jacobs*, Der Gegenstand des Feststellungsverfahrens, S. 336.; *Jacobs*, FS Picker, S. 1013 (1030); *Trzaskalik*, Die Rechtsschutzzone der Feststellungsklage im Zivil- und Verwaltungsprozess, S. 196.

III. Prozessrechtskonformer Antrag und abstrakte Urteilskraft

Alle zuvor aufgezeigten Vorgehensweisen erwiesen sich schon im Ansatz als unzulässig und noch dazu als im Ergebnis unbefriedigend. Die diskutierten Lösungsvorschläge zeichneten sich stets dadurch aus, dass sie die gesetzlich definierten Grenzen des Zivilverfahrens zu erweitern versuchten. Es drängt sich daher die von *Jacobs* aufgeworfene Frage auf, wie weit den Bedürfnissen des Rechtsschutzsuchenden, der bislang zum Mittel des Globalantrags griff, mit Hilfe des prozessrechtskonformen Antrags und der gerichtlichen Entscheidung, das heißt innerhalb der von der ZPO vorgesehenen Rechtsschutzzone, beizukommen ist.[1207] Es gilt die Grenzen des Zivilverfahrens auszureizen, ohne sie zu sprengen.

1. Vorzüge des prozessrechtskonformen Antrags

Seinem Ziel, möglichst effektiven Rechtsschutz zu erlangen, kommt der Antragsteller am nächsten, indem er dem Gericht einen prozessrechtskonformen Antrag zur Entscheidung stellt. Hiermit ist nicht anderes gemeint, als dass sich der Antragsteller bei der Formulierung seines Rechtsschutzbegehrens an die in § 253 Abs. 2 Nr. 2 ZPO normierten Anforderungen an einen zulässigen Antrag hält. Die Möglichkeiten, die das ArbGG und die ZPO dem Antragsteller bieten, um möglichst weitreichenden Rechtsschutz zu erlangen, wurden bereits in den einzelnen Kaptiteln zum Globalunterlassungs- sowie Globalfeststellungsantrag aufgezeigt und sollen an dieser Stelle daher nur kurz in Erinnerung gerufen werden.[1208] Beim Unterlassungsantrag helfen die vor allem im Wettbewerbsrecht entwickelten Grundsätze der Kerntheorie dem Antragsteller aus dem Dilemma zwischen hinreichender Bestimmtheit nach § 253 Abs. 2 Nr. 2 ZPO einerseits und wertlosem Vollstreckungstitel andererseits. Der materielle Unterlassungsanspruch wie auch der erwirkte Vollstreckungstitel erfassen die von den Umständen des Einzelfalls abstrahierte konkrete Verletzungsform der konkreten Verletzungshandlung. Ein noch höheres Maß an Präventivrechtsschutz lässt sich bei bestehender Erstbegehungsgefahr durch ein gerichtliches Vorgehen im Wege der vorbeugenden Unterlassungsklage erreichen. Der durch den bestimmten Antrag klar umrissene Streitgegenstand des Verfahrens ermöglicht im Ergebnis eine der materiellen Rechtskraft fähige

---

[1207] Zur Methode des Fallvergleichs als Alternative zum Globalantrag *Jacobs*, FS Picker, S. 1013 (1028).
[1208] Zum Unterlassungsantrag siehe oben C I und II und zum Feststellungsantrag siehe oben D II.

Entscheidung des Gerichts. Auf den bestimmten Antrag folgt der hinreichend bestimmte Unterlassungstitel, welcher dem Titelgläubiger und insbesondere auch dem Titelschuldner die erforderliche Gewissheit über die bestehenden Unterlassungspflichten verschafft und so den Streit zufriedenstellend bereinigt. Entsprechendes gilt für den prozessrechtskonformen Feststellungsantrag. Auch er mündet auf Grund seiner hinreichenden Bestimmtheit und auf Grund seines scharf konturierten Streitgegenstands in eine Gewissheit schaffende Entscheidung des Gerichts. Die sich im Rahmen der §§ 139 Abs. 1, 308 Abs. 1 S. 1 ZPO ergebenden Unsicherheiten bezüglich der gerichtlichen Einflussnahmemöglichkeiten werden vermieden. Letzten Endes mündet daher nur der prozessrechtskonforme Antrag in eine tatsächlich streitbeilegende Entscheidung des Gerichts, die – wie zu zeigen sein wird – zudem über den konkreten Fall hinaus Gewissheit schafft.

2. Orientierungshilfe durch abstrakte Urteilskraft

Als echte Alternative zum Globalantrag erweist sich der prozessrechtskonforme Antrag wegen der mit seiner Hilfe herbeigeführten verfahrensbeendenden Entscheidung des Gerichts. Hierbei sind es die verschiedenen Wirkweisen der gerichtlichen Entscheidung über den prozessrechtskonformen Antrag, die den Verfahrensbeteiligten die begehrte Richtschnur für die Zukunft verschaffen. Zu den tradierten Urteilswirkungen zählen die formelle wie materielle Rechtskraft, die Vollstreckbarkeit, die Tatbestandswirkung, die Gestaltungswirkung, die Interventionswirkung, die innerprozessuale Bindungswirkung sowie die abstrakte Urteilskraft.[1209] Hierunter sind für die Frage, inwiefern die Entscheidung des Gerichts den Verfahrensbeteiligten ein Maßstab für zukünftiges Verhalten sein kann, einzig die materielle Rechtskraft und die abstrakte Urteilskraft der Entscheidung von Interesse. Die im Laufe dieser Untersuchung schon häufig thematisierte materielle Rechtskraft einer gerichtlichen Entscheidung im Sinne des § 322 Abs. 1 ZPO hat die Aufgabe, den inhaltlichen Bestand des richterlichen Subsumtionsschlusses sichern.[1210] Dieser Zweck wird dadurch verwirklicht, dass die materielle Rechtskraft als negative Prozessvoraussetzung jede zweite Verhandlung über den gleichen Streitgegenstand von vornherein ausschließt und die Parteien auch in Folgeverfahren bindet.[1211] In-

---

[1209] MünchKommZPO/*Gottwald*, § 322 Rn. 16 ff.; *Rosenberg/Schwab/Gottwald*, § 149 Rn. 1 ff.; Stein/Jonas/*Leipold*, § 322 Rn. 7 ff.
[1210] Zum Zweck der materiellen Rechtskraft siehe oben C V 1 a).
[1211] Zu den Wirkungen der materiellen Rechtskraft, insbesondere der *ne bis in idem*-Lehre sowie Präjudizialität siehe oben C V 1 c).

dem das streitgegenständliche Problem gegenwärtig und auch für die Zukunft gültig aufgelöst wird, werden die Rechte und Pflichten der Verfahrensbeteiligten eindeutig definiert. Diese in der verfahrensbeendenden Entscheidung enthaltene Verhaltensanleitung ist jedoch in objektiver Hinsicht auf den Streitgegenstand des Verfahrens begrenzt und wirkt daher nur punktuell.[1212] Anders als das US-Zivilprozessrecht mit der sogenannten *claim* und *issue preclusion* kennt das deutsche Zivilprozessrecht grundsätzlich keine Rechtskrafterstreckung auf nicht-streitgegenstandsidentische Folgeprozesse.[1213] Die mit Hilfe des prozessrechtskonformen Antrags erwirkte Entscheidung hat daher mit Blick auf zwar ähnliche doch nicht streitgegenstandsidentische Sachverhalte keinerlei Nutzen für die Verfahrensbeteiligten.

Den besonderen Mehrwert als Richtschnur und Orientierungshilfe für die Zukunft erhält die Entscheidung des Gerichts erst durch seine sogenannte abstrakte Urteilskraft. Der Begriff der abstrakten Urteilskraft wurde zuerst durch *Leipold* geprägt.[1214] Demnach enthält ein gerichtliches Urteil über die Entscheidung des konkreten Falls hinaus die Aussage, dass zukünftige, gleichgelagerte Sachverhalte nach den gleichen, im Urteil formulierten Grundsätzen zu entscheiden sind.[1215] Der Grund der abstrakten Urteilskraft liege in der Aufgabe des Zivilverfahrens, eine einheitliche Rechtsanwendung zu sichern und das Recht fortzubilden.[1216] Einen Hinweis auf die Existenz einer abstrakten Urteilswirkung könne man in der Regelung des § 31 Abs. 2 BVerfGG sehen, wonach die Entscheidungen des BVerfG in bestimmten Fällen Gesetzeskraft hat.[1217] Eine abstrakte Urteilskraft sei Merkmal nicht nur höchstrichterlicher, sondern einer jeden gerichtlichen Entscheidung.[1218] Auch die Eingangsinstanzen bekräftigten mit jeder Entscheidung, in der sie die einschlägige Norm in bestimmter Weise auf einen Sachverhalt anwenden, das auch in Zukunft so zu halten.[1219]

[1212] Zu den Grenzen der materiellen Rechtskraft siehe oben C V 2.
[1213] Zur *claim* und *issue preclusion* im US-amerikanischen Zivilprozessrecht sowie deren Zweck, die Prozessflut einzudämmen *Smith*, DRiZ 1995, 94 (96 f., 100); siehe auch *Koshiyama*, Rechtskraftwirkungen und Urteilsanerkennungen, S. 37 ff.; *Schack*, Einführung in das US-Zivilprozessrecht, S. 74 f.
[1214] *Leipold*, RLR 1989 (4), 161 (170 ff.).
[1215] *Leipold*, RLR 1989 (4), 161 (176 f.).
[1216] *Leipold*, RLR 1989 (4), 161 (169 f.); zu den Aufgaben des Zivilprozesses, insbesondere der Rechtssicherheit und Rechtsfortbildung Stein/Jonas/*Brehm*, vor § 1 Rn. 5 ff., 18 ff.
[1217] *Leipold*, RLR 1989 (4), 161 (171).
[1218] *Leipold*, RLR 1989 (4), 161 (177).
[1219] *Leipold*, RLR 1989 (4), 161 (173 f., 177).

Die Idee einer über den konkreten Einzelfall hinausgehenden Wirkung der gerichtlichen Entscheidung wurde freilich schon früher formuliert. Der Richterspruch habe einen „abstrakt-generellen Effekt", welcher sich in einer „faktischen Leitfunktion" der Entscheidung äußere.[1220] Indem die Entscheidung als Präjudiz anerkannt und auch in der Zukunft tatsächlich befolgt werde, werde die Rechtssicherheit gewahrt.[1221] In die gleiche Richtung geht der Verweis auf die Möglichkeit der Rechtsprechung, durch sogenannte *obiter dicta* einen „Orientierungswert" zu schaffen.[1222] Die so aufgestellten Richtlinien dienten der Rechtssicherheit und Prozessökonomie, indem sie insbesondere bei der Bewältigung häufig auftretender Sachverhaltskonstellationen hilfreich seien.[1223] Schließlich finden sich in der juristischen Methodenlehre Ansätze für die Begründung einer abstrakten Urteilskraft.[1224] So stellt *Larenz* fest, dass das Gericht, indem es den Einzelfall entscheidet, zugleich die Behauptung aufstelle, jeder gleichartige Fall sei nach der aufgestellten Maxime zu entscheiden.[1225] In der Folge konnte sich die abstrakte Rechtskraft als eine unter mehreren Urteilswirkungen etablieren. Die Existenz einer über die Entscheidung des konkreten Falls hinausgehende Wirkung des Richterspruchs wird, wenn auch unter der Verwendung verschiedener, aber weitgehend inhaltsgleicher Begriffe, anerkannt und betont.[1226] Differenzen offenbaren sich insofern nur bezüglich der Frage, ob gerichtliche Entscheidungen wegen ihrer abstrakten Rechtskraft als Rechtsquelle bezeichnet werden können.[1227] Bei alledem ist darauf zu achten, dass der gerichtlichen Entscheidung keineswegs eine formelle Präjudizienwirkung zukommt.[1228] Die Vorschrift des § 31 Abs. 2 BVerfGG bildet insofern eine Aus-

---

[1220] *Picker*, JZ 1988, 62 (74).
[1221] *Picker*, JZ 1988, 62 (74).
[1222] *Köbl*, JZ 1976, 752 (755).
[1223] *Köbl*, JZ 1976, 752 (754 f.).
[1224] *Leipold*, RLR 1989 (4), 161 (170).
[1225] *Larenz*, Methodenlehre, S. 412.
[1226] *Lames*, Rechtsfortbildung als Prozesszweck, S. 28 ff. verwendet den Begriff der „Rechtsfortbildungswirkung"; MünchKommZPO/*Gottwald*, § 322 Rn. 23 sowie *Rosenberg/Schwab/Gottwald*, § 149 Rn. 10 ff. verwenden den Begriff der „Präjudizienwirkung"; Stein/Jonas/*Leipold*, § 322 Rn. 17 bleibt beim Begriff der „abstrakten Rechtskraft".
[1227] Dafür Stein/Jonas/*Leipold*, § 322 Rn. 17 sowie *Lames*, Rechtsfortbildung als Prozesszweck, S. 30, 35; den „Präjudizien" eine rein tatsächliche Wirkung zusprechend hingegen *Rosenberg/Schwab/Gottwald*, § 149 Rn. 11.
[1228] *Larenz*, Methodenlehre, S. 415; MünchKommZPO/*Gottwald*, § 322 Rn. 23; *Rosenberg/Schwab/Gottwald*, § 149 Rn. 10.

nahme. Anders als etwa in den *common law*-Ländern ist die Entscheidung nicht als solche verbindlich und müssen die Gerichte dem Präjudiz nicht Folge leisten.[1229]

Diese abstrakte Rechtskraft der mit Hilfe des prozessrechtskonformen Antrags erwirkten Sachentscheidung des Gerichts gibt dem Antragsteller die Orientierungshilfe, welche er sich mit seinem Globalantrag zu verschaffen erhoffte. Es handelt sich hier zwar nicht um eine der materiellen Rechtskraft im Sinne des § 322 Abs. 1 ZPO vergleichbar greifbare Urteilswirkung. Doch ist ihre rechtstatsächliche Existenz nicht zu leugnen. Hierauf können die Verfahrensbeteiligten bauen. Wegen der in der Entscheidung implizit enthaltenen Aussage, das Recht auch in Zukunft in gleicher Weise auszulegen und anzuwenden, können die Streitparteien gewiss sein, dass sie bei gleichgelagerten Sachverhalten gleiche Entscheidungen erhalten werden. Die Antragsteller werden dadurch in die Lage versetzt, die Erfolgsaussichten eines neuerlichen gerichtlichen Vorgehens im Wege des Vergleichs von entschiedenem Fall und neuem Sachverhalt abschätzen zu können.[1230] Die mit Hilfe des prozessrechtskonformen Antrags erwirkte Entscheidung bringt die Verfahrensbeteiligten somit weiter als es der Globalantrag je könnte.

IV. Musterprozessabrede

Wie gezeigt, ist dem deutschen Zivilprozessrecht eine formelle Bindung der Gerichte an Präjudizien grundsätzlich fremd.[1231] Trotzdem die Entscheidung des Gerichts aufgrund seiner abstrakten Urteilskraft über den konkreten Fall hinaus wirkt, mag dieses Ergebnis die Begehr der Verfahrensbeteiligten nach einer rechtlich abgesicherten Verhaltensrichtschnur nicht vollkommen befriedigen. Es stellt sich daher die Frage, inwiefern sich die in der erwirkten Entscheidung etablierte Maxime, nach welcher auch gleichgelagerte Folgefälle beurteilt werden sollen, auf eine rechtlich verbindlichere Stufe gehoben werden kann. Der Ansatz für eine Lösung könnte in dem beiderseitigen Interesse der Streitparteien an einer grundsätzlichen Lösung des Konflikts zu finden sein. Gerade im Falle der mittels des Globalantrags

---

[1229] *Larenz*, Methodenlehre, S. 415; zur *stare decisis doctrine* im US-Zivilprozess *Engelmann-Pilger*, Die Grenzen der Rechtskraft des Zivilurteils in den Vereinigten Staaten, S. 21 ff.; *Rosenberg/Smit/Dreyfuss*, S. 955 ff., *Yeazell*, Civil Procedure, S. 50; zur *doctrine of precedent* im Englischen Recht (auch hier wird zum Teil von der *stare decisis doctrine* gesprochen) *Andrews*, English Civil Procedure, Rn. 13.88, 38.06; zur Rolle der Präjudizien als Rechtsquelle im Englischen Recht *Andrews*, The Modern Civil Process, Rn. 2.08.
[1230] *Jacobs*, FS Picker, S. 1013 (1028).
[1231] Zur Ausname des § 31 Abs. 2 BVerfGG siehe oben E III 2.

vor die Gerichte gebrachten Streitigkeiten über das Bestehen und den Umfang betriebsverfassungsrechtlicher Mitbestimmungsrechte haben sowohl der Betriebsrat als auch der Arbeitgeber ein großes Interesse, die durch die Unklarheiten bedingten Reibungsverluste im Betriebsablauf zu vermeiden. Letztlich sind sie gemäß § 2 Abs. 1 BetrVG zum Wohle der Arbeitnehmer und des Betriebs gesetzlich zur vertrauensvollen Zusammenarbeit verpflichtet. Da wo Interessen der Konfliktparteien ein gemeinsames Ziel haben, liegt eine außergerichtliche Einigung nicht fern. Freilich sollen die Parteien nicht auf die mit der Autorität des Gerichts ausgestattete Beantwortung der Streitfrage verzichten. Folglich könnte eine Alternative zum Globalantrag in einer Kombination aus gerichtlichem Vorgehen und einer außergerichtlich abgeschlossenen Vereinbarung bestehen. Es würde zum einen der prozessrechtskonforme Antrag zur Entscheidung des Gerichts gestellt, der die zu lösende allgemeine Rechtsfrage betrifft und Aussicht auf eine rechtskraftfähige Entscheidung hat. Zum anderen würden Antragsteller und Antragsgegner vereinbaren, die beiderseitigen Rechtsbeziehungen fortan nach Maßgabe der erwarteten Musterentscheidung zu gestalten. Damit ist die Problematik des Musterprozesses sowie der Musterprozessabreden (auch Musterprozessvereinbarungen genannt) angesprochen.

1. Grundsätzliches zur Problematik des Musterprozesses

Die Suche nach gesetzlichen Regelungen zur Problematik des Musterprozesses in der ZPO blieb lange Zeit vergeblich.[1232] Erst mit der Einführung des § 325a ZPO im Jahr 2005 erhielt der Begriff des „Musterentscheids" Einzug in die ZPO.[1233] Der Begriff des Musterprozesses ist ursprünglich durch die Rechtsanwender, namentlich Rechtsanwälte und Interessenverbände geprägt worden.[1234] Sie meinten damit einen Rechtsstreit, dem die Parteien oder Dritte eine über die Beurteilung der konkreten Klage hinausgehende Bedeutung zumessen.[1235] Seinen Grund hat die Entwicklung dieses Instituts in der Beschränkung der Rechtskraft gerichtlicher Entscheidungen.[1236] Der materiellen Rechtskraft sind sowohl in subjektiver als auch in objektiver Hinsicht Grenzen gesetzt.[1237] In objektiver Hinsicht werden diese Grenzen durch § 322 Abs. 1 ZPO definiert. Der Umfang der Rechtskraft richtet sich

---

[1232] *Arens*, JBRSoz 1976, 344 (344); *Haug*, Die Problematik des Musterprozesses, S. 29; *Kempf*, ZZP 73, 342 (342).
[1233] BGBl. I S. 2437.
[1234] *Kempf*, ZZP 73, 342 (342).
[1235] *Arens*, JBRSoz 1976, 344 (344); *Kempf*, ZZP 73, 342 (342); *Lindacher*, JA 1984, 404 (404).
[1236] *Kempf*, ZZP 73, 342 (342).
[1237] Hierzu siehe oben C V 2.

nach dem durch die Klage erhobenen Anspruch.[1238] In subjektiver Hinsicht beschränkt sich die Rechtskraft der gerichtlichen Entscheidung auf die verfahrensbeteiligten Streitparteien.[1239] Sie wirkt nur *inter partes*. Die §§ 325 ff. ZPO bilden hiervon freilich eine Ausnahme. Eine derart begrenzt wirkende Rechtskraft vermag die Bedürfnisse der Rechtspraxis jedoch vielfach nicht zu befriedigen. Auf diese Weise entstand die Idee, Musterprozesse zu führen. Wird aus Gründen der Gerichts- und Anwaltsgebührenkostenersparnis nur ein Teil einer Forderung eingeklagt, so erstreckt sich die Rechtskraft zwar nur auf diesen Teil. Doch erhofft man sich aus der Entscheidung des Gerichts Aussagen, die so auch für den Rest der Forderung gelten.[1240] Wird von mehreren parallel gelagerten Fällen nur einer vor Gericht gebracht, so kann zwar nur dieser rechtskräftig entschieden werden. Doch soll dieses eine Verfahren Rechtsfragen klären, die für die Einschätzung aller vergleichbaren Sachverhalte von Bedeutung sind.[1241] Auf einen Nenner gebracht soll der Musterprozess eine wenn schon nicht rechtliche, so doch wenigstens faktische „Breitenwirkung" entfalten.[1242] Die Entscheidung des Gerichts soll eine „Kalkulationsgrundlage" für die Einschätzung der Erfolgsaussichten künftiger Verfahren schaffen.[1243] Ein weiteres Motiv für den Musterprozess ist zudem die Möglichkeit, die mit einem Verfahren verbundenen Kosten so gering wie möglich zu halten.[1244] Da es sich bei diesem Interesse an einem Urteil mit Breitenwirkung keinesfalls um ein Randphänomen handelt, sind Musterprozesse weit verbreitet und vom Zivilverfahren über das Arbeitsgerichtsverfahren bis hin zum Verwaltungsgerichtsverfahren anzutreffen.[1245] Einen Bereich, in dem Musterprozesse in großer Zahl auftreten, hat der Gesetzgeber mit dem Gesetz über Musterverfahren in kapitalmarktrechtlichen Streitigkeiten (Kapitalanleger-Musterverfahrensgesetz – KapMuG) vom 16.8.2005 gesondert geregelt.[1246] Hiervon abgesehen blieb es insbesondere der

---

[1238] Gemeint ist dem prozessuale Anspruch, MünchKommZPO/*Gottwald*, § 322 Rn. 112; siehe oben C V 2 a).
[1239] MünchKommZPO/*Gottwald*, § 322 Rn. 137.
[1240] Zum sogenannten Teilklageprozess *Arens*, JBRSoz 1976, 344 (344); *Lindacher*, JA 1984, 404 (404).
[1241] *Arens*, JBRSoz 1976, 344 (344); *Haug*, Die Problematik des Musterprozesses, S. 29; *Lindacher*, JA 1984, 404 (404).
[1242] *Kempf*, ZZP 73, 342 (345); zum Kriterium der Breitenwirkung *Arens*, JBRSoz 1976, 344 (347); *Haug*, Die Problematik des Musterprozesses, S. 30.
[1243] *Kempf*, ZZP 73, 342 (344).
[1244] Zum Kostenargument *Lindacher*, JA 1984, 404 (404).
[1245] Zur Verbreitung des Musterprozesses in der Gerichtspraxis *Arens*, JBRSoz 1976, 344 (345, 347).
[1246] BGBl. I S. 2437.

Wissenschaft überlassen, grundsätzliche Überlegungen zur Problematik des Musterprozesses anzustellen.[1247]

2. Musterprozessabrede und ihre Wirkungen

Die Musterentscheidung und die Musterprozessabrede stehen in keinem Abhängigkeitsverhältnis zueinander. Insbesondere ist die Musterprozessabrede keine notwendige Voraussetzung dafür, dass eine Gerichtsentscheidung zur Musterentscheidung wird.[1248] Denn bei der Breitenwirkung des Musterurteils handelt es sich um einen tatsächlichen Umstand.[1249] Bedeutung erlangt die Musterprozessabrede daher einzig für die Regelung der Beziehung der Verfahrensbeteiligten. Unter dem Begriff der Musterprozessabrede lassen sich mehrere Unter- und Spezialabreden zusammenfassen, die sich zudem nach Verpflichtungs- und Verfügungsvereinbarungen und damit nach ihrer Wirkung unterscheiden lassen. Insbesondere *Jacoby* unterscheidet die Bindungs-, Stillhalte- und Verfahrensabrede.[1250] Im Folgenden wird nur auf die Aspekte eingegangen werden, die für die Untersuchung der These von der Musterprozessabrede als Alternative zum Globalantrag von Interesse sind.

a) Möglicher Inhalt der Musterprozessabrede

Der Inhalt einer Musterprozessabrede wird gelegentlich derart beschrieben, dass die Parteien in einem materiellrechtlichen Vertrag darin übereinkommen, die gegenseitigen „Rechtsbeziehungen dem Musterurteil gemäß umzugestalten".[1251] Diese unmittelbare Umgestaltung der Rechtslage deutet auf einen Charakter der Musterprozessabrede als Verfügungsvertrag hin. Andere betonen den Verpflichtungscharakter der Musterprozessabrede, die damit kein Verfügungsgeschäft darstelle.[1252] Im Ergebnis ist davon auszugehen, dass es beides gibt: Die Musterprozessabrede sowohl in der Variante des Verfügungs- als auch in der Variante des Verpflichtungsgeschäfts.[1253] Da die Parteien im Wege gegenseitigen Nachgebens ihre

---

[1247] Hierzu insbesondere *Arens*, JBRSoz 1976, 344 ff.; *Haug*, Die Problematik des Musterprozesses, passim; *Hirte*, ZZP 104, 12 (55 f.); *Jacoby*, Der Musterprozessvertrag, passim; *Lindacher*, JA 1984, 404 ff.; *Stadler*, FS Schumann, S. 465 ff.; *Wagner*, Prozessverträge, S. 448 ff., 727 ff.
[1248] *Kempf*, ZZP 73, 342 (345).
[1249] *Kempf*, ZZP 73, 342 (345).
[1250] *Jacoby*, Der Musterprozessvertrag, S. 55 ff., 162 ff., 187 ff.
[1251] *Kempf*, ZZP 73, 342 (372); vgl. auch *Lindacher*, JA 1984, 404 (405).
[1252] *Arens*, JBRSoz 1976, 344 (353); vgl. auch *Dütz*, BB 1978, 213 (214).
[1253] *Jacoby*, Der Musterprozessvertrag, S. 116 f., 250 f.; Stein/Jonas/*Leipold*, § 322 Rn. 212.

Ungewissheit über ein Rechtsverhältnis beseitigen wollen, wird zumeist ein Vergleich im Sinne des § 779 Abs. 1 BGB vorliegen.[1254] Beim Globalantrag geht es um die Klärung von Rechtsfragen. Beispielhaft ist das Anliegen, sich im Rahmen des arbeitsgerichtlichen Beschlussverfahrens die Reichweite und den Umfang von betriebsverfassungsrechtlichen Mitbestimmungsrechten erläutern lassen zu wollen. Für die hiesige Untersuchung ist daher die Frage nach der Möglichkeit einer vertraglichen Verständigung in Bezug auf solche Rechtsfragen von besonderem Interesse. Eine Musterprozessabrede in Form des Verfügungsvertrags kommt insofern nicht in Frage.[1255] Denn beim Streit über Rechtsfragen, werden Rechte weder übertragen noch aufgehoben oder geändert. Vielmehr sind Abreden über Rechtsfragen als Verpflichtungsgeschäfte einzuordnen.[1256] Der Wirksamkeit einer solchen Vereinbarung steht das vertragliche Bestimmtheitsgebot nicht entgegen. Denn wenn sich die Parteien dazu verpflichten, sich dem Musterurteil gemäß zu verhalten, liegt zum Zeitpunkt des Vertragsschlusses zwar kein bestimmtes, jedoch bestimmbares und somit zulässiges Leistungsversprechen vor.[1257]

Neben diesen auf die Gestaltung der materiellen Rechtslage abzielenden Abreden, sind auch prozessuale Musterprozessabreden möglich.[1258] Hier einigen sich die Parteien vor allem darüber, ob und in welcher Weise sie die ihnen zustehenden prozessualen Befugnisse ausüben werden.[1259] Ein möglicherweise folgender Zweitprozess lässt sich in die durch den vorangegangenen Musterprozess vorgegebene Richtung lenken.

b) Keine Rechtskrafterweiterung

Der direkteste Ansatz, das Ergebnis des Musterprozesses für die Zukunft zu sichern, wäre die vertragliche Rechtskrafterweiterung. Mit Hilfe einer Musterprozessabrede würde die Rechtskraft des erkämpften Urteils über den konkreten Fall hinaus auch auf andere, dem Streitfall ähnliche Sachverhalte ausgedehnt. An einer solchen Erweiterung der materiellen Rechtskraft in sachlicher Hinsicht hätten die Verfahrensparteien ein großes Interesse. Auch hinter dem Globalantrag steht das Begehren, den Streitgegenstand und damit die materielle Rechtskraft möglichst

---

[1254] *Jacoby*, Der Musterprozessvertrag, S. 160; *Kempf*, ZZP 73, 342 (372).
[1255] *Jacoby*, Der Musterprozessvertrag, S. 115.
[1256] *Jacoby*, Der Musterprozessvertrag, S. 160, 251.
[1257] *Jacoby*, Der Musterprozessvertrag, S. 107.
[1258] *Jacoby*, Der Musterprozessvertrag, S. 121 ff.
[1259] *Jacoby*, Der Musterprozessvertrag, S. 124.

umfangreich zu gestalten. Die materielle Rechtskraft nach § 322 Abs. 1 ZPO ist das Instrument des Prozessrechts, die Entscheidung des Gerichts in ihrem inhaltlichen Bestand zu sichern.[1260] Die materielle Rechtskraft wirkt – Streitgegenstandsidentität vorausgesetzt – als negative Prozessvoraussetzung.[1261] Ein rechtskräftig entschiedener Streit kann nicht erneut vor ein Gericht gebracht werden sodass sich mit der Vereinbarung einer Rechtskrafterstreckung eine Sperre für zukünftige Prozesse herbeiführen ließe. Zudem wirkt die materielle Rechtskraft präjudiziell auf Folgeverfahren.[1262] Eine rechtskräftig entschiedene Vorfrage bindet daher auch das Gericht, welches über den Folgefall zu befinden hat. Auch hier ließe sich durch eine privatautonome Rechtskrafterweiterung ein höheres Maß an Rechtssicherheit für die Parteien erreichen. Das Gesetz trifft diesbezüglich keine Regelung und schließt die vertragliche Rechtskrafterweiterung somit zumindest nicht von vornherein aus.[1263] Entsprechend wurde in der Literatur nicht nur vereinzelt die Ansicht vertreten, wonach es insbesondere in Bürgschaftsfällen möglich sein soll, die Rechtskraft vertragsmäßig zu erweitern.[1264] Wenn in § 794 Abs. 1 Nr. 5 ZPO die Unterwerfung unter die sofortige Zwangsvollstreckung vorgesehen ist, müsse auch die vertragliche Unterwerfung unter die Rechtskraft eines Urteils möglich sein.[1265] Anders sieht es mit überzeugenden Argumenten die herrschende Meinung.[1266] In erster Linie wird auf die Natur der Rechtskraft als einer Institution des Prozessrechts und damit des öffentlichen Rechts abgestellt.[1267] Da die Rechtskraft Ausdruck eines Hoheitsakts ist, könne sie nicht durch Privatvertrag vom Urteil getrennt und so auf andere Sachverhalte erstreckt werden.[1268] Ferner zeichne es die Rechtkraft als zwingenden Staatsakt aus, dass sie gerade unabhängig vom Willen der streitenden Parteien eintritt.[1269] Aus dem bloßen Schweigen des Gesetzes lasse sich

---

[1260] MünchKommZPO/*Gottwald*, § 322 Rn. 2; zu den Zwecken der Rechtskraft auch oben C V 1 a).
[1261] BGH vom 16.1.2008 – XII ZR 216/05, NJW 2008, 1227 (1227 f.); Musielak/*Musielak*, § 322 Rn. 9.
[1262] MünchKommZPO/*Gottwald*, § 322 Rn. 50; Musielak/*Musielak*, § 322 Rn. 10.
[1263] *Kempf*, ZZP 73, 342 (367).
[1264] *Goldschmidt*, Der Prozess als Rechtslage, S. 198 f.; *Schiedermair*, Vereinbarungen im Zivilprozess, S. 76 (dort Fn. 75), 110 f.; *Wagner*, Prozessverträge, S. 728. In den Bürgschaftsfällen soll im Bürgschaftsvertrag auf die Entscheidung über die Hauptforderung Bezug genommen und damit erreicht werden, dass die rechtskräftige Feststellung der Hauptforderung auch zwischen dem Bürgen und dem Gläubiger gilt.
[1265] *Goldschmidt*, Der Prozess als Rechtslage, S. 198.
[1266] *Claus*, Die vertragliche Erstreckung der Rechtskraft, S. 95; *Dütz*, BB 1978, 213 (214); *Jauernig*, ZZP 64, 285 (306); *Kempf*, ZZP 73, 342 (365 ff., 371); MünchKommZPO/*Gottwald*, § 322 Rn. 60; Rosenberg/Schwab/Gottwald, § 152 Rn. 17; Stein/Jonas/*Leipold*, § 322 Rn. 212, § 325 Rn. 10.
[1267] Rosenberg/Schwab/Gottwald, § 152 Rn. 17.
[1268] *Jauernig*, ZZP 64, 285 (305).
[1269] *Claus*, Die vertragliche Erstreckung der Rechtskraft, S. 75.

die Zulässigkeit der Rechtskrafterstreckung kraft Vertrags nicht herleiten.[1270] Hierfür bedürfe es eines ausdrücklich formulierten Erlaubnissatzes.[1271] So vorteilhaft eine vertragliche Erweiterung der materiellen Rechtskraft über die durch § 322 Abs. 1 ZPO gesetzten Grenzen hinaus auch erscheint, sie kommt aus den genannten Gründen nicht in Betracht. Die Musterprozessabrede muss daher andere Mittel und Wege finden, der Essenz des Musterurteils über den Einzelfall hinaus Geltung zu verschaffen.

3. Sicherung des Zweckes des Musterverfahrens

Die Durchführung eines Musterprozesses zielt auf Erlass eines Urteils, dass die zwischen den Parteien umstrittene Streitfrage klärt und von welchem darüber hinaus eine faktische Breitenwirkung ausgeht. Dass es zu einem solchen Musterurteil überhaupt kommt steht zum Zeitpunkt des Abschlusses der Musterprozessabrede keineswegs fest. Da die Musterprozessvereinbarung in der Regel vor Erlass der Entscheidung des Gerichts getroffen wird, ist nicht sicher, dass sich das ursprünglich beiderseitig bestehende Interesse der Parteien am Präzedenzfall im Lauf des Verfahrens nicht umkehrt. Denn wer zunächst glaubte, das Musterverfahren führe zu einem für ihn günstigen Ergebnis, könnte bei gegenteiligem Prozessverlauf und einem absehbaren Unterliegen gewillt sein, die Musterentscheidung doch noch zu verhindern. Es stellt sich daher die Frage, wie sich der Zweck des Musterverfahrens, eine Musterentscheidung herbeizuführen, wirksam sichern lässt. Zur Lösung dieses Problems sind spezielle Abreden zwischen den Parteien notwendig.

a) Zweckvereitelung durch Klageverzicht und -anerkenntnis

Ein mögliches Mittel, den Musterentscheid in der Sache zu verhindern, ist der klägerische Klageverzicht nach § 306 ZPO. Spiegelbildlich kann der Beklagte den geltend gemachten Anspruch nach § 307 ZPO anerkennen.[1272] Ein Anerkenntnis hätte zur Folge, dass das Gericht den Streitstoff nicht weiter prüfen muss.[1273] Ob

---

[1270] *Kempf*, ZZP 73, 342 (371).
[1271] *Kempf*, ZZP 73, 342 (371).
[1272] Zum Verzicht und Anerkenntnis im Musterprozess AK-ZPO/*Fenge*, § 307 Rn. 16; *Jacoby*, Der Musterprozessvertrag, S. 193 ff.; *Kempf*, ZZP 73, 342 (346 ff.); *Lindacher*, JA 1984, 404 (405 f.); MünchKommZPO/*Musielak*, § 306 Rn. 4, § 307 Rn. 18 f.; *Schilken*, ZZP 90, 157 (172 f.); Stein/Jonas/*Leipold* § 306 Rn. 13, § 307 Rn. 39.
[1273] MünchKommZPO/*Musielak*, § 307 Rn. 22.

der geltend gemachte Anspruch schlüssig und begründet ist, bleibt offen.[1274] Mit dem Anerkenntnisurteil (§ 313b ZPO) kommt der Prozess dann zwar zu einem schnellen, doch für den Kläger unbefriedigenden Ende. Gleiches gilt für den Beklagten im Falle des Verzichtsurteils (§ 313b ZPO) infolge eines entsprechenden Antrags des Klägers. Fraglich ist daher, wie mit Verzicht und Anerkenntnis im Zusammenhang mit einer Musterprozessabrede umzugehen ist. Haben die Parteien bezüglich der Möglichkeit des Verzichts und Anerkenntnisses keine spezielle Abrede getroffen, muss die Musterprozessabrede ausgelegt werden.[1275] Im Ergebnis ist der Wille der Parteien der Musterprozessabrede dahingehend zu verstehen, dass Verzicht und Anerkenntnis ausgeschlossen sein sollen.[1276] In der Folge wäre die Erklärung von Verzicht und Anerkenntnis vor Gericht unwirksam.[1277] Die Möglichkeit, Verzicht und Anerkenntnis vertraglich auszuschließen wird zwar bestritten.[1278] Der Zweck des Musterprozesses lasse sich im Falle des Verzichts oder des Anerkenntnisses nicht mehr erreichen.[1279] Überzeugender ist es jedoch, die Zulässigkeit eines vereinbarten Ausschlusses von Verzicht und Anerkenntnis mit der herrschenden Ansicht zu bejahen.[1280] Gerade der Zweck eines Musterverfahrens spricht für die Möglichkeit, Verzicht und Anerkenntnis auszuschließen. Die Parteien haben in der Musterprozessabrede den Willen bekundet, einen über den Einzelfall hinaus wirkenden Musterentscheid herbeizuführen.[1281] Insbesondere zeigt der gesetzliche Ausschluss des Verzichts nach § 306 ZPO in § 14 Abs. 3 S. 1 KapMuG für den Bereich der Musterverfahren in kapitalmarktrechtlichen Streitigkeiten, dass auch der Gesetzgeber eine Beschneidung prozessualer Befugnisse zum Zwecke der Durchführung eines Musterprozesses anerkennt. Um die Unwägbarkeiten einer Vertragsauslegung zu umgehen und den Erhalt eines kontradiktorischen Sachurteils als Abschluss Musterverfahrens unmissverständlich zu sichern, sollten die Parteien jedoch eine ausdrückliche Regelung für den Umgang mit dem Verzicht und Anerkenntnis in die Musterprozessabrede aufnehmen.

[1274] Zöller/*Vollkommer*, § 307 Rn. 4.
[1275] *Lindacher*, JA 1984, 404 (406).
[1276] Stein/Jonas/*Leipold*, § 307 Rn. 39; *Lindacher*, JA 1984, 404 (406) will die Musterprozessabrede dahingehend auslegen, dass die Rechtslage zu Lasten desjenigen umgestaltet werden soll, der durch seinen Verzicht oder Anerkenntnis den Erlass des Musterentscheids verhindert hat.
[1277] Stein/Jonas/*Leipold*, § 306 Rn. 13, § 307 Rn. 39.
[1278] So von AK-ZPO/*Fenge*, § 307 Rn. 16; MünchKommZPO/*Musielak*, § 306 Rn. 4, § 307 Rn. 18 f.
[1279] MünchKommZPO/*Musielak*, § 307 Rn. 19.
[1280] *Jacoby*, Der Musterprozessvertrag, S. 193 ff., 200; *Lindacher*, JA 1984, 404 (406); Stein/Jonas/*Leipold*, § 306 Rn. 13, § 307 Rn. 39; im Ergebnis auch *Kempf*, ZZP 73, 342 (346 ff.).
[1281] Stein/Jonas/*Leipold*, § 307 Rn. 39.

b) Zweckvereitelung durch Parallelverfahren

Neben der Möglichkeit, das Musterverfahren durch Verzicht oder Anerkenntnis zu einem vorzeitigen Ende zu bringen, lässt sich der Zweck des Musterprozesses dadurch vereiteln, dass die Parteien Parallelverfahren anstrengen.[1282] Der vorzugsweise höchstrichterliche Musterentscheid wird meist nicht so schnell zu haben sein, wie es sich die Parteien wünschen. In der Zwischenzeit können Konflikte entstehen, die eigentlich durch das Musterurteil mit entschieden werden sollten. Würden diese Konflikte zur Entscheidung der Gerichte gestellt, besteht die Gefahr divergierender Urteile. Auch diesbezüglich können und sollten die Parteien durch ein sogenanntes Stillhalteabkommen Vorsorge tragen.[1283] Ein solches *pactum de non petendo* kann zweierlei Wirkung entfalten. Zum einen wirkt es materiellrechtlich und gibt dem Anspruchsschuldner ein vorübergehendes Leistungsverweigerungsrecht.[1284] Zum anderen wirkt das Stillhalteabkommen prozessual und führt als Prozesshindernis zur Zurückweisung jeder abredewidrig erhobenen Klage.[1285] Selbst wenn sich der Wille der Parteien zum Ausschluss der Klagbarkeit gleichgelagerter Ansprüche durch Auslegung der Musterprozessabrede ermitteln ließe[1286], empfiehlt sich auch hier eine ausdrückliche Regelung.

4. Musterprozessabrede als Alternative zum Globalantrag

Aus den oben genannten Ausführungen zur Problematik des Musterprozesses ergibt sich, dass die Abrede eines Musterprozesses grundsätzlich eine Alternative zum Globalantrag darstellt. Insbesondere die Motivation des Antragstellers des Globalantrags und der Parteien einer Musterprozessabrede decken sich: Allen geht es um die Klärung einer Streitfrage mittels einer gerichtlichen Entscheidung, die über den konkreten Fall hinaus wirkt und auf diese Weise ähnliche Problemfälle zu handhaben hilft. Sind beide Streitparteien an einer derart grundsätzlichen Streitbeilegung interessiert, sollte der Weg des Musterprozesses flankiert durch eine entsprechende Vereinbarung gewählt werden. Denn durch die Musterprozessabrede

---

[1282] Zur Problematik *Kempf*, ZZP 73, 342 (375 ff.).
[1283] *Jacoby*, Der Musterprozessvertrag, S. 162 ff., 174 f.
[1284] BGH vom 26.10.1994 – IV ZR 310/93, NJW-RR 1995, 290 (292).
[1285] BGH vom 14.6.1989 – IVa ZR 180/88, NJW-RR 1989, 1048 (1049); BGH vom 26.10.1994 – IV ZR 310/93, NJW-RR 1995, 290 (292); Baumbach/Lauterbach/Albers/Hartmann, Grundzüge § 253 Rn. 29; *Jacoby*, Der Musterprozessvertrag, S. 175; MünchKommBGB/*Krüger*, § 271 Rn. 18; Rosenberg/Schwab/Gottwald, § 89 Rn. 21, 24.
[1286] *Lindacher*, JA 1984, 404 (406).

zwischen den Parteien wird eine stärkere Bindungswirkung erzeugt als durch die bloße Überzeugungskraft eines Urteils. In der Musterprozessabrede lassen sich die gemeinsamen Erwartungen an das Urteil und vor allem die Rechtsfolgen für zukünftige Streitfälle verbindlich festhalten.

Ob eine materiellrechtliche oder prozessuale, verfügende oder bloß verpflichtende Vereinbarung getroffen werden sollte, ist eine Frage des Einzelfalls.[1287] Schließen die Parteien die Musterprozessabrede in der Form eines materiellrechtlichen Verfügungs- oder Verpflichtungsvertrags ab, setzt das jedoch voraus, dass die Rechte, die Gegenstand der vertraglichen Vereinbarung sind, auch zur Disposition der Vertragsparteien stehen. Hier sind die Besonderheiten der jeweiligen Rechtsgebiete zu beachten. Für den Bereich der betriebsverfassungsrechtlichen Mitbestimmung ist anerkannt, dass die Betriebsparteien eine mitbestimmungspflichtige Angelegenheit im Sinne des § 87 Abs. 1 BetrVG sowohl durch eine Betriebsvereinbarung als auch durch eine formlose Regelungsabrede regeln können.[1288] Bei Vereinbarungen über die gesetzlichen Mitbestimmungsrechte des Betriebsrats ist jedoch darauf zu achten, dass die Substanz der Mitbestimmungsrechte unberührt bleibt.[1289] Anders steht es zum Beispiel bezüglich der Frage der Einstufung von Arbeitnehmern als leitende Angestellte im Sinne des § 5 Abs. 3 BetrVG. Diesbezüglich habe die Betriebsparteien keine Vereinbarungsbefugnis.[1290] Doch auch das Fehlen einer materiellrechtlichen Dispositionsbefugnis bedeutet nicht das Aus für jede Musterprozessabrede. Denn die über die bloß faktische Breitenwirkung hinausgehende Bindung an ein Musterurteil lässt sich auch mittels rein prozessualer Abreden erreichen.[1291] Diese Möglichkeiten sollten sie nutzen, um mit Hilfe des gerichtlichen Verfahrens mitbestimmungsrechtliche Streitfragen grundsätzlich zu klären, verbindliche Leitlinien für ihr Handeln zu erlangen und auf diese Weise zukünftige Konflikte zu „kanalisieren".[1292] Bei der Durchführung eines Musterverfahrens ist jedoch in jedem Fall darauf zu achten, einen für den Streit typischen Sachverhalt zu wählen, der das Gericht zur Auseinandersetzung mit der streitigen Frage und zu einer Ent-

---

[1287] Zu den Möglichkeiten *Jacoby*, Der Musterprozessvertrag, S. 92 ff., 121 ff.
[1288] BAG vom 10.03.1992 – 1 ABR 31/91, AP Nr. 1 zu § 77 BetrVG 1972 – Regelungsabrede; DKKW/*Berg*, § 77 Rn. 81; Fitting, § 77 Rn. 223.
[1289] BAG vom 26.4.2005 – 1 AZR 76/04, AP Nr. 12 zu § 87 BetrVG 1972; BAG vom 14.11.2006 – 1 ABR 4/06, AP Nr. 43 zu § 87 BetrVG 1972 – Überwachung; DKKW/*Berg*, § 87 Rn. 38 f.; Fitting, § 77 Rn. 54.
[1290] *Dütz*, BB 1978, 213 (214).
[1291] *Dütz*, BB 1978, 213 (214); *Jacoby*, Der Musterprozessvertrag, S. 121 ff., 162 ff., 187 ff.
[1292] Zur Konfliktkanalisierungsfunktion des Musterprozesses *Lindacher*, JA 1984, 404 (404).

scheidung in der Sache zwingt.[1293] Nur dann wird das Urteil zur „Richtgröße"[1294], anhand derer die Parteien die begehrten Schlussfolgerungen für ihr zukünftiges Handeln ziehen können.

V. Zusammenfassung

Wie sich aus der Zusammenschau der in diesem Abschnitt erarbeiteten Ergebnisse ergibt, ist der Globalantrag nicht alternativlos. Zwar führen einige der zur Bewältigung der Problematik vorgeschlagenen Lösungswege nicht zum Ziel. Eine Ausweitung der Rechtsschutzzone des zivilprozessualen Feststellungsverfahrens auf vergangene Rechtsverhältnisse, eine analoge Anwendung des § 113 Abs. 1 S. 4 VwGO sowie ein Fortsetzungsfeststellungsantrag im Rahmen des § 256 Abs. 1 ZPO kommen nicht in Betracht. Allerdings bietet die mit Hilfe des prozessrechtskonformen Antrags erwirkte Sachentscheidung des Gerichts auf Grund ihrer abstrakten Urteilskraft eine solide Basis, um das zukünftige Handeln der Konfliktparteien normgemäß zu gestalten. Zum Zwecke einer weiterreichenden Rechtssicherheit steht den Parteien die Möglichkeit der Musterprozessvereinbarung zur Verfügung. Dieses Instrumentarium ist sowohl in materiellrechtlicher wie auch prozessualer Hinsicht einsetzbar.

[1293] *Arens*, JBRSoz 1976, 344 (352).
[1294] *Kempf*, ZZP 73, 342 (374).

F. Abschied vom Globalantrag – Fazit

Die Güte eines das gerichtliche Verfahren einleitenden Antrags bemisst sich nach dessen Fähigkeit, zu einer Entscheidung zu führen, die den zwischen den Parteien bestehenden Streit löst. Diese Aufgabe vermag der Globalantrag weder in seiner Gestalt als Globalunterlassungsantrag noch in seiner Gestalt als Globalfeststellungsantrag zu bewältigen. Der Globalantrag erweist sich vielmehr als unzulässig, untauglich und überflüssig. Die Rechtsprechung des BAG, wonach der Globalantrag zwar bestimmt, doch unbegründet ist, überzeugt nicht.

I. Die Ursachen für den Globalantrag liegen in dem Begehren des Antragstellers nach einem effektiven Präventivrechtsschutz sowie nach rechtsverbindlichen Orientierungshilfen für das eigene Verhalten in der Zukunft.

II. Besonders häufig ist der Globalantrag im Beschlussverfahren vor den Arbeitsgerichten nach §§ 80 ff. ArbGG anzutreffen. Das arbeitsgerichtliche Beschlussverfahren folgt den gleichen allgemeinen Prinzipien, wie sie die ZPO für den Zivilprozess normiert. Das Verfahren dient der Durchsetzung subjektiver Rechte. Insbesondere lässt sich mit der Natur des Beschlussverfahrens kein großzügigerer Umgang mit den Erfordernissen eines hinreichend bestimmten Antrags im Sinne des § 253 Abs. 2 Nr. 2 ZPO sowie eines hinreichenden Rechtsschutzinteresses begründen.

III. Der Globalantrag ist als unzulässig abzuweisen. Sowohl der Globalunterlassungs- als auch der Globalfeststellungsantrag sind nicht hinreichend bestimmt im Sinne des § 253 Abs. 2 Nr. 2 ZPO.

1. Die an die Bestimmtheit eines Unterlassungsantrags zu stellenden Anforderungen müssen insbesondere mit Blick auf die Vollstreckbarkeit einer antragsgemäß ergehenden Entscheidung des Gerichts definiert werden. Für ein Vollstreckungsverfahren, dass auch die Interessen des Unterlassungsschuldners berücksichtigt, bietet der Globalunterlassungsantrag indes keine Gewähr. Da beim Globalunterlassungsantrag unklar bleibt, welche Handlungen genau unter das Unterlassungsgebot fallen, müsste das Vollstreckungsgericht Fragen beantworten, die schon das Erkenntnisgericht hätten klären sollen. Materiellrechtlich begründete Beschränkungen des Bestimmtheitsgebots nach § 253 Abs. 2 Nr. 2

ZPO sind für die im Rahmen dieser Untersuchung diskutierten Konstellationen nicht ersichtlich.

2. Auch der Globalfeststellungsantrag kann den an ihn durch § 253 Abs. 2 Nr. 2 ZPO gestellten Anforderungen nicht genügen. Zwar entfällt hier die Aufgabe, einen vollstreckbaren Titel zu gewährleisten. Doch sind deshalb nicht etwa geringere Anforderungen an die Antragsbestimmtheit zu stellen. Andernfalls ließen sich die Zwecke des Feststellungsverfahrens – die Schaffung von Rechtsklarheit und die Durchsetzung subjektiver Rechte – nicht verwirklichen.

IV. Der Globalantrag hat sich als zur Erreichung des vom Antragsteller verfolgten Ziels untauglich erwiesen. Denn der Globalantrag verträgt sich weder mit der Streitgegenstandsdogmatik noch mit der Lehre von der materiellen Rechtskraft.

1. Nach der in Literatur und Rechtsprechung herrschend vertretenen Lehre bestimmt sich der Streitgegenstand eines Verfahrens zweigliedrig: Nach dem gestellten Antrag sowie nach dem zur Begründung dieses Antrags vorgetragenen Lebenssachverhalt. Dieser Grundsatz gilt für das Unterlassungsverfahren wie für das Feststellungsverfahren. In Bezug auf den Globalunterlassungsantrag muss berücksichtigt werden, dass sowohl der BGH als auch das BAG den streitgegenständlichen Lebenssachverhalt sehr eng fassen. Der Lebenssachverhalt werde nur durch die vorgetragene konkrete Verletzungshandlung gebildet. Doch selbst wenn man mit der herrschenden Literaturansicht auch die konkrete Verletzungsform zum Lebenssachverhalt dazurechnete, gelänge die mit dem Globalunterlassungsantrag erhoffte Aufblähung des Streitgegenstands auf eine unbestimmte Vielzahl an möglichen Fallgestaltungen nicht. Denn der Globalunterlassungsantrag geht in seiner Abstraktion von der konkreten Verletzungshandlung weit über die konkrete Verletzungsform hinaus. Auch der Globalfeststellungsantrag sprengt die Grenzen des zweigliedrigen Streitgegenstands. Der Lebenssachverhalt ist örtlich und zeitlich konkretisiert zu fassen. Mit dem in die Zukunft gerichteten und unbestimmten Globalfeststellungsantrag gelingt das nicht.

2. Die zum Verhältnis des Globalantrags zum Streitgegenstand getroffenen Aussagen sind auch für die Frage der Rechtskraftfähigkeit einer Globalfeststellungsentscheidung bestimmend. Da der Antragsteller mit seinem Globalantrag nicht deutlich macht, für welche Fallgestaltungen genau er sein Recht geltend macht,

ließe eine antragsgemäß ergehende Globalfeststellungsentscheidung alle Verfahrensbeteiligten im Unklaren. Ist die Reichweite der Rechtskraft einer Entscheidung ungewiss, ist im Falle des Globalunterlassungsantrags die Entscheidung nicht vollstreckbar. Auch im Feststellungsverfahren würde die unbestimmte Globalfeststellungsentscheidung nicht die erhoffte Gewissheit über das Bestehen und den Umfang des geltend gemachten Anspruchs schaffen. Vielmehr bliebe der Streit ungelöst und weitere Gerichtsverfahren würden folgen. Würden Streitgegenstand und Rechtskraft auf ein dem Globalantrag entsprechendes Maß erweitert, wäre das Verfahren auf Grund der Fülle des Prozessstoffes nicht mehr durchführbar. Eine globale Rechtskraft wie sie mittels des Globalantrags herbeizuführen versucht wird, würde nicht absehbare und womöglich ungewollte Rechtskraftwirkungen erzeugen, die sich für den Antragsteller als nachteilig erweisen können.

V. Die Mittel des Gerichts, dem Globalantrag zum Erfolg zu verhelfen sind durch die Vorschriften der §§ 139 und 308 ZPO begrenzt. Gemäß § 139 Abs. 1 S. 2 ZPO ist es jedoch die Aufgabe des Gerichts, auf eine hinreichende Bestimmtheit des Antrags im Sinne des § 253 Abs. 2 Nr. 2 ZPO hinzuwirken. Dieser Pflicht sollten die Arbeitsgerichte im Falle des unbestimmten Globalantrags nachkommen, um so ein sachdienliches Verfahren zu ermöglichen. Die stärkere Akzentuierung der richterlichen Hinweispflicht in der jüngeren Rechtsprechung des BGH sollte ein Vorbild sein. Eine hinter dem Antragswortlaut zurückbleibende Entscheidung, die sich auf die Fallgestaltungen beschränkt, in denen der geltend gemachte Anspruch besteht, verstieße indes gegen § 308 Abs. 1 S. 1 ZPO.

VI. Abgesehen von der Unvereinbarkeit des Globalantrags mit allgemeinen zivilprozessualen Prinzipien, ist der Globalantrag mit klagespezifischen Grundsätzen von Unterlassungs- und Feststellungsverfahren nicht kompatibel.

1. Der Erfolg eines Unterlassungsantrags im Allgemeinen und damit auch des Globalunterlassungsantrags im Besonderen hängt von dem Bestehen und dem Umfang des geltend gemachten materiellrechtlichen Unterlassungsanspruchs ab. Der Anspruch wiederum besteht nur im Umfang der Begehungsgefahr (Wiederholungs- und Erstbegehungsgefahr). Nach der von der Rechtsprechung zunächst für das Wettbewerbsrecht entwickelten Kerntheorie bezieht sich die Begehungsgefahr über die konkrete Verletzungshandlung hinaus auch auf alle Verhaltensweisen, die den charakteristischen Kern der Verletzungshandlung

zum Ausdruck bringen. Diese Verhaltensweisen werden auch als konkrete Verletzungsform der konkreten Verletzungshandlung bezeichnet. Hiermit ist dem berechtigten Interesse des Unterlassungsgläubigers an einem effektiven Präventivrechtsschutz gedient. Der Globalunterlassungsantrag geht hierüber weit hinaus. Er abstrahiert von der konkreten Verletzungshandlung in einem Maße, dass jeder Bezug zu deren charakteristischem Kern verloren geht. Eine globale Begehungsgefahr und ein globaler Unterlassungsanspruch wie ihn der Globalunterlassungsantrag zur Entscheidung des Gerichts stellt, sind jedoch in keinem Fall gegeben.

2. Dem Globalfeststellungsantrag mangelt es an den nach § 256 Abs. 1 ZPO erforderlichen Voraussetzungen: Dem feststellungsfähigen Rechtsverhältnis sowie dem rechtlichen Interesse an der alsbaldigen Feststellung. Mit dem Globalfeststellungsantrag wird eine abstrakte Rechtsfrage zur Entscheidung des Gerichts gestellt. Ihm fehlt es an einer konkreten Rechtsfolge, die im Falle der antragsgemäßen Entscheidung den zwischen den Parteien bestehenden Streit beilegen könnte. Zudem muss das Gericht beim zukunftsbezogenen Globalfeststellungsantrag über nicht feststellungsfähige hypothetische Rechtsverhältnisse befinden. Die antragsgemäße Globalfeststellungsentscheidung wäre daher ebenso wenig rechtskraftfähig wie die Globalunterlassungsentscheidung. Der Zweck des Feststellungsverfahrens, den Verfahrensbeteiligten Gewissheit über die Rechtslage zu verschaffen, kann so nicht erfüllt werden. Ferner kann es im Falle des Globalfeststellungsantrags nicht gelingen, ein rechtliches Interesse an der Feststellung nachzuweisen. Das vom BAG herangezogene Kriterium der Wiederholungsgefahr hilft hier nicht weiter. Der Antragsteller löst sich mit seinem Globalantrag bewusst von jedem konkreten Verhalten, an dem eine solche Wiederholungsgefahr ansetzen könnte. Die Wiederholungsgefahr kann zudem nie in dem mit dem Globalantrag behaupteten globalen Ausmaß bestehen. Auch die fehlende Rechtskraftfähigkeit der Globalfeststellungsentscheidung steht der Annahme eines hinreichenden rechtlichen Interesses an der Feststellung entgegen.

VII. Die Untersuchung hat gezeigt, dass der Globalantrag nicht ohne wirkungsvolle Alternative und somit überflüssig ist. Der prozessrechtskonforme Antrag bietet Erfolgsaussichten auf eine antragsgemäße Entscheidung, die in Rechtskraft erwächst und im Falle des Unterlassungsantrags auch vollstreckbar ist. Mittels ihrer abstrakten Urteilskraft wirkt die Entscheidung des Gerichts auch über den konkret entschiedenen Fall hinaus und bietet die mit dem Globalantrag bezweckte

Orientierungshilfe. Um die Bedeutung dieser Entscheidung für die gegenseitigen Beziehungen in der Zukunft zu konkretisieren, können die Verfahrensbeteiligten auf die Möglichkeit einer Musterprozessvereinbarung zurückgreifen.

VIII. Der Ruf des Dädalus „In der Mitte des Weges, Icarus, bleib (...)"[1295] gilt am Ende auch dem Antragsteller des unbestimmten Globalantrags. Ihn auszurufen, liegt nicht zuletzt an den Gerichten.

[1295] *Suchier*, Ovids Metamorphosen (2. Bd.), S. 79.

Forum Arbeits- und Sozialrecht

Christian Reinhard
Rechte und Pflichten des Betriebsrats bei der Verwendung von Arbeitnehmerdaten
Band 38, 2012, 280 S.,
ISBN 978-3-86226-198-7, € **27,80**

Jan Friedrich Beckmann
Rechtsgrundlagen der beruflichen Weiterbildung von Arbeitnehmern
Band 37, 2012, 402 S.,
ISBN 978-3-86226-151-2, € **25,80**

Bastian Kiehn
Konzernbetriebsrat und Konzernbetriebsvereinbarung in der Betriebs- und Unternehmensumstrukturierung
Band 36, 2012, 264 S.,
ISBN 978-3-86226-153-6, € **25,80**

Moritz Koch
Dreigliedrige Standortsicherungsvereinbarungen
Band 35, 2012, 270 S.,
ISBN 978-3-86226-145-1, € **26,80**

Jacob Glajcar
Altersdiskriminierung durch tarifliche Vergütung
Band 34, 2011, 350 S.,
ISBN 978-3-86226-035-5, € **27,80**

Antje Hoops
Die Mitbestimmungsvereinbarung in der europäischen Aktiengesellschaft (SE)
Band 33, 2009, 300 S.,
ISBN 978-3-8255-0737-4, € **22,80**

Alexander Willemsen
Einführung und Inhaltskontrollen von Ethikrichtlinien
Band 32, 2009, 302 S.,
ISBN 978-3-8255-0732-9, € **25,-**

Jörg Gawlick
Die stufenweise Wiedereingliederung arbeitsunfähiger Arbeitnehmer in das Erwerbsleben nach § 28 StGB/§74 StGB 5
Eine arbeitsrechtliche Betrachtung
Band 31, 2009, 314 S.,
ISBN 978-3-8255-0725-1, € **28,-**

Sebastian Naber
Der massenhafte Abschluss arbeitsrechtlicher Aufhebungsverträge
Band 30, 2009, 312 S.,
ISBN 978-3-8255-0720-6, € **29,90**

www.centaurus-verlag.de

Centaurus Buchtipps

Mathias Trennt
Die Vergabe internationaler Sportveranstaltungen
Eine Bewertung der Vergabeverfahren und der Anforderungskataloge internationaler Sportverbände am Maßstab des primärrechtlichen Vergaberechts der Europäischen Union
Reihe Rechtswissenschaft, Bd. 217, 2012, 333 S.,
ISBN 978-3-86226-165-9, € **26,80**

Dorith Deibel
Die Reichweite des § 153 Abs. 1 S. 1 AO
Steuerverfahrensrechtliche und steuerstrafrechtliche Aspekte der Verpflichtung zur „Berichtigung von Erklärungen"
Reihe Rechtswissenschaft, Bd. 216, 2011, 432 S.,
ISBN 978-3-86226-107-9, € **29,80**

Jochen Stockburger
Unternehmenskrise und Organstrafbarkeit wegen Insolvenzstraftaten
Reihe Rechtswissenschaft, Bd. 215, 2011, 364 S.,
ISBN 978-3-86226-093-5, € **25,80**

Bianca Schöpper
Die Systeme der progressiven ‚Kundenwerbung unter besonderer Berücksichtigung des Multi-Level-Marketing-Systems
Reihe Rechtswissenschaft, Bd. 214, 2011, 240 S.,
ISBN 978-3-86226-063-8, € **24,80**

Felix Walther
Bestechlichkeit und Bestechung im geschäftlichen Verkehr
Internationale Vorgaben und deutsches Strafrecht
Studien zum Wirtschaftsstrafrecht, Bd. 36, 2011, 338 S.,
ISBN 978-3-86226-089-7, € **26,80**

Karl Huber
Strafrechtlicher Verfall und Rückgewinnungshilfe bei der Insolvenz des Täters
Studien zum Wirtschaftsstrafrecht, Bd. 35, 2011, 262 S.,
ISBN 978-3-86226-053-9, € **26,80**

Patrick Alf Hinderer
Insolvenzstrafrecht und EU-Niederlassungsfreiheit am Beispiel der englischen private company limited by shares
Studien zum Wirtschaftsstrafrecht, Bd. 34, 2011, 196 S.,
ISBN 978-3-86226-033-1, € **25,80**

Carsten Labinski
Zur strafrechtlichen Verantwortlichkeit des directors einer englischen limited
Studien zum Wirtschaftsstrafrecht, Bd. 33, 2011, 410 S.,
ISBN 978-3-86226-025-6, € **29,00**

Informationen und weitere Titel unter www.centaurus-verlag.de

MIX
Papier aus verantwortungsvollen Quellen
Paper from responsible sources
FSC® C105338

If you have any concerns about our products,
you can contact us on
ProductSafety@springernature.com

In case Publisher is established outside the EU,
the EU authorized representative is:
**Springer Nature Customer Service Center GmbH
Europaplatz 3, 69115 Heidelberg, Germany**

Printed by Libri Plureos GmbH
in Hamburg, Germany